社会工作导论（第三版）

Introduction to Social Work

王思斌 主　编
马凤芝 副主编

北京大学出版社

图书在版编目(CIP)数据

社会工作导论/王思斌主编.—3 版.—北京:北京大学出版社,2021.8
21 世纪社会学规划教材.社会学系列
ISBN 978-7-301-32333-5

Ⅰ.①社… Ⅱ.①王… Ⅲ.①社会工作—高等学校—教材 Ⅳ.①C916.2

中国版本图书馆 CIP 数据核字(2021)第 144269 号

书　　　名	社会工作导论(第三版) SHEHUI GONGZUO DAOLUN(DI-SAN BAN)
著作责任者	王思斌　主编
责 任 编 辑	陈相宜
标 准 书 号	ISBN 978-7-301-32333-5
出 版 发 行	北京大学出版社
地　　　址	北京市海淀区成府路 205 号　100871
网　　　址	http://www.pup.cn
新 浪 微 博	@北京大学出版社　　@未名社科-北大图书
微信公众号	北京大学出版社　　北大出版社社科图书
电 子 邮 箱	编辑部 ss@pup.cn　　总编室 zpup@pup.cn
电　　　话	邮购部 010-62752015　　发行部 010-62750672 编辑部 010-62753121
印 刷 者	天津中印联印务有限公司
经 销 者	新华书店
	650 毫米×980 毫米　16 开本　24.75 印张　375 千字 1998 年 7 月第 1 版　　2011 年 9 月第 2 版 2021 年 8 月第 3 版　　2025 年 7 月第 9 次印刷
定　　　价	62.00 元

未经许可,不得以任何方式复制或抄袭本书之部分或全部内容。
版权所有,侵权必究
举报电话:010-62752024　电子邮箱:fd@pup.cn
图书如有印装质量问题,请与出版部联系,电话:010-62756370

第三版前言

现在,人们常常感觉时间过得越来越快。一方面,这是因为市场化和改革开放促使我国社会变迁加速;另一方面,社会变迁引发的社会问题不断出现,发展中的问题需要政府和社会及时回应。个人作为社会之一员,被裹挟于其中,也希望通过自己的努力做点有益之事,所以忙碌就是自然的。《社会工作导论》第二版出版之后,还算得到了读者的支持,但是新问题、新实践、新经验的出现也需要我们总结,并与读者分享,因此对本书的修订就是客观要求。由于社会实践变快和作者们忙于各种事务,原本三年前制订的修订计划今天才付诸实际。

自2020年初以来,新冠肺炎疫情猝不及防地进入人类生活,严重地影响了我国和世界人民的正常生活。面对重大公共卫生事件,中国共产党和政府积极沉着应对,全国人民团结一心,防控疫情。2020年2月23日,习近平总书记在统筹推进新冠肺炎疫情防控和经济社会发展工作部署会议上,发出"要发挥社会工作的专业优势……开展心理疏导、情绪支持、保障支持等服务"的动员令,我国社会工作界迅速采取行动,参与新冠肺炎疫情防控,产生了积极效果。我国已经取得抗击新冠肺炎疫情斗争的重大战略成果,但是,新冠肺炎疫情仍在继续,而且可能常态化,社会工作界应该继续和更好地发挥自己的专业优势,为人民服务,为社会服务。党的十九届五中全会提出要"畅通和规范……社会工作者和志愿者等参与社会治理的途径",我国的社会工作事业面临新的发展前景。本书在这一时间修订，具有特殊的意义。

本次修订的指导思想是：为社会工作的学术和专业发展服务，为中国社会工作的实践发展服务。这次修订有一些重要修改，主要是如下一些方面：第一，增加了新章节。本书的第一版、第二版都是北京大学社会工作专业制订的编写系列教材计划的组成部分，所以是按"导论"体例撰写的，对社会工作的各组成部分都没有展开叙述。但是，不少学校使用这本书，把它作为"社会工作概论"课程的教材，这就要求我们充实相关内容，以使读者对社会工作知识体系有一个更加完整的了解。于是，本次修订进一步充实了内容，特别是对社会工作方法内容的补充。具体做法是：把上一版的"微观社会工作"中的个案工作、小组工作各扩为一章，把"宏观社会工作"中的社区工作、社会行政各扩为一章。第二，对原书中的某些章节、问题进行了重新撰写。原书有的部分衔接不太好，这一次修订，通过重新撰写和调整，知识逻辑更顺了，社会工作知识更加完整。第三，增加了一些新的内容。这些年来，国内外社会工作的实践和研究取得了不少新成果，本次修订对之有所反映。第四，对基本的数据性资料做了符合现实的替换。

本书第二版的编写任务分配情况是：王思斌编写第一、五、十、十一章，马凤芝编写第二、六、七、八、九章，夏学銮编写第三章，熊跃根编写第四章。本次修订的任务承担情况是：熊跃根修订"社会福利制度"一章；马凤芝修订扩写了"个案工作""小组工作"两章；王思斌修订扩写了"社区工作""社会行政"两章，并对剩下的章节进行了调整，重新编写了其中部分内容，也通读了全书。希望这次修订能实现作者的专业追求。

仍然需要说明的是，此次修订参考了国内外学者许多新的研究成果，但是注释可能未完全表达到位，希望学者和读者予以理解。

感谢北京大学出版社编辑陈相宜的耐心督促和细致的编辑工作。

主编谨识

2021年6月

目 录

第一章 社会工作的含义与功能 ·················· 1

  第一节 社会工作的含义与性质 ·················· 1

  第二节 社会工作的对象与工作领域 ·················· 10

  第三节 社会工作的构成要素 ·················· 17

  第四节 社会工作的功能 ·················· 26

第二章 社会工作的发展历史 ·················· 34

  第一节 社会工作的历史起源 ·················· 34

  第二节 专业社会工作的产生与发展 ·················· 46

  第三节 我国社会工作的历史与发展 ·················· 56

第三章 社会工作的哲学基础与价值体系 ·················· 67

  第一节 社会工作的哲学基础 ·················· 67

  第二节 社会工作的价值体系 ·················· 72

  第三节 社会工作伦理 ·················· 88

第四章 社会福利制度 ·················· 98

  第一节 福利的内涵及其与意识形态的关系 ·················· 98

第二节 社会福利和社会福利制度 …………………………………… 109
第三节 社会福利制度与社会工作的关系 …………………………… 117

第五章 社会工作的理论与知识基础 …………………………………… 128
第一节 社会工作理论 ………………………………………………… 128
第二节 社会工作的知识基础 ………………………………………… 136

第六章 人类行为与社会环境 …………………………………………… 156
第一节 人类行为 ……………………………………………………… 156
第二节 社会环境 ……………………………………………………… 163
第三节 人类成长 ……………………………………………………… 173

第七章 社会工作过程 …………………………………………………… 181
第一节 社会问题与社会工作干预 …………………………………… 181
第二节 通用社会工作过程模式 ……………………………………… 188
第三节 社会工作实务的通用过程 …………………………………… 207

第八章 个案工作 ………………………………………………………… 231
第一节 个案工作的概念及发展历史 ………………………………… 231
第二节 个案工作的服务对象与功能 ………………………………… 236
第三节 个案工作的哲学基础与价值观 ……………………………… 239
第四节 个案工作的模式 ……………………………………………… 246

第九章 小组工作 ………………………………………………………… 266
第一节 小组工作的概念及发展历史 ………………………………… 266
第二节 小组工作的服务对象与功能 ………………………………… 270
第三节 小组的类型 …………………………………………………… 274
第四节 小组工作的模式及一般过程 ………………………………… 284

第十章 社区工作·· 292

第一节 社区工作的含义与功能································ 292
第二节 社区工作的模式·· 298
第三节 社区发展与社区建设··································· 308

第十一章 社会行政·· 317

第一节 宏观社会行政··· 317
第二节 社会工作行政··· 324
第三节 社会服务机构的治理与发展·························· 332

第十二章 社会工作教育与专业发展································ 340

第一节 社会工作教育在社会工作发展中的地位············ 340
第二节 社会工作教育的要求和规范·························· 349
第三节 我国社会工作教育的发展····························· 356

第十三章 中国社会工作的发展······································ 364

第一节 我国的本土社会工作实践····························· 364
第二节 社会转型与社会工作的发展·························· 370
第三节 社会建设进程中的社会工作发展···················· 377

第一章

社会工作的含义与功能

社会工作是现代社会的一个用科学知识和科学方法为人民、为社会服务的职业和专业。在建设社会主义现代化国家的新征程中,我国同样需要发展专业社会工作,以解决复杂的社会问题,增进人民福祉和促进社会和谐稳定。本章将对社会工作的性质和发展状况做一介绍。

第一节 社会工作的含义与性质

一、什么是社会工作

(一) 社会工作是科学的社会服务和助人方法

19 世纪末 20 世纪初,西方发达国家相继出现了一种新的职业——社会工作,至今它已在世界范围内得到广泛发展。社会工作作为一种现代职业,在为贫弱群体和困境人士提供服务进而维护社会秩序和促进社会进步方面,发挥着重要作用。2006 年党的十六届六中全会决定发展社会工作,促进和谐社会建设,我国社会工作的发展走向新阶段。党的十九大以来,党中央、国务院重视发挥社会工作的作用,我国的社会工作将在新的高度和水平上得到新发展。

1. 社会工作是科学的社会服务

这里所说的社会工作是作为学科和科学意义上的社会工作，中文的"社会工作"是"social work"的直接译名。在英语世界中，"social work"指的是专门提供社会服务的职业性活动，从事这类工作的人员被称为"社会工作者"（social worker）。在一些国家和地区，它被称为"社会服务"（social service）或"社会福利服务"（social welfare service），并区别于商业服务和一般的公共服务。

一百多年来，社会工作在各国、各地区的多个领域获得发展，具有越来越丰富的内涵。它被看作一种科学的社会服务、一套科学的助人方法、一种艺术，以及现代社会的一种社会制度等。以下我们从不同的角度对之进行介绍，以帮助读者认识社会工作的本质。

社会工作是科学的社会服务。服务是一种帮助人的活动，在现代社会，随着社会分工的发展，服务也日益专业化和职业化。从是否营利的角度来划分，服务可以分为商业服务和非营利服务。商业服务是为了谋取个人利益而提供的服务，也称营利性服务。非营利服务是不以营利为目的的服务，即人们提供服务并不是要从服务对象那里获得物质利益。非营利服务还可以分为两类：公共服务和社会服务。公共服务是由政府和社会组织向社会公众提供的非营利性服务，社会服务则是政府和社会组织向贫弱群体、困境人士提供的福利性服务。

社会工作是以服务于有困难的个人、家庭、群体为目的的职业活动，是由资产阶级工业革命催生的。工业革命引发了大量社会问题，也促进了慈善活动的发展和民间社会服务组织的产生。这些慈善活动和民间社会服务组织以向无家可归的儿童和老人、失业者以及其他困境人士提供服务为己任，后来又通过专业教育、培训及建立专业制度来提高服务水平，进而形成了现代社会工作。社会服务是社会工作的最本质特征。

社会工作是以助人为目的的活动，这种利他的活动不是服务提供者获取私利的手段或工具，而是目标本身。另外，需要说明的是，社会工作所说的服务，是直接或间接地向贫弱群体和困境人士提供物质的、精神的或生活上的帮助。社会工作具有实务特征。实务（practice）也称实践，它是人类有意识地改变外部世界的活动,是人的能动性的表现。社会工作的实务性是说,它强调具体去做,即在科学理论的指导下采取行动、提供服务。

2. 社会工作是科学的助人方法

人们在社会生活中会遇到各种困难,也需要互相帮助。有些困难比较容易解决,通过互助或提供简单的帮助就可以化解。但复杂问题的解决需要一定的科学方法。在现代社会中,贫弱群体、困境人士所遇到的问题十分复杂,要想有效地帮助他们,就需要一定的方法和技巧。社会工作就是运用科学方法来提供社会服务的。

1898年,美国纽约慈善学院根据服务发展的需要开办培训班,对服务人员进行培训,开了社会工作专业教育之先河。自此之后,社会工作价值观和方法成为专业教育的核心内容。随着社会工作实践的发展,个案工作方法、小组工作方法、社区工作方法和社会行政逐渐成为社会工作者解决问题、提供服务之长器。个案工作方法、小组工作方法和社区工作方法是向服务对象提供直接服务的方法,它们被称为直接社会工作方法。社会行政通过实施政策或运作社会服务机构来为服务对象提供服务,属于间接社会工作方法。依靠这些方法和它们的结合,社会工作者方能提供独特而有效的服务。从实际服务的角度来看,社会工作实践就是对这些工作方法的灵活运用。正是因为工作方法在社会服务中所处的基础和中心的位置,所以说社会工作是一套科学的助人方法。

进而言之,社会工作是根据解决问题的需要,综合而巧妙地运用科学方法提供社会服务的实践活动。芬克(Arthur E. Fink)指出,社会工作是一种艺术和科学,它通过提供助人的服务来增强个人和团体的相互关系及适应社会生活的能力。这种强调社会工作是一种艺术或助人技巧的观点得到了许多人的赞同。

(二) 社会工作是一种专业和制度

1. 社会工作是一个专业

专业是建立在科学教育和训练之上的,以特定的资格为基础的某类人专门拥有的职业领域。社会学家韦伯(Max Weber)认为,现代社会的一个特点是重视专业资格,而要获得专业资格就必须经过较长时间的专业培训;进入相应的工作领域凭借的是专业资格,而不是其他方面的能力。① 社会学家帕森斯(Talcott Parsons)专门讨论过社会学的专业性问题。他认为,作为一个专业应该表现为:执行这些功能的机构由一批有专业资格的人组成,他们受过专门训练,精通该学科的主要内容,使用专业的方法与技术,他们适应社会的需要,在社会上起着专门的作用,担负一定的职责,享受一定的优惠。②

格林伍德(Ernest Greenwood)在《专业的属性》一文中比较系统地指出了专业的基本特征:第一,理论体系。一个专业应该有一套系统的支持其活动的理论体系,即它是有科学基础的,而非基于零散的经验。第二,社会认可。它作为一个职业,其社会功能被社会广泛认可,即社会对这种专门活动是接受并给予高度评价的。第三,专业权威。专业权威是基于该专业所独有的、能贡献于社会的知识和技术而形成的权威。它可以发展为职业的专利权或"特权",即社会上的某一类职业岗位非该专业出身者莫属。同时,专业的权威、专业能力成为该领域活动的重要评价标准。第四,伦理守则。这类活动已成为一种职业,而且职业内部有对其成员进行约束的、系统的伦理要求,这些伦理要求指导着成员的行为。第五,专业文化。专业文化是职业群体共享的文化,它包括从业者有高度认同的价值观,有基本上一致的专业行为方式等。格林伍德认为,20世纪50年代美国的社会工作已具备上述专业特性。通过近几十年的发展,社会工作的专业特征更加明显,并最终成为一个专业。这表现为:社会工作形成了由外借理论、实践理论构成的理论体系,以指导从业者的助人行为。在许多国家和地区乃至在国际上,社会工作作为一个职业已被认可,并在社会救助、危机干预、人类与社区发展方面发挥着独特作用。在许多国家和地区,社会工作的专业权威已经建立起来,形成了专业职级,高水平的社会工作者被视为专家而受到重视。至于社会工作从业队伍,则基于专业理念形成了价值体系和清晰的伦理守则,专业人员以此自律,专业机构则以此对社会工作从业人员进行有效的约束。③

---

① 马克斯·韦伯:《经济与社会》,林荣远译,商务印书馆1997年版。
② T. 帕森斯:《现代社会的结构与过程》,梁向阳译,光明日报出版社1988年版。
③ E. Greenwood, "Attributes of a Profession", *Social Work*, Vol. 2, Issue 3, July 1957.

更具体地说,社会工作作为一个专业,在一个国家或地区内主要表现为:社会工作已经成为一种相对独立的、提供社会服务的职业;在社会福利制度体系中,提供社会福利服务的机构必须获得合法的社会服务的专业资格;提供社会服务的、具有较高职级的人士一定要经过社会工作的专业教育和培训;社会工作专业教育体系已经建立,这一专业的高等教育得到发展,并有较高专业水平;社会上已有一批社会工作专业人员,并形成了以专业知识和技能为基础的职级;业内有独特的专业规范,社会服务机构及从业人员以此自律,并接受政府和社会的监督。

由于各国、各地区的经济社会发展程度不同,文化和社会福利制度不同,因此社会工作的专业化水平也不同。我国的社会工作自恢复重建,三十多年来处于初级和快速发展阶段。在国际上,社会工作已成为一个专业。社会工作专业人员也建立了自己的专业组织——国际社会工作者联合会(IFSW)、国际社会工作学校协会(IASSW)等,共同推动社会工作事业的发展。它们也成为联合国教科文组织、国际劳工组织的咨询机构。

社会工作作为一个专业也表明,现代社会服务并不是任何人凭自己的愿望和经验就可以提供的,社会工作是一个以系统的专业教育为基础、以专业方法为依托、以提供社会服务为宗旨的职业领域。

2. 社会工作是现代社会的一种制度

制度或社会制度(social institution)是人类在共同活动中经过积累、选择而形成的指导人们活动的规范体系。社会制度的形成基于人类的需要,人们借助制度有秩序地满足自己的各种需要。进入现代社会以来,伴随着社会分工和社会分化,人类创建了各种制度,社会工作也成为一种社会制度。

社会工作作为现代社会制度有两个方面的含义:一是它具备了社会制度的基本特征,二是它已成为社会福利体系必不可少的组成部分。就前者而言,发达国家和地区的社会工作具备了社会制度所共有的特征:明确的理论体系、系统而严密的行为规范、有效的实施机构和一定的物质基础。这些国家和地区重视社会工作,承认其专业地位和社会工作机构的合法地位,并通过政府拨款、社会捐赠等方式筹集资金,支持社会工作机构的服务活动。

就后者而言，在许多发达国家和地区，社会工作体系已成为社会福利制度的重要组成部分。社会工作的天职是为贫弱群体和困境人士提供福利服务，社会工作者以其真诚为这些群体服务的价值观和训练有素的方法，能够有效地落实这些服务。在社会工作得到较好发展的国家和地区，政府通过购买服务、政策支持等方式，委托社会工作机构，聘用社会工作人员承担这方面的服务。由此，社会工作成为社会福利的传输体系，成为社会福利政策实施的不可缺少的重要环节，也成为社会福利制度体系的有机组成部分。

（三）社会工作的一般定义

由于社会工作的复杂性，人们对社会工作的理解不尽相同。2014年，国际社会工作者联合会提出了一个社会工作的全球定义：社会工作是以实践为基础的专业，是促进社会改变和发展、提高社会凝聚力、赋权并解放人类的一门学科。社会工作的核心是社会公平公正、人权、集体责任和对多样性的尊重。社会工作专业以社会工作理论、社会科学、人文学科以及相关的本土化知识为支撑，社会工作使人们积极应对来自生活的挑战，提升生活的幸福感。这个定义实际上是对社会工作较全面的界说，对完整理解社会工作具有重要价值。

为了方便初学者，我们尝试给社会工作下一个简单的定义，即现代社会工作是以利他主义理念为指导，运用科学方法，帮助贫弱群体和困境人士解决其基本生活方面的问题，促进其能力发展，调适其与社会环境关系的职业性的专业服务活动。理解这一定义需要注意以下几点：第一，社会工作的本质是一种助人活动。其鲜明特征是为了帮助贫弱群体及困境人士而提供服务。它与商业服务及对他人的管理、控制有本质上的不同。第二，社会工作是科学的助人活动。它是以科学知识为基础的专业性助人活动，不同于慈善活动，也不同于一般的公益性活动。第三，社会工作是促进人的能力发展，促进人与社会环境相适应的活动。社会工作着眼于人们遇到的困难，也着眼于人们能力的增强和人与社会环境关系的调整。社会工作注重困境中的人与社会环境，这与只提供物质帮助的助人活动不同。第四，社会工作是一种职业活动。它是在社会职业分工中专门提供社会服务的职业，这与志愿活动有本质的差异。

应该专门说明的是，中国共产党从建设社会主义和谐社会和治国理政的角度,对社会工作有独特的理解。党的十六届六中全会的核心内容是和谐社会建设,社会工作作为和谐社会建设的重要措施被提出来,但是没有给出教科书式的定义。后来,中央18部委文件通过列举工作内容的方式,阐明了社会工作的含义。2023年3月,中共中央社会工作部建立,并被赋予七项职能,也没有对"社会工作"给出定义。从社会工作部的职能来看,大体可以说,党的社会工作或党的社会工作职能部门的社会工作,指的是党在社会领域,面对群众所做的,加强党建引领、加强党与群众的联系、解决相关问题等方面的工作。

二、社会工作的性质

社会工作是运用科学方法助人的职业活动,它具有社会性、实务性、科学性、价值相关性等特征。

(一) 社会工作的社会性

社会工作之所以称为"社会"工作,来自人是社会人和社会是人类生活的共同体的基本观点。英文的"social"有丰富的含义,在本质上它指的是人与人之间的社会性的关系。人之所以成为人,主要在于他的社会性,即他必须同其他人建立人与人的关系,而不是人与物的关系。人与人的关系即社会关系的建立,既源于同类意识,也来自人们之间的不可分离的互依共生关系。这就是说,人是生活于社会关系或社会中的。社会工作有一个核心理念——"人在环境中",这既是对人类生存状态的判断,也是解决人们所遇困境的钥匙。

概括地说,社会工作的社会性有如下含义:第一,社会工作的服务对象是具有社会性的人,人是有尊严的。第二,社会工作要处理的是人的社会性方面的问题。虽然社会工作也会向贫弱人士提供物质帮助,但是与一般的经济救助、慈善施舍不同,社会工作是要在深层次上解决人与人的关系、人与社会环境的关系的问题。第三,社会工作处理问题的方法是社会性的。社会工作服务是把服务对象作为主体看待的,社会工作者与服务对象协同解决问题。第四,社会工作对问题的解决注重社会因素。这包括当事人的社会生活、社会经历、社会关系网络、所处社会环境以及社会政策方面的问题,社会工作关注服务对象的现实处境与这些社会因素的关系。第五,社会工作的目标是社会性的。社会工作服务要帮助困境人士走向正常生活,也要促进人与环境关系的协调,促进社会和谐与社会进步。

(二) 社会工作的实务性

实务性也称实践性,它是相对于理论性而言的。在学科分类上,一些学科偏重理论知识的建构,被称为理论性学科;另一些则偏重研究及解决实际问题的方法,被称为应用性学科。在人文社会科学中,前者如哲学,后者如社会学、公共管理学。在应用社会科学中仍有偏重理论和偏重应用之分,如社会学与社会工作相比,前者侧重从宏观上、制度和结构上分析社会问题之所在,后者则注重具体干预和解决社会问题。所以,从学科的角度来说,社会工作是研究如何解决具体的社会问题的学问和学科,它包括一些理论,特别是有关社会问题成因的理论,也包括大量解决问题的方法。这就是说,就学科知识而言,社会工作是实务取向的,它是围绕实际解决社会问题而形成的学科,就像自然科学中的医学那样。

实务性的另一层含义是说,它不但关注应该如何具体解决问题,而且强调真正实际地参与解决问题。社会工作是服务于困境人士特别是贫弱群体的职业活动,"具体去做"是社会工作有别于其他学科的重要特点。哲学家可能有关怀贫弱群体的情怀,社会学者常常研究贫困产生的一般原因,而社会工作者则要细致分析特定贫困群体之所以贫困的具体原因,并设法采取行动去帮助他们。

(三) 社会工作的科学性

社会工作要科学地助人,科学性是其重要特点。这里的科学性有两层含义:第一,社会工作不是一般的助人活动,不是粗略的不加分析的助人活动,而是建立在对问题的科学分析之上的助人活动。社会工作不是以帮助解决人们日常的、简单的困难为己任,而是主要面对复杂的基本生活难题。对于扶老携幼,可能任何人都可以做,但是帮助解决城市失业者家庭困难、进城务工人员子女成长等问题,则不是一般人都能做好的。社会工作常常会介入这些复杂的社会问题,就要对问题进行科学分析。第二,社会工作者的助人实践以科学知识为基础。面对复杂的社会问题,社会工作者要运用人类解决这类问题的相关知识和经验,更有效地应对问题。社会工作者在其长期的专业学习和训练中获得了许多解决社会问题的知识和经验,它们是经过无数次检验的科学知识,可以作为解决现实问题的参考。社会工作者运用这些知识和方法,科学地帮助有困难的人,能够取得更好的效果。当然,这里并不排除社会工作者在实践中也会创造新的经验和知识。

(四) 社会工作的价值相关性

1. 社会工作中的价值相关

价值相关是与价值中立相对应的,这是社会学家韦伯在论述方法论时所使用的一对概念。在他看来,科学的研究就是要客观地了解研究对象,而不是以研究者的价值观念(好恶)去选择研究的问题和影响研究结果。在这里,研究者所持有的价值观念并没有干涉研究过程,这就是价值中立。而价值相关则相反,它是研究者的价值观念直接影响研究过程和结果的现象。显然,在科学研究中要坚持价值中立的原则,尽管完全做到这一点并不容易。后来,价值中立和价值相关的概念也被用于各种研究和实践。

社会工作者在提供社会服务的实践中也使用价值相关和价值中立的概念。在对问题进行研究和评估的过程中,社会工作者应该是价值中立的,但社会服务实践应是价值相关的。这里的价值中立是要保证能科学、客观地认识和分析问题,进而找出科学的解决问题的方法。然而在解决社会问题的行动中,社会工作者是有自己的(专业要求的)价值观的。具体说来,社会工作者在帮助贫弱群体和困境人士解决问题时,要坚守社会工作的专业价值观:尊重人的权利,促进人的发展,追求社会公正和社会进步。这些构成了社会工作专业的价值基础,也指引着社会工作者的实践活动。社会工作者的助人活动实际上是在实现这些珍贵的社会价值和理想。这就是社会工作的价值相关性。

2. 社会工作是一种道德实践

社会工作是充满价值的,它是一种道德实践。所谓道德实践包括两层含义:一是社会工作是为了实现社会正义、增进社会和谐、推动社会进步而进行的活动,这些社会价值都与道德联系在一起。二是社会工作者在具体认识和界定问题、干预和处理问题的过程中,都以一定的价值观为指导,其助人实践因此带有道德的特点。① 从宏观层面来看,社会工作者是在认同社会正义和人道主义的价值基础上从事助人活动的,社会工作者就是通过自己的实践来实现这种价值追求的。在具体的助人与服务活动中,社会工作者也要不断地理解服务对象的想法,通过"双重诠释"去选择合适的助人行为。站在增进服务对象福祉的角度去分析问题和处理问题,反映了社会工作者"强烈的价值介入"②,反映了社会工作实践的道德特征。

第二节 社会工作的对象与工作领域

一、社会工作的对象

(一) 社会工作的基本对象

社会工作对象是指直接接受社会工作服务的个人或群体。从社会工作的起源来看,早期的慈善家最初帮助的是那些无家可归的流浪者、儿童和老人,因失业等而致贫的贫困者,以及战争中的负伤者等。也就是说,出于慈善目的,社会工作最初救助的是社会上最困难的群体。19世纪末20世纪初,美国进入大规模城市化时期,由移民和失业导致的城市社会问题也十分严重。其时,社会工作面对的也是城市失业群体和贫困群体,特别是儿童与老年人。20世纪30年代,我国社会工作发展初期的主要援助对象也是城市中的流离失所者,特别是孤儿,以及城市贫民。实际上,在各国社会工作发展的初期,社会工作首先帮助的都是社会上最边缘、最困难、从道义上来讲最应该帮助的人。一般而言,他们是由于生理、心理原因,或者个人无法抵御的社会和自然原因,而陷于极度困境的群体。至今,从发展中国家社会工作的实践来看,其基本对象依然是那些最"值得帮助的人",如孤儿、孤寡老人、残疾人,以及因自然灾害和社会问题而陷入危险境地的群体。

社会工作的基本对象主要包括贫困群体、脆弱群体和其他处于不利地位

---

① 参见何国良、王思斌主编:《华人社会社会工作本质的初探》,八方文化企业公司2000年版。
② 阮新邦:《强烈价值介入论视野下的社会工作实践》,《社会理论学报》2003年第六卷第二期(秋)。

的群体。贫困群体主要是指物质生活陷于严重困境者,他们缺乏基本的、正常生活的物质条件,甚至难以维持自己的生命。贫困是一种现象,它对人的生命造成伤害。社会工作者基于人道主义对他们实施援助,可以不必考虑其致贫原因。贫困群体并不只是以单个人或家庭的形式存在的,有的时候也会以一定地域的形式存在,在这种情况下,贫困或落后的村庄也就成为基本的社会工作对象。

脆弱群体是受到社会问题冲击时缺乏应对能力而易于遭受挫折和伤害的群体。由于生理或心理的原因,他们难以像其他社会成员那样去承受环境的压力,易于受到伤害并危及自己的正常生活。例如儿童、老年人、残疾人等即是脆弱群体的典型,他们应当得到社会关怀。

弱势群体也称社会弱势群体,是在社会结构和群体关系中处于不利境地、其权益受到严重伤害的群体。在不同的社会情境下,可能有不同的弱势群体。社会工作所关注的弱势群体主要是指由于社会原因,在群体利益冲突中其利益受到严重不公正侵害的人群。例如重大社会变迁中的被迫失业者,权益受到严重侵害的外来务工人员及其子女,受到社会漠视的残疾人、老年人等。这些群体本应得到公平对待,但在利益发生冲突时他们没有能力保护自己而生活于艰难之中。在这种情况下,社会工作者有责任帮助他们,以促进社会公平正义。

(二) 社会工作对象的扩大

1. 社区成为社会工作的重要对象

20世纪30年代以来,社区逐渐成为社会工作的对象。早在19世纪中期以后,英美等国的慈善机构开展社区睦邻运动时,就开始了通过社区组织工作解决社会问题的探索。在19世纪末20世纪初美国的城市化过程中,社会学家、社会工作者也非常注重解决社区问题。以晏阳初为代表的中国学者和社会活动家创造性地开展了以发展农村社区为目的的华北平民教育运动。[①] 第二次世界大战结束后,新独立的民族国家面临着经济社会发展的重大难题,联

---

① 参见徐震、林万亿:《当代社会工作》,台湾五南图书出版公司1996年版。

合国也在全世界大力推进社区发展运动,这样,社区就成为社会工作的重要对象。在许多发展中国家和地区,社会工作者与其他方面的人士一道,通过动员社区内外资源、协调社会关系、开发经济社会发展项目,致力于解决社区成员的贫困等问题。在许多国家和地区,社区建设成为政府十分关注的领域,社区组织、社区融合也成为社会工作的一个重要内容。

2. 面对有需要的人群

有需要的人群是指其基本的合理需要得不到满足,日常生活和发展遇到严重困难的人群。"需要"是社会科学研究的重要课题。马克思曾经从人类生存和发展的角度指出人有物质的、精神的和社会交往的需要。美国心理学家马斯洛(Abraham Harold Maslow)把人类的需要由低到高分为生理的需要、安全的需要、归属的需要、尊重的需要和自我实现的需要,指出了人类需要发展的逻辑。英国学者多亚尔和高夫站在社会政策的角度,认为生存/身体健康、自主是人的基本需要,此外,还有住房、初级社会关系、经济和人身安全以及社会参与等需要。①

人有初级需要和高级需要,国家和社会有责任去满足人们多种正常的需要。社会工作关注的是人们的基本生存及发展需要的满足,并在具体的社会条件下,帮助在这些方面遇到困难而需要援助的人群。比如,在家庭生活中遭遇困境的人,因职业生活和社会生活压力而在精神方面存在问题者,边缘青少年,内心孤独的老年人,单身母亲及其家庭,吸毒(或药物依赖)者等,都是需要帮助以走向正常社会生活的人。另外,社会工作的一些发展性工作也会面对有更高需要的人群,如辅导学习有困难的儿童,为进城务工人员提供适应性培训,协助农村贫困群体学习新的生产生活知识和技术等,都是旨在解决发展中的问题。

作为社会工作对象的有需要的人群,既包括物质生活遭遇困难的基本对象,也包括在精神、社会关系、社会适应和个人发展方面遇到严重障碍者。这里的"有需要"不但是指当事人有要求,而且是指要站在社会的角度看待人的

---

① 参见莱恩·多亚尔、伊恩·高夫:《人的需要理论》,汪淳波、张宝莹译,商务印书馆2008年版。

正常发展。解决这些人面临的问题,不但是个人的愿望,也是社会的希望和要求,尽管这两方面并不总是一致的。着眼于"有需要的人",反映了对人的关怀、对人的基本权利的关注,反映了社会进步的要求。

二、社会工作的领域

(一)社会工作的基本领域

社会工作的领域是指其服务领域,即它在哪些领域开展服务、解决社会成员遇到的哪些问题。由于各国、各地区的经济社会状况不同、社会问题不同、人们对这些问题的认知程度不同、社会工作的发展水平不同,因此社会工作的领域也不尽相同。从国际上的一般情况来看,社会工作的基本领域主要包括如下方面:

社会救助。社会救助是指,政府或社会服务机构为经济匮乏而在物质生活方面遭遇危机的社会成员提供物质方面的支持和帮助。社会救助的对象包括因自然灾害而出现的灾民,因战争而流离失所的难民,以及其他因物质生活无依靠而陷于困境者,如城市失业者、失去劳动能力的残疾人等,社会救助的目的是保障当事人的生命安全和基本生存权利。由于社会救助是政府对其成员生存权利的最基本的保护,因此,它往往是现代国家的社会福利制度的最基本的组成部分。社会工作者在社会福利制度中扮演着实际的救助提供者的角色,通过评估当事人的困难,合理筹集、安排和具体分配资源,实施对他们的救助。

儿童服务。国际上的儿童服务指的是向未成年人提供的服务,包括面向儿童和少年的福利服务。最基本的儿童服务涵盖对失依、流浪儿童的救助,对受虐儿童的援助,对儿童的受教育权的保护,对沾染不良行为的少年儿童的帮助,以及救助童工等。儿童是社会的未来,应该受到全社会的保护。社会工作在保护儿童方面发挥着独特的作用。上述儿童福利服务有些是社会工作机构独立落实的,有些是社会工作机构同其他机构共同提供的。随着联合国《儿童权利公约》的签署和生效,儿童服务也逐渐把儿童发展纳入自己的工作范围。国际社会十分重视保护儿童的权益,儿童服务是十分重要的社会工作领域。

老年人服务。老年人服务或老年社会工作是社会工作的传统领域。许多民族都有敬老尊老的文化传统,尊重老年人、服务老年人成为社会得以延续和稳定发展的基础。在现代社会中,由于家庭小型化、社会流动频繁以及老年人寿命的延长,为老年人提供物质生活服务及精神关照、支持老年人正常生活成为重要的社会责任。在这方面,老年人救助服务、老年人家庭服务、老年人医疗保健服务及社会适应服务等,都是重要的社会工作领域。另外,老年人发展服务、老年人社会参与也是老年人服务的重要内容。

残疾人服务。这是针对残疾人开展的福利服务。残疾人是肢体、精神、智力或感官有长期损伤的人,社会工作主要面对的是因损伤而基本生活发生困难者。生物器官的缺失及功能不足,加上社会性的障碍,常常使他们被排斥于正常的社会生活之外,使他们不能像正常人那样去学习、工作和参与社会生活。残疾人服务通过物理治疗和精神康复,提高残疾人的机能,同时创造环境方面的条件,帮助他们克服困难、参与社会生活、融入社会。在面向残疾人的康复服务方面,有机构内康复、社区康复和职业康复等几种重要的服务方式。残疾人服务也包括帮助有一定劳动能力的残疾人就业,为残疾人提供婚姻家庭方面的服务,通过法律援助维护他们的合法权益等。

妇女社会服务。妇女社会服务或女性社会工作是针对女性的需要、为了促进女性的正常生活和发展而开展的专业服务工作。由于社会制度、社会文化等多方面的原因,女性常常成为弱者,她们被忽视、被歧视和被侵害,她们的正当权益得不到应有的保护。这既不利于女性本身的生存和发展,也不利于整个社会的进步。妇女社会服务就是要通过为女性提供服务,帮助她们解决所面临的阻碍其正常生活和发展的各种困难和问题。例如,当前我国存在的问题有女婴虐待、女童失学、女性被迫失业、就业中的男女不平等、对女性的家庭暴力、女性被迫卖淫、老年妇女养老困难等,这些都是对女性基本权利的严重侵犯。除了动用法律手段遏制这些伤害、歧视女性的行为外,社会工作还可以通过女性能力建设、家庭和社区良好氛围的营造、发展女性的社会支持系统、对女性加强培训及鼓励女性的社会参与等手段,改善女性的生活状况。

家庭服务。家庭服务也叫家庭社会工作,是为由于社会或家庭成员方面的原因而陷入困境的家庭提供支持性服务,它是以家庭整体为服务对象的。

当家庭因夫妻不和、离婚、亲子关系紧张,因家庭成员失业、患上重病,或因迁移及其他问题而出现严重困难时,社会工作者帮助这些家庭解决困难和问题,促进家庭和谐,就是家庭服务。在现代社会中,家庭正在经历重大变迁,家庭服务是社会工作的重要领域。

（二）社会工作领域的扩展

随着社会的发展和社会问题的变化,社会工作的领域也在扩展。这表现于两个方面:一方面是在基本服务领域内深度和广度的拓展,如从关心贫困人口的基本物质生活延伸到其精神生活和社会参与;另一方面是新的工作领域的形成。后者有以下主要方面。

学校社会工作。学校社会工作是以学校生活为背景、以帮助学生正常学习和健康成长为目的的服务。由于家庭发生变故,或者在学习和交友等方面出现问题,有些学生的学业会遭遇很大困难,也有一些学生会走向歧路,从而对其本人、家庭和社会造成不利影响。在这种情况下,社会工作会介入,帮助学生渡过难关。还有,青少年会遇到青春期、恋爱等方面的问题,也需要社会工作者提供帮助。另外,学校社会工作也包括帮助学生适应新的学习环境,帮助协调师生关系、同学之间关系方面的服务。学校社会工作主要有三种方式:治疗型学校社会工作是针对"问题学生"失常的心理和行为;变迁型学校社会工作是为了让学生适应社会的剧烈变迁,包括生活辅导、学业辅导和就业辅导等;社区-学校型学校社会工作则把社会工作延伸到学校外的社区,包括联系学生家长、加强家校沟通,促进学校教育,针对离校学生提供追踪服务,开展社区教育以利学生学习与成长,等等。

就业服务。就业服务是围绕促进有困难人士顺利就业和适应岗位要求而开展的工作。在劳动力市场上,某些人不能顺利就业,既有供求不匹配方面的原因,也有就业观念、求职技巧等方面的原因。社会工作可以从就业政策咨询、就业辅导、就业培训等方面切入,通过协调求职者与用人单位的关系、增强求职者的能力来促进就业。帮助实现就业之后,社会工作者也可以在劳动环境适应、人力资源发展及福利保障、劳动保险等方面继续给予员工支持,这就是企业社会工作的内容。在市场经济体制下,随着企业社会责任的加强,企业社会工作越来越受到重视。

矫治服务。矫治也称矫正，它是司法机关及其工作人员运用各种手段，使犯罪者或有犯罪倾向的违法人员得到思想上、行为上的矫正，从而重新融入社会的活动。矫治社会工作则是指专业社会工作者运用专业理论和方法，为罪犯或有犯罪危险的违法人员提供思想教育、心理辅导、行为纠正，消除其犯罪心理结构，修正其行为模式，使之适应正常的社会生活。传统的司法理念强调制裁，而缺乏面向这些人的服务。现代司法理念吸收了人道主义精神，注重效果，于是通过感化、教育、服务来改变犯罪者就成为辅助性的司法手段，并在挽救少年罪犯方面首先使用，现已扩大至更大范围。矫治社会工作的主要方式有司法前的调查服务、对在监服刑人员的辅导、对缓刑和假释人员的关护，以及为刑满释放人员提供的服务等，其核心是给予犯罪者人道主义待遇，尊重他们的基本权利，并通过服务来达到改造罪犯的目的。

精神健康服务。随着社会运行节奏加快、社会竞争日益激烈，心理压力大、精神紧张已成为较为普遍的社会问题，严重的会发展为心理（精神）方面的疾病，直接威胁当事人的正常生活和工作。精神健康原本不被认为是社会问题，现在则成为改善人们的人际关系和社会关系及生活质量的重要方面。社会工作者可以通过心理辅导帮助当事人舒缓心理压力，进而使他们正常地投入工作和生活。另外，对于那些有较严重精神疾患的人，社会工作者可以向他们提供精神健康方面的服务和治疗。心理辅导与心理咨询不同：心理咨询的假设是当事人心理上出了问题，需要治疗；心理辅导则强调为有需要的人提供服务。在发达国家，精神健康服务已相当普遍。

医务社会工作。医务社会工作是在医疗、卫生、保健领域实施的社会工作，它包括医院社会工作和在社区背景下围绕卫生健康开展的社会服务。传统上，医院的职能是让具有专业权威的医生给病人看病。后来人们认识到，医疗效果不佳不仅是看病本身的问题，也与许多社会因素有关。比如，某些人因贫困而不能就医，医治过程中由于医患关系不协调而影响医疗效果，这些都不是医生和医术所能解决的问题。社会工作者介入其中，为患者提供帮助和服务，实施社会诊断和社会治疗，能够改善患者的健康状况。传统的医务社会工作着重在医疗机构内为患者提供服务,现在,它的工作范围也扩大至健康促进和疾病预防领域。在发达国家,都有相当数量的医务社会工作者在医院服务。另外,在公共卫生政策实施方面,社会工作者也发挥着重要作用。

农村发展与社区建设。在发展中国家,有大量社会工作者从事农村社会工作,其主要目标是推动农村社区发展。社会工作者进入落后的农村,同当地政府、居民和其他方面的专家一道从事经济和教育、卫生等方面的发展工作。20世纪50年代,联合国倡导社区发展运动,大大推动了农村经济与社会的综合发展。在城市,由于现代化的冲击和城市重建,人与人之间的联系变得松弛,作为生活共同体的社区遭遇严重挑战。在这种背景下,社会工作者与政府合作,通过举办活动吸引社区成员参与以促进他们之间的交流,通过动员社区内外资源以改善社区环境,通过社区教育及相关活动提高居民对社区的认同感及自治能力从而促进社区建设,社会工作者在社区建设和发展中发挥了无可替代的作用。我国乡村振兴、农村城镇化和城市社区建设、社区治理都成为社会工作施展才能的重要领域。

第三节 社会工作的构成要素

社会工作是社会工作者持守助人的价值观,运用专业方法,帮助困难群体的职业活动,也是双方合作共同克服困难的过程。社会工作者、服务对象、价值观和助人方法是社会工作的基本构成要素。以下介绍这些要素,并希望借此进一步阐明社会工作的本质。

一、社会工作者

(一)社会工作者的含义及特征

社会工作者是社会服务的提供者,是社会工作存在的前提。社会工作者是英文"social worker"的直接译名,《中国社会工作百科全书》对它的界定是"从事社会工作的专业人员"[1]。社会工作者是由社会工作的价值观引导,运

---

[1] 陈良瑾主编:《中国社会工作百科全书》,中国社会出版社1994年版,第430页。

用社会工作专业方法,帮助贫弱群体和困境人士的职业化的社会服务人员。社会工作者有如下特征:第一,社会工作者是职业化地提供社会服务的人员。这里的职业化是指这些从业人员以此为业而不是兼做,社会工作已经成为一种职业,这种职业在很大程度上已被政府和社会认可。第二,这一职业的性质是提供社会服务,是不以营利为目的、向困难群体提供的非商品交换性质的服务。第三,这些服务者持守助人价值观并掌握专业助人方法。社会工作的专业价值观是以服务对象为本、以改善他们的困境和生活状态为目的的价值体系,这里奉行的是利他主义,即以社会公正、当事人的合法福利、人与社会的协调适应为指导思想。专业助人方法是指在不同情境下有效助人的方法和技巧,是经过专业教育和训练形成的。第四,通过合法登记开展服务。社会工作不是一般的做善事,它要面对社会上比较复杂、棘手以及困难群体自己无法解决的问题。因此,从事服务活动的人就要有较高的素质,以负起社会服务的重要责任,而登记、注册、属于某一社会服务机构就是承担责任的一种形式。

改革开放以来,我国民政部门开始使用社会工作者这一概念,社会工作者主要指那些实际从事民政工作和提供社会服务的人员。2006年,党的十六届六中全会决定建设宏大的社会工作人才队伍,同年人事部、民政部联合发布《社会工作者职业水平评价暂行规定》和《助理社会工作师、社会工作师职业水平考试实施办法》,社会工作者的概念进一步明确。学术界和社会工作行政管理部门基本上从专业角度看待社会工作和社会工作者,认为社会工作者是社会工作队伍中的专业人员,社会工作者是一个专业概念,由此体现了对国际规范的认同。

在这里,有必要区分一下我国存在的另外两个"社会工作者"的概念。其一,我国习惯把本职工作之外的公益性、服务性工作称为社会工作,也有人因此而自称"社会工作者"。其二,在某些政府部门和城市社区中,那些直接服务于民众的人员被称为(或自称为)"社会工作者"。实际上,这两种"社会工作者"与现代意义上的社会工作者有明显差别。

(二) 社会工作者的角色

社会工作者作为专业人员,需要在社会服务过程中扮演重要角色,开展工作。社会工作者要运用多种专业技巧引导受助者正确对待困难、努力克服困难,同时要去争取资源,切实帮助他们走出困境。另外,社会工作者还要设法在制度上预防同类事情的发生。

英国学者贝克(Ron Baker)将社会工作者的任务(角色)分为多种,正如图1-1所示:

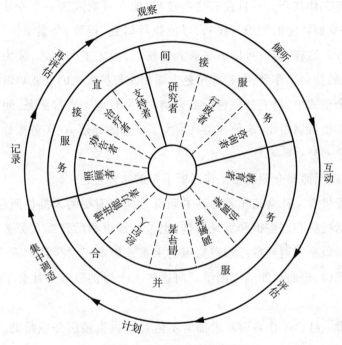

图1-1 社会工作者的角色

资料来源:转引自徐震、林万亿:《当代社会工作》,台湾五南图书出版公司1996年版,第19页。

图中最外围的大圆圈标示出社会工作者的角色与任务的关系,即评估、计划、集中调适、记录、再评估、观察、倾听、互动,为社会工作者的全部角色所共有。但这些任务与社会工作者在扮演特定角色时承担的特殊任务有所不同。特别要指出的是:第一,图中所标示的通才社会工作者的任务是一个接一个的,但不可以认为它们有先后次序,这只是为了澄清概念,才以此种方式呈现。实际上,实务工作很少有单独的任务,而经常是以任务组合的方式展开的。第二,有些任务是经常性的,如观察、倾听、互动、评估,有些任务则是在调适过程中的某一点上比较突出,如再评估、记录、计划。

贝克在图中给出了一个通才社会工作者的十三种角色模式。他特别强调这些角色不是互相排斥的,而应看作相继出现的,各角色之间的虚线即是表示这个意思。在这个模式中,社会工作者执行一般性的任务并扮演角色,表现最基本的实务工作技巧。一旦拥有这些技巧,便有可能成为一个专才实务工作者,学习并掌握特定的知识与技巧,以便执行研究、行政、个案工作、小组工作等特殊任务。这样,他就可以由一般到特殊,由通才成为专才,成为一个经验丰富、老练的社会工作者,在特殊角色方面加深与扩大他的专业知识和技巧。

在这个模式中,贝克把角色分成三类,分别对应于直接服务、间接服务和合并服务。他特别指出,这种分类只是为了概念的界定,在实务工作中并没有严格的角色差异。

以下,我们简要介绍社会工作者所承担的几种角色:

服务提供者。社会工作者的基本职责是向有需要的人提供服务,这里的服务既包括提供心理咨询和意见咨询,也包括提供物质帮助和劳务服务。社会工作的对象是因遇到自己难以克服的困难而影响正常生活的人,没有社会工作者的帮助,他们只能陷入困境。向这些人士提供服务是社会工作者的基本责任。

支持者。社会工作者面对求助者不但要提供直接服务或帮助,也要鼓励受助者在可能的情况下自强自立,克服困难,即"助人自助"。因此,社会工作者应该成为受助者积极反应的支持者、鼓励者,并应尽量创造条件让受助者自立或实现自我发展。

治疗者。社会工作者作为治疗者有很长的历史。传统的治疗对象主要是面临问题的个人,现在已经发展到了群体和社区。治疗是为了系统地影响服务对象的人际互动或内在心理功能,社会工作者直接同(with)个人、群体、家庭一起工作,以帮助他们解决那些发展性的、人际互动或环境适应方面的问题,控制或减轻不适症状,从而促进那些在发展、人际互动或环境适应方面有困难的个人、团体成员及家庭的成长。

行为倡导者。在一定情况下,社会工作者应该成为受助者采取某种行为的倡导者,即当受助者必须采取新的行动才能走出困境时,社会工作者应该向其倡导某种合理行为,并指导他们以使其成功。在社区发展方面,这种角色是明显的。应该指出的是,这里的倡导并不是不顾受助者接受程度的强行推动。

教育者。教育者的角色是指,社会工作者提供机会,让受助者学习特定的社会技能;供给信息,使其更有效地扮演角色与发挥功能;预防问题与困难生活情境的发生。社会工作者作为教育者,是要回应受助者对社会适应性与技能的需要,以其可理解的方式提供信息,并给予意见或建议。

行政管理者。在通过社会服务机构提供服务时,一些社会工作者会以行政管理者的身份出现,包括拟订服务项目的计划、制订服务和工作方案、调配人力物力资源、对服务机构进行管理等。当扮演这个角色时,社会工作者可以行政主管的身份出现,或者只是把它作为社会工作者职责角色的一部分。

资源获取者。在许多情况下,社会工作者为了有效助人,常常需要联系政府部门、企业、基金会和广大社会,向各方争取受助者所需要的资源。为服务的顺利开展争取资源是社会工作者的重要责任。

调解者。调解者的角色就是以最具建设性的方法和途径去化解纷争,目的是帮助处于冲突中的各方达成共识,解决矛盾。作为调解者的社会工作者是站在中立的立场上开展工作的,问题的调解与他没有利益关系。

政策影响者。某些社会问题并非由个人生理、心理因素所引发,而是由社会、制度、政策等因素造成的,这时,对造成这种问题的政策或制度进行改变就是必要的。社会工作者应该将其工作经验和服务对象的合理要求反馈给政策制定者,促进相关政策的完善和改变,以避免社会问题的再次发生,减缓社会矛盾。

研究者。在努力使自己成为一个专业的过程中,社会工作界越来越重视和强调研究的重要性。社会工作者作为一个实务研究者的目的与功能有两个:第一,提高专业服务水准,达到专业服务的目标,以及发展社会工作专业的知识与理论;第二,作为决策影响者,为社会政策的制定提供依据。

二、服务对象

（一）服务对象的概念

服务对象是社会工作者向其提供服务的个人或群体，也是社会工作者帮助的对象，没有服务对象也就不可能有社会工作。社会工作中的服务对象（client）也称"受助者"（或称"案主"），指的是在社会工作过程中接受服务的一方，是其正常生活遇到困难需要得到帮助的人。由于中文用语上的多样性，这里有必要对这几个概念的含义稍作分析。

"服务对象"是与社会服务（简称"服务"）相联系的概念。这一概念将社会工作者的工作视为服务，由此社会工作被视为双方平等的过程，是社会工作者将自己所掌握的资源送达服务对象并帮助其克服困难的过程，这一概念比较明确地反映了社会工作的价值观。在社会工作中，对服务（或社会服务）应该做专业化的理解，即社会工作者将自己的知识、能力贡献于社会，帮助有困难、有需要的人士解决问题，适应正常生活。

"受助者"的概念是与帮助相联系的，提供帮助的一方称为"助人者"，接受帮助的一方称为"受助者"。这样，受助者就是遇到自己不能解决的困难并愿意接受帮助的人。这反映的是帮助与被帮助的关系，在许多情况下也就是给予与接受的关系。在中国文化中，帮助或给予常常被赋予上位，即高于接受帮助的人。而受助者及其前面的角色——求助者常常被认为是处于低位的，因为中国传统文化认为求人是"丢面子"的事。当然，帮助和受助确实在很大程度上反映了社会工作的本质过程，因此受助者的概念在许多情况下也是有效的。当然，如果认为社会工作就是单向的帮助→受助过程，也未免片面，因为在社会工作中，社会工作者也会从对方那里得到知识、经验并学会合作。

"案主"的概念是基于个案工作及这一事件的当事人而提出的，"案主"意指某一个案的主人或当事人。但从中文语义上说，它有可能同法律关系中的"案主"相混淆。

比较上述几个概念，本书以为"服务对象"的概念更符合社会工作的价值观，有助于对社会工作的理解，也符合我们的语言习惯；至于"受助者"，则在一定程度上清楚地反映了社会工作的基本内涵。所以本书主要使用"服务对象"的概念,在某些语境下也使用"受助者"的概念。

(二)服务对象的存在形式

服务对象作为社会工作者服务与帮助的对象,有多种存在形式。社会工作的对象不仅指个人,也可能指群体或社区。社会工作是为有困难的人提供服务的活动,有困难的人是社会工作的基本对象。无论如何,社会工作者的帮助和服务都要落实到具体的人,他们是遭遇困境而需要帮助的活生生的人。这样,个人(作为生物性与社会性的统一体)就是社会工作服务对象最普遍的存在形式,他们可以是儿童、少年、老年人或失业者等。

有困难的群体也是社会工作的服务对象。比如家庭服务面对的是家庭,不是某一个家庭成员,而是整个家庭成为社会工作的对象。社会工作要通过分析问题、设计活动、促进家庭成员间的沟通与合作去帮助家庭走出困境。又如,帮助进城务工人员子女融入城市学校也是群体性的服务活动;协调老年福利院中住院老年人之间的关系、营造良好的院舍环境也是群体性的。

社区是社会工作的重要对象。贫困农村经济社会状况的改变,城市重建过程中社区的重组和建设,城市化进程中农民市民化的生活方式的转变,都是超出个人的社会性问题。在社会工作过程中固然要面对每一个社区居民,但其要改变的是社区。

三、价值观

(一)何谓社会工作价值观

社会工作价值观(values)是社会工作者所持有的一整套支撑其进行专业实践的哲学信念。它包括社会工作对社会公正和进步的看法、对人们遭遇的困境及其意味的看法、对社会工作服务的做法及其意义的看法等。这些看法不是零碎的、分割的、就事论事的,而是系统的、根本性的。在某种意义上,社会工作价值观是关于社会服务的意义、社会工作者与服务对象的关系以及工作效果的终极性看法。比如,为什么要开展残疾人社会服务,怎样看待和对待残疾人,如何评价残疾服务的效果,进而如何评议现行的残疾人政策,这些看法都与社会工作价值观紧密相关。

社会工作价值观由一系列对社会、个人、个人与社会的关系,对社会公正、社会问题,以及对社会工作的看法和评价组成。在最根本的社会观上,社会工作持集体主义(或整体主义)观点,认为社会是一个整体,社会成员应该互相关照,政府和社会有责任帮助遇到困难的社会成员,遇到困难的社会成员也有责任与社会合作去克服困难,社会工作是帮助有困难的社会成员走出困境、走向社会和谐与实现社会公正的手段。

社会工作价值观的核心是利他主义,即社会工作者以帮助他人、服务他人为自己行动的准则,这是社会工作与利己活动的本质区别。社会工作认为,个人、群体在正常生活方面遭遇困难时应该得到帮助,过正常的生活是每一个人的权利,帮助他们过正常生活也是政府和社会的责任,社会工作是帮助人们实现这种权利的过程。在服务过程中,社会工作者尊重服务对象的人格和选择,承认社会工作者与服务对象处于平等地位,认为服务对象有能力也有责任加入改变自己所处困境的行动。社会工作是乐观主义的,社会工作者相信,通过努力,那些不令人满意的社会状况、个人困境是可以改变的。

(二) 社会工作价值观的意义

价值观是社会工作的灵魂,因为社会工作实践是在价值观的指导下进行的。社会工作作为专业的助人活动,只有在专业价值观的指导下才会自觉地、持久地进行,才会尽最大可能去帮助他人、服务于工作对象。社会工作是不谋私利的服务,而长期服务于困难群体、贫弱群体是需要坚定信念的。由于社会工作是一种真心实意的服务,而不是社会工作者要行使手中的某种权力,利他主义的价值观就十分重要。

社会工作是一种职业,社会工作者的服务不以牟取私利为目的,而是代表社会给予有困难的个人和群体帮助和关怀。这样,愿意帮助他人并选择社会工作作为职业的人,必须全心全意地接受社会的委托,做好工作,而其基本条件之一就是真正认同追求社会公正、无私助人的价值观。由于社会服务过程中会遇到大量困难,因此社会工作者必须有坚定的信念和强大的动力,这种信念和动力的来源就是社会工作价值观。

社会工作是充满价值理念的活动,在社会工作者的服务活动中,始终贯穿价值观的指导和影响。这样,价值观就成为社会工作的基本构成要素。

四、助人方法

(一) 有效助人需要科学方法

社会工作不但要帮助人,而且要有效地帮助人。这样,社会工作就不是随意的助人活动,而是以有效为目标的、科学的、理性的助人行动。理性的助人行动指的是人们力图以最有效的方式达成其助人目的的活动。在这一过程中,科学的助人方法尤为重要。这是一套基于多种科学知识和经验而形成的处理人与人的关系、帮助人走出困境的方法,是一些操作性很强的实务工作方法和技巧。

科学方法之所以必要,至少基于两点:社会工作的复杂性和服务对象的特殊性。就前者而言,社会工作者要面对各种复杂的困难和必须处理的问题。这些问题包括个人性的、群体性的和社区性的,物质方面的或精神层面的,需要同个别人打交道的和必须同政府打交道的。解决不同的问题需要不同的方法,而科学的方法能达到事半功倍的效果。另外,服务对象的特殊性也要求社会工作者必须具备科学方法。面对不同的服务对象和不同情况下的服务对象,需要运用不同的工作方法。

(二) 专业方法

社会工作者在助人过程中扮演众多角色,需要掌握多种工作方法,比如评估、沟通、介入、服务、促进合作、协调、资源动员、倡导呼吁等。

在社会工作中,个案工作、小组工作、社区工作是社会工作的三种重要的直接服务方法。另外,还有间接的工作方法,如社会行政、政策分析、社会工作研究等。每一种方法又有不同的工作模式和工作技巧,这就构成了社会工作的方法体系。它是一种有别于其他学科、其他知识的专业工作方法。社会工作方法并不排除个人经验,而且针对具体情况而采用的工作方法与技巧是社会工作过程中活的、有效的东西。社会工作是科学的助人活动,科学的助人方法是现代社会工作的重要组成部分,以至于有相当多的社会工作者认为社会工作的核心就是一整套可以灵活运用的助人方法。专业方法是社会工作不可缺少的要素，也是社会工作知识体系最主要的组成部分，本书后面将专门对其进行介绍。

第四节 社会工作的功能

一、功能与功能对象

（一）功能的概念

"功能"是一个与系统相联系的概念，功能概念在社会研究中得到了较广泛运用，并形成了相关的理论流派——功能主义。功能学派首先把分析对象看作各部分之间有联系的整体或系统，认为社会现象、社会生活内部存在着广泛的联系，社会就是由相互联系的不同部分组成的整体。功能理论认为，组成整体的各部分对于整体的存在发挥着自己独特的、必要的作用，这种部分对整体的贡献或者所发挥的作用被称为"功能"。[①] 显而易见，在功能理论看来，功能是一种积极的作用。功能是功能理论的核心概念，功能理论认为，系统或整体的各部分在功能上是互相依赖的，因此系统或整体内部是和谐的。在社会学中，帕森斯的结构功能理论是功能理论的代表，他把功能理论发展到了极致，当然，最后这一理论也不可避免地遭到批评。

社会科学在较广的意义上使用"功能"这一概念，功能被认为是某一社会主体、社会安排所发挥的作用。在社会工作领域，功能的概念也在多种意义上被使用：有时比较强调系统的含义，比如讨论社会政策、社会福利制度的功能；有时则侧重一种社会行动对行动对象的作用。

（二）功能对象

在进行功能分析时首先要区分是谁的功能，是谁在行动和发挥作用，这是确定功能主体的问题。在社会系统中，行为主体不同，其行动的作用或产生的影响也不同，所以，在功能分析中首先要分清楚是谁的何种行动在发挥作用。

---

① 乔纳森·H.特纳：《社会学理论的结构》，吴曲辉等译，浙江人民出版社1987年版。

功能分析接着要界定的是,这一行动对谁产生了影响,即对谁的功能。在一个复杂系统中,某个部分的行动会发挥多方面的作用,在进行功能分析时必须相对清楚地界定对谁产生了影响,这就是确定功能对象的问题。一种行动对不同人群(对象)的意义是不同的,有时作用可能是相反的。比如,某种政策对一部分人是有利的,但对另一部分人可能是不利的。因此必须确定功能对象,即某一行动对谁产生了影响。

社会工作的功能对象是需要向其提供社会工作服务的人和社区,社会工作者的服务要瞄准服务对象,也要关注对相关群体的影响。

(三) 功能的性质

功能这一概念一开始就被赋予了积极的或正面的含义。但是,从一个角度看是正面的作用,从另一个角度来看可能是负面的,现在看来是积极的作用,长远看来可能是消极的。于是,社会学家默顿(Robert K. Merton)在批评帕森斯的结构功能主义时,提出了负功能或反功能的概念。反功能是指部分对整体的作用并不具有建设性,而是相反的情况。相对于反功能或负功能,积极的作用可以称为正功能,但是按照功能主义的假设,正功能常常被简称为"功能"。在这里应该注意的是,在社会科学中"功能"有时被视为一个中性概念。

显功能与潜功能是默顿提出的一对概念。他认为,那种明显的、为参与者所预期和觉知的结果是显功能,而那些未被期待和认识的结果是潜功能。[①] 随着情况的变化,这种潜功能可能会明显化。在社会生活中,人们的行为可能产生多种结果,其中包括意外结果,这就是潜功能。甚至,某些影响人们是难以认识到的,这种功能就处在潜在状态。在社会工作中,了解显功能与潜功能的划分,并在行动过程中尽量认识潜功能是重要的。

二、社会工作的主要功能

(一) 治疗功能

1. 什么是社会工作的治疗功能

社会工作是对社会问题的回应。社会问题的出现是因为社会系统(个人、

---

① 默顿:《论理论社会学》,何凡兴、李卫红、王丽娟译,华夏出版社1990年版。

家庭、社区、社会制度)不能正常发挥其社会功能。因此,治疗就是针对社会病态采取措施,使社会系统恢复和重建,以发挥良好的社会功能。治疗在微观层面上是指针对个人、团体的直接服务,帮助他们恢复受创的社会功能,因为社会工作能够消除导致社会功能衰弱的因素。治疗也包含恢复,就是重组和重建社会系统。例如,家庭社会工作可以帮助处于婚姻危机中的夫妇,支持他们学习沟通的技巧,彼此接纳,辅助他们寻找资源解决实际困难(如孩子入托问题),从而使他们能够正常扮演各自在家庭中的角色,挽救濒临破碎的家庭。把治疗放到社区层面上看,就是要解决社区本身存在的问题。总之,社会工作的治疗功能就是消除那些导致问题产生和使社会功能丧失的个人或环境因素,帮助失去社会功能的社会系统恢复和重建,获得适当的社会调适模式或产生新的替代模式,从而使服务对象发挥正常的社会功能。

2. 治疗的必要性

一个人身体有病,如果不加以治疗就会危及生命安全。同样,社会系统有了问题,如果不加以"治疗",也会影响社会功能的正常发挥,危及个人和社会的正常运转。只有进行"治疗",才能使整个社会和个人处于"健康"和谐的状态,正常运行发展。

在社会迅速变迁的今天,社会工作的治疗任务非常艰巨。从微观层面看,社会中的某些团体或个人在变迁中功能失调,产生困难。如,面对某些失业人员,需要解决其求职上的畏难情绪;一些人有情绪上的困扰,需要"心理社会"治疗;一些人社会适应不良,需要调适。从宏观层面看,社会工作要解决问题、消除弊端以稳定社会秩序。可见,社会工作通过"治疗"社会"病态"可以协调人与社会的关系,从而缓和矛盾、稳定社会。对于自我缺乏正常发展能力的人来说,社会工作的治疗是一种必要的救助和保护机制。

3. 治疗的消极性与局限性

"治疗"是一种事后的补救,是有了问题后采取的行动,具有滞后性,因而它是消极的。治疗的局限性在于:社会工作的治疗不能解决一切社会问题。比如,对于失业者,社会工作的"治疗"就是实施救助,或者帮他找工作。这种就事论事的治疗,不能增强服务对象的能力和"免疫力",只能免除暂时的痛苦,而不能真正帮助他走出困境。当然,对于那些某种生物和社会功能基本丧失的人来说,治疗又是必需的。

(二) 预防功能

1. 预防思路的出现

早期社会工作对问题的解决主要是采取治疗的方法。随着社会工作作为一个独立专业的发展,它的功能也丰富起来,人们开始认识到消极的治疗不如积极的预防。早在1885年美国慈善与矫治大会第十二次年会上,人们就已经开始讨论"预防工作",提出为了预防犯罪,应从青少年抓起,而五岁以前的婴儿期尤为重要。此后,预防性社会工作逐渐被人们所重视。美国著名社会工作教育学者贝姆(Werner Boehm),在1958年发表的《社会工作的本质》(The Nature of Social Work)一文中提出了社会工作的三个功能:(1)恢复;(2)提供资源;(3)预防。随后在美国社会工作教育委员会(CSWE)出版的《课程研究》中,他阐述了相同的思想。1962年,美国社会工作者协会(NASW)在一份题为《预防与治疗》的报告中表达了对预防工作的极大关注,指出:社会工作对预防的深切关注产生于专业服务的信念。如果大多数社会工作者所处理的社会病态能够被预防,那么大量个人将免除痛苦,社会也会从中获益。这本身就足以证明有效的预防对未来的发展多么重要。现在,预防性的工作已经成为社会工作实务与活动中的重要内容。

2. 社会工作的预防功能

斯基德莫尔与撒克里(Rex A. Skidmore and Milton G. Thackeray)认为:预防是一个采取行动,抑制对社会有害的行为及个人与系统的问题,以避免其发生的过程。在理论上,这意味着要采取行动,使个人或社会的病态不致产生。美国社会工作者协会的社会工作实务全国委员会把预防性社会工作定义为:那些能够防止危险发生,减少特定的社会问题,在已经出现征兆时延缓或控制问题的生成的所有活动。所以,预防就是指先期发现有害于个人或系统、组织的任何因素并予以消除。预防的前提是要有准确的预测。为了有效地解决问题,必须在问题出现之前就对它的状态和发展趋势有一个预测,详细分析它的原因、掌握其发展的脉络,从而尽早设法加以控制,把问题消灭在萌芽状态。

预防可以从两方面进行:第一,采取措施,防止问题的发生。这是初级预防,是预防的最高境界。第二,在问题刚出现时就采取行动,不使其生长,这是二级预防,是"亡羊补牢,犹未为晚"。

初级预防能够从根本上防止问题的发生。从宏观制度上讲,初级预防的措施就是要发展有效的社会福利支持体系,包括个人的自助系统与社会环境的支持体系,以及健全的社会工作助人体系,保障社会大众的生活安全与基本需要的满足,并为其提供发展的机会。这要求社会工作者具有敏锐的洞察力与社会责任感。

预防的一个重要手段是进行公众教育。例如,环境保护关系人类的发展、生存与未来,社会工作者可以通过一系列活动、计划,宣传环境与人类关系的知识,让人们知道环境保护的重要性,提高人们的环境意识,从而达到预防环境恶化的目标。

(三) 发展功能

1. 什么是社会工作的发展功能

社会工作的发展功能是指,社会工作者通过发掘和充分利用社会资源,激发个人或制度的潜能,使处于困境的个人或群体得到成长,并有效发挥自己的社会功能,从而改善生活状况、提高生活质量。

与治疗和预防的功能不同,发展的功能涉及一种动态的成长。治疗是事后的补救,预防是事先的防范,二者都是促使事物变化的外在措施。而发展着眼于个人与制度内部的能力的发挥和增长,把解决问题的着眼点放在增强当事人的能力上。社会工作的最终目的是助人自助,而达到目的的途径就是"发展"。社会工作的三个功能是相互依存的。治疗和预防的目的是促进发展,而发展又可以起到预防的效果,达到治疗的目的。如果没有发展,预防和治疗只能是头痛医头、脚痛医脚,发展才是相对治标又治本。从更深的层次来看,促进服务对象的发展也是对他的尊重和信任,即相信服务对象在一定条件下有能力自己解决困难和问题。

2. 发展的手段

社会工作的发展功能主要是通过以下几种手段发挥的：

第一，通过教育达到发展的目的。社会工作的教育功能在于增加服务对象的知识和自信，使其具有正确认识自我与社会环境关系的能力，以在变迁的社会中正常发挥功能。譬如，"社区心理健康教育计划"就是通过向社区居民宣传心理健康知识，教育人们注重个人的心理健康与调适，在社会快速变迁中增强个人的社会适应性，从而预防心理失衡。

第二，通过提升社会系统的功能促进成长。提升社会系统的功能是，更有效地运用现有的社会资源，强化社会福利体系，提高人们物质生活和精神生活的质量，并增强人们对自己所扮演角色的认知、适应和发展。

第三，通过吸引和动员服务对象参与以提高其能力。发展性社会工作的核心是社会工作者与服务对象的共同参与，在参与中增加认识，提高服务对象对服务的接受与配合度。如"科技扶贫"就是向贫困地区的农民传授农业科技知识，使他们掌握先进的农业生产技能，增强自身发展生产、发展经济的能力，利用当地的资源以摆脱贫困。科技扶贫给予农民的是发展的能力，而不只是不能再生的物质。发展更倾向从根本上解决问题。

三、社会工作功能的一致性与冲突

社会工作服务人和改变人的活动是在具体的社会系统中进行的，社会工作服务会对多方产生明显的或潜在的影响。社会系统的复杂性决定了社会工作诸功能既可能一致，又可能存在冲突。

（一）社会工作功能的一致性

社会工作功能的一致性是指，社会工作的实施效果对各方面影响的价值方向是一致的。或者说，社会工作在给予服务对象帮助的同时，也有利于其他人群、社区或社会。社会工作的实施既能帮助服务对象，也能增进社区利益和社会公共利益。比如，在社会保障制度框架内，社会工作者通过连接各种资源实现对弱势群体的帮助，同时可以发动社区志愿活动，促进后者对贫弱群体的关怀,从而助力社区和谐发展。另外,这种帮助和服务有助于社会矛盾的化解,能够促进社会和谐。在这里,帮助有困难的人,与增进社区和谐、增加社会资本以及推动社会进步是连在一起的。多种价值和功能在这种服务中得到统一,就是功能一致。

（二）社会工作功能的冲突

社会工作功能的冲突是指,社会工作的服务有利于服务对象,却对其他方面的利益有所伤害。在现实社会中,对某些人或群体有利的事情,不一定对其他人或群体有利,反而可能有害。比如,自由主义的福利观认为,较好的福利会带来依赖和懒惰,当然也会伤害纳税人的利益。有人认为,弱势群体增权可能会给强势群体造成威胁,对边缘群体的过度宽容会破坏社会秩序,等等。在现实中,社会工作的多种功能之间出现矛盾是正常的。在这种情况下,怎样既减少冲突又实现社会工作的主要目标是一种艺术。社会工作者应该尽量减少各种功能之间的矛盾和冲突,促进社会工作目的的实现,社会工作者既要聚焦于眼前的具体问题,又要着眼于社会正义,着眼于社会发展的总体利益和长远利益。

四、在中国式现代化新阶段发挥社会工作的专业优势

全面建成小康社会之后,党的二十大确定了全面建设社会主义现代化国家的宏伟目标,提出了中国式现代化的重大命题。党的二十大报告指出,中国式现代化是人口规模巨大的现代化,是全体人民共同富裕的现代化,是物质文明和精神文明相协调的现代化,是人与自然和谐共生的现代化,也是走和平发展道路的现代化。我国的现代化事业取得了举世瞩目的成就,但在民生等领域也面临不少困难和问题。例如,发展不平衡不充分问题仍然突出,城乡区域发展和收入分配差距仍然较大,群众在就业、教育、医疗、托育、养老、住房等方面面临不少难题。我们要增强问题意识,聚焦实践遇到的新问题、改革发展稳定存在的深层次问题、人民群众急难愁盼问题,要坚持在发展中保障和改善民生,实现好、维护好、发展好最广大人民的根本利益,紧紧抓住人民最关心最直接最现实的利益问题,坚持尽力而为、量力而行,采取更多惠民生、暖民心举

措,着力解决好人民群众的急难愁盼问题,健全基本公共服务体系,提高公共服务水平,增强均衡性和可及性,扎实推进共同富裕。

上述重大民生问题的解决,既需要党和政府制定和实施正确的经济政策和社会政策,也需要社会工作在其中发挥自身的专业优势。社会工作有强烈的为人民服务的专业情怀,有追求公平正义与社会和谐的理念,有协助服务对象解决困难、发展自己能力的有效专业方法,有脚踏实地、坚韧进取的专业精神,能够在全面建设社会主义现代化国家的伟大事业中发挥自己的专业优势,做出应有的贡献。

◆ 参考文献及进一步阅读文献

O. 威廉·法利、拉里·L. 史密斯、斯科特·W. 博伊尔:《社会工作概论(第十一版)》,隋玉杰等译,中国人民大学出版社 2010 年版。

顾东辉主编:《社会工作概论》,复旦大学出版社 2008 年版。

何国良、王思斌主编:《华人社会社会工作本质的初探》,八方文化企业公司 2000 年版。

李迎生主编:《社会工作概论(第三版)》,中国人民大学出版社 2018 年版。

卢谋华:《社会工作的理论与实践》,中国社会出版社 2007 年版。

王思斌主编:《社会工作概论(第三版)》,高等教育出版社 2014 年版。

徐震、林万亿:《当代社会工作》,台湾五南图书出版公司 1996 年版。

言心哲:《现代社会事业》,河北教育出版社 2012 年版。

◆ 思考题

1. 怎样理解社会工作是一门科学?
2. 怎样理解社会工作是一个专业?
3. 试述社会工作者的角色。
4. 试述社会工作在社会福利体系中的地位。
5. 试述社会工作的功能。

第二章

社会工作的发展历史

作为一个专业,现代社会工作的产生源于近代资本主义,其发展与社会的现代化同步,经历了一个漫长且不断演进的过程。本章介绍中外社会工作的发展历程及背景。

第一节 社会工作的历史起源

以助人为鲜明特点的现代社会工作最早产生于西方,经历了一个漫长的孕育过程。这一过程,伴随着人类关于个人与社会关系之思想与实践的发展,这些思想和实践也就成为社会工作坚实的思想基础和社会基础。

一、社会工作的思想渊源

(一)古希腊、古罗马时期的思想根源

人类作为一个群体,其中的个体是相互依存的。人类对自身群体性的认识在古希腊先哲的思想中已有反映。早在古希腊时期,人们认为幸福是从与他人共享财富中得来的,富人要想感到愉悦,获得别人的喜爱与赞美,就应该把一些财富分给穷人。古希腊人的这种幸福观表明,个人拥有财富并不就是幸福,只有与他人分享才是幸福。这种幸福观为社会中人们的互助提供了思想依据。

古罗马时期,人与人之间的助人与互助表现为人们对社会责任观的强调。那时,人们相信,富人为穷人解除痛苦是一种重要的宗教上的责任。不仅如此,他们还认为,富人在帮助穷人时,只有不令穷人失去尊严,才能显出富人的尊贵。这种责任观的意义在于,富人帮助穷人并不是可有可无的,而是一种宗教上的责任,而且助人者在履行这种责任时必须维护穷人的尊严,否则自己就没有什么尊贵可言了。助人,同时强调对受助者的尊重的思想,促成了一些富人对穷人的帮助,也影响了人们对帮助他人的看法。

人们对正义的主张体现于对公平享有财富的认识。托马斯·阿奎那（Thomas Aquinas）认为,所谓公正,即是大同与公平分配。大同是指个人依其贡献而享有,公平分配指每个人均能平等地享有财富。这种正义观表明,只有既考虑到个人贡献,又考虑到公平,才是正义的。这种思想对社会工作价值观中强调社会公平与正义的传统发挥了重要的影响。

（二）基督教的博爱思想

基督教产生于公元 1 世纪,其教义包含利他、奉献、救人救世、爱人助人及与人为善等博爱思想。如《圣经》中讲"要爱你的邻居"。这里的"邻居"不仅指自己认识的特定的人,例如朋友和亲戚等,而且指那些需要照顾和有困难的人。因此,"邻居"不仅包括自己的亲友,而且包括陌生人,只要他们需要帮助,就应当成为你要去爱和援助的对象。也就是说,基督教的博爱思想强调一种无差别的爱。基督教的这种博爱思想对社会工作的价值基础产生了重要影响。

（三）人道主义的价值观

起源于欧洲文艺复兴运动的人道主义强调人的权利、价值和尊严,认为人的一切权利,包括人的生存权、发展权等,是与生俱来的。人道主义思想源于文艺复兴运动对人类的"世界观解咒"[①]。在中世纪的西方,主宰人们精神世

---

① 阮新邦:《批判诠释与知识重建》,社会科学文献出版社 1999 年版,第 53 页。

界的是神圣宇宙观和世界观,自然与社会的秩序被认为是神的启示。而"世界观解咒"带给人们的是全新的观念,即以理性认知世界,去理解外在世界的事物,这使人类在自然与社会面前获得了自由与解放。人道主义所强调的人的尊严,对人的价值和平等权利的重视,都对社会工作的出现产生了重要作用。人道主义包含下列基本价值:

(1) 承认每一个人,不论其生活环境、社会地位、种族肤色、宗教信仰、政治派别或行为模式如何,均享有与他人同样的生存权利。

(2) 承认每个人都是一个生物的、心理的和社会的有机体,人的行为是一种调节人类需要与周围环境关系而使二者平衡的活动,这种活动可以用科学的方法加以研究。

(3) 承认人生而自由。人为万物之灵,是社会文明的创造者与主人。人们组成社会,目的在于保护个人、关心个人。因此,每个人在不侵犯他人自由的情况下,应该享有信仰、言论、结社及其他自由权利。

(4) 人与人之间是相互依赖的,一个人帮助他人是一种责任,也会获得一种快乐。个人与社会之间也是相关的,个人与社会都有责任维持对方的生存与发展。

(5) 人类不断努力,设法预防、治疗社会病态和罪恶,改进甚至重建不合理的社会制度,这是人道至美的表现。人类既有共同的物质和精神生活需要,也有各自不同的特点,努力协调这些复杂的人际关系,是人道主义的表现。

(6) 每一个人,不论其年龄、身份以及生活环境如何,不论何时何地,不论是富贵还是贫贱,健康还是病弱,正常还是反常,均享有人的尊严,而且这种尊严必须得到尊重。

(7) 每个人都有追求自由平等、自我发展、自我决定以获得幸福生活的权利。在一个现代民主社会中,每一个人均享有这样一些最基本的权利:生存权、工作权、健康权、受教育权、居住权、休息权、选举权,以及享受社会福利和人道服务的权利。①

---

① 李宗派:《人道与仁政》,《社区发展月刊》(台北)1976年第5卷第9期。

第二章　社会工作的发展历史

人道主义包含的这些价值为社会工作的产生奠定了坚实的思想基础,社会工作的许多价值观都直接来源于上述人道主义思想。

二、社会救助的发展

作为对社会变迁的回应,英国及其他欧洲国家政府进行社会立法,民间积极开展宗教慈善活动,这些都对社会工作的发展产生了直接和重要的影响。

（一）社会变迁与社会问题

早期工业发展带来的社会结构的变化及其衍生的社会问题,是社会工作产生和发展的重要基础。英国的圈地运动为工业革命准备了大量的劳动力和资本。18世纪60年代,工业革命首先在英国发生,然后在欧洲其他国家和北美扩散开来,至19世纪中期结束。工业革命的酝酿期及其整个过程,促进了这些国家经济的发展、经济结构的转变,而经济结构的转变又带来了社会关系和社会结构的深刻变革,资本主义的经济体系和社会关系得以确立。工业革命以大规模机器生产方式代替了小农生产,这是人类历史上的一次重大变迁。在这一过程中,大量的农民失去了土地,进入城市谋生,成为产业工人大军中的一员。当工业生产不能吸纳所有失地农民时,流民便产生了,即使是曾经有工作的人,一旦失业或者找不到工作,也会沦为城市贫民。流民和贫民的出现及其连锁效应成为困扰工业革命时期的重大社会问题。

（二）英国的济贫法

在英国由农业社会向工业社会转型的过程中,大量农民因与土地分离而居无定所,他们进入城市,部分变成了城市贫民,这种状况带来了许多社会问题。英国最早感受到了包括贫穷在内的社会问题对社会的冲击。为应对贫困及其他社会问题,英国政府出台了相应的济贫政策救助贫民,开创了由政府以社会政策的形式来规范社会救济事业之先河。在英国,传统上,社会济贫活动多是由教会举办的。但是随着贫民的增多,教会开始入不敷出,不能应对数量日益增长的贫民群体,原先由教会施行的无计划、零星的救助已不能适应社会的需要。针对这种情况,伊丽莎白女王执政后,发布了一系列济贫规定,来"制度化"地救助贫民,以消解由贫困带来的社会问题。其中,1601年颁布的《济贫法》(Poor Law,也称为《伊丽莎白济贫法》)因其完备性而最为著名,被誉为开创性的济贫法案。这部法案的意义在于,在西方历史上第一次正式承认政府有对社会中无助的人进行救济的责任,并建立了初步的救济行政制度与救济工作方法。之后,随着工业革命的发生和发展,1834年《济贫法修正案》(也称为"新济贫法")正式颁布,在旧济贫法的基础上进行了一系列改革,为公共福利服务确立了基本原则。

《伊丽莎白济贫法》的主要内容是:(1)规定每一教区每周应向地主征收济贫税,明确了政府在救济贫民问题上的责任。(2)规定贫民救济应由地方分区主办,每一教区设立若干监察员,中央政府设立监督人员。(3)以工代赈。规定凡有工作能力的贫民,必须参加工作,以工作换取救济。教区设有贫民习艺所,供男女儿童习艺;教区也有义务代为介绍工作,或配给原料与工具,强迫有劳动能力者从事生产。(4)禁止无家可归者及无业游民行乞游荡,设济贫院收容救济,强迫其在济贫院工作。有家者给予家庭补助,使其仍在家里居住。(5)规定家庭有救济其贫穷家人或亲属的义务,教区仅在贫民不能从其家人或亲戚处获得扶养时才予以救助,而且救助的对象限于在该区出生的人或最近在该区住满三年的人。(6)把贫民分为三类:第一类为体格健全的贫民。这种人在接受救济时必须进入"感化所"或"习艺所"工作。第二类为不能工作的贫民,包括患病者、老年人、残疾人、精神病患者及需抚育幼小子女的母亲。救助这类人的方式分为两种:一种是进入"济贫院",即进行"院内救济";另一种是"院外救济"。第三类为失依儿童,包括孤儿、弃婴等。主要救济措施是进行领养或寄养。

《伊丽莎白济贫法》确立了政府主持公共救济事业的基石和方式,为社会工作的发展打下了基础:第一,分区救助,这为后来政府公共救助行政的发展奠定了基础。第二,救济工作分院内救济和院外救济两种,首创机构救济和家庭自助的模式,也从立法的角度确立了国家与家庭的双重责任。第三,承袭了此前济贫规定中"有劳动能力的乞丐"的概念,对救助对象的分类是现代社会救助资格审查的开端。第四,政府责任的原则,规定教区须为所在地区居民充实救济经费,为不能工作者及儿童准备粮食,为体格健全者准备工作。这一原则表明,政府有责任承担对无力供养自己的人施以救济的义务,并直接参与社会救助活动的组织工作。这种具有现代社会福利行政性质的立法,为社会工作的诞生创立了一个合法性前提,成为后来各国公共救助的依据。第五,明确了要由专门人员从事济贫救助活动,这是社会工作职业化的开端。

《伊丽莎白济贫法》为英国确立了政府主持公共救济事业的模式,政府接受了对无力供养自己的人的救济义务,后来这也成为各国公共救助的参照对象。法案所规定的政府参与、专人负责、院外救济等基本措施和原则成为现代社会公共救助的基础,是日后成为社会福利有机构成部分的现代社会工作的发源。①

(三) 德国的汉堡制和爱尔伯福制

德国是工业化较早的一个国家,在工业化的历史进程中也遇到了诸多问题,其中,贫民与贫穷问题是当时最为突出的社会问题。为应对贫民问题,德国的汉堡市在1788年开始实行一种全新的制度,也被称为"汉堡制"。该制度的创始者是布希(Busch)教授。其负责起草的方案中规定:设市级中央办事处,负责综合管理全市救济业务;将全市分为若干区,每区设监察员一人,赈济员若干人;救济理念是助人自助;方法是为失业者介绍工作,将贫苦儿童送往职业学校习艺,对患病者进行医疗救助并由医院为其提供诊治;禁止沿街乞讨,规定市民不准施舍沿街乞食者,以取缔无业游民并避免贫民养成依赖习惯。汉堡制实施了十三年,取得了一定成效,后来因为贫民不断增多,救贫人员不足,该制度趋于衰微。

1852年,德国的爱尔伯福市参照汉堡制并对其加以修正改良,提出了一种新的制度,史称"爱尔伯福制"。这种制度沿袭了汉堡制中的行政分区方法,将全市划分为564段,每段约有居民300人,每段贫民不超过4人。在段内设赈济员一人,综合管理全段的济贫工作。赈济员负责接触求助者,其工作程序是:先到求助者家中做家境调查,查明确有需要后给予救助。实施救助后,每两周要前往救助对象家里重访调查一次。爱尔伯福制还规定,所发的赈

---

① Walter I. Trattner, *From Poor Law to Welfare State*, 5th ed., Free Press, 1994, pp. 10-12.

济款必须是法律规定的最低标准,以防贫民生出依赖心理。此外,赈济员还负责段内有关贫困的预防工作,如介绍职业、训练与管理游民等。爱尔伯福制的一个特点是:赈济员的身份是志愿者,由政府委派地方热心人士担任,为荣誉职务。全市每 14 段为一赈济区,每区设监察员一人,区内 14 段联合组成一个赈济委员会,每两周开会一次,由区监察员担任会议主席,讨论有关全区赈济工作并制成报告或提案,提交给由全市各区联合组成的中央委员会。中央委员会为全市最高救济机关,每两周开一次会,总体安排管理全市所有的济贫院、医院及院外救济事项。[①]

英国的《伊丽莎白济贫法》与德国的汉堡制、爱尔伯福制,开创了现代社会政府承担社会救助规划行政工作之先河,直接影响了后来的社会工作制度与方法。

(四) 民间宗教慈善活动对社会工作的贡献

1. 慈善组织会社

慈善组织会社(Charity Organization Society, COS)是一个由各分散的宗教慈善组织组成的联盟,最先产生于英国。其发展的背景是,伴随英国工业化的迅猛发展,失业人口日渐增多,然而,当时实施的济贫法的很多规定并不尽如人意。例如,济贫法规定对身体健康的贫民进行强制性院内救助并使其丧失公民权的做法,因带有强烈的惩罚性质和极强的歧视性而遭到贫民的抵制,也受到社会的批评。因而,社会中的一些宗教人士开始关注贫民问题,救助贫民的慈善组织也相继产生。这些组织征募捐款,开展对贫民的救助,以补充政府救助之不足,弥补政策之缺失。其中尤以托马斯·查默斯(Thomas Chalmers)牧师在格拉斯哥市组织的友善访问者协会及其开展的工作最为著名。查默斯牧师组织的友善访问者协会的成功,带动了英国很多地区相继成立大量慈善组织。但当时这些慈善组织缺乏联系协调、步调不一,在工作上出现了相互冲突的现象,并造成因重复救助而浪费社会资源等问题。索里(Solly)牧师有感于这种状况,建议成立一个由各慈善组织代表组成的理事会,以协调政府与民

---

① 言心哲:《现代社会事业》,商务印书馆 1946 年版,第 95—96 页。

间各种慈善组织的活动。在索里牧师的倡导下,第一个慈善组织会社于1869年在伦敦成立。该会社接受托马斯·查默斯的理论,认为个人应对其贫穷负责;认同公共救济将摧毁贫民的自尊心、进取心与道德观念,并会使他们依赖救济;主张贫民应尽量维持自己的生活。

慈善组织会社有一个明确的目标,即要使英国,尤其是伦敦的慈善事业组织起来,使各组织密切配合,发挥最合理的作用。慈善组织会社首先在伦敦开展工作,其具体方法是:(1)成立一个中央的管理与联系机构,并将伦敦市划分为若干区,每区成立一个分支机构,设有志愿委员会,主持救济分配工作;(2)各区办理区内所有救济机构受理申请救助案件的总登记,另设问询部,供依据济贫法接受救助人士的监护人、各慈善组织及个别的慈善家查询申请救助者的资料,避免同时向多个救济机构求助的"职业乞丐"滥用社会资源;(3)各区派专员对所有申请案件进行个别化的详细调查,包括申请人的各种社会条件,如住房、健康、教育及工资等;(4)提高救济款物配额标准,使其能够满足申请人的基本生活需要。

自1869年伦敦慈善组织会社成立以后,英国的其他城市也纷纷进行仿效。九年之后,其影响更是波及欧洲其他国家和美国。美国于1877年在纽约布法罗(水牛城)成立第一个慈善组织会社,其后的六年中美国的慈善组织会社更是达到25个。这种发展趋势最终形成了一场风行英美的慈善组织会社运动。

慈善组织会社的工作对专业社会工作的发展具有重要作用。慈善组织会社的实践直接影响到日后专业社会工作的方法。首先,慈善组织会社强调科学的工作方法。他们派"友善访问员"访问申请救济者,以了解其社会背景、确定应采取的措施,对每个申请救助的人和家庭都在进行调查后按其个别情况分别予以处理。这种强调"个别化"的做法,是日后社会个案工作的滥觞。其次,慈善组织会社促进各救济机构、慈善组织为解决贫困问题协调合作,也为社区组织、社会行政工作的产生和发展奠定了基础。

2. 睦邻组织运动

慈善组织会社虽然在帮助贫困的个人和家庭方面取得了卓越的成绩,然而并没有阻挡贫困人口的日益增加。在慈善组织会社运动进行了十几年后，英国又兴起了睦邻组织运动(The Settlement Movement)。睦邻组织运动起源于英国伊丽莎白女王之后的维多利亚女王时代，其产生有两个重要原因：一是，当时英国的社会科学研究者和早期社会工作者力图对社会问题进行实地研究，并实际解决这些问题。二是，发起人有感于产业革命和政治革命虽然促进了工业化和城市化，但同时造成了社会的贫富分化。他们认为，让一些受过高等教育的人和贫民共同生活，不但可以使贫富打成一片，实现政治上的平等与民主，而且可以使贫民获得接受教育和享受文化生活的机会。同时，知识分子深入贫民区与贫民共同生活，可以促进对贫困问题的深入了解和合理解决。

正是在上述背景下，巴尼特(Samuel A. Barnett)牧师于1884年在伦敦东区的贫民区首创"汤因比馆"(Toynbee Hall)。巴尼特是牛津大学毕业生，毕业后任东伦敦教区牧师。该地区为伦敦最贫困的教区之一，有许多失业者、患病者以及住在污秽拥挤住宅里的人。于是，巴尼特发动当时就读于牛津大学、剑桥大学的学生前往该地区为贫民服务，与贫民同处，以实际了解贫民的生活情形并研究对策。其时，有一位名叫阿诺德·汤因比的牛津大学经济学讲师与巴尼特志同道合，他与贫民共同生活，为贫民服务，但不幸因肺病去世，年仅30岁。巴尼特号召知识青年为贫民服务以继承汤因比的遗志，并约集友人成立了社区睦邻服务中心，将其命名为"汤因比馆"，这个中心也就成为第一个睦邻组织的基地。

"汤因比馆"后来为许多机构所效仿，其主要特点是：(1)设于贫民区，备有宿舍，所有工作人员与贫民共同生活，其口号为"工作者与工作对象相亲相爱"；(2)没有既定的工作计划，视居民实际需要而工作；(3)尽量发动当地人力，培养其自动自发、互助合作的精神，为本社区服务；(4)除了使社区睦邻中心成为当地的服务中心外，还设法向当地居民介绍本国及外国的文化，使之亦成为当地的文化中心。

"汤因比馆"成立后，睦邻组织运动迅速在各地传播开来，并蔓延到美国及许多其他国家，引发了当时处于工业化时期的欧洲很多国家的社区改造运动。1886年以后,美国也创立了一些睦邻公社,其中尤以简·亚当斯(Jane Addams)于1889年在芝加哥创办的"霍尔馆"(Hull House)最为著名。到1939年,全美社区睦邻服务中心已超过500个。

睦邻组织运动对于社会工作的发展具有重要的意义。第一,强调以社区实际需要为切入点开展工作,发动、组织和配合社会力量共同推进,并以促进全面的社会福利为目的。第二,强调救助工作的目的在于寻求个人与社会生活的改善,工作方式是从个人与社会两方面同时入手。承续友善访问工作的理念,社区睦邻的救助工作不仅包括物质救济,也重视对受助者精神的关怀,同时强调对社区环境的改造,是对救助工作的创新。第三,对社会工作的方法有重要影响。在友善访问所发明的个案工作方法之基础上,运用小组工作的方法,帮助社区居民发展友谊,学习文化,组织青少年小组活动,开创了以整个社区为工作对象的方法,以社区为工作场所,为后来的社区工作积累了实践经验。

三、工业革命和社会立法对社会工作的贡献

社会工作在西方早期的发展与实践,是伴随着工业革命和市场经济的扩张的,现代社会保障制度的产生与发展直接塑造了日后的社会工作。

(一)德国的社会保障制度

历史上,最早建立社会保障制度的国家是德国。工业革命以后,整个世界的经济结构发生了巨大的变化,贫富不均现象日益严重,靠工资收入生活的工人阶级的处境尤为不利,因而出现了许多严重的劳工及社会问题,罢工事件层出不穷。其时,各国都企图以武力严厉制裁劳工的越轨行为,却加深了国民对政府的不满。当时的德国首相俾斯麦根据国内形势,手段改严厉为温和,以保护劳工代替镇压劳工,从而在1883年创设了强制劳工保险和疾病保险制度,后来又建立了职业灾害保险制度及残疾与老年保险制度。这些制度采取风险分担的保险原则,集合工人、企业主及政府的财力,保障劳工遇有疾病、伤害、老残、死亡时,获得保险给付,以应付事故之需。社会保障制度建立后,工人解除了生老病死的后顾之忧,情绪逐渐稳定,生活日益改善,社会也渐趋安定。

俾斯麦所建立的劳工保险乃德国社会保障制度的先声,在劳工保险的基础上发展出了现代的社会保障制度。

（二）英国的社会保障制度

继德国之后,英国也开始建立社会保障制度,其中韦伯夫妇和贝弗里奇的贡献尤大。韦伯夫妇针对英国的社会与工业秩序问题,于1909年提出报告,主张社会福利应与个人责任并重,并强调强制性原则。他们的倡议的最大特点在于"预防的架构",认为人为积极预防比消极救济更为重要。这是一种以渐进改革方法实现社会主义的政治理论,它对"福利国家"理念的形成有一定的影响。其后,英国于1911年通过了《国民保险法》,1925年通过了《寡妇、孤儿和老年人缴费型养老金法》,1934年通过了《失业法》。这些措施成为英国现代社会保障制度的基础。

贝弗里奇负责的《社会保险和相关服务》报告发表于1942年,即著名的《贝弗里奇报告》。该报告强调四项主要原则:(1)每个国民均须列为社会保险对象;(2)将谋生能力丧失的危险——疾病、失业、意外伤害、年老、守寡、产妇生产——包括在一个综合保险中;(3)采取均等费率,不管纳税者的所得高低,一律按同等费率缴纳;(4)均等给付,使每个人享受相等的权利。该报告还建议,由国家实施一项包括各种有关人民生活与社会福利设施的社会安全计划,使每一个国民从出生至死亡,在平时及遭遇意外时,都能获得生活的保障。《国民保险法》《工业灾害保险法》《国民健康服务法》《儿童家庭补助法》《国民扶助法》五项法令在英国生效后,国民"从摇篮到坟墓"皆无须顾虑,英国遂成为一个实施最完备的、全国性的现代社会保障制度的国家。

（三）美国的社会保障制度

自1929年美国股市大崩盘引起经济大恐慌之后,美国的失业人口一直有增无减,政府救济费用的负担日趋沉重。当时,胡佛总统固守其信条,认为私人救济事业应继续为失业者解决问题。罗斯福总统就任后,开始着手引入联邦救济的各项措施,加强了民众需要一个"全国性计划"的观念,为美国社会保障制度的发展铺平了道路。1933年颁布实行《联邦紧急救济法案》,并执行紧急救济,先后成立了联邦紧急救济总署、工程设计署、公共工程署及全国青年署等紧急救济行政机关。此举改变了美国救济事业应由地方负责的传统观念,认为社会救济及福利事业应以全国人民为对象,政府有责任落实普及全国的社会福利行政。而后在1935年,美国历史上有名的《社会保障法案》颁布,从此美国的社会保障有了永久性的立法与制度,建立了划时代的社会保障制度,其主要包括三个方案:(1)社会保险方案,包括老年保险制度和失业补偿制度;(2)公共分类救助方案,涵盖老年人、贫苦盲人及失依儿童;(3)卫生及福利服务方案,包括妇幼卫生服务、残疾儿童服务、儿童福利服务、职业重建以及公共卫生服务等。

上述各国社会保障制度的建立,表明了现代工业社会结构需要一套与之相适应的社会保障机制,进一步明确了政府应承担对民众的责任并重视维护民众福利的观念。这些发展使社会行政成为现代社会中政府维护民众良好生存状况的必要工具,因而其作为社会工作的一种方法开始为人们所关注。

四、福利国家思想与社会工作的发展

"福利国家"一词最早出现于20世纪初,由英国的费边社提出。费边社是社会主义派别之一,主张以温和手段进行社会改革,为了实现社会公平,政府应担负起在市场经济条件下个人与家庭所不能承担的责任。建立"福利国家"即是他们的理想。福利国家简单说来就是指政府有责任照顾社会成员的需要,这种照顾覆盖人们"从摇篮到坟墓"的一生。

1941年6月,英国政府为了向人民展示一幅战后新生活的图景,鼓舞他们坚持战斗,战胜法西斯,委托贝弗里奇领导"社会保险和相关服务部际委员会",负责对英国当时的社会保险和相关服务机构的工作效率进行全面的调查和剖析,并就准备在战后实行的社会福利计划提出具体建议和改革方案。贝弗里奇和他的同事用了18个月的时间拟就了《社会保险和相关服务》报告(《贝弗里奇报告》)。

《贝弗里奇报告》的发表是对前述建立福利国家设想的具体回应。第二次世界大战结束后,英国工党政府以《贝弗里奇报告》为蓝本率先建立了"福利国家"。此后,西方一些国家也相继建立了与资本主义市场经济相适应的社

会福利制度,并宣称建立了"福利国家",社会保障制度在资本主义世界得以朝着普及化、全民化的方向发展。"福利国家"的建立,刺激政府提出了一系列保障人民基本需要的社会政策和措施,并在某些领域开始担负起对人民的责任。这些进展促进了公共服务的扩大和优化,相应地推动了西方社会工作由个人、团体的慈善行动发展为制度化的社会福利服务。社会工作在落实社会福利的理想与措施上发挥了越来越重要的作用。

第二节 专业社会工作的产生与发展

工业化早期政府和民间的社会救助,以及社会保障制度的发展,都是不同于传统社会的现代社会的活动。从事这些工作的人和他们所做的工作应该说就是早期的社会工作。伴随工业化社会的发展和社会福利制度的完善,制度化的专业社会工作也逐步发展起来。

一、专业社会工作的产生及演进

(一) 专业社会工作产生的社会历史背景

专业社会工作产生于19世纪末20世纪初,这与当时的社会历史背景紧密相关。19世纪末20世纪初的西方社会不仅仍存在贫困问题,还出现了许多新的社会问题。正如艾森斯塔德(S. N. Eisenstadt)在《现代化:抗拒与变迁》一书中所指出的那样,工业化的演进不断破坏旧式的工作与生产模式,减少了许多传统农业和手工业职业特有的安全感,造成了失业或低度就业这一工业社会长期存在的问题,失业者数量远远超过了传统城市中的无业游民。缺乏安全感,失业或低度就业,这是新社会结构衍生的问题之一。与工业化相伴随的还有城市化。城市化瓦解了农村社区,造成了大量的社会解体和全然悲惨的现象,各式各样的发展冲击着家庭领域,导致代际关系紧张和疏远,其影响之大是史无前例的。[①] 众多复杂的社会问题成为专业社会工作建立与发展

---

① S. N. 艾森斯塔德:《现代化:抗拒与变迁》,张旅平、沈原、陈育国、迟刚毅译,中国人民大学出版社1988年版,第23—24页。

第二章 社会工作的发展历史

的社会基础。

现代工业社会对专业社会工作的需要首先表现为现代社会行政的建立与发展。伴随社会保障制度和社会救助体系的发展,社会福利行政成为政府工作的重要内容,而社会福利行政的发展又对专业社会工作的发展产生了直接的影响。与此同时,原先社会中存在的志愿性助人工作也在原有基础上演变为长期、持续和制度化的工作,原先的志愿者成为受薪的职业工作者。莫拉莱斯和谢弗在《社会工作:一体多面的专业》中指出,美国政府第一个受薪的社会工作岗位出现在美国环境卫生委员会紧急救助署中,而民间聘请受薪的社会工作者的组织是马萨诸塞州慈善委员会,这两种力量直接促进社会工作成为一种行业性工作。这种行业性工作的出现主要有三方面原因:一是当时面临的众多社会问题需要工作人员来解决,于是专职从事助人工作的受薪人员组成了一支稳定的工作队伍。处理复杂原因造成的问题,需要在这些方面有专门知识的稳定的工作人员,于是受薪人员就替代了过去提供临时性服务的志愿者。二是1877年布法罗慈善组织会社在美国的成立。该会社在成功地使用了数年"友善访问员"之后,开始聘用受过训练的人与服务对象建立联系。三是1886年睦邻组织运动在美国的兴起。布雷姆纳总结了睦邻组织运动的影响,认为在与穷人友好接触时,睦邻工作者不仅需要知识,而且要对城镇中普通大众的日常生活和痛苦有所理解。[1] 为了改进友善访问服务,当时的慈善组织会社开始对友善访问员进行训练。以上这三个方面的原因,促成了行业性的社会工作。

经过多年努力,社会工作形成了自己的专门知识,但其是否已成为与其他专业并驾齐驱的现代意义上的专业,则还是一个有待验证的问题。为了促进社会工作专业的发展,弗莱克斯纳(Abraham Flexner)在美国慈善与矫治委员会1915年的年度会议上提出了"社会工作是一门专业吗?"的问题。此后经过几代社会工作者的努力,社会工作获得了长足的发展。

---

[1] Armando T. Morales and Bradford W. Sheafor, *Social Work: A Profession of Many Faces*, 5th ed., Allyn and Bacon, 1989, pp. 37-39.

(二) 专业社会工作产生的标志

人们一般认为,里士满(Mary Richmond)于 1917 年出版的《社会诊断》(*Social Diagnosis*)一书标志着专业社会工作的产生。里士满在该书中创立了社会工作的社会诊断模式,提出了一系列原则来界定社会工作实务和社会工作者的特殊职责。她从操作意义上把社会工作定义为是由特殊工作过程构成的,这些特殊过程通过有意识地调适人与人、人与社会环境之间的关系来促进人格发展。此外,她的这本书还包含两个重要思想:一是提出了一个系统收集资料从而理解个人的方法;二是认为社会工作基本上是一个用特殊方法来实现改变的过程。由于这本书具有较高的专业和学术价值,受到了人们的广泛欢迎,里士满也被誉为专业社会工作的创始人。

实际上,在里士满之前,专业社会工作就已显露端倪。早在 1898 年,纽约慈善组织会社秘书长迪瓦恩(Edward T. Devine)就主持成立了纽约慈善学院,开办了一个为期六周的暑期训练班,训练受薪的"友善访问员"。同一时期,荷兰的阿姆斯特丹社会工作学院亦宣告成立,开设两年制的社会工作教育课程。1905 年,理查德·卡伯特(Richard Cabot)开始在马萨诸塞州综合医院开展医务社会工作,此后,社会工作者逐渐被聘请到学校、法庭、儿童教育机构及其他一些领域开展社会工作。可见,专业社会工作的产生本身也是一个过程。在里士满之前,有些人就已开始考虑从学理的角度研究社会工作,力求找出社会工作的理论依据,并探求有效的科学方法以提供最好的服务。可以说,这些人所做的工作为里士满的《社会诊断》做了充分的准备,里士满正是在前人的基础之上,为专业社会工作的诞生做出了自己的贡献。

(三) 专业社会工作的发展阶段

从 20 世纪初至今,西方的专业社会工作经历了几个重要的发展阶段。

1. 20 世纪初至 20 世纪 40 年代:专业化与学科化阶段

《社会诊断》一书发表后,1918 年美国医务社会工作者协会成立,1921 年美国社会工作者协会(AASW)成立,1926 年精神病理社会工作者协会成立。这些协会的成立使几个社会工作实施领域更加具有专业化的形象。此时,有几个因素对社会工作的发展起到了推动作用。第一,第一次世界大战期间及战后面向军人及其家属的服务、对战后幸存者的救治和辅导,为社会工作提供了发展机会。第二,弗洛伊德精神分析理论的发展对社会工作的理论与实务影响巨大。从 20 世纪 20 年代中期开始,进行社会工作培训的教学人员将精神分析的原则作为社会工作实务的一种基础知识来讲授,力图用科学来武装社会工作专业,由原来单纯重视环境改造,转变为重视服务对象的个人特征。第三,社会工作专业的自觉。在 1929 年召开的米尔福德(Milford)会议上,有学者提出社会工作应该综合运用心理学、病理学、政治学、经济学和社会学的真知灼见,将这些学科中的有关知识综合成一门新的学科。这个观点呈现在《米尔福德会议报告》中,强调社会工作的程序,以及社会工作者的共同知识基础。这些努力极大地促进了作为一个专业的社会工作的知识系统的发展。第四,1929 年美国政府财政体系的崩溃和随之而来的 30 年代的经济大萧条,带来很多社会政策的发展,这些政策力图帮助穷人和失业者,促进经济复苏。当时,美国政府成立了联邦救济署、工作发展署、民间资源保护队及其他联邦机构,为国民提供就业机会,以及其他帮助。在这些机构的建立和投入运转过程中,社会工作者扮演了重要角色,大大拓展了社会工作的领域。①

就专业社会工作的总体发展状况来说,20 世纪 30 年代的大萧条成为改变欧美社会的重大历史事件,不但带来了公共政策的变化,也促进了专业社会工作的新发展。

2. 20 世纪 40 年代至 70 年代:注重回应社会变迁的专业社会工作

大萧条带来欧美特别是美国社会的新变化,专业社会工作也从注重微观干预转到注重社会改革。20 世纪 60 年代,美国政府相继启动了"向贫困开战""伟大社会计划"等社会项目,涉及为贫困人士和家庭提供帮助、为青少年提供就业机会、加强学校与社区的关系、预防和减少青少年犯罪等社会服务和福利措施。这些社会福利政策的发展使得社会工作开始反思以往关注个人和家庭的工作导向,而将注意力转到了社会行动、社区组织与社区发展以及社

---

① O. William Farley, Larry Lorenzo Smith and Scott W. Boyle, *Introduction to Social Work*, 9th ed., Allyn and Bacon, 2003.

变迁上,社会工作者的工作重点也转为重视加强社区结构的力量。1935年到20世纪70年代,这一时段被称为美国"宏大社会政策"时期。1962年《社会保障法案》的修订进一步扩大了社会工作者在公共部门和领域的工作角色,特别是在消除贫困计划和方案等社会福利工作中的角色。

　　这一时期的西欧,在社会福利思潮的影响下,福利国家的发展也使得社会工作具有与美国相似的面貌。英国的社会工作专业服务在第二次世界大战以后,特别是在1945年至1975年间,规模迅速扩大。1945年以后,所有的政府部门都认为社会服务是针对社会中的贫苦及边缘群体提供的机构服务,因此在英国2.5万名社会工作者中,有超过90%的人受雇于地方政府的公共服务部门。其余的绝大部分在志愿服务组织工作,只有极少数服务于私营机构。社会服务部是英国地方政府系统中的一个部门,中央政府和地方税收共同支持其建立。包括社会服务部在内的机构提供了范围很广的服务,包括住房、教育、休闲服务,以及个人社会服务。自20世纪早期社会工作服务部门创立以来,很多社会工作者被地方当局视为有关社会福利及社会服务的专家小组成员。在这些专家工作小组中,他们承担了中央和地方政府众多政策研究与咨询文件的起草工作,领域涉及从老年人到儿童以及家庭服务。前线社会工作者则主要负责特殊群体服务,包括向儿童、老年人以及残疾人和精神病患者提供服务。社会工作者的另一重要工作部门是各种院舍照顾机构,包括老年公寓、老年护理院、儿童和青少年宿舍和机构。①

　　3. 20世纪80年代至90年代:整合性社会工作的发展

　　第二次世界大战后及20世纪60年代和70年代社会福利计划的扩展,使得社会工作在这些项目和计划中扮演了重要角色。然而,人们发现,虽然政府投入了大量资金用于消除贫困,但贫困问题依然存在。这使得社会工作界开始反思,以社会工作的不同方法划分出面向个人、家庭、群体和社区的专业实务工作,是否存在弊端。社会工作界认识到,社会工作作为一个专业具有共同的知识基础,而服务对象也是生活在一定社会结构中的整个社会系统的有机

---

① 柳拯:《英国的社会工作》,《民政论坛》1999年第3期。

部分。因此,需要发展一种整合的社会工作理论和方法,使服务对象能够获得整全的服务,而社会工作者也可以运用这套理论和方法评估服务对象的需要。于是,"社会系统"的概念以及其他相关社会科学的概念被借用到社会工作的理论中。20世纪70年代以来,社会工作的理论和方法更加多元化,从重视微观服务、宏观社会政策倡导的传统工作手法,发展到从意识形态和政治层面维护服务对象的权利,社会工作者重视为弱势社群呼吁,专业的工作机构也在不断完善和扩展。激进主义社会工作取向和结构社会工作取向,就是在反思传统社会工作目标的基础上发展起来的。此时,社会工作者尝试运用全新措施,双管齐下,采用前所未有的双边策略:既直接帮助家庭和个人,又关注社会制度和社会福利计划的完善。

20世纪80年代以后,社会工作承继了上一阶段普遍性取向的理念和方法,发展出以行为科学和系统生态论作为理论基础的专业助人模式,依据生命模式的介入方法,提出了生态主义的视角。此外,伴随整合社会工作的发展,综融的工作方法在此时成为主流。

进入90年代以后,社会工作受后现代主义思潮的影响,提出了新的实务思想,包括采用女性主义理论,强调为社会弱势群体增权,在服务供给中倾听弱者自己的声音。后现代主义社会工作,强调社会现实的社会建构性,注重工作过程中社会工作者与服务对象的合作,提倡增加对不同政治、文化背景下的服务对象的理解。后现代主义社会工作认为,由于文化和社会背景的不同,不存在所谓的客观性,强调从服务对象的角度理解他们看问题的方法,增加文化敏感性。但后现代主义的危险在于,过分强调主观性而否认客观标准的存在,不利于整个专业的发展。

二、社会工作培训与正规教育的发展

社会工作培训与正规教育是伴随着社会工作实践的积累而产生的,是社会工作专业化的重要保证。从历史上看,最早的社会工作训练开始于1898年成立的纽约慈善学院。1919年,专业社会工作者训练学校协会宣告成立(1927年改名为美国社会工作学校协会),并于1932年发布了社会工作教育的"最低课程标准"①。这个"最低课程标准"规定,社会工作教育采用至少为期一年的大学教育方案,开设个案工作、医疗知识和精神病学知识等课程。在1937年至1939年间,美国一些重要的教育政策基本成形,规定全部社会工作专业教育都必须是取得大学本科学位后的硕士学位教育,并且要求两年的学习时间。

20世纪40年代之后,为适应整个社会及社会工作实务发展的需要,社会工作教育的内容发生了某些改变。当时,人们对社会工作教育原有的八个基本知识架构进行了调整,并重新确定为:社会福利行政、社会个案工作、社会小组工作、社区组织、社会研究、医疗知识、精神病学和公共福利。在接下来的十几年间,社会工作教育的内容更被抽象为个案工作、小组工作和社区组织这样三位一体的课程。这个时期除了教育内容的变化之外,1951年发表的霍利斯-泰勒报告(Hollis-Taylor Report)亦对社会工作教育产生了重大影响②。在这个时期,公立大学为了弥补原有私立大学培养社会工作人才之不足,纷纷设立社会工作的科系,或是成立社会工作学院。除继续开设硕士学位课程外,也开始在大学部里开设社会工作学士学位课程,同时在研究所中开设社会工作博士学位课程。这个时期社会工作教育的特点是:许多大学研究所的社会工作课程,已从先前的以"补救与治疗"为重点转变为以"预防与发展"为重点,并将社会工作教育从"技术训练"的层级提升到"理论研究"的层面;与此同时,在欧洲,如英国、荷兰、瑞典等国,社会工作教育也得到社会的极大重视。③

20世纪50年代末,贝姆花了三年的时间,完成了14卷的社会工作课程研究。在该研究中,他提出了一些重要思想:第一,认为社会工作训练课程是一个连续的整体,因此学院应在各课程之间建立起联系。第二,把社会工作的概念建立在"社会功能"概念之上,认为社会工作的目的就是提高个人或社会的社会功能。因此,课程不仅重视心理学理论,亦重视生态学理论。第三,提出

---

① Miriam Dinerman and Ludwig L. Geismar, eds., *A Quarter-Century of Social Work Education*, NASW Press, 1984, p. 4.
② Howard Goldstein, *Social Work Practice: A Unitary Approach*, University of South Carolina Press, 1973, p. 43.
③ 徐震、林万亿:《当代社会工作》,台湾五南图书出版公司1983年版,第62页。

社会工作理论应以自然科学和社会科学理论为基础,适于社会工作的目的。第四,强调价值、伦理和哲学等对于社会工作教育的重要性。第五,认为社会工作教育应为社会工作者承担领导者角色和直接服务于服务对象的角色做准备,因此学生应得到广泛的教育以适应各种机构的需求。第六,与前者相适应,提出了五种课程,即个案工作、小组工作、社区组织、社会行政和社会工作研究。第七,提出了一个包括学士、硕士和博士等层次的社会工作教育的课程体系。从历史上看,贝姆的研究对社会工作教育具有重要影响。其许多思想在 1962 年被社会工作教育委员会(CSWE)采纳,并体现于该委员会的教育政策中。

如上所述,硕士学位一向被视为美国专业社会工作的入门学位,这一学位课程是美国社会工作教育的核心,与此同时,博士学位课程已在美国的一些院校开设。无论是学士学位还是硕士学位课程,都规定了共同的基本课程和涵盖的主要内容,包括价值观与伦理道德、多样性(如文化多样性和整体多样性)、高危人群与社会救济、人类行为与社会环境、社会福利政策与服务、社会工作实践、研究、实习等。目前,美国社会工作的学士学位课程对学生进行的是通才教育。硕士学位课程则重点帮助学生掌握高级社会工作专门领域的知识和方法,包括社会工作方法,如直接工作方法或社区组织与规划等,也可以是一个实践领域,如精神健康、家庭服务和儿童福利。博士学位课程主要是社会工作理论与实务、研究与统计、社会科学与行为科学理论、社会福利政策与规划、教育理论与方法论,培养宗旨是满足社会对高素质的社会工作教育人员、研究人员、社会规划人员和行政人员的需求。美国的社会工作教育重视社会变迁的要求,强调社会工作教育和课程要因应社会的变化而不断调整。此外,学位教育只是培养了具有入门资格的从业人员,而社会工作是一个开放的不断变化的系统,多年来一直在更新、充实和完善,所以应把继续教育作为社会工作教育的一个重要元素,针对所有层次的教育课程和实践不断进行评估与培训。①

---

① 《美国、加拿大社会工作专业化、职业化发展考察报告》,民政部社会工作司:《国外及港台地区社会工作发展报告》,中国社会出版社 2010 年版。

作为社会工作的发源地,英国对社会工作的人才培养与课程设置的探索早在慈善组织会社时期就已经开始了。1893年,英格兰慈善组织会社与济贫院合作开设了为期两年的"慈善训练"课程,开创了社会工作人才培养之先河。1970年,英国成立了社会工作教育与训练中央委员会(CCETSW),负责评估和审核开办社会工作训练院校的资格和课程。20世纪90年代,全英国有135个学校提供社会工作课程及专业训练,每年有几千名学生毕业,社会工作教育经费也是在政府授权的社会工作教育与训练中央委员会审核学校的学术资格后,由国家高等教育拨款委员会拨款的。社会工作课程是由社会工作训练学院与政府社会服务部、社会工作机构共同制定的,以求理论与实际相结合。社会工作训练学院与社会工作部门、机构是伙伴关系,共同承担发展社会工作教育的责任。[①]

三、社会工作专业制度与专业组织

(一)社会工作专业制度的发展

社会工作专业的形成伴随着专业社会工作的产生,是一个过程。最先明确提出要把社会工作建设成为一个专业的是前面提到的弗莱克斯纳。他认为,一个专业应具备六条标准:专业在本质上是与宏大个人责任相伴随的智力性活动;专业从科学和知识中提取原材料;它们运用这些原材料去实现实践的和明确的目标;专业具备可通过教育来传授的技巧;专业倾向自我组织化;专业日益呈现动机上的利他性。[②] 弗莱克斯纳按此六条标准衡量社会工作,并呼吁把社会工作建设成为一个专业。

此外,里士满不但对专业社会工作的产生做出了巨大的贡献,而且在社会工作专业的形成中也发挥了重要的作用。1921年,里士满提出社会工作需要一套伦理,因而,1923年美国全国社会福利会议讨论出了可供个案工作者遵循的伦理守则。20世纪50年代后期,格林伍德发表了《专业的属性》一文,提

[①] 参见马凤芝:《中国社会工作实习教学的模式与选择》,《高等教育论坛》1996年第1期。
[②] 亚伯拉罕·弗莱克斯纳:《社会工作是一门专业吗?》,胡杰容、邓锁译,王思斌主编:《中国社会工作研究》第十辑,社会科学文献出版社2013年版。

出了专业应具备的特征,并认为当时的社会工作已具备了专业的属性,但许多人并不同意他的这种看法。①

进入 60 年代以后,莫拉莱斯和谢弗认为,社会工作已经成为一个专业。这表现为:社会工作创办了指导专业成长与发展的独立的协会,明确了专业行为的伦理守则,以大学为基础开设了研究生层次的专业学院,并使这些教育方案获得认可,成功地在一些国家取得了社会工作实践的执照,引导公共教育运动将社会工作传播给公众,确立了社会工作在助人专业中的地位,并通过日益深入的专门化和设置专业门槛而走上了专业的轨道。②

70 年代之后,社会工作出现了一种通才取向,强调每一个社会工作者都应该了解从微观到宏观的各种工作方法,以整全的工作方法为服务对象提供"全人"的服务。但这种取向并不意味着社会工作放弃了专门化的实务,那些拥有临床社会工作执业执照的社会工作者一般都是以某一专长为服务对象提供专门服务的。后来,社会工作专业还出现了跨专业实务及教育的倾向。社会工作者开始将社会工作同医学、法学、教育、护理、心理学等专业联合起来,探索一条各专业合作以提供人类服务的途径。

20 世纪 60 年代以来,美国开始探索建立社会工作行业执照制度。③ 美国 50 个州都推行了社会工作执照或职业资格制度,起到了提高专业水平和增强专业权威的作用。实行职业资格证书制度是合法管辖机构所使用的一种方式,机构通过这种方式来鉴定一个社会工作者是否具有达到特定标准的实践水平或服务所必需的技巧和知识。而且,获得职业资格证书可以帮助社会工作者建立独立的地位,也为管辖机构监管社会工作者提供了途径。美国社会工作理事会联盟(ASWB)的考试是用来评定社会工作职业资格的指标之一,其他的指标如教育、在督导下提供服务的经验等也包含在资格评定的内容中。

英国社会工作的发展历史久远。在英国,政府内政部与地方政府的社会

---

① Nina Toren, *Social Work: The Case of a Semi-Profession*, Sage, 1972, p. 14.
② Armando Morales and Bradford W. Sheafor, *Social Work: A Profession of Many Faces*, 5th ed., Allyn and Bacon, 1989, p. 49.
③ 《美国、加拿大社会工作专业化、职业化发展考察报告》,民政部社会工作司:《国外及港台地区社会工作发展报告》,中国社会出版社 2010 年版。

服务部是社会工作者的最大雇主,而社会工作的教育训练是根据地方社会服务的需要来规划的,因此社会工作专业的毕业生都能找到工作。20世纪80年代,撒切尔夫人领导的保守党政府对社会福利进行改革后,在混合福利经济政策下,一些社会工作者也开始在私营福利机构工作。

(二)社会工作专业组织

在社会工作专业形成的过程中,社会工作的专业组织发挥了重要作用。在美国,促使社会工作专业形成的主要是两股力量。第一股力量是社会工作教育组织。美国社会工作学校协会积极推动并落实硕士阶段的社会工作教育。美国社会工作教育的专业水准和专业资格的审核和授证工作,就一直由社会工作教育委员会负责。

第二股力量是实务社会工作者的组织。1918年医务社会工作者就组成了美国医务社会工作者协会,后来又相继成立了多种社会工作专业协会。1955年,为了协调不同的专业组织,成立了美国社会工作者协会(NASW),社会工作专业有了更大的发展。美国社会工作者协会一直积极参与并影响政府政策的制定,使美国的社会工作专业得到政治力量的充分支持。

英国社会工作者协会(BASW)成立于1970年。作为社会工作的专业组织,英国社会工作者协会在政府社会政策的发展中起了非常重要的作用,是政府社会政策特别是福利政策的重要咨询对象。

第三节　我国社会工作的历史与发展

虽然专业社会工作产生于西方,但在我国历史上很早就有关于社会福利的思想与实践。本节对我国社会工作的历史和现状做简要介绍。

一、我国古代的社会福利思想与实践

(一)我国古代的社会福利思想

我国是一个历史悠久的文明古国,丰富的文化遗产蕴含许多有关社会福利的思想。《礼记·礼运·大同篇》记述了孔子提出的社会福利主张:"大道

之行也,天下为公,选贤与能,讲信修睦。故人不独亲其亲,不独子其子,使老有所终,壮有所用,幼有所长,鳏寡孤独废疾者皆有所养。男有分,女有归。货恶其弃于地也,不必藏于己。力恶其不出于身也,不必为己。是故谋闭而不兴,盗窃乱贼而不作。故外户而不闭,是谓大同。"短短数语就道出了大同社会的理想,即希望人与人之间融洽和谐,每一个成员都能好好生存,有一套保障制度,自幼而壮而老,无论男女,以及鳏寡孤独残疾人,都能相安有序地各有其位,过着没有欺诈、没有盗窃威胁的安宁生活。这一大同理念对我国后来的社会福利思想及实践有着极大的影响。

孟子继承和发展了孔子的社会福利思想。他提出了"仁政"的政治主张,即"以不忍人之心,行不忍人之政"(《孟子·公孙丑上》),做到"老吾老,以及人之老;幼吾幼,以及人之幼","推恩足以保四海"(《孟子·梁惠王上》)。孟子的"仁政"思想影响了后世的社会福利行政。他还提出"出入相友,守望相助,疾病相扶持"(《孟子·滕文公上》)的社会互助思想,也成为现代社会慈善事业发展的一个思想源泉。

墨子在揭露和批判当时不合理的社会现象的基础上,提出了和平康乐的理想社会图景。墨子的理想社会是和平、非攻的社会,是"兼相爱"的社会,"天下之人皆相爱,强不执弱,众不劫寡,富不侮贫,贵不傲贱,诈不欺愚"(《墨子·兼爱中》)。墨子的理想社会还是康乐的社会,交相利的社会,"饥者得食,寒者得衣,劳者得息"(《墨子·非命下》)。要使"老而无妻子者,有所侍养,以终其寿;幼弱孤童之无父母者,有所放依,以长其身"(《墨子·兼爱下》)。除了维持这种最低的生活条件外,他还强调人民互助协作,亦即交相利,"有力者疾以助人,有财者勉以分人"(《墨子·尚贤下》)。墨子的这些思想对我国后来的社会福利思想及实践有重要影响。

可以说,包括孔子、孟子和墨子在内的许多古代思想家为我们留下了丰富的思想遗产,而这些思想又在不同程度上影响了我国古代的社会福利措施。

(二) 我国古代的社会救助制度

我国古代的社会救助制度是古代社会福利思想的体现,在不同历史朝代的发展中,积累了丰富的经验。

1. 保息六政

保息六政是我国古代的救贫措施,在殷周时代已趋于完备。《周礼》记载大司徒以保息六养万民,一曰慈幼,二曰养老,三曰赈穷,四曰恤贫,五曰宽疾,六曰安富。用今天的话说,就是保护儿童、赡养老人、扶助穷人、社会救助、医疗保健、社会安全。《周礼》中还记载了大司徒以荒政十二项措施聚万民,这就是:一曰散利;二曰薄征;三曰缓刑;四曰弛力,以息徭役;五曰舍禁,开山林之禁;六曰去几;七曰眚礼,以减少吉礼;八曰杀哀,以减少凶礼;九曰蕃乐;十曰多婚,礼薄而自婚配者自然就增多,男女得以相互保护;十一曰索神鬼,就是祈祷神灵大慈大悲降福人间以保护民众;十二曰除盗贼,遏制民害。

2. 九惠之教

我国古代福利思想与措施的记载,除《大同篇》及《周礼》之外,还有《管子》一书。其中写道:"入国四旬,五行九惠之教,一曰老老,二曰慈幼,三曰恤孤,四曰养疾,五曰合独,六曰问疾,七曰通穷,八曰振困,九曰接绝。"此九惠之教,在一定程度上类似于现代社会实施的老年福利、儿童福利、社会救助、医疗服务、婚姻咨询、健康服务、创业服务、就业服务、义亲奉祀等。

3. 社仓乡约

社仓乡约应该是最早的社会福利行政,既包括由政府牵头推行的正式福利措施,也有民间互助的做法。主要包括:

常平仓。此项措施自汉朝开始,其具体做法是:常平仓者置理仓舍,当粮食价格低时适当抬高粮价买入储存起来,到粮食价格高时适当压低粮价卖给百姓。历代均于各地广置常平仓,以备荒年平粜之用。汉后,晋魏齐梁诸代多沿用这种做法。

义仓。也就是把政府征粮或由富户义捐的粮食储存到仓库里由官府派人管理,荒年或青黄不接时出仓以赈济难民。这种制度在隋代以前称为义租,唐代此制甚为盛行。到了宋代,宋太祖赵匡胤根据"取有余补不足"的原则,下令各州所属县各置义仓,以备凶歉。

社仓。社仓是由民间自行组织,或由政府督导民间办理的,类似农贷合作组织的一种救济设施,由各地民众捐集粮食,或由政府贷给粮食,在各乡设仓储存。遇凶年或青黄不接时用以救济邻里贫户。仓务的管理由社仓参加人或设立者推选管理人员自行负责。

乡约。乡约制度是我国古代社区组织的创举。"乡约"即住在邻近地区的人共同遵守的规约。此种规约始于北宋的《吕氏乡约》,为蓝田吕大钧及其兄弟、邻里亲友所发起。其内容分为德业相劝、过失相规、礼俗相交和患难相恤等四大项。后经南宋朱熹加以增减,推行全国。

二、新中国成立前的社会工作

1949年以前,社会工作在我国已有一定的发展,主要体现于以下方面:

(一)医务社会工作

1920年,在北京协和医院筹建之初,美国人浦爱德(Ida Pruitt)受洛克菲勒基金会的委派,来协和医院同时筹备社会服务部。1921年协和医院社会服务部正式成立,标志着医务社会工作在中国起步。社会服务部的社会工作者使用个案工作方法对病人的社会历史进行调查和跟踪,填写"病人社会历史记录表",这对医生诊断病情大有帮助,对医生的医学科研具有极重要的参考价值。协和医院社会服务部在其鼎盛期即20世纪30年代有三十多名社会工作者。后来,协和医院社会服务部还将此组织形式和医务社会工作模式推广到南京、济南、上海等地多家医院,推动了社会工作在我国的发展。从专业技术的角度来看,协和医院的社会服务工作达到了相当精细化的水平,对服务对象的社会资源的开发也比较全面、完整。正是因为有了社会服务部,当时的协和医院才成为两类人最多的医院———一类是达官贵人,一类是走投无路的穷人。社会服务部由此被称为"救命部""帮穷部",协和医院也因此获得了良好的社会声誉。[①] 1952年,协和医院社会服务部被撤销,但社会服务部的成功尝试为今天重建医务社会工作提供了有益的启示。

[①] 张岭泉、彭秀良:《掩埋在历史风尘中的北平协和医院社会服务部》,《档案天地》2010年第3期。

(二) 乡村建设运动

在现代中国社会事业发展史上,比较有名的是20世纪20年代和30年代的"乡村建设运动"。这一运动在当时十分兴旺,前后有六百多个团体参加。其中较著名的有晏阳初的华北平民教育运动,陶行知的南京晓庄试验乡村师范学校,梁漱溟等人创立的河南村治学院及山东邹平乡村建设研究院等。这些知识分子和社会贤达所推行的乡村建设运动,志在复兴中华民族的文化,恢复民族自尊心,重视农民教育,以乡村自救运动推动社会发展。此外,清河实验、山西村治、浦东公社、赣南建设等,亦以通过改造乡村社区来促进社会变迁为目的。乡村建设运动被看作我国现代社区发展和社区服务事业的一个开端,并取得了一定的成绩,对国际社会工作的发展也有一定的贡献。虽然限于当时的社会历史条件,这些活动由于战争等因素没有取得预期的结果,但这一运动在我国社会工作发展史上仍具有重要意义。

(三) 民国时期的社会工作

20世纪初至40年代,中国在社会福利和社会工作方面做了一些努力。从社会行政方面来看,1912年南京临时政府就设有内务部,掌管民政事业。此外,内务部还对救济灾荒和救助鳏寡孤独残疾人等作了规定。1938年成立了赈济委员会,接着在国民党中央执行委员会内设立了社会部。该部于1940年改为隶属行政院,其职责范围包括社会救济、社会福利、社团组织、社会运动、社会服务、劳工及合作行政等。行政院于1941年颁布《省社会处组织大纲》,规定各省政府设社会处,县市设社会科,从而建立起了较为完备的社会行政体系。

(四) 共产党领导下的社会工作

1949年以前,中国共产党领导的革命根据地和解放区就有自己的民政工作。根据地和解放区的人民,在党和政府的领导下,在解放区救济总会等有关部门的具体指导下,在生产救灾、社会救济、战地服务、拥军优属等方面取得了很大成绩。1931年11月7日,中华苏维埃共和国临时中央政府成立,颁布了《中国工农红军优待条例》《红军优抚条例》《优待红军家属条例》等一系列重要的法规和决议。在抗日战争时期,各根据地的民主政权颁布了许多优待抗日官兵及其家属的条例。中共中央制定的《抗日救国十大纲领》中,明确规定优待抗日军人家属。这些条例的落实,大大加强了军政军民关系,有力地支持了抗日战争的胜利。解放战争时期,各解放区结合形势对过去的优抚及拥军优属条件进行了修正和补充,从而使这个时期的优抚工作及拥军优属活动更加广泛深入细致。当时,对军属、残疾军人、烈属给予了多方优待。如物质补助,组织群众帮工队、代耕队,青年农民、妇女和学生组成拥军优属小组为军烈属、残疾复员军人服务,政府在节日组织群众慰问队进行慰问等。解放区的这些做法虽然未称为社会工作,但是它对新中国成立以后启动"行政性社会工作"有直接影响。

(五) 社会工作教育

我国的社会工作教育发端于 20 世纪 20 年代,1922 年燕京大学建立社会学系,1925 年改名为社会学与社会服务学系,标志着社会工作专业教育正式起步。起初,社会工作课程主要由美国学者担任,教授的是与美国大学相近的专业课程。后来中国学者参与其中,社会工作教学更加联系实际。当时,社会工作教育与社会学教学联系密切,多数课程设在社会学系。那时,社会学系不但注重社会学理论,也重视社会工作的教育和训练,其课程中非常看重对社会问题的研究与解决,即依据社会学对社会问题的研究结果,通过社会工作的具体实践来解决社会问题,是一种重视实践的社会学,被称为应用社会学。还有些大学在社会学系内直接分设社会工作组或增设社会工作课程,如沪江大学、复旦大学、金陵女子大学等。1940 年社会部改隶行政院后,各大学对社会工作人员的训练尤为重视,政府也拨出经费资助中山、复旦、燕京、金陵等大学社会教育学院内有关社会学及社会福利的科系。各大学不仅注重社会学及社会工作的教学与实验,还致力于相关著作的写作与翻译。此外,政府在社会部内设有研究室,聘任社会学者及对社会工作有所探讨的人士从事各种研究与出版工作,邀请国内专家学者举行会议,研讨问题,以协助政府制定社会政策与设计方案。20 世纪上半叶社会工作及社会工作教育的经验,对当今我国社会工作的发展具有不可忽略的价值。

三、新中国成立后的社会工作

（一）专业社会工作的命运

新中国成立后,由于受到苏联的影响,1952年院系调整时,社会工作专业同社会学、心理学等专业一起被取消,从事社会工作教学、研究和实践的人员被迫转行。自此,社会工作教育在我国中断了将近三十年,我国的专业社会工作与先进国家的也拉开了距离。

（二）新中国解决社会问题的方式与社会工作的任务

新中国成立之初,旧社会遗留下来许多问题,从某种意义上讲,政府和社会当时面临的困难是巨大的,靠个别人是不能解决的,只有凭借全社会的力量才能克服。其时,解决各种社会问题的方式主要是在革命年代形成的社会动员和各种行政手段。

当时政府面临的主要社会任务一是救灾,二是社会改造。针对救灾工作,中国共产党提出了"生产自救,节约度荒,群众互助,以工代赈,并辅之以必要的救济"的总方针。同时,通过在全国发动"一两米救灾运动""募集寒衣运动",开展互济的社会互助。

关于社会改造工作,政府制定了思想政治教育和组织劳动相结合、改造和安置相结合的基本方针。在此方针指导下,因势利导,将游民和娼妓改造成适应新社会的自食其力的新人。在收容方式上,采取了说服动员与强制收容相结合、定期收容与经常收容相结合,以及外移乡村改造的方法。一方面将他们收容到劳动教养所、新人习艺场、妇女教养所等教养单位进行改造,另一方面发动群众就地监督改造。对个别抗拒者则予以强制收容改造。改造主要是通过政治思想教育、组织劳动生产和加强生活管理等方式实现的。上述解决社会问题的方法在当时是相当有成效的。

随着社会主义计划经济体制和政治社会组织体系的形成,我国逐渐建立

第二章 社会工作的发展历史

了单位制度。以此为依托,也逐渐形成了"行政性非专业"①的"实际社会工作"。所谓"行政性"是指:首先,这种社会工作被纳入行政框架,即它对社会成员的帮助处于行政系统管理之下;其次,这种社会工作是由国家行政干部按照行政程序组织的;再次,这种社会工作在其功能定位方面被纳入行政管理的范畴。而社会工作的非专业性表现在,从事为民解困工作的主要是各级民政和工、青、妇部门的干部,他们没有受过系统的专业社会工作的训练,但在实际工作中形成了一套本土的工作方法和理念。②

(三) 社会转型与专业社会工作的重建

改革开放之后,我国的社会工作开始重建。1979年社会学在我国得到恢复和重建,这也为社会工作的重建准备了条件。在众多专家的推动下,1987年,当时的国家教委决定在我国试办社会工作与管理专业,民政部在北京马甸召开社会工作教育发展论证会,推动了社会工作学科的恢复。1988年初,国家教委批准北京大学、中国人民大学、吉林大学等高校设立社会工作与管理专业。同年,民政部和北京大学签订了联合办学的协定,培养高级社会工作人才。1989年北京大学开始招收社会工作本科生,同时招收社会工作方向的研究生,我国的社会工作专业教育走上重建的路程。1991年7月,中国社会工作者协会(现为中国社会工作联合会)宣告成立,社会工作在实际部门中获得了发展空间。1994年,中国社会工作教育协会成立,社会工作专业教育开始制度化地开展。

社会工作的重建与20世纪80年代开始的由社会主义计划经济向社会主义市场经济的社会转型有密切联系,也与社会结构变迁带来的社会问题的出现密切相连。社会变迁对发展专业社会工作提出了客观的要求,也为其提供了社会基础,表现为:

第一,社会转型与经济体制改革,给中国社会带来了结构性的重要变化,也引发了一些社会问题,需要制度性的社会工作来解决。这些问题包

---

① 董瑞丰、李洁:《社工:准备登堂入室》,《瞭望》2006年第48期。
② 参见马凤芝撰写的"社会个案工作"一章,王思斌主编:《社会工作概论(第二版)》,高等教育出版社2006年版。

括：结构性贫困和"新穷人"问题，市场经济条件下的失业问题，社会的老龄化问题。

第二，社会困难群体的存在与他们的社会救助问题。当时，中国有8000多万残疾人，有数量庞大的贫困人口，还有大量进城务工人员。他们的物质生活困难，在社会生活中处于边缘地位，属于困难群体。想帮助这些群体和个人走出生活困境、融入社会、实现自己的社会权利，既需要政策，也需要社会工作的介入。

第三，在快速社会变迁中，某些人和群体在生活和发展方面遭遇困难。例如，青少年的学业压力、网瘾和犯罪问题，留守儿童的照顾问题，服刑人员子女的安置问题，越轨犯罪人员的管理与社会适应问题，精神病人的社区照顾问题等。这些问题有些属于社会管理的范畴，有些则涉及面向当事人个人和家庭提供服务，以使其有良好的社会适应。

上述这些问题是与社会转型过程同时发生的，特别是与社会福利制度的改革同步发生。社会转型与社会福利制度的变革，改变了计划经济体制下社会问题的解决方式，促动了作为社会稳定机制的专业社会工作的发展。随着中国社会的转型，以计划经济为基础的行政性非专业社会工作的效能在当今中国，特别是在城市受到了考验。与市场经济体制相配合，社会需要一个有效的调节机制，以修正市场给社会带来的不利影响。专业社会工作正是在这样的社会背景下重建的。

在重建过程中也出现了一些较专业的社会工作机构，如中国康复研究中心的社会工作部、北京大学法学院妇女法律研究与服务中心、妇女维权热线、青春热线等。它们主要是帮助进城务工人员、妇女维权，以及为个人和家庭提供社会支持和情绪辅导等各种服务。此外，为残疾人服务的医务社会工作，为院舍儿童和学校学生提供的青少年服务，为老年人提供的院舍服务，为城市打工群体提供的服务，以及精神健康领域的服务等，在这一时期都有所发展。这些服务发挥了调解社会矛盾、助人自助的功能。重建初期的专业社会工作具有明显的特点，即零散性和非制度性，大部分服务由非政府的志愿机构提供，资金来源不稳定。可以说此时的社会工作尚处于恢复与蓄力阶段。

（四）社会工作的快速发展

改革开放四十多年,中国的经济体制改革取得了举世瞩目的成绩,但伴随着经济增长,也出现了一系列社会问题。正如党的十六届六中全会通过的《中共中央关于构建社会主义和谐社会若干重大问题的决定》指出的:改革以来,我国经济体制深刻变革,社会结构深刻变动,利益格局深刻调整,思想观念深刻变化。我国社会总体上是和谐的,但是,也存在不少影响社会和谐的矛盾和问题。为了推进社会主义和谐社会建设,中共中央决定要大力推进一系列有利于民生的制度建设,同时作出"建设宏大的社会工作人才队伍"的战略部署,指出要造就一支结构合理、素质优良的社会工作人才队伍,要"建立健全以培养、评价、使用、激励为主要内容的政策措施和制度保障,确定职业规范和从业标准,加强专业培训,提高社会工作人员职业素质和专业水平。制定人才培养规划,加快高等院校社会工作人才培养体系建设,抓紧培养大批社会工作急需的各类专门人才。充实公共服务和社会管理部门,配备社会工作专门人员,完善社会工作岗位设置,通过多种渠道吸纳社会工作人才,提高专业化社会服务水平"。

在十六届六中全会精神引领下,我国的社会工作得到快速发展。社会工作专业办学规模稳步扩大,教学水平不断提高,办学层次日趋完善。从2008年起,我国每年都举行社会工作者职业水平考试,培养了一大批社会工作专业人才,建设了一大批社会工作服务机构。以社会主义核心价值观为基础的社会工作专业价值观正在形成。2010年,中共中央、国务院发布《国家中长期人才发展规划纲要(2010—2020年)》,把社会工作人才作为重点发展的专业人才,社会工作的发展得到国家的高度重视。同年,我国开始招收第一批社会工作硕士(MSW)研究生,社会工作教育提升到一个新的更高的水平。至2021年8月,我国有350多所大学开办社会工作本科专业,全国高等院校和省社会科学院等有MSW授权点210多个。到2024年底,全国已批准设立社会工作专业学位博士学位授权点十多个,我国的社会工作学位授予体系基本完善。

2020年初新冠肺炎疫情肆虐,习近平总书记指出"要发挥社会工作的专业优势,支持广大社工、义工和志愿者开展心理疏导、情绪支持、保障支持等服务",党的十九届五中全会提出要"畅通和规范……社会工作者和志愿者等参与社会治理的途径",2021年《政府工作报告》也决定要"大力发展社会工作"。2020年,民政部作出规划,要求"十四五"期间实现乡镇(街道)社会工作服务站全覆盖,各政府部门也相继提出在本系统发展社会工作。党的二十届二中全会决定进行新一轮党和国家机构改革,2023年3月16日中共中央、国务院印发《党和国家机构改革方案》,决定组建中央社会工作部,并在省、市、县级党委组建社会工作部门。社会工作的内涵更加丰富、外延得到扩展。2024年11月,中央社会工作会议召开,习近平总书记对发展社会工作作出重要指示,进一步指明了社会工作的发展方向。我国的社会工作正迎来新的发展局面,并将得到新的更快发展。

参考文献及进一步阅读文献

丁建定:《英国社会保障制度史》,人民出版社2015年版。

詹姆斯·米奇利:《社会发展:社会福利视角下的发展观》,苗正民译,格致出版社、上海人民出版社2009年版。

彭秀良:《守望与开新:近代中国的社会工作》,河北教育出版社2010年版。

王思斌、阮曾媛琪、史柏年主编:《中国社会工作教育的发展》,北京大学出版社2014年版。

徐震、林万亿:《当代社会工作》,台湾五南图书出版公司1996年版。

Walter I. Trattner, *From Poor Law to Welfare State*, 5th ed., Free Press, 1994.

思考题

1. 为什么把《伊丽莎白济贫法》看作社会工作专业的历史发展源头?
2. 英、美慈善组织会社和睦邻组织运动对社会工作的发展有哪些贡献?
3. 我国古代有哪些主要的社会福利思想和社会救助制度?
4. 计划经济时期中国社会工作的内容与模式有哪些特点?
5. 社会转型、社会发展与社会工作的专业化有什么关系?

第三章

社会工作的哲学基础与价值体系

作为一种助人专业,社会工作与哲学和价值有着必然、深刻的联系。哲学是对世界的思考,价值是对人生和人的活动有什么意义的回答。哲学和价值是社会工作的灵魂和基础,社会工作就是在哲学和价值理念的共同孕育下诞生成长的。

第一节 社会工作的哲学基础

一、社会工作产生和发展的哲学根源

由社会工作实践到专业社会工作,再到制度化的社会工作和作为职业的社会工作,社会工作的发展不仅需要一定的经济水平作为支撑,而且需要一定的哲学观念作为先导。经济变革是基础,它反映了社会工作必然产生的历史趋势;哲学变革是先导,它决定了社会工作产生的形式。

哲学是人们关于自然界和人类社会的本质、内外部关系的根本特征以及变化的基本规律的认识。哲学是对于世界本质的解释,在很大程度上影响着人们的世界观。哲学的范围十分广阔,其中关于人类社会的本质、基本关系和发展规律的知识构成社会哲学。哲学一般以理念的形式存在,认同某种哲学

理念会影响接受者对社会的看法,进而影响他的社会行为。社会工作要面对各种社会问题,处理各种社会关系,也必然受到某种社会哲学的影响。

在西方,慈善活动的发展与宗教哲学有密切关系。我国慈善事业的发展及其形态则与中国的社会福利思想有直接关系。社会工作的产生与发展也受到各种哲学思想的影响。马克斯·韦伯认为,新教伦理推动了资本主义的产生和发展。从起源上讲,这种新教哲学也深深影响了西方社会工作的理论和实践。新教赋予个体可以直接与上帝对话的主体地位,这种哲学观念的变革,不仅刺激了资本主义精神,而且为社会工作实务中的"案主"概念的发展奠定了哲学基础。每一个人都应该为自己负责,这种人生哲学无疑具有浓厚的新教伦理精神。正是这种哲学理念塑造了西方早期的社会福利政策和社会工作实践。英国1601年济贫法的一个重要特征就是,在身体有能力的人和身体无能力的人之间做出区别。这种区别背后的一个基本假设就是:人应该自食其力。后来西方社会相继成立的慈善组织会社和男、女青年会,也都是以自我教育为基础、以团体为动力、以自己的问题自己解决为原则的自助慈善组织。

现实问题和福利哲学观念的转变推动社会工作逐步迈向更高的发展阶段。人们逐渐认识到,政府在帮助穷人上负有主要责任。在复杂的工业社会中,由于组织化、制度化和社会化的发展,单个人对自己行为的控制能力是有限的,他变成了一个企业人、组织人、社会人。当企业破产、组织解体、社会危机到来时,要求这个社会人对自己的困境负责有欠公允,因为结构性变革是个体无法左右的。于是,政府、社会应该对个体负责的新观念悄然兴起。

这种新的福利观念催生了社会工作和社会福利制度的一场革命。在欧洲,福利国家应运而生;在美国,以《社会保障法案》为代表的罗斯福新政出台;在其他发达国家,社会保障制度与其他相关的全面社会服务相继问世。同时,社会工作获得了社会福利发送体系的神圣认同。现代社会福利制度和现代社会工作正是建立在"社会责任"这种社会福利哲学之上的。20世纪80年代,新自由主义大行其道,就是主张"个体责任"的新自由主义哲学大肆泛滥的结果。20世纪末以来,政府社会福利责任的回归是对新自由主义主张的一种矫正。人类福祉、社会正义、社会进步、人类生命共同体的发展,仍然受到各种哲学思想的影响。

二、社会工作与哲学

(一)人生需要哲学

哲学是关于世界观和方法论的学问。作为人的高级认识,哲学首先是人生的指南,人的行为离不开哲学的指导。第一,哲学为人们处理各种社会关系提供了理念和方法。人不能离群索居,必然要生活在各种各样的社会群体中,生活在形形色色的社会关系中,这里就有一个"世事洞明皆学问,人情练达即文章"的问题。人要做到"世事洞明"和"人情练达",就必须有一个灵活的、清晰的哲学头脑。怎样处理个人与社会的关系,怎样处理个体与群体的关系,怎样处理各种错综复杂的人际关系,这些都离不开正确哲学的指导。人们总是自觉或不自觉地以某种哲学原则为准绳来界定各种社会情景的性质,把握与各种人交往的深度与方式,确定自己在特定情景中所要扮演的角色,透过现象看本质,以便达到预期结果。在这些方面,哲学不仅有助于人们发现情景定义、发展情景身份和计划扮演角色,而且有助于人们改善人际关系、发展群体认同、促进群体团结和弘扬社会正义。

第二,哲学为人们克服困难和解决问题提供了思想工具和锐利武器。无论是在宏观的经济社会过程中,还是在日常生活中,人们都会遇到数不清的困难和问题。哲学在帮助人们认识世界、解释世界和改造世界上,在帮助人们克服困难、完成自己的生命周期、解决各种问题上,都有重要的指导作用。困难和挑战对于人生的意义,只有哲学观念才能充分解释。"好事"与"坏事"、"成功"与"失败"、"福"与"祸"等,这些对人生的意义也不是绝对的。所谓"塞翁失马,焉知非福",所谓"祸兮福所倚,福兮祸所伏"。有了这些辩证的哲学观点,人们在任何情况下都可以应付自如,随遇而安。

第三,哲学为人们提供了关于人生目的的答案,把人带进了信仰层次。人生的目的是什么?人到底为什么活着?为谁活着?人能够达到至善吗?这些问题只有上升到哲学的高度才可能得到圆满的回答。

(二) 社会工作需要哲学

社会工作是一种助人专业，是帮助人们克服个人困难、解决社会问题的服务性专业。它要与人打交道，要帮助人处理人生际遇中的许多问题，因此社会工作也需要哲学。这首先表现为社会工作者需要哲学。哲学对社会工作者的意义，可以从一般哲学、社会工作专业哲学和社会工作专业伦理三个层次来分析。

一般哲学为社会工作者及其服务对象提供了共享的哲学理念和价值观念，这是社会工作者与服务对象进行沟通和合作的文化基础。它代表着社会主流文化，即占统治地位的思想意识。从某种意义上说，它是一种文化模式、思维模式，它为社会工作者提供了观察和认识世界的工具，即世界观和方法论。它不仅是社会工作者行动的科学根据，也是社会工作专业发展的指南。一般哲学为社会工作专业的发展同时提供了价值观和方法论基础。

社会工作专业哲学属于社会工作专业本身的概念范畴。每门学科，每个专业，由于其自身性质的不同，研究对象范围的不同和研究方法的不同，除了受一般哲学指导外，也都会发展出它们各自特殊的专业哲学。这种专业哲学包括学科理念、专业价值、实施模式和操作伦理四个层次。

学科理念是关于社会工作存在之价值的基本假设，是社会工作区别于其他学科的内在根据。它由有关社会工作与社会关系的假设、社会工作的学科性质与功能定位等方面的内容组成。例如，"社会工作是社会的稳定器"，社会工作的主要功能是"助人"、"协调"与"减压"等，均属于社会工作学科理念的范畴。

专业价值是社会工作所应遵循的基本准则，它为社会工作专业定性、定位、定向。像利他主义、人道主义、民主、教育和关怀，实践和服务等，都是社会工作专业所崇尚的基本价值。

实施模式是社会工作的各种学科理念和专业价值在实践上的应用范式，它们反映了理论与实践、课堂知识与实际操作的整合。例如，小组工作中的治疗模式、社会目标模式和交互模式等。

操作伦理是社会工作者在服务实践中的指导原则，包括尊重服务对象、全心全意服务、敬业精神和保密原则,以及介入和退出时所应遵守的伦理原则等。

社会工作专业伦理和社会工作专业哲学中的操作伦理是重合的,它们都可称作社会工作者的伦理守则,是社会工作者最重要的入门课程。

(三) 哲学在社会工作中的地位和作用

1. 哲学在社会工作中的地位

哲学在社会工作中的地位随哲学层次的不同而不同。首先,一般哲学是一切学科的理论基础和思维工具,它也必然是社会工作的理论基础和思维工具。理论基础在这里是广义的、宏观的和泛指的,它是指导一切科学发展的哲学总论。思维工具主要指辩证的思维方法,它为一切科学研究提供科学的方法论。

其次,社会工作专业哲学是社会工作专业发展的指导原则。这种专业哲学不仅具有方法论的意义,而且具有指引社会工作专业本身发展的直接意义。它是哲学原则的社会工作化,又是社会工作原则的哲学化。

最后,社会工作专业伦理是社会工作实务的操作哲学。它为社会工作者处理与服务对象、其他相关人士及机构的关系提供了伦理准则与行为规范。

2. 哲学在社会工作中的作用

(1) 哲学在社会工作中的理论功能。哲学对社会工作价值理念具有塑造作用。以哲学理念为思想原型,可以发展出许多新概念。社会工作中的许多概念,例如照顾、服务、干预、授权等,都是由哲学理念塑造或从中发展出来的。

(2) 哲学对社会工作实务的对象化功能。社会工作的许多实务模式,例如过程模式、行为模式、治疗模式和社会目标模式等,都经过特定哲学理念的对象化,是哲学理念的体现和具体化。

(3) 哲学对社会工作者和服务对象关系的调节功能。哲学是协调各种人际关系的有力手段。社会工作者与服务对象的关系是社会工作实务中首先需要调节的一对矛盾关系。这类矛盾解决了,其他矛盾关系,诸如社会工作者与社区的关系、与其他相关人员的关系,就容易处置了。哲学不仅提供了处理一般人际关系的普遍原则,而且提供了应对社会工作者与服务对象关系的特殊原则。

(4)哲学为社会工作者的行为提供了专业伦理和道德准则。社会工作者既是普通人,又是专业人员,这种双重身份对其本身的行为提出了更高的伦理道德要求。社会工作者的工作对象是人,而且往往是值得同情的、无助的人,因此,对他们的任何怠慢和侮辱都是为社会工作者本身的职业道德所不容的。

(5)哲学为社会工作教育提供了理论指南。社会工作教育如何发展?这要根据不同社会的社会环境和文化背景来确定。没有一种善于总结历史、洞察现实、预见未来的哲学,社会工作者没有哲学家的眼光,就不可能找到社会工作教育发展的正确方向。

(6)哲学为社会工作研究提供了科学的方法论。社会工作研究是社会工作实务和社会工作教育发展的推动力。研究就是要进行调查和分析,而这些工作都离不开科学的方法论的指导。辩证唯物主义哲学为社会工作的理论研究和经验研究提供了思维方法、研究工具和概念化途径。另外,研究工作的起始假设也是以一定的哲学观念为基础的。没有哲学方法论的指导,研究者就无法分析事实、提出假设,因为他们看不出两个明显相关的事件的联系。

第二节 社会工作的价值体系

一、价值的概念与特征

(一)价值的概念

价值是一个日常的,也是多学科的概念。在日常生活中,人们会说某某东西有价值或无价值。经济学上的价值指的是某一物品或商品的有用性,而有用的程度被称为价值量。在哲学上,价值也是用来衡量某种事物的意义的。比如哲学研究真善美,那些科学的真理性知识、能够促进道德的善、能够给人们带来愉悦的美的事物,都被认为是有价值的。概括地说,价值是指给人们的生活和发展带来正面影响的东西。

价值属于文化范畴,是文化的核心和灵魂。价值是对人生基本问题的回答,是对社会重要事件的裁决,是对个人、事物、问题的真假、是非、美丑、善恶的基本判断。价值与态度、自我、人格、文化和意识形态紧密相连。价值具有对象性,即某事物对谁来说是有价值的,在哪个方面、在何种程度上是有价值的。因此,对价值的研究要具体化。价值不但是对某种事物的好恶、应否的评判,而且作为一种内化的观念指导着当事人的行为,这种被称为"价值取向"的东西指引着人的行为的方向。

(二) 社会科学中价值的特征

社会科学是关于人与人的关系、社会现象的合理性、社会发展变化的科学,社会科学研究中充满了价值和价值行为。社会科学中的价值具有以下特征:

第一,态度倾向性。价值不仅包含理性的思考,也包含感情的倾向。赞成什么,反对什么,是价值的基本内容。

第二,自我选择性。价值是一个人(自我)的主观选择,个人对它有选择的自由。在一个民主社会里,自我对价值的选择是社会的基础。

第三,人格判断性。价值主要是就人及人的活动而言的,是对一个人人格的判断,不外乎是"好"与"坏"、"道德"与"不道德"之类的评价。社会上的人形形色色,其立场也各不相同,甚至对同一个人的评价有时也会截然相反,这是由判断者的价值观念和时代价值观不同引起的。

第四,文化多样性。价值不仅是一种个人行为,而且更多的是一种社会文化行为。不同的文化有不同的价值,文化的多样性决定了价值的多样性。文化为价值判断提供了一个统一的标准,为内群体成员接受外群体成员的价值观念提供了理解、接纳或兼容的基础,也为主流文化的价值观念与亚文化的价值观念的和谐相处提供了广阔的兼容空间。

第五,意识形态的对立性。价值判断不仅是一种文化行为,而且更重要的,它还是一种政治行为,带有强烈的意识形态性质。人类社会有多少不同的政治派别,就有多少不同的政治价值观念及意识形态。不同的政治价值观念经常是对立的,这里没有不同文化价值观念的互相理解和兼容,有的却是不同意识形态的相互冲突和斗争。

二、社会工作中人的价值、权利与责任

（一）人的价值

社会工作关于人的价值论述与哲学、社会学、政治学和伦理学等其他学科关于人的价值论述紧密关联，社会工作从后者那里汲取了许多理论营养和有效的表达范式。同时，因为个人和社会密不可分，所以社会工作关于人的价值论述和其关于社会的价值论述，往往在时空上具有同步性和共生性。它们共同构成了社会工作的价值体系。

西方社会工作关于人的价值论述有三个学派：第一，是由社会工作操作定义代表的价值体系；第二，是由比斯台克（F. Biestek）发展的价值体系；第三，是由泰彻（M. Teicher）发展的价值体系。虽然他们以人为本的价值取向基本上是相同的，但是在表述方式上却有很大的差别，存在着"是"和"应该"、"权利"和"需要"的分野，也有一些实质内容上的差异。

1. 社会工作操作定义所表达的价值体系

高登（W. E. Gordon）认为，美国的社会工作操作定义包括六条价值叙述：（1）个人是社会首要关心的对象；（2）在社会和个人之间存在着相互依存关系；（3）他们具有相互的社会责任；（4）尽管对每个人来说，他们都具有共同的人类需要，但是每一个人从本质上说是唯一的，与其他人是不同的；（5）民主社会的一个基本属性就是个人通过积极地参与社会，实现自己的全部潜能和履行社会责任；（6）社会有责任提供各种方式，克服或消除在个人和环境之间存在的自我实现的障碍。[①]

社会工作实务所体现的价值观念与新教伦理中的价值观念的根本不同之处在于，它完成了从个人责任向社会责任的过渡。这种价值理念是现代社会福利制度得以建立的哲学基础。

[①] W. E. Gordon, "Knowledge and Value: Their Distinction and Relationship in Clarifying Social Work Practice", *Social Work*, Vol. 10, No. 3, 1965.

2. 比斯台克的价值体系

比斯台克在其 1967 年发表的《社会工作的基本价值》中,提出了社会工作价值体系。他认为,这包括:(1)人的尊严和价值是至高无上的;(2)人在生理、智力、情感、社会、审美和精神方面具有天赋的潜能;(3)人具有实现其潜能的天生的驱动力和义务;(4)人具有选择能力,并且由于其有自我实现的义务,他具有自我决定权;(5)每一个人都是一个独立的个体,并且他有被这样考虑的权利和需要;(6)为了实现自己的潜能,人有权利要求利用合适的手段;(7)每一个人都需要在其社会提供和保障的机会方面和谐发展,以满足他在身体上、心理上、经济上、美学上和精神上的基本需要;(8)人的社会活动在其自我实现的斗争中是重要的;(9)社会有义务促进个人的自我实现;(10)社会有权通过其个体成员的贡献变得健全和繁荣。[①]

3. 泰彻的价值体系

泰彻认为,社会工作的价值体系包含:(1)每一个人都有其尊严和价值;(2)每一个人都应该受到尊敬和得到周到的照顾;(3)每一个人都应该参与会影响他的决策;(4)每一个人都应该自由发展他自己的能力和天赋;(5)每一个人都应该公平地分享对物品和服务的控制;(6)理性行为所必需的信息,每一个人都应该具有完全和自由获得的权利。[②]

4. 三种价值体系的比较

泰彻的价值体系与操作定义的价值体系是比较接近的。但是,仔细比较起来,两者还是有相当的差异。首先,操作定义的价值体系把个人作为社会首要关心的对象,但是同时承认个人对社会的责任。例如,"个人是社会首要关心的对象","他们具有相互的社会责任"。而泰彻则主要是站在个人立场上来说话的。例如,"每一个人都有其尊严和价值","每一个人都应该受到尊敬和得到周到的照顾",等等。其次,前者采用更加肯定的语气,多用"是""有"

---

① F. P. Biestek, "Basic Values in Social Work", in *Values in Social Work: A Re-examination*, NASW Press, 1967.

② 转引自 N. Timms, *Social Work Values: An Enquiry*, Routledge and Kegan Paul, 1983。

"存在"等字眼,而后者则多采用"应该"之类的虚拟语气。这也许是其基本立场不同所致。最后,前者更加一般化,更加接近知识范畴,而后者则比较特殊化,更加接近价值范畴。

比斯台克的价值体系居于二者中间,它兼有上述两个体系的特征。它从个人的立场直接论述人的尊严和价值,认为它们是"至高无上"的,但所使用的语言则完全是肯定的;它比其他两个体系对人的价值的叙述更加详细和具体。它认为人在生理、智力、情感、社会、审美和精神方面都具有天赋的潜能;其表达形式更符合社会工作的价值理念,在现代社会工作中依然发挥重要的作用,如"自我决定""个别化"等在这里已经被直接提出。另外,它的知识和理论基础比其他两个体系更加广阔和深厚。因此,可以认为,比斯台克关于人的价值的表达更能代表西方社会工作的价值体系。

(二)人的权利

1. 人的权利的含义

人的权利(rights)简称人权,是指公民依法行使的权力和享受的利益。它表现为享有权利的公民有权做出一定的行为和要求他人做出相应的行为。权利通常包含权能和利益这两个方面。权利是指法律赋予人的实现其利益的一种力量,权利是权利主体对所希望事物或状态的获得,是来自他人或组织的给予或惠及。在一定的社会经济政治体系中,人们的权利是相互的,即人们享有的权利与他应尽的义务相对应。

人的权利的类型或其承载表现形式是多样的,主要包括:经济方面的权利、政治方面的权利、精神方面的权利和社会关系方面的权利等。这些权利是现代社会成员在一定的社会经济政治体系中应该合乎规范地得到的。

人的权利是一定的经济、政治、社会发展阶段的产物。权利作为在道德和法理基础上的有效诉求,应该是可以被满足的。但是,现实情况并不一定如此。在经济匮乏,政治独裁,国家不能对其公民进行保护,特别是不能给贫弱群体带来可转移的福利的情况下,人权就很少。有时候,人的权利可以被宣称,即认为某种权利要求应该得到满足,但现实却做不到,这时的人权就是宣称式的和空虚的,这种话语上宣称的人的权利没有产生实际效果。经济繁荣、

第三章 社会工作的哲学基础与价值体系

政治民主化、社会文明程度提高促进了对人的价值的肯定,社会公平正义理念的普及和政府公共权威的确立,使得人权观念不断发展,人的各种权利不断得到保护,人权得以实现。

2. 现代人的权利的发展

人的权利或人权是人类进入现代以来取得的进步。人的权利获得承认与一定的文化和社会意识形态有关。在西方比较强调个人价值的社会文化和政治制度中,天赋人权曾经是资产阶级争取自己权利的旗帜,而在经济落后且比较强调集体主义的国家和族群中,个人的特别是弱势群体的权利很少。

有学者认为,人权历经三代发展。第一代人权是西方资产阶级革命尤其是在美国独立(1776年)和法国大革命(1789年)之后确立的,包括个人自由、财产权及不受侵犯的安全权。第二次世界大战之后,联合国宣言和联合国权利公约将人权扩展至社会、经济和文化层面,如强调工作权、参与权和文化生活权。20世纪晚期出现了第三代人权,把人权扩展到发展和环境条件方面,包括经济发展权、净水饮用权、社会安定权等,这些权利也超出了最初的以个人为本的权利观,而拓展为集体权利观。

关于人的权利,马歇尔(T. H. Marshall)从历史发展的角度进行了阐述,指出人的权利(公民权)的发展经历了市民权利、政治权利和社会权利三个阶段。市民权利指人身权利、财产权利、言论自由、信仰自由等基本人权,西方国家是在18世纪实现的;政治权利是公民参与政治的权利,普遍的选举权是核心,这是在19世纪实现的;社会权利则是公民当然享有的受教育、健康和养老等权利,这是20世纪实现的。

也就是说,人的权利或人权的内容是不断发展的,虽然在不同时代、不同国家,人权涵盖的范围不同,内容要求有程度上的差别,而且在实现上也有差异,但是,总的来说,人的权利的拓展是社会进步的表现。

3. 社会福利和社会工作领域中的人权

社会工作是以人的权利及社会正义为基础的专业服务,社会福利领域中人权的发展对社会工作的开展十分重要,因为人的权利作为一种合法诉求应该得到满足,而现实却是这一领域存在着诸多问题。

社会福利权是一种社会权利,它是以社会的、共同的社会正义理念为基础的,对于公民可以合法合理地享受某种社会福利的有效诉求。就贫弱群体、困境人士而言,这种社会福利权利尤其重要,因为他们的基本福利的获得相对困难。作为一种社会权利,贫弱群体和困境人士得到来自政府和社会的必要帮助是其权利,这是现代社会应有的制度安排,而不是国家、社会对他们的怜悯。所以,确保贫弱群体、困境人士的社会福利权利也就成了政府的责任。

各国的经济发展程度、政治制度、社会文化方面的差异使得各国公民所享有的社会权利有所不同,但是,对于现代国家来说,基本的社会权利都包括享有尽可能好的义务教育、获得失业保险和社会救助、患病时得到救治和卫生安全保障、脆弱群体获得社会服务,以及免于流离失所等方面的内容。当人们在上述方面陷入困境时,社会工作者对其伸出援手,就是帮助实现他们的基本人权。

（三）人的责任

人不仅有权利,而且有责任。责任是权利的伴随物,二者是对应的,是一个问题的两个方面。人的责任包括对自己的责任,对他人的责任,对群体与社区的责任,以及对社会与国家的责任。对于专业人士来说,还有对专业的责任。

1. 对自己的责任

一个人在社会上是作为一个社会人而存在的,他扮演着特定的社会角色,而且应该尽量扮演好角色,这就是要对得起自己,实现对自己的责任。对自己的责任包括：正确认识自己,认清和承认自己应有的责任；增强自己的能力,实现自己的合理目标；做好自己,尽量不成为社会的负担；在可能的情况下做些对社会有益的事。

2. 对他人的责任

对他人的责任是一种角色责任,即扮演好角色,承担好对他人的义务。为人父母者,有教育和抚养子女的责任；为人子女者,有孝敬和赡养父母的责任；为人配偶者,有关心和爱护自己配偶的责任。作为一名社会公民,遵守社会公德,保护公共设施,爱护自然环境,这些都是个人对他人应负的责任。

第三章 社会工作的哲学基础与价值体系

3. 对群体与社区的责任

对群体与社区的责任是一种组织责任。作为社会人,任何个体都不能离群索居,他必然生活在一定的群体中,活动于一定的社区范围内。因此,他必须按照一定的组织文化和社区规范行事,并且要认同群体和社区的目标,要为组织的整体利益而奉献自己。同时,群体和社区也会为个人提供社会归属、社区支持和社会保护。因此,对群体与社区的责任包含对他人的责任,也包含对个人的责任。

4. 对社会与国家的责任

对社会与国家的责任是一种社会责任、政治责任和法律责任。人是社会性的动物,又是政治性的动物。国家则是最高级的政治结合体。个人作为社会的一员,应该成为它的积极的组成部分;作为一个公民,更应该遵纪守法、积极生活、勤勉工作。这些都是作为一个社会成员和国家公民的基本责任。个人有义务服务社会、报效国家。中国向来有"天下兴亡,匹夫有责"的说法,就是鼓励人们要以高度的社会责任感和政治热情参与到社会和国家事务中。

三、社会工作中社会的价值

(一) 社会的责任

1. 社会化的责任

社会担负着帮助人们完成社会化的责任,使其从"自然人"变成"社会人",促使其认同社会的价值规范,成为社会的合格成员。

2. 供养责任

国家作为一种社会形式,有责任供养它的公民。它以各种方式,如经济制度、就业制度、低保制度和福利制度等,向人民提供物质生活保障。如果一个政府无法养活它的公民,那么它就没有继续存在的理由。

3. 支持责任

社会对人的各种社会活动,包括政治的、经济的、教育的、文化的活动等,提供形式多样的支持,包括资源支持、政治支持、政策支持和社会资本支持,使人能够在各个领域里自由发展,并反过来推动社会进步。

4. 发展责任

社会不仅应当满足人的低层次的生存需要,而且应当满足人的高层次的发展需要。根据马斯洛的需要层次理论,当人的生理/生物需求得到满足后,其社会文化需要就会凸显,成为其行为的驱动力。社会有责任满足人的发展需要。社区和社会要因人制宜,制定出教育人、发展人的制度和规划,开发人的潜能,使其在社会生活中扮演更加积极、更加重要的角色。

5. 保护责任

社会是人的保护伞,现代国家有保护其公民的责任。当人类受到自然灾害侵袭,受到内部或外部力量的伤害,或受到非人类力量的攻击时,国家和社会有责任依照规范保护自己的公民和成员。

(二) 社会的需要

社会作为一个有机整体,也有它自己的需要。不满足这些需要社会就无法存在。那么社会到底有哪些基本需要呢?无非是两条:一是要生存,二是要发展。要实现这两点,社会有一些需要必须得到满足。

1. 组织的需要

组织是社会的基础,无组织即无社会。为了满足人们的多种需要,形成了各种社会组织。没有这些组织,人们的需求也就无法得到满足。只有组织起来的社会才是有力量的社会,只有通过组织、依靠组织,社会才能完成求生存图发展的基本目标。

2. 制度的需要

制度是组织的精髓,无制度就无组织。没有规章制度,组织就会变成一盘散沙;缺乏价值规范,社会不过是一群乌合之众。制度需要,就是对社会的价值和规范的需要。现代社会要建立多种制度以满足其成员的需要,同时也要对其成员的行为进行合理的约束,使社会生活变得有序。

3. 团结的需要

团结是社会生存和发展的首要条件。没有内部团结,就不可能实现社会自身的目标。根据迪尔凯姆的观点,团结有两种类型:一种是机械团结,这种团结主要存在于古代社会,它以权威和服从为前提;另一种是有机团结,这种团结是现代社会的要求,它以民主和互惠为前提。

4. 变革的需要

一个社会只有不断变革,不断创新,才能获得更大的进步。墨守成规、不思变迁的社会,在各方面就会处于呆板、僵化和停滞的状态,进而在激烈的竞争中处于劣势地位。社会的变革也是更好地满足人们的需要,使社会充满活力的基础。

5. 稳定的需要

稳定是生存的基础,也是发展的前提。一个社会不稳定,就意味着其生存受到挑战。社会的首要目标是生存。因此,稳定不仅关系到社会的发展,而且关系到社会的生存。为了满足这些需要,社会对人提出了种种要求,这些要求也是应该达成的:(1)遵守社会的规章制度,做一个遵纪守法的公民;(2)积极扮演好社会所分配的角色,当一个胜任的社会演员;(3)认真从事创造财富的各种劳动,为社会的生存和发展奠定坚实的基础;(4)培育和发展奉献精神和创新意识,促进社会的繁荣和发展。

四、个人价值与社会价值的关系

(一) 两种价值的相通之处

个人价值与社会价值并不是完全对立的,它们在许多方面都是相同的或相通的。社会价值和个人价值在以下几个方面是可以共享的:(1)个人的健康幸福是社会所追求的重要目标;(2)社会的和谐稳定为个人健康幸福的目标的实现提供了良好的外部环境;(3)个人的受教育、成长和发展是社会发展的必要条件;(4)社会的发展与壮大是个人发展目标得以实现的客观基础。

（二）两种价值可能存在的冲突

个人与社会的关系，或个人的权利与社会的责任的关系，一直是争论不休的问题。总体而言，存在着两种基本观点：自由主义的个人本位论和集体主义的社会本位论。前者倡导个人的权利和自由，后者则强调社会集体的重要价值。也就是说，个人价值和社会价值并不是完全一致的，它们有时候是冲突的。这种冲突主要表现在：(1)个人的眼前利益与社会的长远利益之间的矛盾冲突；(2)个人的局部利益与社会的整体利益之间的矛盾冲突；(3)个人的直接利益与社会目前所能提供的有限利益之间的矛盾冲突。除了利益上的冲突外，两种价值在主体导向、舆论宣传方面往往也会发生矛盾或冲突。

（三）两种价值的协调

个人价值和社会价值处于既对立又统一的矛盾斗争之中。忽视个人价值，社会也就失去了它存在的意义。反过来，忽视社会的价值，个人的价值也无从实现。二者能够通过让步、协调等方式达到和谐统一。两种价值在现实生活中不可能像天平上的两个等量砝码一样，始终处于平衡的位置。因此，它们之间的平衡是一种相对平衡，而且这种平衡涉及一个动态的调整过程。阶段性的不平衡为总体性的平衡所补偿。重社会、轻个人的价值观，或轻社会、重个人的价值观，在社会发展的某一阶段均可能出现。但是，在社会发展的整个过程中，二者在总体上应该是相对平衡的。

五、社会工作的价值背负与体系

（一）社会工作的价值背负

社会工作是一种助人的职业。这决定了它与社会学有三个方面的不同：第一，社会学是以研究为主的学科，社会工作是以实践为主的学科；第二，社会学把焦点放在理解人上，社会工作把焦点放在帮助人上；第三，社会学有理论和应用两个学术研究方向，社会工作是在理论指导下的具有临床取向的智力性操作职业。由于其助人性质，社会工作与其他专业有明显不同：社会工作是背负着价值重担的专业。之所以会出现这种状况，一方面与这个专业的宗教

起源有关;另一方面与这个专业的从业者有比较强烈的道德自律和价值承担有关。社会工作的价值背负主要表现在三个方面:

1. 社会工作专业是具有价值取向的专业

社会工作是一门"良心"专业。什么是良心?在孟子那里,良心就是"赤子之心"(《孟子·离娄下》),就是"不忍人之心"(《孟子·公孙丑上》)。美国社会工作专家蒂姆斯认为,"良心"涉及道德的感情与反应,以及一个人在特定场景中应该做什么的决定。[1]

关于良心,学者们从不同的视角进行了多方位的研究。有的学者认为它是易犯错误的,有的则以为它是不易犯错误的;有的学者相信它是上帝的声音,有的则确信它是习俗的声音;有的学者指出它仅仅是一种劝告,有的则揭示它是一种内部强加的命令;有的学者强调它是一种觉悟,有的则表明它是一种非意识;有的学者觉得它是一种具有某类信仰、感情和确信的气质,当涉及操作或行动问题时,它是一种自觉的行动。

关于社会工作和社会良心的关系,托尔在《职业教育中的学习者》一书中有非常明确的阐述。他认为,社会工作应注意或者说不能不注意社会良心的发展。社会工作由于其性质和功能,由于其所服务的群体,也由于与其支持公众的关系性质,必须对社会良心和社会觉悟的发展程度给予超过一般标准的重视。[2] 托尔的潜台词是,因为社会工作是一门助人专业,所以它必须高度重视社会良心和社会觉悟这类高级社会情操的发展与变化,以便为社会工作的助人事业寻找更多的资源或动力。

列维在其《社会工作伦理》中对社会工作的价值取向是这样界定的:社会工作是价值为本的专业,它不仅是一种做事的方式,而且是关于什么好事应该做和事情要如何做的准则。[3] 这就是说,价值判断、优先选择是社会工作价值取向的典型表现。

---

[1] N. Timms, *Social Work Values: An Enquiry*, Routledge and Kegan Paul, 1983.
[2] C. Towle, *The Learner in Education for the Professions*, University of Chicago Press, 1954.
[3] C. S. Levy, *Social Work Ethics*, Human Sciences Press, 1976.

2. 社会工作知识是以价值为基础的知识

社会工作不仅仅涉及对人自然产生的关爱态度和技巧,而且是一种关于如何助人的系统知识。社会工作知识又不同于一般的知识,它是以价值为基础的知识。如果我们把社会工作的知识体系比作一个金字塔的话,那么价值、知识和技巧的关系正如图3-1所示:

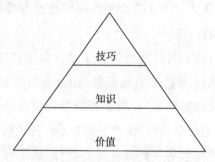

图3-1 社会工作的知识体系

首先让我们来讨论价值和知识之间的关系。应该承认,知识和价值的区别是不容易厘清的,因为这里涉及事实叙述和义务叙述之间的关系问题。前者属于"是"的范畴,后者属于"应该"的范畴。说到这里,我们会想起"休谟的铡刀"这个命题。英国哲学家大卫·休谟在《人性论》一书中提出,一个人不能从"是"中推出"应该"的结论。按照这个命题,事实叙述和义务叙述、知识和价值、效率和公平是不应该有任何联系的。人即便明知事件的进程会损害社会正义,也不应该加以制止。"休谟的铡刀"阻断了人类认知从工具理性向价值理性的发展,否认了从知识向行动转化的必要性,扼杀了人类做出理性选择的权利。在20世纪,新自由主义者频繁举起"休谟的铡刀",向穷人、黑人、女性和儿童等社会弱势群体无情地杀过去。他们力图把实证问题和规范问题、效率问题和公平问题完全割裂开来,作为反对社会正义、反对社会福利的理论依据。

在社会工作领域里,事实叙述和规范叙述、知识和价值经常是密不可分的。比如,像"个人和社会之间存在着一种互相依存关系"和"家庭是儿童社会化的最佳场所"这两个叙述,它们既是事实叙述,又是规范叙述,既是知识陈述,又是价值判断。因为这两种陈述不仅包含陈述的本质,而且包含陈述的意向;陈述的意向关乎价值判断,陈述的本质则涉及知识范畴;意向涉及行动,本质涉及科学。

再看价值和技巧。价值不仅一直被社会工作者看作安身立命的严肃偏爱之物,而且被看作社会工作技巧所由产生的源泉。伯恩斯坦(S. Bernstein)在《价值和小组工作》一文中讨论了"方法论和价值的共同发展问题"。他认为,除非价值已经被界定、评估和实现,否则这个专业是在那里盲目飞翔。价值给予它见识、视野和洞察力。而没有实现方法的价值同样是不幸的。[①] 这就是说,社会工作的价值规范和方法技巧是相互为用的:没有价值规范的方法技巧是盲目的,可能会偏离社会工作的价值理念;而没有方法技巧的价值规范是漂浮的,对社会工作实务也不会产生实际效应。总之,方法技巧是由价值规范决定的,先有自治的价值规范,然后人们根据这种价值规范再去发现如何自治的方法技巧。

3. 社会工作者是载满价值的人

戈尔茨坦(H. Goldstein)在《社会工作实践》中说,社会工作者是载满价值的人。[②] 正像伯恩斯坦所说的那样,价值不仅给予社会工作者开阔的眼界和准确的洞察力,而且社会工作者进入和停留在社会工作中,还因为他们能够由此实现自己的某种价值目的。这就是说,社会工作者的价值背负,一方面来自社会工作专业强烈的价值取向,另一方面源于社会工作者自身。社会工作者是带着某种价值目的进入社会工作这个行业的,他们通过帮助别人来实现自己的价值目的。

(二) 社会工作价值体系的结构

社会工作的价值体系由社会工作的专业价值和社会工作中的三类价值两方面组成,如图3-2所示:

[①] S. Bernstein, "Values and Group Work", in Saul Bernstein,ed., *Further Explorations in Group Work*, Bookstall Publication, 1970.

[②] H. Goldstein, *Social Work Practice: A Unitary Approach*, University of South Carolina Press, 1973.

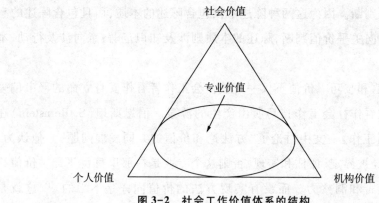

图 3-2　社会工作价值体系的结构

社会工作的专业价值可以用这个公式表示：专业价值 = f(社会价值，机构价值，个人价值)。即是说，社会工作的专业价值是社会价值、机构价值和个人价值的函数。

1. 社会价值

社会价值是整个社会所崇尚的文化价值，是在社会上占统治地位的主流文化话语。在社会工作的价值体系中，社会价值高高在上，对其他价值发挥指导和支配作用，社会工作的机构价值和个人价值都是由社会价值决定的。但是，个人价值在坚持社会价值基本原则的同时，往往也根据自身的特点，自觉或不自觉地对它进行一些策略性的变通处理。结果是，由于机构价值、个人价值和社会价值的互动博弈，社会价值以扁平化的形状构建了社会工作的专业价值，或者说经由机构价值、个人价值和社会价值的动态博弈，社会价值受到扁平化处理，同时成为社会工作的专业价值。这就是说，社会价值在对其他价值发挥主导作用的同时，也受到其他价值的反作用，从而发生了变化，进而推动了社会变迁。

2. 机构价值

机构价值是雇用社会工作者从事社会工作、发送社会福利的政府部门、非政府组织和私人机构的价值。机构价值是由社会价值决定的，它因机构与社会价值的距离远近而不同。一般来说，政府机构与社会价值的关系最为密切，私人机构次之。机构对社会价值的解读消化程度,不仅影响社会工作的专业价值,而且影响社会工作者的个人价值。

3. 个人价值

个人价值是由社会工作者的个人良心和社会道德共同决定的。莎士比亚在《哈姆雷特》中说过这样一句话:"这高于一切:对于你自己的灵魂是真的,那么对任何人你不能是假的。"这句话对于社会工作者考虑伦理决定是有好处的。不管社会工作者在伦理决定中使用什么方法,他们都必须首先澄清和明确他们自己的个人价值,这是至关重要的。个人价值并不是抽象的原则,而是在操作层面上服务于整合和组织个人资源和行为以及与他人关系的伦理法典。但是,当今自由主义和相对主义的发展,使得许多人要澄清他们的价值变得越来越困难,即使个人价值被鉴别出来,在这些价值的基础上做出伦理决定也绝非易事。为什么会出现这种情况?库格林的回答是发人深思的。他认为,在一个哲学、文化、政治和宗教多元主义的社会,无论怎样进行价值选择都不会赢得朋友。[1] 然而,许多人都同意,社会工作者应该作为道德的代理人而行动。因此,社会工作者把握清楚的、不含糊的和特定的个人价值是非常重要的。只有如此,社会工作者才是真正的自己,才不会作为机构雇来的工具而发挥操纵作用。

4. 专业价值

专业价值是由社会工作专业群体掌握的、由社会价值转换而来的职业价值。它与社会价值在焦点、视角和优先权上有所不同,这些差别可能产生伦理问题。比如,"独立"和"自由"这样的社会价值,出于对当事人安全的考虑,在社会工作中就可能被转变为"自决"和"干预"这样的专业价值。因为要强调和选择某些价值,忽视和放弃其他价值,社会工作者可能会把自己置于一个有伦理争议的位置。

---

[1] B. J. Coughlin, "Interrelationships of Governmental and Voluntary Welfare Service", in *The Social Welfare Forum*, Columbia University Press, 1966.

按照美国社会工作者协会的界定,社会工作的专业价值是:

(1)对个人在社会中具第一重要性的承诺;(2)对满足社会公认需要的社会变迁的承诺;(3)对社会正义和社会中所有人的经济、身体与精神福祉的承诺;(4)尊重和欣赏个体和群体的差别;(5)对开发服务对象自助能力的承诺;(6)对向他人传递知识和技术的承诺;(7)把个人的感情和需要同专业关系分离开来的承诺;(8)为当事人保守秘密的承诺;(9)不管挫折,坚持不懈努力的承诺;(10)对高标准的个人和专业行为的承诺;(11)尊重不同的文化;(12)对发展的责任感;(13)接受全球相互依赖的观念;(14)关于饥饿和贫困的价值澄清;(15)欣赏合作,把其作为增加全球安全的一种手段。

第三节 社会工作伦理

社会工作伦理是社会工作价值体系的有机组成部分,是利他主义的社会工作理念、人道主义的哲学理念和社会工作专业价值在实务层面的体现。

一、利他主义的价值理念

(一)利他主义与利他行为

1. 利他主义

按照《韦伯斯特新百科全书词典》,利他主义(altruism)是指为了其他人的权利而生活的原则。其对立面是自我主义(egoism),即系统化的自私自利,一种以自我利益为基础的理论。[①] 利他主义是伦理学中的一种学说,一般泛指把他人和社会利益放在第一位,是为了他人和社会的利益而牺牲个人利益的生活态度和行为原则。

利他主义原本是生物学的一个概念,指那些靠牺牲自己的适合度[②]而增加

[①] *Webster's New Encyclopedia of Dictionaries*, Ottenheimer Publishers, 1986.
[②] 依据生物学,适合度是生物有机体个体生存能力、繁殖能力和后代生存能力的总称。常杰、葛滢编著:《生态学》,浙江大学出版社 2001 年版。

第三章 社会工作的哲学基础与价值体系

其他个体适合度的行为。它分为表现型层次上的利他、基因型层次上的利他和彻底的利他。19世纪,法国哲学家和社会学家孔德首先把这个概念引进社会科学,并把它作为自己伦理学体系的基础。孔德认为,人类既有利己的冲动,又有利他的冲动。所谓道德,就是使前者服从于后者。但是,他又说,利他必然以利己为基础。

20世纪下半叶,新的利他主义重新获得了解释力。新的利他主义叫作"同理心利他主义"。同理心利他主义假设是由巴特森(C. Batson)及其同事提出的。他们假定,至少有一些亲社会行为(pro-social behavior)是由帮助他人的纯粹动机驱动的。巴特森认为,只要我们对需要帮助的人具有同理心,也就是说,只要我们体验到处于困境者所遭遇的痛苦和苦难,我们就会伸出援手,无论是否出于利他的动机。巴特森及其同事的研究表明,真正的利他主义是存在的。的确,这种同理心利他主义是唯一能够解释那些自我牺牲的行为的理论。无论是社会生物学,还是社会交换理论,都不能解释为什么人们愿意为了陌生人而放弃自己的生命。只有利他主义才能解释这种自我牺牲的行为。

2. 利他行为

利他行为是出于利他本能或利他动机的行为。这种行为广泛存在于动物界和人类社会。利他现象在鸟类、哺乳类特别是人类社会中尤为突出。关于利他行为有四种理论解释:

第一,群体选择学说。该学说认为,正如自然选择可以在个体层次起作用,自然选择也可以在群体层次起作用,使具有某种适合度的群体逃脱绝灭的命运。作用于种群和社群的群体选择,可以使那些对个体不利但对社群或物种整体有利的特征在进化中保存下来。换言之,选择是在种群内各亚种中进行,经由群体选择保存了那些使群体适合度增加的特征,以提高种群对环境的适应能力。[1]

第二,亲缘选择论。为了解释利他行为及其进化,最大的突破是汉密尔顿

---

[1] W. D. Hamilton, "The Genetical Evolution of Social Behaviour", *Journal of Theoretical Biology*, Vol. 7, No. 1, 1964, pp. 1–52.

提出的亲缘选择理论。① 汉密尔顿指出,利他行为通常发生在具有亲缘关系的人即直系家庭成员中,利他者只为自己亲属提供帮助或做出牺牲,因为受惠者与施惠者具有部分相同的基因,牺牲自己是为了在世代传递中增加相同基因的遗传份额。这种近亲利他行为有利于自然选择保存这些相同基因并使其更加优化。

第三,互惠利他论。为了说明非亲缘个体的利他行为,阿克塞尔罗德(Robert Axelrod)与汉密尔顿运用博弈论方法,发展了互惠利他合作进化理论。随着博弈论在动物行为学中的应用,学者先后建立了标准的囚徒困境模型、修正的囚徒困境模型和厨师困境模型,来阐述互惠利他主义及其进化机制。互惠利他主义是指,无亲缘关系的个体通过合作交换适合度的行为。某一个体之所以冒着降低自己适合度的风险帮助另一个与己无血缘关系的个体,是因为它在日后与受惠者再次相遇时有可能得到回报,从而获益更大。回报才是互惠利他主义者的真正目的,这次利他是想在下次更有利于自己。

第四,驯顺性理论②。西蒙把善于社会学习、善于接受社会提供的教育称为"驯顺性"(docility)。驯顺的人由于学到了技能和适当行为,平均而言,就会比非驯顺的人产生更多的后代。而且,驯顺的人在社会中的相对数目将会增长。然而,由于有限理性的作用,驯顺者在接受社会教育的过程中,有可能不考虑或者不能充分考虑是否对自己有利,而接受并采取不图回报的纯利他主义行为。

(二) 利他主义与社会工作

1. 利他主义:社会工作的哲学基础

利他主义是社会工作的哲学基础。社会工作利用根植于人类本性的同理心和利他动机,把利他主义发展为社会工作的哲学基础,使以助人为业的社会工作有了哲学理念的支撑。利他行为虽然有少许技术因素,但是,具有利他主义人格的人最容易产生助人行为。

---

① W. D. Hamilton, "The Genetical Evolution of Social Behaviour", *Journal of Theoretical Biology*, Vol. 7, No. 1, 1964, pp. 1–52.

② 刘鹤玲:《亲缘、互惠与驯顺:利他理论的三次突破》,《自然辩证法研究》2000 年第 3 期。

根据社会心理学家比尔霍夫（H. Bierhoff）、克莱因（R. Klein）和克兰普（P. Kramp）的文献研究，利他主义人格包括以下元素：第一，更清晰的内在控制轨迹；第二，更坚定地相信一个正义的世界；第三，感到更多的社会责任；第四，在自我概念中有更高的同理心；第五，较弱的自我中心主义。

2. 利他主义：社会工作的基本价值

利他主义向社会传递诸如友爱、给予、无私、责任和服务之类的人类的普遍社会情操。它们逐渐演变成社会工作的基本价值理念。友爱，是人类对其他成员的友好和关爱的态度，源于人类本性。古埃及的《死亡之书》就包含七个怜悯法令，包括对饥者、渴者、裸者、陌生人、病人和垂死的人的救济和帮助。过去，基督教在十二个领域里从事慈善工作：照顾寡妇、孤儿、病人、穷人、残疾人、囚犯、俘虏、奴隶、难民，埋葬死去的穷人，提供就业服务和为需要者提供饭食。我国早在宋朝就有救济穷人的"乞丐法"："凡鳏、寡、孤独、癃老、疾废、贫乏不能自存应居养者，以户绝屋居之，无则居以官屋，以户绝财产充其费，不限月。依乞丐法给米豆，不足，则给以常平息钱"（《宋史·食货上六·振恤》）。并且建设"居养院""安济坊"等专门收养老弱病残者，而"漏泽园"则"葬死而无归者"，并且在道路旁就有专门为行路人摆设的茶水站。

利他主义的给予是社会工作的基本价值，它源于"施比受有福"的价值理念。无私是利他主义价值观的核心，也是社会主义的基本价值；责任和服务是利他主义社会工作价值观的行动落实。

3. 利他主义：社会工作者的伦理操守

利他主义还是社会工作者的伦理操守。把利他主义的价值理念内化，变成社会工作者职业道德和伦理操守的组成部分，这是社会工作价值的操作化趋势。通过社会工作价值的操作化，社会工作的助人价值理念得到落实，社会工作变得日益生活化、人性化。

（三）利他主义社会工作伦理

利他主义建筑在同理、助人的社会工作伦理基础之上。同理、助人既是利他主义的核心价值，又是社会工作者的伦理操守。

1. 同理

同理（empathy）是比同情（sympathy）更高级的伦理情操。"empathy"在心理学那里被翻译成"神入"，是一种比较消极的自我防御情绪。在社会工作这里，我们把它翻译成"同理"或"同理心"，是一种对服务对象的遭遇感同身受的积极情操。同理心被界定为对另一个人的感情状态回以一种代别人遭受的感情反应，这种感情反应与这个其他人正在经历的感情反应相类似，或者感同身受。只有感同身受，才能反应强烈和服务彻底。

作为利他主义的运作机制，同理是通过内省机制工作的。这种内省有两种心理表现形式：一是"己欲立而立人，己欲达而达人"（《论语·雍也》），它是比较积极的利他形式；二是"己所不欲，勿施于人"（《论语·颜渊》），它是比较消极的利他形式。尽管如此，想到受侵犯者所遭受的痛苦是自己所不愿承受的，进而停止了侵犯行为，也是一种利他的行为。

2. 助人

助人（helping people）是社会工作的核心价值，也是利他主义的核心伦理。利他主义不仅表现在心理层面，而且主要表现在行为层面。怎样利他？从事助人活动。助人就是利他，没有利他主义不事助人的。

利他助人行为产生于人类的赤子之心。这种赤子之心表现在，看到别人溺水就想去搭救。当紧急状况发生的时候，我们没有必要陷入"应该"和"不应该"的无谓争论，当然，总结一套科学的施救程序和方法还是非常必要的。科学的施救程序如下：第一，注意到周围正在发生什么；第二，将事件诠释为紧急事件；第三，决定承担责任；第四，知道各种限制和如何科学救助；第五，决定实施救助。

二、人道主义的价值理念

（一）人道主义

1. 人本主义与人道主义

人本主义（humanism）是以人为本的价值理念，是人道主义的哲学基础。

人本主义有五种哲学起源。第一,历史上的人本主义是14世纪下半期发端于意大利并传播到欧洲其他国家的哲学和文学运动,它是构成现代西方文化的一个要素。人本主义指的是,承认人的价值和尊严,把人看作万物的尺度,或以人性、人的有限性和人的利益为主题的任何哲学。

第二,作为"主体哲学"或"意识哲学"的一派,胡塞尔现象学也可被称为人本主义。他同康德一样以自我为出发点,力求为科学知识奠立基础。不同的是,他求助于"本质直观",以描述的方式进行构建客观性的工作。

第三,来源于现象学的"哲学人类学"的舍勒的反形式主义价值哲学,强调人格是道德行动的中心,似乎同人本主义一致,有向人本主义迈进的趋势。

第四,萨特的存在主义哲学反映了真正的、完全的人本主义。他的著作《存在与虚无》把现象学、存在哲学和人本主义冶于一炉,是人本主义充分发展的表现。

第五,狄尔泰及其后继者的方法论解释学强调,人文社会科学要求对文本(text)或社会历史现象做出理解,和自然科学采用一般规律来说明研究现象显然不同,这种早期解释学具有人本主义倾向。

人道主义(humanitarianism)是起源于欧洲文艺复兴时期的一种思想体系,是提倡关怀人、爱护人、尊重人,做到以人为本、以人为中心的一种世界观。法国大革命时期,又把人道主义的内涵具体化为"自由""平等""博爱"等口号。人道主义在资产阶级革命时期起着反对封建制度的积极作用。

2. 人文主义与人道主义

人文主义(humanism)与人本主义在英文中是一个词,是一种哲学理论和一种世界观。人文主义以人,尤其是个人的兴趣、价值观和尊严作为出发点。对人文主义来说,相互容忍、无暴力和思想自由是人与人之间相处的最重要原则。

人文主义是文艺复兴的核心思想,是新兴资产阶级反封建的社会思潮,也是资产阶级人道主义的最初形式。它肯定人性和人的价值,要求享受人世的欢乐,要求人的个性解放和自由平等,推崇人的感性经验和理性思维。而作为历史概念的人文主义,在欧洲历史和哲学史上则主要被用来描述14世纪到 16 世纪的较之中世纪更为先进的思想。一般来说,今天历史学家将这段时间里文化和社会上的变化称为"文艺复兴",而将教育上的变化运动称为"人文主义"。可以认为,人文主义比人本主义更加世俗化,人本主义的主要对立面是神本主义,而人文主义的主要对立面是物理主义。人文主义直接从人的愿望、需要、兴趣出发讨论人,不再像人本主义那样具有神本的联想、争论和痕迹。

3. 人道主义的意识形态性质

人道主义是人本主义、人文主义的道德哲学,是它们在伦理层面的表现。道德是有阶级性的,人道主义亦然。有资产阶级的人道主义,也有无产阶级的人道主义。正如鲁迅先生所说,贾府里的焦大是不会爱上林妹妹的。这就是说,人道主义具有意识形态的性质,是为一定阶级的利益服务的。

社会工作中的人道主义,淡化了人道主义的阶级属性,更加强调对人类总体的人文关怀。在战争中实践社会工作的人道主义者,首先把俘虏、伤病员看作人,看作整个人类的一员,是需要救助的弱者,而不是需要消灭的敌人。救死扶伤,也是人道主义的核心价值。

(二) 人道主义与社会工作

人道主义与社会工作的关系可以用三句话来概括:人道主义是社会工作的哲学基础;人道主义是社会工作的核心价值;人道主义是社会工作者的基本操守。

1. 人道主义是社会工作的哲学基础

人道主义是社会工作实务的哲学基础,也是社会工作的基本操作理论。人道主义是处理社会工作实务中各种关系的准则。作为一种助人专业,再也没有其他哲学比人道主义更适合作为社会工作的哲学基础的了。从其纵深角度说,它与人文主义、人本主义有着亲密的渊源关系;从其发展角度说,人道主义又是其他专业价值理念如尊重、保密、自决等产生的基础。

2. 人道主义是社会工作的核心价值

人道主义提倡关怀人、爱护人、尊重人,坚持做到以人为本、以人为中心,这些价值理念是社会工作实务的宝贵精神财富,是社会工作的核心价值。其他社会工作价值,都是从人道主义这一核心价值派生出来的。

3. 人道主义是社会工作者的基本操守

鉴于人道主义在社会工作中的地位,社会工作者必须把人道主义当作自己的基本操守,融于血液,落实在行动上。社会工作者比其他专业工作者看起来更有人情味,盖源出于此。

(三)人道主义社会工作伦理

人道主义社会工作伦理主要表现在四个方面,即怜悯、救济、正义和福利。

1. 怜悯

怜悯即同情,又叫恻隐之心,是人人皆有的固有品质。孟子说:"恻隐之心,人皆有之。羞恶之心,人皆有之。恭敬之心,人皆有之。是非之心,人皆有之。恻隐之心,仁也。羞恶之心,义也。恭敬之心,礼也。是非之心,智也。仁义礼智,非由外铄我也,我固有之也,弗思耳矣。故曰求则得之,舍则失之"(《孟子·告子上》)。恻隐之心又叫赤子之心。按照《中庸》的说法,天命之谓性,性,诚而已。性即赤子之心,性即天地之心。老子也说:"含德之厚,比于赤子"(《道德经》)。怜悯是人道主义的基本情操。

在怜悯的基础上,社会工作又进一步把怜悯之心引申为同理之心。怜悯心是同理的基础,有怜悯心才有同理心;有怜悯心才能做到"己所不欲,勿施于人";有怜悯心才能做到"己欲立而立人,己欲达而达人"。

2. 救济

如果说怜悯是由一种道德情操而产生的道德观念,那么,救济则是由怜悯这种道德观念而产生的人道主义行为。从怜悯到救济反映了从观念到行为的重大变化,这种变化正是社会工作这种助人专业所强调的,这就是所谓的社会工作实务。

3. 正义

正义是在怜悯的道德观念之基础上做出的道德判断。道德观念是基础、是标准,道德判断是拓展、是从观念到行为的过渡。社会工作就是建立在社会正义价值理念基础上的社会事业,正义是人道主义的行为标准。离开了社会正义,人道主义便失去了准星,社会工作便不成其为社会工作。社会工作分为实务的社会工作、专业的社会工作、制度的社会工作,无论是社会工作实务,还是社会工作专业,抑或是社会福利制度,都是社会正义价值理念的外化或对象化。

4. 福利

福利是社会福利制度的核心,是人道主义的最终诉求,是社会工作的核心价值伦理,是社会工作的高端价值。福利是社会工作的诉求,也是民众追求的目标。人民追求福利,作为民众代理人的社会,必须把民众追求的福利作为自身的发展目标。

三、社会工作者的伦理与责任

根据美国社会工作者协会颁布的伦理法典,社会工作者伦理包括社会工作者自身的行为举止、社会工作者对当事人的伦理责任、社会工作者对同事的伦理责任、社会工作者对雇主和机构的伦理责任、社会工作者对社会工作专业的伦理责任以及社会工作者对社会的伦理责任六个方面。

(1) 社会工作者自身的行为举止方面的要求有:行为具有适当性,能力和专业共同发展,服务,诚实,进行学习和研究。

(2) 社会工作者对当事人的伦理责任包括:把当事人的利益放在第一位,尊重当事人的自决权利和特权,尊重当事人的秘密和隐私,费用适当。

(3) 社会工作者对同事的伦理责任有:尊重、公平和礼貌,必要时承接同事的当事人。

(4) 社会工作者对雇主和机构的伦理责任是:持守对雇主和雇用机构的承诺。

(5) 社会工作者对社会工作专业的伦理责任:维系专业正直,开展社区服务,坚持专业知识拓展。

(6) 社会工作者对社会的伦理责任:促进普遍福利。

参考文献及进一步阅读文献

拉尔夫·多戈夫等:《社会工作伦理:实务工作指南(第七版)》,隋玉杰、范燕宁译,中国人民大学出版社2005年版。

O.威廉·法利等:《社会工作概论(第十一版)》,隋玉杰译,中国人民大学出版社2010年版。

简春安、赵善如:《社会工作哲学与理论》,台湾巨流图书公司2008年版。

钱宁:《社会正义、公民权利和集体主义——论社会福利的政治与道德基础》,社会科学文献出版社2007年版。

曾华源等:《社会工作专业价值与伦理概论》,台湾洪叶文化事业有限公司2011年版。

赵芳:《社会工作伦理:理论与实务》,社会科学文献出版社2016年版。

 思考题

1. 试述社会工作中的人的价值。
2. 试述社会工作中的社会的价值。
3. 试述社会工作关于个人价值与社会价值关系的看法。
4. 试述社会工作的利他主义价值伦理。
5. 试述社会工作的人道主义价值伦理。

第四章

社会福利制度

在人类社会的制度建构过程中,社会福利制度的形成与发展,不仅是经济繁荣的结果,也是政治进步和社会变革的实质体现。无论是发达国家还是发展中国家,发展经济、改善公民的生活质量、促进社会平等与正义,都是政府和社会努力实现的目标。作为一种核心的社会制度,社会福利制度不仅致力于满足公民的基本需要,还对社会的运行和完善起到至关重要的作用。本章将对社会福利制度做一系统阐述。

第一节 福利的内涵及其与意识形态的关系

福利是同人的需要满足与社会发展状态紧密联系在一起的。从某种程度上说,福利本质上是意识形态的体现,是一个国家或地区的社会价值观与政治经济制度的具体反映。

一、福利的内涵及其与社会结构的关系

(一)福利的内涵

从语义来看,"福利"(welfare)一词是指一种好的生活状态或有益的物质

及精神状况,它是一个社会中公民个人和群体期望改善生活质量并追求美好生活目标的某种状态。在社会科学研究领域,"福利"一词经常同"福祉"(well-being)交替使用;而在心理学领域,科学家描述人的心理健康状态时就会用到"福祉"一词,通常使用"psychological well-being",即"心理健康状况"。在哲学和社会科学领域,福利经常成为广泛讨论或激烈辩论的主题,尤其是在现代社会,福利相关的各种制度和实践,深刻地影响了人们的生活,也影响了国家的政治经济活动。在《福利》这本小册子中,保守主义政治理论家诺曼·巴里对"福利"这一社会科学核心概念做了全面的阐述,提出了有关福利的自由主义解释。①

在现代国家里,社会福利已经发展成为一种重要的制度建构,它不仅涉及贫困人群的基本生活保障,还包括一系列改善公民生活质量的津贴与服务。因此,对特定的国家或地区来说,社会福利的功能必须通过经济和政治制度的安排来实现,从而达到减缓或消除社会问题,满足公民的基本生活需要,逐步提升全体公民的生活质量,实现稳定和谐的社会秩序的目标。当今世界各国和地区,社会福利发展呈现出不同的水平,社会福利制度的建构也处在不同的阶段,因此,就福利体制而言,相似性与差异性并存。美国经济学家本杰明·M.弗里德曼曾经指出,自人类社会市场经济制度创立以来,经济增长给各国(尤其是发达国家)公民带来的生活质量的改善是十分显著的,而同社会福利相关的再分配制度是其中关键的制度设置之一。② 在考察一个国家或地区的经济发展水平时,人们往往会用经济总量(如GDP)或人均GDP水平来衡量。实际上,一个国家或地区社会福利的发展水平,不仅受制于经济发展水平,还会受到意识形态、政党制度和其他社会制度结构与功能的影响。正如《1990年世界发展报告》提出的那样,要真正改善穷人的生活质量,仅仅依赖生产力的扩大是不够的,政治改革是必不可少的。③

同时,社会福利分配与提供的内容和方式,既反映出一个社会的经济发展

---

① 诺曼·巴里:《福利》,储建国译,吉林人民出版社2005年版。
② B. M. Friedman, *The Moral Consequences of Economic Growth*, Vintage Books, 2005.
③ 世界银行:《1990年世界发展报告》,中国财政经济出版社1990年版。

水平,也体现了该社会隐含的价值观。作为一种重要的社会制度,社会福利与家庭、社区、社会组织和国家(政府)有着千丝万缕的联系,而社会工作专业则成为社会福利制度中一个必不可少的行动体系。随着一个国家或地区的社会福利制度的发展和完善,其社会工作专业化水准也会相应提高。从人类社会的历史经验看,福利的满足渠道从最初的家庭发展到制度化的福利国家(Welfare State),这表明了人类社会从初级阶段进入高级阶段的一种历史趋势。作为人类社会制度建构的一部分,社会福利是一个有机的系统,它既是满足人们生活需要和幸福追求的资源,也是促成社会稳定的一个条件。在现代社会里,社会福利是由国家(政府)和相关的科层机构或社会组织,按照组织化的形式提供资金或社会服务来实现的,其目的在于惠及社会中有困难的人群,帮助解决个人、家庭、社区等面临的实际困难,并满足不同人群现实的社会需要。社会福利制度作为一个过程,不仅会受到国家经济和政治因素的影响,也会受到国家外部因素的影响。当前,全球化已经深刻影响国际社会福利制度的发展和变革。[①]

最早源于家庭或亲族互助实践的福利,是建立于人类群体的一种支持关系,其发展历史悠久。但是,现代社会福利和社会保障制度却是18世纪和19世纪以来欧美工业化和城市化发展的结果。自20世纪40年代起,欧洲福利国家的建立与发展推动了社会福利制度的进步,但也催生了同福利主题相关的广泛争辩:支持者认为福利国家遇到的困境不是福利制度造成的,而是经济发展出现了问题;反对者则认为福利国家是经济衰退的一个重要原因,也引发了一系列社会问题。由此看来,"福利"的界定和讨论不仅同政治与道德哲学联系在一起,还与意识形态的发展与变迁有着不可分割的联系。20世纪80年代以来,福利国家的危机与改革一直是西方学术界与政治领域的重要争辩主题,而在动荡的经济与政治环境下,社会政策的制定与实施经常饱受福利修辞的种种影响。在中国,当代社会福利的发展是社会主义国家政治经济制度综合作用的结果,也是市场经济繁荣与社会变迁的结果,它既体现了制度上的历

---

① J. Midgley, *Social Welfare in Global Context*, Sage, 1997.

史延续,也包含制度变迁的效应。随着市场经济的发展和社会体制改革的深化,社会工作专业日益成为社会福利系统的重要组成部分,作为推动社会管理体制创新和社会公共服务发展的主要载体与行动机制。在中国特色社会主义新时代,社会工作专业的发展,对于中国推进和谐社会建设、迈向全面现代化的国家发展战略目标,无疑有着极其重要的理论和现实意义。

(二) 福利与社会结构的关系

福利是影响公民及其社会关系的重要因素,也是促进公民权利发展的积极动因。对一个社会来说,政府、社会组织和社区等是增进社会福利与改善公民生活质量的关键力量。同时,政府作为社会政策的主导角色,在确定福利构成与供给水平方面起到核心作用,这种作用主要通过国家、家庭和工作三者的角色来实现。

福利是一种社会分工,可以影响社会阶级之间的关系,对塑造社会公平和缩小社会不平等起到积极的作用。无论人们是否支持福利国家这一社会制度,很少会有人否认与福利相关的社会政策在消除贫困和减少社会不平等上发挥的积极作用。在很多社会里,在社会福利分配和传递的过程中,国家(政府)与市场发挥着主导作用,它们提供资源、制定分配和再分配的规则与程序,并且通过社会服务来满足公民的社会需要和解决社会问题。总体而言,福利与社会结构的关系体现于这几个方面:第一,福利与阶级的关系;第二,福利与性别的关系;第三,福利与身份的关系;第四,福利与种族(或民族)的关系;第五,福利与权力的关系。在现代社会,政府通过制定社会政策,以一系列措施和方式来协调社会关系,缓和阶级或阶层之间的矛盾,回应社会需要,解决社会问题,从而尽可能实现社会公平与正义。①

福利作为一种制度设计,就是要通过社会政策和社会服务来解决不利阶层或脆弱人群的生存和发展困境,从而提升他们的自主性和能动性。在《公民权与社会阶级》一文中,马歇尔认为福利国家的平等化程度取决于四个方面:福利津贴分配的范围是所有人还是部分人;福利是以现金形式还是以服务方

---

① P. Spicker, *Social Policy: Themes and Approaches*, Prentice Hall/Harvester Wheatsheaf, 1995.

式来提供;最低生活标准是高还是低;如何筹措津贴的资金。重要的是,马歇尔指出,平等化运动不仅取决于公民权系统,也取决于经济系统,在不同的社会中,祛除不平等的合法机制和社会正义的标准是不同的,这使得实现平等的目标变得困难。① 作为一种制度化的再分配机制,先进福利国家通过完善的福利津贴制度和成熟的社会服务,以税收的方式来扩大再分配的均等化效应,从而缩小贫富差距。更为重要的是,为实现充分就业的目标,刺激经济发展,国家(政府)必须在经济与社会目标之间取得适当的平衡,而这是确保福利体制和经济系统相互促进的唯一出路,否则福利与社会的关系就有可能陷入困境。

二、福利的道德基础与政治哲学

(一) 福利的道德基础与政治哲学密切相关

在现代社会,福利已经成为一种常规的制度设置。人们不再坚持福利的道德基础在于公民个人或群体自身的善的品质,而是相信这是出于社会团结的考虑。英国社会政策先驱理查德·蒂特马斯认为,福利体系不应单纯建立在权利基础之上,而应建立在人的利他主义行为基础之上。在他看来,现代社会(尤其是在福利国家内部),捐赠(如无偿献血)这种助人行为或福利是一种来自陌生人的礼物(如通过税收进行的资源再分配),它显示了一个社会中人与人之间的互惠关系与照顾责任的必要性。② 值得注意的是,现代社会福利制度的改革趋向是,福利不仅强调公民的权利,同时也强调公民的责任,福利不再被视为一种理所当然的权利,更重要的是它反映了公民之间的相互义务关系,而这一点表明福利本质上是一种公民之间的社会联系(social bond)。同时,蒂特马斯还指出,社会政策的重要功能就是通过一系列的社会福利和服务来消除社会困苦(social illfare)。因此,在很大程度上,一个国家或地区社会福利的发展,不能只看单纯的测量指标,更为重要的是,要通过切实可行的社会

---

① T. H. Marshall, *Citizenship and Social Class and Other Essays*, Cambridge University Press, 1950.
② Richard M. Titmuss, *The Gift Relationship: From Human Blood to Social Policy*, Allen and Unwin, 1970.

干预和行动来保证公民在机会平等与获取社会公共服务方面的权利。

在现代社会,福利作为一种社会制度,与国家(政府)的政治活动紧密联系在一起,对公民的生活质量产生日益显著的影响。社会福利活动本身是一种政府支配资源的方式,政府通过不同的制度安排(如通过市场渠道和再分配措施)来满足公民的不同需要。然而,由于福利的生产和供给是基于人类社会中有限的资源,因此,政府或机构在确定福利分配的时候必须采取特定的机制和原则。在现代社会福利制度内部,尤其是在西方福利国家体制内,福利的分配和获得不仅与国家的角色和社会正义的目标联系在一起,也同公民的自由和权利高度关联。

(二)影响福利的重要价值理念

1. 福利与权利

多数有关福利或福利国家的哲学分析都和权利的概念联系在一起,其中最核心的问题是"福利是不是一种公民的权利"。在政治哲学领域,将福利与权利联系在一起的理论争论基本上有两个传统:一个是保守的传统,即来自英国古典哲学家约翰·洛克的自由主义学说。洛克认为,公民的权利应该同其财产联系在一起,也就是说,国家应该保护公民拥有私有财产的权利。另一个是社群主义的传统。这一学说认为,国家除了保护公民财产外,还要担负其他的责任,要为公民提供一系列的社会保护。自由主义传统相信,国家对公民的福利责任是有限的,多数福利应交由慈善机构及社会福利服务组织和市场来提供。而社群主义传统则强调,公民的福利权利是绝对的和无条件的。还有一种观点试图在上述两种传统之间取得平衡,即认为公民的福利权利既不是一种慈善,也不是一种绝对的和无条件的权利,而是在个人福利权益与政治、经济和社会条件之间实现平衡。20世纪50年代,英国社会学家托马斯·H. 马歇尔在其代表作《公民权与社会阶级》中指出,公民权利包括三个组成部分:自18世纪发展起来的市民权利、19世纪发展起来的政治权利和20世纪发展起来的社会权利。社会权利就是指公民获得福利和相关服务的基本权利,这是 20 世纪西方福利国家发展的基本目标。①

在当今世界,福利权利经常与就业有着紧密的关联,也就是说,公民很多时候是通过工作来获得相关的社会保险待遇、职业福利和其他福利服务等。正是基于这一考虑,近些年来西方福利国家纷纷实施福利改革,提出"以工作换福利"的改革口号,强调福利与责任挂钩。这种社会政策变革的主要目的是减少个人对福利的依赖,尽量协调公民的福利待遇和工作动机之间的关系,即一方面要保障公民的基本福利权利,另一方面又要确保公民的就业动机,从而促使经济发展和福利分配之间达成某种平衡。

2. 福利与平等

平等是指一种状态,即人们获得相同对待。追求平等,是现代民主社会的一个重要目标。在福利权的讨论中,平等经常与分配的原则联系在一起。在一个国家的社会福利制度安排中,平等基本上可以通过结果平等和机会平等两种方式来实现。在社会福利资源分配中,平等是衡量社会正义的重要尺度。在国家的福利系统中,福利资源分配一方面要考虑到公民权利的平等,另一方面又要考虑到不同阶级、地区、民族、性别等的公平。英国学者朱利安·勒格朗(Julian Le Grand)在《平等的战略》一书中提出,在社会政策领域,平等可以包括五个层面的意思:公共开支的平等(如在教育、卫生、住房等领域的开支),最终收入的平等(穷人与富人的差距),使用的平等(服务的可及性、可获得性),费用或成本的平等(平均分摊成本),以及结果的平等(福利津贴的统一标准)。② 在现代社会里,政府通常会通过社会政策和相应的社会服务安排来缩小社会差别,促进公民之间的平等。在一些西方福利国家内部,政府将福利分配同公民权的概念紧密结合在一起,采取均等分配政策,目的在于缩小并消灭阶级差别和两性差别。但是,在现代国家里,并不是所有的社会政策都能保证平等的结果。由于公民在背景、身份和能力等各方面的差异,以平等为目标的社会政策仍然可能导致不同阶层的公民在福利获取和生活质量上的明显差距。

---

① T. H. Marshall, *Citizenship and Social Class and Other Essays*, Cambridge University Press, 1950.
② J. Le Grand, *The Strategy of Equality: Redistribution and the Social Services*, Allen & Unwin, 1982.

在现代社会里,一方面,市场化浪潮造成明显的社会不平等;另一方面,均等的分配机制在一定程度上又可能挫伤劳动者的积极性。因此,在不同的国家里,随着经济发展与社会变迁,在就业、教育和其他公共服务领域引入平等机制是十分重要的,这对于促进社会融入、减少社会对立与冲突有着积极作用。毫无疑问,社会政策的实施可以在很大程度上促进社会平等,减少社会不公带来的负面影响。

3. 福利与正义

在福利领域,涉及资源分配核心的主题是正义问题。对社会工作专业来说,保护贫弱群体的基本利益就是一种正义。对政府决策者和管理者而言,减少贫困、改善穷人的生活状况和促进社会经济的平衡发展就是一种正义。在现代社会中,由于历史原因和不合理的社会制度的存在,阶级和贫富差距日益增大。同时,社会中总是存在一些由背景、天赋和能力限制等导致的贫困现象,贫弱群体的社会需要无法依靠家庭和市场得到正常满足。因此,对任何一个负责任的民主政府来说,通过特定的社会政策来保障社会中的贫弱群体得到基本的福利,是维护社会秩序、保障社会公平的最基本措施。为实现这一基本目标,政府可以制定和实施一系列相应的社会政策,包括基本的社会救助、医疗保障、住房补贴、教育津贴和税收减免等,从而使处于不利境地的公民能得到基本的生活保障、工作参与和发展的机会。美国当代著名哲学家约翰·罗尔斯在其《正义论》中提出,采取"平等原则"(抹去人与人之间背景和天赋差异的"无知之幕"可以确保每个人处于平等地位)和"差异原则"(给最不利群体以最大的利益补偿)来维护正义之善,是对经典的功利主义的正义原则的有力反击。[①]

三、福利与意识形态的关系

(一) 福利的意识形态

作为一种社会制度,福利同群体的道德判断及国家的政治制度和权力机

---

① 约翰·罗尔斯:《正义论》,何怀宏、何包钢、廖申白译,中国社会科学出版社 1988 年版。

制密切相关。社会形态不同,福利所折射出的道德和政治哲学意义也不同。涉及福利的道德哲学要素,主要是在一个社会中人们对个人品德与价值的判断,而涉及福利的政治哲学要素则主要是自由、平等与正义。法国哲学家、政治家德斯蒂·德·特拉西(Destutt de Tracy)在《意识形态的基本要素》一书中首次提出"意识形态"这一术语,它是指一种观念的集合,为一切观念的产生提供了一个科学的哲学基础。随着后来研究的发展,意识形态的概念也被运用于多个领域,在福利领域也有福利的意识形态,它是人们关于福利的价值、正当性及其功能的一套观念和看法。

在现代社会里,福利的生产、分配、递送和消费或使用是在特定政治经济制度中实现的,是一个国家或地区的意识形态的表现。与此同时,福利背后的意识形态体现为政府、市场与社会等不同部门如何看待并承担福利权利的相关责任。在不同制度和文化里,针对社会福利的性质的讨论与政策决策是不同的,其中最重要的是,个人主义与集体主义两种原则在看待公民生活需要与社会权利的责任归属上的差异。正如诺贝尔经济学奖获得者肯尼斯·J. 阿罗在《社会选择与个人价值》一书中指出的,即使市场为个人偏好与需要满足提供了多样的可能性,市场仍然是社会建构的产物,一旦社会福利变成一项社会选择,诸多制度设计和机制(如投票和政治决策等)导致的共识和冲突都会影响社会福利的发展方向。阿罗提出,社会选择中的集体理性是一种从个人属性到社会属性的合法移植,而且是真正的、能够完全适应变化环境的民主体制最重要的特征。①

(二) 福利与意识形态的内在联系

在现代人类社会里,福利与意识形态紧密关联。简单而言,有关福利的政治观念一般可分为左派、右派和中间派三种。实际上,由于复杂的社会、文化和政治经济制度安排,福利的意识形态体现出丰富的多样性。就福利意识形态来说,它主要包括马克思主义、社会主义、社会民主主义、保守主义、个人自由主义等。在《意识形态与福利》一书中,英国学者维克·乔治和保罗·威尔

---

① 肯尼斯·J. 阿罗:《社会选择与个人价值(第二版)》,丁建峰译,上海人民出版社 2010 年版。

第四章 社会福利制度

丁阐述了影响社会福利发展的不同意识形态,包括反集体主义、不情愿的集体主义、费边主义和马克思主义,分析了国家、市场与家庭等不同机制在社会福利中的具体作用。① 作为自19世纪起在英国占统治地位的意识形态,反集体主义思潮虽经历了挑战和波折,但在20世纪40—70年代的西方,又一度盛行,在政治、学术上产生了深刻的影响。反集体主义的社会价值观主要包括自由、个人主义和不平等,这些可谓构成其核心价值体系。反集体主义的福利观基本上是建立在古典经济学理论和自由主义哲学思想之上的,它推崇自由市场,反对国家干预,主张公平而不是社会正义,反对平等,认为平等伤害社会系统。在以哈耶克和弗里德曼为代表的反集体主义思想家看来,理解市场是理解社会关系与社会行动的关键,自发秩序同时在经济体系和政治结构中发挥重要的功能。反集体主义者认为,国家(政府)在发展社会福利中的角色应是最弱的,即主张"最小国家主义",强调社会福利的发展或福利国家政策不应伤害核心社会价值和制度,包括家庭、工作动机、经济发展和个人自由等,因此主张国家只有提供最低限度的社会福利的责任。同时,出于效率的考虑,反集体主义者也认为,在社会福利服务的提供上,政府不应垄断。在反集体主义者的脑海里,商品化和市场经济的神经是主导性的,在对待社会服务的供给问题上,他们通常反对由政府主导,更反对政府无偿提供公共服务(如免费的医疗服务)。20世纪70年代以来,新右派成为反集体主义思潮的代名词,它在很长一段时间里主宰了西方资本主义国家的社会经济思潮和社会政策发展的理念。

在乔治和威尔丁看来,介于反集体主义和个人主义之间的是另一种意识形态,即"不情愿的集体主义",有时候学者们也把它归类为"中间道路"或"中间路线",这种思潮试图在资本主义和社会主义之间取得平衡。在国家对福利和社会政策的态度上,中间道路的意识形态不同于反集体主义的最小国家论,也明确指出市场存在的缺陷,认为一个社会需要必要的社会政策手段来解决市场经济导致的不平等。同时,这种思潮也反对国家权威对个人自由的损害,

---

① V. George and P. Wilding, *Ideology and Social Welfare*, Routledge & Kegan Paul, 1985.

认为政府应在干预私人生活和解决社会问题上给个人保留必要的空间。不情愿的集体主义是一种在国家强制和个人自由之间的折中,试图避免其中一方的过度发展对公民基本权利和社会平等的损害。在这两种社会思潮之外,最具有批判色彩的福利意识形态是马克思主义,它强调资本主义社会中广泛的阶级矛盾和社会结构的内在张力,与资本主义生产和分配制度之间,存在着不可调和的矛盾。因此,马克思主义主张的社会福利和社会政策是解决关键的产权制度安排问题(生产关系),即建立在公有制基础上的福利分配和人人平等的资源分配,通过统一、整合的政治经济制度安排来解决社会关系的不平等。马克思主义理论家对西方福利国家制度进行了不懈的批判,指出了资本主义福利国家体系中存在的致命矛盾与缺陷。以德国社会理论家哈贝马斯、奥菲等为代表的学者,对资本主义福利国家体系进行了深刻的分析,提出了"合法性危机"及福利国家的矛盾与社会政策的自我调节作用并存等重要论断。

20世纪60年代以来,随着西方资本主义社会的政治、经济和文化层面的变迁,新的社会思潮不断涌现,其中女性主义、绿色主义、后现代主义等也对福利国家社会政策的改革与发展产生了显著的影响。进入20世纪90年代,全球化浪潮推进了西方资本主义国家福利意识形态的变迁,也在很大程度上影响了社会运动与社会政策倡导及变革的方式。学者们指出,自20世纪70年代以来,伴随着福利国家危机论述的出现,不同类型的福利体制都遭遇了某种程度的经济衰退和社会结构的转型,公民社会和志愿结社运动成为社会福利领域一股重要的力量,改变了长期以来国家与公民个人福利责任简单的二元关系,逐渐发展成为国家、市场、社区和个人共同参与的福利多元主义。[①]在国家(政府)改变社会调控及治理方式的同时,社会中的消费主义意识也不断上升,它们共同成为形塑新型社会契约和公民权的制度环境。布朗等人指出,尽管在不同福利国家里,在不同时期,福利措辞在不断变化,但始终都是围绕着

---

① 熊跃根:《论国家、市场与福利之间的关系:西方社会政策理念发展及其反思》,《社会学研究》1999年第3期。

国家、市场与公民的关系来展开论辩的。① 值得注意的是,学者们提出,在伴随着新管理主义思潮而国家规制和社会风险日益增加的背景下,基于民间和草根的、以提供社会服务和解决社会问题为目的的志愿结社行动,能在一定程度上缓解国家在财政与政治上面临的压力。

第二节 社会福利和社会福利制度

广义上,社会福利制度是人类社会有关幸福、进步和发展的价值观、意识形态、资源系统、政策、服务及其传递机制的总和。狭义来说,社会福利制度是指,在特定国家或地区,为消除贫困和不平等等社会问题而制定的法律、政策、规定和具体的实践体系。不同的政治经济体制和文化传统,对社会福利制度的类型和内涵有不同的影响。总体来看,国家(政府)在社会福利中的角色,在很大程度上决定了社会福利制度的性质和类型。

一、社会福利的内涵与类型

(一) 社会福利的定义

在美国学者巴克主编的《社会工作词典》中,"社会福利"的内涵包括两部分:第一,指一国或地区为了帮助人们满足经济、社会、教育和健康的需要而推行的项目、津贴和服务体系,从而维护社会的正常运行;第二,是指一个社群或社会的集体福祉的状态。② 美国社会工作者协会 1977 年出版的《社会工作百科全书》中,庞弗里将"社会福利"定义为:所有由志愿机构和政府推行的,目的是预防、减轻和解决社会问题的,或是改善个人、团体和社群福祉的,有组织的活动。③

社会福利可分为广义和狭义两种。从广义上说,社会福利是指一切有助

---

① 柯文·M. 布朗、苏珊·珂尼、布雷恩·特纳、约翰·K. 普林斯:《福利的措辞:不确定性、选择和志愿结社》,王小章、范晓光译,浙江大学出版社 2010 年版。
② R. Barker, ed., *The Social Work Dictionary*, 3rd ed., NASW Press, 1995.
③ H. Pumphrey, ed., *The Encyclopedia of Social Work*, NASW Press, 1977.

于提高公民生活质量和增进社群福祉的活动、服务及资源,它们既可以是有形的物质或金钱支持,也可以是无形的精神帮助。狭义上说,社会福利是指为社会中最困难人群提供的、满足其最基本的生存需要的资源和服务。一般来说,此类社会福利是应急性的,也具有很强的针对性,其作用在于满足困难群体的基本生存需要。就社会福利的分类而言,"选择主义"和"普惠主义"是两个最常用的原则,这两个原则在社会政策实践中的运用深刻地反映了一个国家或地区的社会正义伦理,以及政府解决社会问题的策略。

从私人慈善演进到国家行动,社会福利经历了数百年的发展历史。一般来说,作为一种解决社会问题及促进社会发展的制度设计,社会福利可被看作工业化和现代化发展的结果。社会福利在文明社会里处于重要地位,也发挥着不可忽视的功能。第二次世界大战结束以来,多数西方资本主义国家把建立"福利国家"作为解决贫困、失业等社会问题及促进社会繁荣与国家复兴的核心手段。而社会主义国家也相继建立了以就业为基础的社会保障制度,同时辅之以基本的社会救助,以保障失去家庭和单位(或集体)照顾的困难群体的基本生活。在不同的社会制度下,由政府推行的社会福利反映出不同的意识形态观念。但是,作为解决社会问题、促进社会发展和改善公民生活的制度设置,社会福利在东西方社会里所发挥的功能是基本一致的。

(二) 社会福利的类型

在不同国家里,或不同的社会制度下,由于意识形态、社会政策模式和经济发展水平的差异,社会福利也有诸多类型。在多数发达国家,社会福利可分为选择型和普惠型,而在发展中国家,社会福利基本上是选择型的。

1. 社会福利的二分法

社会福利的二分法,是由美国学者威伦斯基和勒博最早于 1958 年在《工业社会与社会福利》一书中提出的。他们认为社会福利包含两类:一类是补缺型或剩余型福利(residual welfare),它是为社会上的脆弱人群(最无力自助者)提供的暂时性、补偿性和紧急性的社会救助与相关服务。[1] 这种社会福利一般

---

[1] H. Wilensky and C. N. Lebeaux, *Industrial Society and Social Welfare*, Russell Sage Foundation, 1958.

是，在个人或家庭照顾能力丧失，以及个人无力购买社会服务时，由政府提供临时性的福利援助。提供此项社会福利或服务时，政府都会对申请者实施严格的家计调查，因此，这一福利项目也具有明显的甄别性，通常会对申请者所属的困难人群产生一定的羞辱效果。另一类是制度型福利（institutional welfare），它是指政府为所有公民提供的福利和相关服务。这类福利被视为一种常规的制度设置，它通过再分配的方式为社会中的所有人提供相应的福利津贴或服务，以提高全体公民的生活质量，积极促进社会发展。与剩余型福利相比，制度型福利具有很强的全民保障特点，不是针对特定的阶层或公众，一般不会带有标签意识，因此国家（政府）提供这类社会福利，将有利于促进阶级和社会关系的整合，从而提升社会团结的水平。

社会福利的另一种二分法是将其分为公共福利和私人福利。公共福利一般是指由公共部门（政府和公共服务组织或机构）为公民提供的社会福利及服务，在许多国家或地区，公共福利是社会福利的主要构成部分。私人福利主要是指由私人部门（非国有企业）和家庭提供的社会福利和服务，在市场经济高度发达的社会里，私人福利在社会福利总体中的比重也日益提高。无论是公共福利还是私人福利，都是用于满足公民的社会需要，它们的存在与发展在很大程度上促进了社会进步与和谐。

2. 社会福利的三分法

英国社会政策学者蒂特马斯在1968年出版的《福利的承诺》一书中认为，社会福利从概念上可分为三类：第一类是剩余型或补缺型社会福利（主要是指社会服务）；第二类是财政福利，即通过税收渠道安排的相关津贴和待遇；第三类是职业福利，它是以就业为基础的福利津贴和服务。[1] 在1974年出版的《社会政策导论》（或《社会政策十讲》）中，蒂特马斯再次将社会福利总结为三种模式：剩余型福利模式（Residual Welfare model）、工业成就－表现模式（Industrial Achievement-Performance model）和制度再分配模式（Institutional Redistributive model）。第二种模式是指，社会福利同经济发展紧密关联，社会需要的满足应

---

[1] R. M. Titmuss, *Commitment to Welfare*, Pantheon Books, 1968.

该以工业发展的业绩和生产力的表现为前提。第三种模式则是指以需要为原则,在市场之外通过再分配的渠道为所有人提供社会服务或援助。①

3. 社会福利的单一分类

社会福利的单一分类,即主张福利就是"综合性的社会福利",它是指民间和政府机构、团体推动的一系列完整的、系统的和有组织的服务活动。社会福利针对特定的社会问题,提供适当的补救和预防措施,福利发展与经济发展密切相关。这种分类强调的是社会福利承担者的多元化和社会目标的整合性质,从某种程度上说,综合性的社会福利是与社会经济发展过程紧密联系在一起的。

无论对社会福利进行怎样的分类,其本质特征是相同的,福利所发挥的社会功能也是相似的。社会福利服务的推行,可以使一个国家或地区的资源得到比较公平的分配,可以对社会问题和公民需要做出及时的回应。同时,社会福利作为一种长远的投资,可以增加人类的社会资本,促进社会与经济的协调发展。

(三) 社会福利的功能

在现代社会里,社会福利是一种必不可少的制度建构,它本质上是要满足人作为社会一员的生存与发展需要。同时,人类社会是相互依赖的,社会福利可以有效促进人与人之间的互助,从而抵御自然灾害和减少社会风险。作为具体的物质资源、社会服务和无形的社会支持,社会福利在一个社会中可以发挥其积极的功能。这些功能既可以是应对性的,也可以是治疗性的;既可以是预防性的,也可以是发展性的。无论是哪一种社会福利,它都可以在一定程度上满足人类的社会需要,缓解人类的痛苦,减轻人类遭受的困境所带来的困扰,并有效地帮助社会中的困难人群积极地融入社会。一个以包容性增长为发展目标的国家,应该注重通过社会政策与社会福利服务来增进社会包容,即让更多的公民享受社会经济发展的成果,提高公民的生活质量,提升公民的尊

---

① R. M. Titmuss, *Social Policy: An Introduction*, edited by Brian Abel-Smith and Kay Titmuss, Allen & Unwin, 1974.

严与幸福感。

具体来说,一个国家或地区发展社会福利,可以实现下面几方面的功能:第一,作为安全网的社会保障制度,通过社会救助和公共援助等,可以为困难人群提供基本的生活保障,满足其基本的生活需要,有效地缓解贫困状况,推动社会经济的发展;第二,通过公共和社会服务,促进困难人群参与经济活动,增强他们的自立能力,提升他们的社会参与水平;第三,通过教育、医疗、交通等公共与社会服务的发展和提供,促进公民人力资本与生活质量的提高,解决困难人群在使用上述服务中面对的不平等问题;第四,通过开发和提供广泛的社会福利服务,整体上提高公民的生活质量,从而协调社会与经济的发展,建设和谐的社会关系。

提供社会福利的目标在于推动社会发展和社会进步,促进平等与社会公正。而增加人类福利的重要途径,则在于社会发展本身。美国著名社会政策学者詹姆斯·米奇利在《社会发展:社会福利视角下的发展观》一书中指出,社会福利的意义应突破传统的界定,将注意力放在控制问题、满足需要和改善机会等不同层面上来实现。[1]

二、社会福利制度的内涵与类型

现代的社会福利已经成为一种制度,并且比较稳定地发挥帮助困难群体、增进社会福祉、促进社会和谐的作用。

(一) 社会福利制度的内涵

社会福利制度是指,特定社会里一套有关人类需要和福祉的涉及理念、资源、机构和专业人员等的制度设置,它与经济制度、政治制度和教育制度等同为维系社会正常运转的机制。社会福利制度不仅可以从广义上来理解,也可以从狭义的角度去分析。广义的社会福利制度包含人类社会中所有有利于增进人的福祉的制度设置,而狭义的社会福利制度只是包括同社会服务和福利资源配置直接相关的制度设置。社会福利制度是人类社会发展的产物,也是

---

[1] 詹姆斯·米奇利:《社会发展:社会福利视角下的发展观》,苗正民译,格致出版社、上海人民出版社2009年版。

一个制度变迁过程的反映。有学者指出,社会福利制度是一个社会自身做出的决定的结果,是该社会针对社会福利功能和结构进行决策的结果。① 社会福利制度的形成与发展,受到不同要素和行动者的影响,包括意识形态、价值观、公民、家庭、社区、社会组织和国家(政府)等。

社会福利制度发挥作用的前提,一是需要物质基础,再就是依赖决定制度安排的政治条件。所以,对社会福利制度而言,经济制度和政治制度的形态与功能是至关重要的。前者决定福利资源的筹措,而后者则决定福利资源和服务的分配与递送。作为一种社会制度,社会福利制度不仅是资源和服务系统,而且是一个价值系统。在不同的社会与文化里,社会福利制度有着不同的制度设计、价值理念、管理机制和服务模式。同时,随着社会和经济的发展,社会福利制度也会做出相应的调整和变更。

(二) 福利体制的类型

划分社会福利制度的类型,是从概念上对不同社会里具有不同特质的"福利体制"(welfare regime)或"福利制度"进行分类。福利体制本质上是指,一个国家或地区的政府推行社会政策和相关社会服务的理念与制度安排。由于采用的标准和分类的方式不同,社会福利制度可以划分为多种类型。按照经济和社会发展的程度,目前世界上的社会福利制度基本上可分为发达国家的社会福利制度和发展中国家的社会福利制度;按照意识形态的标准来区分,则可以分为资本主义的社会福利制度和社会主义的社会福利制度;如果按照福利国家的标准来分类,则可采纳艾斯平-安德森的思路,他曾把西方发达资本主义国家的福利体制分为自由主义的福利国家、法团主义的福利国家和民主社会主义的福利国家三种主要类型。② 其他的社会福利制度分类还包括:成熟社会的福利制度和转型社会的福利制度;东亚福利模式、拉美福利模式、北欧福利模式;贝弗里奇式的福利模式和俾斯麦式的福利模式等。

20 世纪 90 年代以来,随着经济全球化和区域一体化的发展,社会福利制

---

① 威廉姆·H. 怀特科、罗纳德·C. 费德里科:《当今世界的社会福利》,解俊杰译,法律出版社 2003 年版。

② G. Esping-Andersen, *The Three Worlds of Welfare Capitalism*, Polity Press, 1990.

度的类型日益受到各国经济状况、政党政治模式与社会运动范畴的影响,在一些国家或地区,社会福利模式表现出了趋同的特征。但是,我们仍需看到,不同国家对自身社会问题的反应和对社会服务的安排,还是保持了各自的特色与行动模式。

(三) 社会福利制度的特征

社会福利制度的建立与发展,不仅是经济繁荣的结果,也是社会进步的表现。作为一个功能体系,社会福利制度包括四种不同的亚系统,分别是涵盖人和组织的变迁代理人系统、服务对象系统、目标系统和行动系统。在整合了人、资源/环境和行动等多重要素之后,社会福利能有效地回应社会需要,发挥解决社会问题的功用。

相较其他社会制度,社会福利制度具有以下明显的特征:第一,社会福利制度是一种维护社会功能及其运作的核心制度。它的建立与发展对社会秩序的稳定与和谐有着重要作用;社会福利制度功能的发挥也依赖同其他社会制度的联系。第二,作为一种社会制度,社会福利制度具有变化性、修复性和发展性。总体来看,社会福利制度的特征不仅取决于其功能,也与其结构有着密切的关联。同时,一个国家或地区的主流意识形态和文化价值观也会对社会福利制度特征的形成与演化有深刻的影响。比如,随着现代化和民主政治的发展,一般而言,社会福利制度会由剩余型发展到普惠型、由以私人福利为主逐步过渡到以公共福利为主。但是,必须清楚的是,社会福利水平的提高和制度的完善,首先以经济发展为前提,其次是社会进步的结果。对一个国家或地区来说,没有现代市场经济的发展与经济增长的成果,没有一个高效和友善的政府,要实现发达的和发展性的社会福利制度是很困难的。

三、社会政策作为社会福利制度的行动机制与手段

社会福利制度的运作、社会福利的递送,与一定的社会政策及其实施有密切关系。从国家(政府)的角度来说,社会福利制度的运作要有相应的社会政策体系作为保障。

(一) 社会政策的内涵

蒂特马斯在其代表作《社会政策导论》中,对"社会政策"做出了这样的界定:社会政策(既)可以被视为变迁的一种积极工具,是整个政治过程中不可预见和不能估算的一部分,(同时)社会政策(本身又)是一种关注经济和非经济目标的有益和分配性的社会变迁。① 他认为,社会政策的理论核心应该关注"公平"与"权利"。而在英国社会学家托马斯·H. 马歇尔看来,社会政策是指政府所采取的一系列通过提供服务或资金直接影响公民福利的行动,其核心成分包括社会保险、公共援助、卫生福利服务和住房政策。②法国当代社会学家阿兰·图海纳则指出,重建政府对社会经济的控制,将二分化的生活世界体系进行有效的整合,对市场经济导致的矛盾与分化进行修复,以对失衡的社会关系做出调整,成为在国家甚至在国际层面上增进社会团结的政策目标。③在当代欧洲诸多国家中,在经济发展的同时,促进社会团结、维护公民权利是福利国家的核心目标。

多数情况下,社会政策主要体现为国家(政府)主导的干预社会问题的行动或行为,其指向是社会问题。同时,社会政策也可以是通过国家(政府)的顶层设计及有效的资源分配与再分配,来确保公民的基本生活条件和预防可能的社会风险。社会政策包括不同领域,一般来说主要涵盖了社会救助、医疗卫生、教育、就业、住房以及环境保护等等。社会政策既包含常规性的制度设计与行动干预,也包括临时性或反应性的社会计划或项目。无论福利制度和意识形态如何,一个国家或地区的社会政策都具有社会发展和社会控制的功能。

(二) 社会政策与社会福利制度的关系

任何福利国家制度或社会福利制度,都离不开社会政策体系与实践,进一步认识和分析社会政策与社会福利制度的关联,理解社会政策的机制与过程,对促进社会服务和社会工作专业化的发展同样重要。

---

① R. M. Titmuss, *Social Policy: An Introduction*, edited by Brian Abel-Smith and Kay Titmuss, Allen & Unwin, 1974.

② T. H. Marshall, *Citizenship and Social Class and Other Essays*, Cambridge University Press, 1950.

③ 阿兰·图海纳:《行动者的归来》,舒诗伟、许甘霖、蔡宜刚译,商务印书馆2008年版。

从某种程度上说,社会政策就是社会福利制度实现其目标的具体手段和行动机制。如果说社会福利制度是蛋糕制造机器与分配规则制定者,那么社会政策就是决定谁可以分得多少、何时得到蛋糕并且努力确保公平分配蛋糕的手段和行动机制。社会政策属于社会工作的宏观实践,它与困难群体、社会服务机构和社会工作者的利益紧密关联,是社会福利制度的中枢所在。在现实中,社会政策的制定与实施对社会工作服务对象的福祉有深刻影响。因此,社会工作机构和社会工作者有责任和义务增强社会政策倡导,在服务中推进社会政策改革,以促进社会变迁和社会公正。与此同时,随着社会福利的顶层设计与建构趋于合理,确定了基于权利与需要的补缺型福利同缴费与责任共担型的普惠型福利相结合的制度基础,社会政策实施的环境与机制也趋于稳定,这在很大程度上确保了政策实施的连贯性、稳定性和效能,从而有利于缓和社会矛盾,减少社会冲突,为实现和谐有序的善治奠定基础。

第三节 社会福利制度与社会工作的关系

在现代社会,社会福利作为一种制度建构,通过不同的方式来实现特定目标。社会福利制度离不开社会服务,而社会工作专业是社会服务的支柱。作为一门助人的专业,社会工作是社会福利制度中必不可少的组成部分,它存在于特定的社会福利系统,是提供社会服务、实现社会控制、维护社会稳定和促进社会发展的重要手段。社会福利制度与社会工作专业相辅相成,二者密不可分。

一、社会福利模式与社会服务的提供

(一) 社会福利模式

社会福利模式是一个国家或地区制定和推行社会政策的方针与策略,在社会服务领域表现为政府与其他社会组织筹措资源以满足社会需要的方式。从发达国家和发展中国家的社会发展状况可以看出,社会福利制度越完备的国家或地区,社会服务体系也就越完善。社会福利资源的多寡和社会工作专

业的发达程度,在很大程度上决定了社会服务水平的高低。

当今世界上的社会福利模式基本上可以归为三类,即普惠型社会福利模式、剩余型社会福利模式和混合型社会福利模式。在福利津贴和社会服务的种类及范围上,这三种社会福利模式都体现出不同的特点。

普惠型社会福利模式所强调的是,福利津贴的统一费率和社会服务的普遍主义原则。这种福利模式注重政府提供社会福利和相关服务的公共责任,它建立在高税收和高度的政治共识之基础上。比如,北欧福利国家普遍实行的是普惠型福利制度,在收入保障、医疗、教育、住房等领域,政府为所有公民提供了一系列福利。对社会弱势群体(如老年人、穷人、残疾人、单亲家庭的儿童和妇女)来说,全民性的社会保障体系为他们营造了稳定安全的生活环境。普惠型社会福利模式是以平等和公正为目标的,通过国家全方位的干预来寻求福利扩张与经济增长之间的和谐,"瑞典模式"是这一社会理想的突出体现。但是,巨大的政府开支和高额的税收负担给经济进一步增长带来了明显的阻力,这使得改革福利国家的呼声日益高涨。近年来,针对福利危机,北欧多数福利国家都采取了一系列积极的措施,调整社会政策,刺激劳动力市场,从而协调经济发展同福利扩张之间的关系。

剩余型社会福利模式的基本特征是,国家在社会福利供给方面扮演有限的角色。政府只在社会救助和基本的社会服务方面承担主要责任,而其他社会服务或福利领域,基本上是依赖市场、非政府组织和就业者个人(家庭)。在发达的资本主义国家,支持这种社会福利模式的理念是以自由主义和个人主义为基础的。它强调政府的最小作用和公民的工作价值,社会保障基本是以就业为前提的,政府只对社会中最不利的群体承担基本的社会救助义务,提供最低限度的社会福利津贴和相关服务,并且受益者往往需要通过严格的"家计调查"。

混合型社会福利模式则是上述两种模式的综合,它的社会政策路线是"中间道路",其经济发展的方式是公私混合的模式。混合的社会福利模式既强调政府对公民的社会保障责任,又主张非政府部门、私营企业、社区和家庭在社会福利(服务)体系中发挥作用,在福利服务领域建立公共部门与私营部门的合作伙伴关系。在福利津贴和社会服务方面,混合的社会福利模式既体现出剩余福利取向,即为最不利的群体提供必要的社会保护,同时也在一些领域(比如教育)推行普遍主义的社会服务,以确保公民的社会平等。混合型社会福利模式强调的是政府和市场在落实社会政策中的双重作用:一是保证社会公平,二是保证经济本身的效率。它试图在经济发展与社会治理两者之间保持适当的平衡。

(二) 社会服务的提供

社会福利本身是一个大系统,而社会服务是其中的核心组成部分。在发达国家和地区,社会服务主要由政府和非政府机构中的专业人员(社会工作者)来提供,而这是在政府相关的社会政策的指导下进行的。在一些发展中国家,社会服务则主要由非政府组织来提供。在中国,基于体制和社会文化传统等因素,一方面,社会服务离不开政府及其机构的重要作用;另一方面,逐渐发展起来的社会组织和草根社区服务组织,也在社会服务提供方面发挥了积极的作用。

在社会福利体系内,社会服务包括直接的社会服务和间接的社会服务。前者主要是指直接面向受助者、以受助者利益为本的服务内容和体系,后者则主要是指社会福利行政、社会政策研究和社会服务评估。不同的社会福利制度(如资本主义和社会主义),其社会服务的理念和提供方式有很大的差别。要想全面理解社会服务的提供,可以从以下几个方面入手:

第一,社会服务的基本理念。在不同国家,由于社会福利制度本身具有差异,社会服务的基本理念是不同的。在资本主义福利国家或其他发达资本主义社会,社会服务是在特定社会政策制定后,由政府社会福利部门和非政府组织来提供的。它主要体现为,专业人员(主要是社会工作者)落实一系列专业服务,来满足社会中弱势人群和一般公民的需要。这种社会服务的基本理念是人本主义和社会公正,它也反映了政府干预社会问题的重要价值观。而在社会主义国家里,社会服务的供给主要是由政府的行政管理渠道和国家的职能部门来实现的,社会服务在很大程度上被当作一种社会管理的方式。在社会工作尚未成为一种职业的前提下,社会服务的专业化水平也相对较低。随着社会工作专业化的发展,尤其是政府逐渐认识到社会工作的重要性后,国家(政府)体制在推进社会工作职业化方面起到了不可忽视的作用,专业化的速度也大大提升。

第二,社会服务的组织与结构。社会服务的推行离不开相关的组织或机构,通常是中央政府作出政策规定,进行相应的资源调配和动员,具体机构根据不同的社会需要安排相应的服务。在权力结构和社会服务的安排上,中央政府负责政策制定和资源的总体配置,地方政府更多考虑的是本地的社会问题和需要,然后基于资源的可获得性和政策的优先顺序来策划社会服务的推行。在资本主义和社会主义制度下,社会服务的组织和结构是不同的。资本主义社会比较强调界定社会问题和社会需要的民主过程,同时主张在专业化的层面作出决策。而在社会主义社会,社会服务的组织与结构更多的是在当前的社会环境与政治经济政策的适度范围内进行安排的,强调由上至下的实践模式。

第三,社会服务的策划与提供。它是社会行政中的主要内容,包括社会问题的界定、社会需要的评估、受助者(受益者)的确认、服务计划的设计和具体执行以及最终的评价。社会服务策划和提供的水准与社会工作的专业化发展紧密联系在一起,在发达国家和地区,社会服务由政府和非政府机构中的专业社会工作者提供,机构针对不同的服务对象安排相应的服务。

第四,社会服务的监督与评估。它是指对社会服务的过程与结果进行评价,其目的在于改进社会服务模式并提高其效率。一般而言,社会服务的评估包括内部评估和外部评估,前者由社会服务机构的专业人员完成,而后者主要由独立于服务机构的外部专业人员完成。

提供社会服务是一个解决问题和满足公民需要的过程,也是实施社会政策的过程。从政府的角度来看,通过提供社会服务,实现了资源与服务对象的衔接,也促进了社区和家庭的和谐。从社会服务组织或机构来看,积极和有效地提供社会服务,不仅推动了社会服务组织与政府之间的契约关系或伙伴关系的发展,也兑现了对服务对象的承诺,在服务提供者与使用者之间建立起了信任关系。

二、社会工作专业与社会福利制度的关系

社会工作作为一门增进个人和群体福祉的助人专业,它是社会福利制度的一个重要组成部分。同时,社会工作专业是判定社会福利制度成熟与否的一个重要标准。此外,社会福利制度本身的发展与完善,对社会工作的专业化也有积极的影响。

(一)社会工作专业在社会福利制度中的地位

社会工作的出现与专业化发展,是现代社会福利制度进步的一个重要标志。社会工作专业存在于社会福利系统,作为一门助人专业,它通过有组织的和专业化的方式为社会中有需要的群体提供社会服务。对中国这样一个后发展的国家而言,社会工作专业的出现与发展,是变革传统的社会福利制度的一个契机。

在社会福利制度中,社会工作专业的地位不可忽视,其重要性主要体现在以下几方面:第一,社会福利服务的组织和推行,有赖专业的社会工作,而且只有通过这样一个成熟的专业,社会福利服务的诚信和效果才能得到保证。第二,社会工作专业是社会福利体系的一个重要的知识基础,它的发展与完善对增进社会福利至关重要。第三,社会工作是社会福利制度具体化的一个过程。它通过社会福利服务的策划、推行和评估等一系列专业活动,保障整个福利制度功能的正常发挥,同时也有助于改善社会服务的管理。

社会福利制度是促进人类文明的重要内容,而社会工作专业是维护社会稳定与和谐的不可缺少的条件。现代社会的发展离不开社会工作专业,而社会福利制度的建立和进步更是需要社会工作专业来完成具体的使命与任务。当今发达国家和地区的社会治理与发展经验表明,社会工作专业在社会制度建构中是必不可少的。

社会工作作为一种基于利他主义精神和具有专业素养的助人职业和专业,已成为发达国家和地区社会福利制度必不可少的组成部分。它不仅是社会福利服务的发送体系,成为社会服务传递到受助者手中的一个必要中介,还能有效促进经济发展和推动社会进步。社会工作专业与社会福利制度的关

系,是一种并存和相互依赖的关系,社会工作专业水平的提升有利于改善公民的社会福利水平,并提高社会福利服务的质量与服务的效率。与此同时,社会福利开支的增加也有利于社会工作专业水平的提高。

社会工作的发展依赖社会福利制度,社会工作作为社会福利制度的发送体系和社会变迁的推进器,其规模、范围和专业水平,都取决于一个国家或地区的社会福利制度总体的观念、政策和资源体系。社会福利制度在理念、结构、规模和实施方式上的变化,都会对一定时期的社会工作的开展产生极其重要的影响。

(二) 社会工作在社会福利制度中的角色

社会福利制度要发挥稳定社会秩序和促进社会发展的作用,必须依赖相应的支持与变迁系统,而社会工作专业正是担负这一使命的行动者。在社会福利体系内,社会工作过程涉及专业人员、社会福利行政管理和服务机构、福利资源、具体的服务实施计划和对象等,目的在于解决相应的个人、家庭、社区与社会层面的问题。社会福利制度优先考虑的社会弱势群体,直接成为社会工作的主要服务对象,包括贫困人口、老年人、处于困境中的儿童青少年、残疾人、失业者以及遇到问题的家庭及其成员等。社会工作是社会福利体系的一个资源发送体系,也是一个促进社会发展的变迁系统,它通过专业社会服务机构的间接服务与社会工作者的直接服务,通过有效的社会管理和人性化的社会服务,通过社会工作专业人员将社会服务资源与受助者联系在一起,完成社会福利制度赋予其的使命。

社会工作在社会福利制度中主要扮演服务递送者和促进社会变迁者两种角色。作为服务递送者,其作用主要体现在以下几方面:第一,社会工作是一个对社会问题和社会需要做出反应的过程。社会工作专业首先要考虑社会问题和社会需要,在福利系统中确定受助者和服务的范围与种类。第二,社会工作是一个解决问题的过程。社会工作专业通过个案工作、小组工作和社区工作等方法来提供专业服务,其目的在于帮助受助者提升社会功能。第三,社会工作是一个提供资源和满足需要的过程。在确定问题和受助者后,社会工作者需要制订干预计划并筹措资源,以满足受助者的需要。第四,社会工作是一个不断发展的专业。它需要持续改进专业方法和服务管理模式,从而优化社会福利资源的利用效率和效果,保证福利体系能顺利发挥应有的功能。作为社会发展的促动者,社会工作可以发挥如下功能:第一,社会工作通过各种努力减轻或消除社会不平等,促进脆弱人群或被排斥者的社会参与和社会融入,增加发展进程中的公众参与,从而提升了发展议程或政策实施的效率。第二,社会工作在提供社会服务和回应社会需要的过程中,通过社会工作者与其他专业人员的协作,帮助非政府部门或社会组织与政府建立有效的伙伴关系,从而促进社会服务的良性发展。第三,社会工作通过改变低下阶层和脆弱人群的社会处境,提升他们的社会功能并发掘他们的潜力,从而增加困难人群的社会资本与信心。这有利于减少或缓和社会冲突的内在张力,进而帮助不同社会阶层建立必要的社会信任,对实现必要的社会融合与阶级团结有着积极的促进作用。

社会福利制度的完善与社会工作的发展是相互促进的。一方面,社会福利制度的发展将增加福利资源,同时有利于提高专业工作人员的素质,因此,它将进一步推动社会工作专业的成长。另一方面,社会工作专业的发展,又可以提高社会服务的水平、改善社会福利的管理和提升资源配置效率,进一步完善社会福利制度。

(三) 中国社会福利制度的变革与社会政策的发展

1. 转型时期中国福利制度的变革

新中国成立后,城乡二元社会与计划经济体制逐步成为经济社会发展的制度基础,与此同时,形成了以民政事业为基础、以单位保障为核心的社会主义福利制度。从20世纪70年代末起,中国先后开启了农村和城市的经济体制改革,传统的农村集体经济和企事业单位社会保障制度逐渐受到社会主义市场经济体制与社会变迁的影响,原来以民政服务对象为主的社会福利体制不再适应新的形势,社会问题也进一步多元化与复杂化。

中国在经济领域的改革成效明显,但社会领域的改革,尤其是社会保障制度和社会福利体制的改革却相对滞后。在市场化浪潮到来之前,中国的计划经济体制在很大程度上保证了集体福利与制度合法性之间的对称联系。而市场经济的发展和社会变迁的加快,不仅促进了与就业和失业相关的社会保险制度的改革,也推动了与贫困相关的社会救助制度的发展。20世纪90年代以来,中国加快了经济改革的步伐,社会保障制度也相应发生变化,社会福利的发展呈现多元化的局面。除政府外,以非营利组织为主的第三部门开始在社会服务领域发挥日益重要的作用。[①] 由于出现了一系列社会问题及社会需要日益增加,传统的社会保障制度和福利服务体制已经无法解决各种社会问题并回应多种社会需要。

随着改革开放和社会变迁加快,中国政府在社会福利服务管理体制方面进行了重大改革,在资金提供、政策支持和人员培训等各方面,都出台了一系列积极的政策,以建立起政府与民间部门密切合作的伙伴关系,确保社会福利服务的专业化和正规化,满足公民日益多元化的社会需要。需要注意的是,中国没有像某些西方发达国家那样实行福利服务私营化,而是坚持由政府主导。社会福利服务私营化有可能带来诸多问题:第一,利润(或利益)驱动的社会服务不能确保实现社会公正的目标;第二,市场提供的社会服务只能满足有限需求而无法满足社会需要,其服务对象是有购买/支付能力的消费者,它排斥了社会中的困难群体,形成了新的社会不平等;第三,国家监督与管理市场中的社会服务机构的成本增加,同时也可能出现国家与市场部门的利益连带关系;第四,市场部门提供的社会服务的效果与有效性也可能出现问题。因此,中国政府在加大对民间或非营利组织的政策和资金支持的同时,也加强了对这些社会组织或部门的监督与评估,政府通过有效的政策管理与质量监督,约束民间部门的服务行为和市场服务模式。20世纪90年代中期以来,为促进民间社会组织的发育与公民自我服务和自我管理能力的提升,中国政府充分利用既有的资源和政策,鼓励民间社会组织参与社会服务的提供与管理,通过建立有效的、持续的政府与社会组织的合作伙伴关系,来推动良性的社会发展。因此,中国近年来福利体制的变革和社会政策的演进,成为社会服务改善与社会工作发展的重要前提与基础。[②] 近期,中国政府在社会福利领域进行了一系

---

① 熊跃根:《转型经济国家中的"第三部门"发展:对中国现实的解释》,《社会学研究》2001年第1期。
② 熊跃根:《论转型时期我国福利体制的改革与社会政策的发展》,《学习与实践》2010年第1期。

列改革,主要包括民政管理和福利服务体制的变革、行政事业单位体制的改革。同时,社会流动性的增强与新社会问题的出现,也刺激了人们对社会服务的需求与专业化人才的发展。随着加快民生建设成为执政党与政府的社会政策核心价值理念,福利体制与社会服务需要围绕上述理念转变观念、调整思路、改革体制和完善服务,从而提升行政部门的制度合法性与社会认可度。在经济快速发展与政治改革深化的同时,社会变迁与全球化进程使公民获得了更多自我教育和学习的机会,也增加了社会参与的机会,这使得政府的社会管理与福利服务体制的变革同公民日常生活质量的提高关系更为紧密。

2. 新时期的社会政策与社会工作的发展契机

2003 年以来,中国社会的转型与变迁速度加快,与此相适应的市场经济与社会改革也出现了新的变化。2003 年出现的波及全球的"非典"疫情,以及广州的"孙志刚事件",先后促进了公共卫生政策的完善与社会救助政策的历史性变革,它们成为中国社会政策推进的标志性事件。这些事件唤醒了民众对公共卫生安全、公民权利与社会问题的关注,也改变了政策决策与管理部门的社会治理理念和方式,在学术界引起了广泛的讨论。随着改革深化与社会变迁产生的种种影响,中国政府在 2003 年后显著推进了社会领域的政策变革,加快出台和实施了一系列有关医疗卫生、社会救助、失业保险、农村社会保障等的政策,同经济改革时期政府频繁出台经济政策相比,有学者称中国将要进入"社会政策时代"。[①]

进入 21 世纪,中国社会政策的发展主要经历了下述三个阶段:第一个阶段为 2003 年至 2005 年的起步阶段;第二个阶段为 2006 年至 2009 年的快速发展阶段;第三个阶段为从 2010 年开始的整合和提升阶段。在这一时期,由于中国社会变迁的步伐加快和社会福利服务体制的改革,社会工作专业的发展也出现了新的契机。社会福利与社会保障体制的变革和社会政策的演变,以及公民对政府改善民生与公共社会服务的需求,都成为社会工作发展的主要动因。2008 年北京奥运会的成功举办和汶川大地震的抗震救灾活动取得的

---

① 王思斌:《社会政策时代与政府社会政策能力建设》,《中国社会科学》2004 年第 6 期。

显著成绩,不仅促进了中国社会组织规模的扩大,也有力地带动和影响了民间志愿服务和专业社会工作的发展。

在中国,由于政党制度与政治文化的特殊性,国家中心主义成为社会政策制定与实施的一个显著特征。近些年来,随着国家经济实力不断增强及社会发展中出现了一些问题,国家(政府)在社会生活中的回归日益明显,尤其是中央政府财力的增加与地方经济的发展,在很大程度上提高了地方供给公共服务与社会福利的能力。日益开放的政治生活与政府行政管理体制,在网络化和大众参与显著增加的环境下,刺激了公民要求政府改善社会与公共服务管理,切实解决民众困难和回应社会需要。在一定程度上,近期中国社会政策的出台,尤其是中央与地方政府在教育、医疗、就业、社会保障与住房几大核心领域的政策演变与发展,凸显了中国政府在推进和谐社会建设和实现社会主义正义方面的努力。尽管社会政策的制定和实施在一定程度上依赖现有的行政管理体制和政治文化基础,但它也部分反映了在市场经济和全球化的背景下,政府高层在完善社会保障体制和解决社会问题上的价值观调整与目标的新定位,直接体现了在政府的层级体系中,中央与地方在政策实践上的互动关系及现行的制度基础。[①]

对新时期中国的战略发展目标与社会发展议程来说,应对城乡差距和社会差异带来的巨大挑战,以及在促进经济高质量发展的前提下,真正改善民众的生活,提升公民的尊严与幸福感,仅仅靠一时的政策措施是不够的。更重要的是,通过更为系统和深入的体制改革和政策推进,通过建立收入再分配的有效机制和完善公共社会服务的空间覆盖,通过创建平等的社会融入机制和发展条件,使每个中国公民都能在安全、有尊严、享受充分自由与必要的幸福感的基础上,发挥个人潜能,完善社会功能。为此,社会工作作为一种重要的专业制度,将促使有益的个人发展、稳定的社会秩序与国家命运紧密结合在一起,保证公民与社会、公民与国家之间的制度化契约关系,真正消除碎片化和不平衡的社会保障及公共社会服务的制度隔阂。当今中国的社会保障制度变革与社会政

---

① 熊跃根:《转型经济国家的社会变迁与制度建构:理解中国经验》,《新华文摘》2010 年第 18 期。

第四章 社会福利制度

策重构进程,为社会工作专业的深度发展创造了积极的条件,这也是中国共产党与中国政府在新的转型时期,重塑价值观、推进政治改革、提升制度合法性和建设社会文明的必然步骤。可以预见,中国社会政策与社会工作的发展,不仅有利于维护稳定和谐的社会秩序,还将有利于提升公民的尊严与幸福感,提升中华民族的凝聚力,进而增强国家在世界舞台上的软实力与影响力。

 参考文献及进一步阅读文献

哥斯塔·埃斯平-安德森:《福利资本主义的三个世界》,苗正民、滕玉英译,商务印书馆 2010 年版。

关信平主编:《社会政策概论(第三版)》,高等教育出版社 2014 年版。

尼尔·吉尔伯特(Neil Gilbert)、保罗·特雷尔(Paul Terrell):《社会福利政策引论》,沈黎译,华东理工大学出版社 2013 年版。

景天魁等:《普遍整合的福利体系》,中国社会科学出版社 2014 年版。

凯瑟琳·麦金尼斯-迪特里克(Kathleen McInnis-Dittrich):《整合社会福利政策与社会工作实务》,胡慧嫈译,台湾扬智文化事业股份有限公司 1997 年版。

R.米什拉:《社会政策与福利政策——全球化的视角》,郑秉文译,中国劳动社会保障出版社 2007 年版。

彭华民:《西方社会福利理论前沿:论国家、社会、体制与政策》,中国社会出版社 2009 年版。

熊跃根:《福利体制比较的类型学:源流与发展》,《江海学刊》2019 年第 3 期。

杨伟民编著:《社会政策导论(第二版)》,中国人民大学出版社 2010 年版。

V. George and P. Wilding, *Ideology and Social Welfare*, Routledge & Kegan Paul, 1985.

 思考题

1. 如何理解社会福利的不同分类及其功能?
2. 如何理解社会政策与社会福利制度之间的关系?
3. 从福利国家危机这个问题出发,阐释福利制度变革的原因与结果。
4. 请解释转型期我国社会福利体制变革与发展的实践和经验。

第五章

社会工作的理论与知识基础

现代社会工作不但需要为社会服务的价值观,而且需要科学的理论及理论指导下的实践。科学的理论和相关知识体系是社会工作实践的理论基础,也是社会工作学科得以形成和发展的基础。

第一节 社会工作理论

一、社会工作理论的意义

(一) 什么是社会工作理论

社会工作是一门实务性很强的应用社会科学,实践在社会工作中有着至关重要的地位。那么,社会工作是否需要系统的理论知识来指导?社会工作有没有理论?如果有理论,它们又是什么内容?这些都是必须回答的问题。

从学术上讲,理论是由一系列在逻辑上相互联系的概念和判断组成的知识体系,它从较高的层次来描述和解释某类现象,是对经验知识的抽象概括。理论的表现形式是多样的,美国社会学家乔纳森·特纳(Jonathan H. Turner)指出,当代社会理论的主要形式有思辨形式、分析形式、命题形式、模型形式。这也可以用来分析社会工作的理论。

第五章　社会工作的理论与知识基础

社会工作是一整套助人的活动,但是为什么要帮助别人和怎样帮助别人,却需要一套理论性的说法。它既包括抽象的理论体系,也包括具体的实践模型,我们将之称为社会工作的理论。社会工作理论是社会工作者在社会工作实践中所运用的各种理论知识的总称。有些人主张社会工作就是一套工作方法,而不是理论,认为社会工作是在应用理论,本身没有什么理论。实际上,这种观点是对"理论"的过窄理解。按照前述当代社会理论的主要形式,社会工作也是有理论的,不但在理念层次上有专门知识,而且有命题形式、模型形式的理论。

长期以来,我国高等教育存在着一种崇尚、偏好宏大理论和系统理论的倾向。重视基本理论显然是正确的,但是在许多情况下,这也导致了对"理论"的过窄化理解。在这种背景下,以命题形式、模型形式存在的知识似乎不被看作理论。实际上,在社会科学特别是应用社会科学领域,存在大量以命题形式、模型形式出现的理论概括,这基本上属于默顿所说的中层理论。在社会工作中也是如此。在社会工作实践的基础上,形成了大量社会工作者干预社会问题、有效助人的模型,这些是社会工作独特的理论。社会工作者以此为指导开展实践,并不断在实践中验证和发展已有的理论,从而推动社会工作的发展。

(二) 社会工作需要理论指导

社会工作虽然是以实务为明显特征的学科和专业活动,但是它也需要理论的指导。社会工作是一种复杂的实践,然而,没有理论指导的实践只不过是盲目的实践。社会工作特别注重个人的实践经验,缺乏实践的人是很难做好社会工作的,但是这并不是说理论不重要。第一,对初学者来说,要进入社会工作之门,必须了解社会、社会政策及既有经验,要了解现代社会科学知识,只有这样才能站在一定的高度去看待社会工作要处理的问题。如果片面地强调实践的重要性,那么,所有的工作都必须从头开始,这显然不符合社会科学发展的逻辑,也不利于社会工作的发展。第二,对于有丰富经验的社会工作者来说,理论也十分重要。社会工作实践越深入,就越需要探索深层次的问题,这常常是人类生活的共性问题,自然就涉及理论。没有理论指导的实践是盲目的实践,这句话也适用于社会工作。

强调社会工作理论的重要性,并不是贬低个人经验。对于一个以实务为主的学科和实践领域来说,个人实践尤为重要,因为社会工作不是"纸上谈兵"。社会工作所面对问题的复杂性,决定了社会工作者必须有自己的丰富实践,并从实践中摸索出经验。但是,个人的有效实践,尤其是处理新问题时的实践,离不开人们的共同经验,而人们的共同经验可能会以某种理论的形式存在。当然,个人经验作为社会工作者个人工作经历的总结,对社会工作理论的发展具有基础性意义。个人的实践经验可以上升为某种理论认识,如果在更大范围内得到验证和支持,还可能成为某种层次的理论。这种从感性的工作经验到理论的升华,会更有效地促进社会工作实践的发展。因此,对于社会工作来说,个人经验与理论知识都是重要的。

二、社会工作理论的结构

(一) 大卫·豪的基本分类

社会工作理论非常复杂,学者们对之有不同的看法。有的学者认为,社会工作理论可以分为唯物主义者的理论、策略理论和实践理论。唯物主义者的理论是关于社会的政治经济结构及与之相关的社会福利制度的理论;策略理论是社会工作的干预理论;实践理论是将知识、经验应用于实践的理论。[①] 也有学者把理论分为:为社会工作提供全面框架的宏观理论,说明与社会工作相关的社会某一层面及干预模式的中层理论,以及其他知识。[②] 学者的角度不同,对社会工作理论的分类也不同。以下介绍大卫·豪(David Howe)关于社会工作理论的一般分类。

按照英国社会工作学者大卫·豪的说法,社会工作理论可以分为"为社会工作的理论"(theory for social work)和"社会工作的理论"(theory of social work),这种区分是社会工作理论结构的主要模型。[③]

---

① 马尔科姆·佩恩(Malcolm Payne):《现代社会工作理论》,何雪松、张宇莲、程福财、丁慧敏译,华东理工大学出版社 2005 年版,第 42 页。
② 同上书,第 53 页。
③ 以下内容参考了谢立中撰写的"社会工作理论"一章,王思斌主编:《社会工作概论(第二版)》,高等教育出版社 2006 年版。

第五章 社会工作的理论与知识基础

1. 为社会工作的理论

所谓"为社会工作的理论",是对人与社会的本质、人的行为与社会运行的规则和机制进行解释的理论。社会工作是社会工作者向处于困境、需要援助的任何群体提供帮助的活动,涉及当事人的具体困难、他的生活系统和社会环境,以及人与人之间的互动等。要弄清楚这些,就要了解社会的本质、人的社会性、人的行为、人与社会的关系、社会的结构及其运行、社会的制度安排等。"为社会工作的理论"包括社会哲学、社会学、政治学、伦理学等方面的内容。"为社会工作的理论"不是一个理论,而是与社会工作相关的一些理论领域,在这些理论领域,有多种基本理论和流派,比如关于社会的本质、社会公平的理论等。虽然这些理论和知识不是具体的社会工作实践所要参照的,但是却构成了社会工作的基本背景。实际上,"为社会工作的理论"是为社会工作实践构建了一些理论性的背景假设。对社会工作实践而言,它是一种前提,并给社会工作者提供了一般性的指引,社会工作实践因此有了大致的方向。当然,"为社会工作的理论"也可能并非仅为社会工作所用,其他学科尤其是应用社会科学也使用相同的理论。可以说,如果没有这些"为社会工作的理论",就可能没有现代社会工作。

2. 社会工作的理论

所谓"社会工作的理论",是对社会工作实践的性质、目的、过程、方法进行说明的理论。社会工作是什么?它的价值观为何?社会工作有什么追求?社会工作者应该从哪些视角、运用何种方法去处理问题?这些都应该有理论上的说明。这就是"社会工作的理论"的职能。"社会工作的理论"侧重讨论如何改变人的行为、社会的具体制度安排。社会工作的理论不是来自其他学科,而是在丰富的社会工作实践的基础上归纳提炼而成的,它是社会工作具体经验的总结,体现为各种具体的社会工作服务提供模式和接近实务层面的理论。因此,"社会工作的理论"为社会工作服务提供了一套具体的行动指南。"社会工作的理论"是社会工作专业独有的理论,当然,这些理论并不是与其他理论没有关系。"社会工作的理论"也是多元化的。社会工作的任务不同、对问题产生原因的基本看法不同,所形成的干预模式也不同,这就是不同的

"社会工作的理论"。"社会工作的理论"常被称为实践理论,它主要是指社会工作的干预模式。

3. 两种理论之间的联系

"为社会工作的理论"与"社会工作的理论"二者之间有密切联系:第一,它们是相互依存的。"为社会工作的理论"是与社会工作相关的比较宏观的理论,它是理解社会工作问题的理论基础或逻辑前提。反过来,只有与对社会工作实践的性质、目的、过程及方法的说明相关的理论才能成为"为社会工作的理论"。第二,它们在逻辑上是相互蕴含的。社会工作有不同的流派或工作模式,反映了对问题的不同看法和介入方法。在这里,宏观视角常常是社会工作者所采用的"为社会工作的理论"的反映,而不同类型的介入方法则主要是"社会工作的理论"的反映。在社会工作领域,可以说,不同的理论会导致不同的实践,秉持何种社会哲学,如何看待社会的本质、社会和人的关系,就会有相应的社会干预模式。在这里,宏观的理论看法与工作模式的选择似乎是连在一起的。反过来,对一个资深的社会工作者来说,他选择的社会工作模式可以在他所信奉的社会哲学、社会学、政治学等的理论那里找到解释,成为支撑"为社会工作的理论"的基础。这样,"为社会工作的理论"与"社会工作的理论"就紧密相连。

(二)皮拉利斯的社会工作理论结构模型

理论的抽象程度是对理论进行分类的重要标准。皮拉利斯(Jennie Pilalis)等人根据这一标准将已有的社会工作理论划分为三个层次,即宏观理论、中观理论和实践理论。宏观理论从本质上阐述问题,中观理论居中,而实践理论是对社会工作介入方法的理论说明。比如,马克思主义的社会理论属于社会工作的宏观理论,帕森斯的结构功能理论是解释社会系统的宏大理论,也被归为社会工作的宏观理论。中观理论是社会工作某一领域的理论,如解释偏差行为发生原因的标签理论,揭示人的发展过程的理论,都属于这一层次。社会工作的实务模式也被归为中观层次。实践层次的理论基本上指的是具体操作层面的技巧和方法。该理论结构模型如表5-1所示:

第五章 社会工作的理论与知识基础

表 5-1 社会工作理论分类

理论抽象程度	结构部分		内容	实例
高 ↑ ↓ 低	宏观理论		对人与社会的本质、人的行为与社会运行机制进行综合性的说明	弗洛伊德主义、马克思主义、结构功能主义等
	中观理论	a) 解释性理论	对人的行为与社会过程某一方面进行专门解释	标签理论、儿童发展理论等
		b) 干预模式理论	对社会工作实践本身的性质、目的、过程等进行一般说明	危机干预模式理论、任务中心模式理论等
	实践理论		社会工作的具体技巧、操作方法	自由联想法、批判式提问法

摘自王思斌主编:《社会工作概论(第三版)》,高等教育出版社 2014 年版,第 63 页。

可以看出,这个模型可被视为大卫·豪模型的深化。皮拉利斯等人的分类,使我们对社会工作理论结构的理解更加清晰。

(三) 社会工作理论的四范式模型

理论归类是学者们对不同理论进行比较和归纳的过程,范式也是对社会工作理论进行整理归类的一个角度。科学哲学家托马斯·库恩指出,范式是一群科学家共同享有的一组世界观、价值观方面的背景假设,以及相应的方法和技术类型。① 研究社会工作理论的一些学者认为,依照一定的标准,对现有的社会工作理论进行分析、比较,可以把它们归纳概括为几个有限的范式。

惠丁顿、霍兰德和大卫·豪等人提出了社会工作理论的四范式分类模型,将社会工作理论分为激进主义社会工作、马克思主义社会工作、互动主义社会工作和传统社会工作。在大卫·豪看来,与上述理论模型相对应的社会工作的特征分别是觉悟的提高者、革命者、意义的探索者和调停者。进而,他将四种范式与他提出的社会工作理论两分模型结合起来,对社会工作理论做了较详细的描述和分析(见表 5-2)。

---

① 托马斯·库恩:《科学革命的结构》,金吾伦、胡新和译,北京大学出版社 2003 年版。

表 5-2 大卫·豪对社会工作范式模式的解释

	功能主义者（调停者）	解释主义者（意义的探索者）	激进人文主义者（觉悟的提高者）	激进结构主义者（革命者）
包括的主要理论	弗洛伊德主义、行为主义、认知理论、结构功能主义或系统论等	标签理论、沟通理论、人文主义等	激进人文主义、女性主义等	马克思主义、增权或倡导理论等
对人与社会的看法	社会是由个体组成的，是功能相互依存、相互协调的客观有机体	社会是个主观的意义世界，是个人通过符号互动过程建构起来的	社会是个主观的意义世界，但却是一个充满了不平等和不公正的世界	社会是由个体组成的，是内部存在着不平等、压迫、冲突与斗争的强制结合体
社会工作过程理论 1. 问题定义	个体对社会来说是一个问题，他在应付社会方面存在着问题	个体的经验，他或他所处的情境存在着问题	社会对个体来说存在着问题	社会对于经济上的非生产性是一个问题
社会工作过程理论 2. 问题评估	引起问题行为的原因	理解个体经验的个人意义	个人是政治性的	经济体系的不公平、不正义
社会工作过程理论 3. 目标	对个人及问题进行治疗、纠正、维护、控制和监督	促进个体的自我理解，激发个人的潜能	给人们自由，提高人们的觉悟，使他们觉醒并对自己的经历加以控制	改变经济秩序，对财富和权力实行再分配
社会工作过程理论 4. 方法	改变行为、提供支持和维护性服务，控制和保护个体	个人劝告，帮助理解经验的意义	提高觉悟，恢复个人对自己所处情境与经历的控制	批判经济体系，为弱者的权利与资源而斗争

摘自王思斌主编：《社会工作概论（第三版）》，高等教育出版社 2014 年版，第 69—70 页。

用多范式的分析方法对社会工作理论进行分类是一种较普遍的做法，它有利于我们清楚认识众多社会工作理论及其相互关系。当然，这里也有某种危险，由于归类，复杂的理论可能被简单化了。

三、理论在社会工作过程中的功能

理论是为实践服务的。社会工作理论对于社会工作的具体过程可以发挥重要的、不可替代的功能。

(一) 有助于确定所要解决的问题的性质与原因

社会工作的基本职能就是帮助人们(个人、家庭、群体和社区)解决他们在生存与发展过程中所遇到的各种问题。但是社会工作所面对的问题是十分复杂的,特别是对那些缺乏经验的社会工作者来说,确定问题的性质,尽快搞清楚它产生的原因,是非常关键的。在这方面,作为以往社会工作实践经验总结的社会工作理论,具有重要的指导作用。社会工作理论可以帮助社会工作者廓清基本思路,明确问题范围,也可以帮助社会工作者了解问题的性质和当事人行为的具体原因,从而使社会工作者对要解决的问题有一个清楚的认识。当然,掌握社会工作理论并不是要按图索骥,而是要综合进行理论思考。

(二) 有利于确定社会工作的目标

社会工作理论并不只是一套概念,它还是一个价值体系,反映了社会工作希望达到的状态和目标。一种社会工作理论对人的行为、社会问题的解释,就或明或暗地指出了社会工作的目标。例如,面对有偏差行为的儿童,如果采用标签理论,我们就可以得出这样的结论,即这类问题产生于不良的社会环境,是社会排斥使然。由此,社会工作的目标就是改变这种环境。同样,面对失业造成的贫困现象,我们可以借助增能理论分析出个人和社会环境两方面的原因,并把内部增能(增强失业者的信心与能力)和外部增能(改变不利的社会环境)作为社会工作的干预目标。

(三) 提供可供选择的实务工作模式和方法

对社会工作而言,社会工作理论最重要、最直接的功能是,为社会工作者解决问题提供一套行之有效的程序、方法与技巧模式。类似的问题常常要以类似的方法去解决,这里包括社会工作的干预模式、具体的工作方法和技巧。作为社会工作经验的结晶,社会工作的实践理论涵盖了多种社会工作干预模式,指明了服务展开的逻辑过程,也提供了一系列具体的工作技巧。这些都便于社会工作者开展工作,解决具体问题。实际上,危机干预模式理论、任务中心模式理论、地区发展模式理论等,不但反映了某种理论观点,更是一系列工作程序和方法。在社会工作理论的指导下,社会工作者可以顺利地进入服务过程。

应该说明的是,社会工作者必须基于自己面对的需要解决的问题来选择适当的理论,必须做到理论和实践相匹配,这样才能达到良好的服务效果。当然,这里并非不存在困境。因为在社会工作领域,有许多取向、观点不同的理论,它们对同一个问题可能会给出不同的解释和说明,也会提出不同的工作目标和工作模式。选择不同的理论,可能意味着对同一类问题的不同界定,意味着不同的工作目标和工作方式,甚至意味着不同的工作效果。这说明,对社会工作理论进行分析和选择是十分重要的。一个优秀的社会工作者,应该审慎、恰当地选择理论来指导实践,并通过实践来检验、修正理论,在理论与实践的互动中提高自己的工作能力,提高社会服务的水平。

第二节 社会工作的知识基础

一、社会工作知识基础的特点与构成

(一)社会工作对知识基础的要求

社会工作作为一种专门的、科学的助人活动,已不同于其萌发初期单纯依靠慈善之心去帮助他人的行为。如果说初期的社会工作主要建立在怜悯、仁爱等道德之上,专业社会工作不但恪守社会工作价值,而且特别强调助人活动的科学性和有效性。这必然要以一定的知识为基础。社会工作的知识基础是指,社会工作顺利而有效开展所依赖或必需的各类知识,没有这些知识,社会工作将是盲目、混乱、低效乃至无效的。知识基础不同于基础知识,知识基础是支持社会工作顺利运作的科学知识和基本依据。

知识是人类对于自然和社会现象的规律性认识及概括和总结。社会工作对知识基础的要求并不因其对特殊性原则的看重而降低。相反,社会工作的特点、其任务的性质、社会工作的目标都决定了它对知识的渴求,并表现出它

所要求的知识基础的特点。

社会工作是一种助人的活动,是同有困难、有需要的人一道工作来解决难题的过程。尽管那些受助者各不相同,他们的困难和需要千差万别,但社会工作者相信,他们的需要及解决他们困难的方法还是有共通性的,即有关人的需要、解决困难的方法及途径的一般经验和知识,对认识、分析和解决他们的困难是有用的。这就是说,社会工作需要以某些知识为基础,并把它们作为认识、分析、解决问题的出发点。甚至可以说,社会工作任务越特殊,它所需要的知识就越多,就越具深度。

社会工作对知识基础的要求与这一活动的性质有关。如前所述,社会工作在百年的发展过程中,其工作对象、工作范围、工作目标都发生了重大变化。从最困难的贫弱群体到更广泛的有需要的民众,从最基本的生活领域扩展到更广阔的生活空间,从对受助者的单纯救助到促进他们的发展,社会工作的广泛性、复杂性特点愈来愈突出。这就要求社会工作者有广泛的知识储备。此外,不但不同时空条件下的不同个体、群体、社区所遇社会问题的成因可能有很大不同,甚至在同一时空条件下,不同个体、群体、社区所遇问题的成因也可能有明显差异。因此,社会工作者要想有效地助人,就必须掌握丰富的、与帮助受助者摆脱困难相关的各类知识。社会工作对知识的需求是苛刻的,可以说,社会工作的效果不仅取决于其基本伦理与价值观,而且取决于社会工作者对知识的掌握,以及如何将这些知识恰当地运用于助人实践。

(二)社会工作知识基础的特点

作为一种专门的助人活动,社会工作对知识的要求是广博和多样化。我们可以从不同角度对其知识基础进行分析。下面,我们贴近助人活动这一本质对其知识基础的特点做简单分析。

首先,社会工作的知识基础是一个以人为中心的知识体系。社会工作是一种助人的事业,是关心人、理解人并促进人的发展的活动。要使这种活动有效开展,了解人是极其重要的,也是最基本的。因此,社会工作的知识基础必须包括一系列关于人的知识,包括人的成长、人的需要、人的意识、人的行为、人的价值、人与人的关系,以及人的生理与心理方面的知识,等等。总之,社会工作者应该通晓与人的成长、人的生活有关的知识。

其次,社会工作的知识基础是一个以分析和解决问题为中心的知识体系。社会工作面对的是问题,其职能是分析问题和帮助受助者解决问题。为了达到这一目的,社会工作者必须客观而细致地了解问题,科学地分析问题,认真地对待问题,谨慎而积极地解决问题。社会工作所面对的问题是多样化的,从主体差异到成因不同,社会问题极端复杂。社会工作者唯有对问题有了清楚的认识和分析,才可能去帮助受助者解决问题。社会工作面对的主要问题有个人的心理及生理问题、贫困及人际疏离问题、受伤害及机会缺乏问题等,这些问题又是由个人的、家庭的、社区的、自然的、社会的、经济的、政治的以及文化的等多种因素造成的。有关社会问题及问题成因的知识群成为社会工作的必然基础。

最后,社会工作的知识基础是一个以助人为中心的知识体系。社会工作的实质是助人。助人既是社会工作的初衷和目的,也是社会工作过程的内涵。如何有效助人,这是社会工作的核心问题。按照对社会工作的现代理解,助人并不是社会工作者帮助受助者走出困境的单向活动,而是社会工作者同受助者合作、互动,共同克服困难,协助受助者走向正常处境的过程。社会工作者对助人活动的期待是助人自助,而要达此目的,除了对社会工作价值的高度认同外,科学的甚至艺术化的助人技巧是十分重要的。这套技巧包括:从心理上接近人,不但接纳他人,而且被人接纳;同各类与解决问题相关的人士打交道,特别是同受助者密切合作。社会工作的技巧不仅仅是同人打交道的模式、具体方法和程序,更是了解人并同其互动的载体。对受助者来说,它包含关心、爱护、尊重、信任等深刻内涵。社会工作的助人知识不但体现为价值观念,更表现为一系列工作方法与技巧。它们是社会工作知识基础的核心。

(三)社会工作知识基础的构成

社会工作的知识分为理论知识、介入知识和工作知识。

1. 理论知识

理论可以被理解为由一系列概念联系而成的,能对某一类现象进行解释并做出预测的命题及其体系。命题性理论可以对某一类现象做出判断和认定,理论体系则能对此类现象做出因果的、过程的解释和论证。按照上述划分方法,我们把理论知识界定为与解释社会工作现象及社会工作本质相关的知识。如前所述,社会工作是助人活动,是解决问题的过程。要客观地、科学地认识和分析这些问题,必须有关于人、社会问题及解决问题的一系列理论。例如,关于人的价值、人的成长的理论,关于社会问题成因及其变化规律的一般理论,关于人与人、人与社会之间关系的理论等。具体说来,这些理论涉及如下领域:人的基本价值;人类成长及其价值的实现过程;在此过程中人可能遭遇困难,造成这些困难的个人、社会环境及制度方面的原因;解决这些问题的途径和可能性;等等。显而易见,这些理论涉及社会学、心理学、政治学、经济学、伦理学、人类生态学等。社会工作依据的这些理论知识有明显的功能,它们可以给予社会工作者明确的观念支持和行动指引,使其明了自己所面对的社会问题的性质及何以至此,社会问题的变动规律,以及解决问题的入手点。这是因为,理论是经验的总结和行动的指南。

2. 介入知识

介入也称干预,是社会工作机构与社会工作者为了完成任务而投注的变迁努力。或者说,介入是社会工作者为了帮助受助者摆脱困境,进入问题范围并力图改变这种问题状态的努力。介入是社会工作者的职能性行为,是他进入受助者问题范围的活动。他作为新因素加入,通过向受助者提供服务,干预社会问题的变化,从而改变受助者的状况。介入是一种服务活动,但理性的有效介入需要科学的知识作基础。因为合理的介入必须以对问题的客观认识为前提,即不但要了解关于社会问题的一般理论,也要依据现实问题去具体分析,并设计工作方案,与受助者一起推动变化,最终解决问题。

介入是一个行动体系,涉及社会工作者界定和诊断问题,经由分析而设计工作方案,通过与受助者合作而提供服务和实施工作方案,改变问题状态并评估服务的全过程。面对形形色色的社会问题,社会工作者需要丰富的介入知识。这些知识牵扯到如下一些判断:某一具体社会问题的产生原因,受助者对该问题的接受过程与程度及心理状态,社会工作者解决该问题的可选择途径,如何有序推进解决问题的过程,如何有效地同受助者一道工作,等等。社会工作者面对的任务是复杂多样的。由于问题给受助者造成的困扰程度不同,受助者本身的特点、对待问题的态度和反应能力不同,所处的社会文化、社会结构和制度背景不同,以及解决问题的方式、方法不同,社会工作者所应具备的知识也是多种多样的。除了上述理论知识外,还需要与人格、个人心理相关的知识,与社会生活共同体相关的知识,与社会经济和政治制度、社会福利制度、国家(政府)架构及其运行机制相关的知识,以及社会互动、工作计划等方面的知识。这些知识常常涉及社会学、心理学、人类学、医学、法学、政治学、经济学,也有一些属于社会工作自身的领域。社会工作者往往需要综合运用这些知识。

3. 工作知识

社会工作是运用相关理论与知识助人的活动,在一定意义上可以说,它是以应用或实践见长的。实践是社会工作的核心,实践或工作知识是做好社会工作的基本条件。

工作知识是指,社会工作者在同受助者一道工作时,或为了具体帮助受助者而同他人打交道时,所使用的知识和技巧。社会工作者要解决问题,不但要同受助者合作,也要同与解决其问题有关的人士、机构联系和互动。在这方面,社会工作者要掌握与他人互动、沟通的技巧,包括接纳他人、交谈、控制互动过程、同人协商、签订协议等方面的具体知识,也包括将受助者组织起来,引导他们自主解决问题的策略,还包括取得初步成果后,帮助受助者巩固成果、提升能力的方法。由于社会工作所面对问题的复杂性和变动性,工作知识也就十分复杂。这就要求社会工作者具备在不同情景下应变、合理运用各种知识的能力。一般说来,社会工作的实际工作知识常与人际沟通、社会互动有关,与具体帮助受助者、向社会争取改善受助者生活的合法条件等行动有关。这些知识既来自某些社会科学的理论,也同社会工作者的实际工作经验密切相关。

应该指出的是,任何一项实际的社会工作活动都是一个完整的、各环节密切相连甚至密不可分的过程。因此,社会工作所需要的知识也应该是整合的,而不是各阶段相互分隔的。上面我们把社会工作的知识基础分为三个层面来介绍,只是出于叙述的方便。

二、社会学

(一) 社会工作与社会学的关系

1. 社会工作作为应用社会学的一个分支

社会工作至今有一百多年的历史,社会学则有一百八十多年的知识积累。历史表明,社会工作在其发展过程中同社会学有着十分密切的关系。

一般认为,社会学的知识体系由理论社会学、社会研究方法和应用社会学(或称分支社会学)三部分组成。应用社会学是社会学理论与方法在某一具体社会领域的结合,以及对其特殊规律的认识和阐释。社会工作是运用社会科学的知识帮助有困难、有需求的人改变其处境的活动,它与社会学中有关社会问题的分析及解决社会问题、追求社会进步的取向十分接近。因此,社会工作在其发展初期,其培训和教学常被置于社会学中,因此被视为应用社会学的一部分。社会工作在其发展过程中对社会学知识的依赖是十分明显的。

从历史发展的过程可以发现,社会工作作为应用社会学的一部分而寄居于社会学,至少有两个方面的理由:第一,二者所面对的问题相似或相同。社会学是研究社会结构、社会变迁规律的学科,内含对社会问题的关切。社会工作虽不面对全部社会生活,但对社会问题、社会进步关注至深。在这一点上社会学与社会工作的关注点是相同的,虽然社会学更多从理论的角度分析问题,而社会工作则着重从实务角度去解决问题。第二,社会学研究成果的丰富和社会工作自身知识积累的不足。社会工作是应用社会科学理论助人的活动,作为一个学科,它广采众家之长,通过综合和改造而付诸实践。在社会工作没有发展出自己对社会现象、社会问题的全新的理论解释,自身微观理论和知识的积累又不能支撑起一个学科大厦的情况下,在社会学对社会问题有较充分的解释力的情况下,社会工作对社会学的"依附"就是必然的。

2. 社会工作的相对独立

从社会工作寄居于社会学,到其另起炉灶而独立,我们看到了一个学科不断成长和成熟的过程。如上所述,社会工作在其产生初期是紧紧"依附"于社会学的。然而实际上,就是在其发展初期,社会工作在某种程度上是独立于社会学的存在。比如,当社会工作面对那些由个人原因、生物和心理原因造成的困难时,当它更多地运用精神分析理论去分析和处理问题时,它对心理学的靠近远超对社会学的依附。

随着社会工作的发展,它所借用的知识也越来越多,政治学、经济学、法学等学科与社会学、心理学一起,为社会工作奠定了知识基础。社会工作对社会学知识的依赖程度的降低实际上是它的游离。至于社会工作有了明显的专业化发展,当它以一套助人的方法与技术而有别于以理论分析见长的社会学时,它的独立地位就确定了。在这种情况下,它已不满足于作为社会学的一部分,而要成为一门应用社会科学。社会工作有了自己的专业地位,在学科体系中有了不同于社会学的位置。社会工作从"依附"、寄居于社会学到独立出来,是社会工作自身发展和不断成熟的表现,也是社会学不断发展和分化的结果。这反映了学科发展的规律。应当指出的是,社会工作的独立反映了社会变迁和发展的要求。当社会生活日益复杂并提出解决问题的要求之后,社会学进一步分化,专业社会工作的产生就是适应社会体系变迁的一种方式。

另外,还应指出的是,社会工作的相对独立并不意味着它与社会学疏离。相反,社会工作离不开社会学,同时社会工作的实践有助于社会学知识的检验和建构。社会学与社会工作以一种新的方式保持着密切联系。

(二) 社会学知识在社会工作中的运用

作为社会工作知识基础的最重要的组成部分,社会学理论在社会工作中被广泛运用。在对社会问题的界定与解释以及指导社会工作的实务过程等方面,社会学都有重要的影响。许多社会学理论对社会工作发挥指导作用,如下一些理论尤为突出。

1. 关于人与社会关系的理论

当社会工作者把人看作社会的人,即认为人的行为与他们生存于其中的社会有密切联系时,也就是把人与社会的关系置于社会工作理解问题的中心位置。在社会工作的某种理论看来,人是在一定社会环境中和社会制度下活动的,人是社会的产物。因此,个人所遇到的问题实际上是社会问题的反映,或者个人、群体的问题是由社会结构或社会制度造成的。这样,了解社会结构、社会制度,了解具体的人与社会的相互作用,以及社会对人的影响,就是十分重要的。人与社会的关系是社会学的基本问题。在社会学中,关于个人与社会的关系有两种基本观点,分别体现了个人主义取向和集体主义取向。个人主义取向的观点认为,在个人与社会的关系上,个人是基本的、重要的,个人自由、个人幸福应该被充分关注。集体主义取向的观点则与之相对,在二者关系上,社会或各种形式的集体是重要的,人是社会的人,没有集体就没有个人的正常生活,而且集体也有责任为个人谋福利。这样,对于社会福利也有两种观点:个人主义取向更主张个人责任,集体主义取向则更强调社会福利制度的重要性。另外,社会学中的社会唯名论和社会唯实(实在)论之争也影响到社会工作者的实践。社会唯名论认为,社会不是实在的,它只是人们赋予共同体的一个名字。而人是实在的,人的活动是具体的、实际的社会现象。人的活动构成实际的社会,社会学的研究应该以人和人的活动为中心。社会唯实论则相信,社会是实在的,它由人们的活动而形成,但又有相对独立性,会反过来制约人的行为。因此,人都是在一定的社会结构中和社会制度下行动的,受制于结构、制度和规范。这种观点认为,与人的能动性相比,社会结构、制度、规范的力量是强大的。因此,人的行为的深层原因要从社会结构、社会制度中寻找。在社会学领域,围绕人与社会关系的问题仍然争论不休,对于这一问题的不同见解直接影响社会工作者对助人行为的选择。

2. 关于人的成长的理论

人的成长不但包括生物体的发育,也包括其社会性的养成和社会生活经验的丰富。在具体的个体身上,它们是统一的。社会学是关于人的学问,关心人的成长和发展。社会学在分析人的成长时,既看到其生物过程,又关注与之对应的社会过程。社会学认为,人的成长可以分为前后相继的几个阶段。在不同阶段,个体的需要、社会角色、责任与义务也有所不同,个人唯有在社会的支持下增强自己的适应能力,才能顺利健康成长,而这种社会条件涉及社会制度的、文化的及具体生存环境的影响。这也就是人的社会化的内容。实际上,人在其成长的过程中出现问题,正是社会工作的介入点。社会工作对问题的处理,显然应以科学地考察这一成长过程并具体分析其中的问题为前提。

3. 关于社会互动的理论

社会互动理论是从人的行为的角度,研究社会何以能够正常运行的理论。这一理论认为,社会是相互联系的社会成员的互动体系。因此,理解人与人之间的互动过程及规律,是认识社会的基本课题。社会互动理论关注人们如何相互作用,在此过程中借助了何种中介,个人怎样有效地与他人共处、合作,进而形成对社会结构的认识。社会互动理论对社会工作有直接的应用价值,这不仅表现为社会工作者往往要分析、理解受助者同其周围人的互动对他的影响,也表现为社会工作过程就是社会工作者同受助者互动的过程。社会工作者要想有效助人,不能不掌握社会互动的理论。实际上,社会学的符号互动理论以及与之密切相关的建构主义理论,是指导社会工作过程的重要理论。

4. 关于社会结构的理论

社会结构是社会学的基本概念,它是指社会体系各组成部分或诸要素的比较持久、稳定的关联模式。在典型的社会学分析中,社会结构常指社会群体在社会地位体系中的关联状态,即不同阶级、阶层、职业群体、性别和年龄群体、种族、宗教群体等在社会中的地位,尤指它们在社会资源的获取与权力分配过程中的优劣地位。人们在社会结构中的地位对其获取生存和发展资源有重要影响,这种本质上属于利益分配的关系结构会催生各种社会力量,并作用于现实社会的运行。结构功能主义和社会冲突学派对社会结构的功能及影响都有深入的研究。社会工作关注的是,社会的不平等分配结构中的弱势群体,他们的处境及改变这种处境的途径与方法。欲达此目的,不了解社会的结构,不了解社会资源、社会利益的分配格局,简直是不可能的。社会学的社会分层理论以及与之相关的边缘化理论,对于分析弱势群体问题具有重要意义。

第五章 社会工作的理论与知识基础

5. 关于社会问题的理论

社会工作所要解决的是形形色色的社会问题,即由社会造成的个人、群体及社区在其正常生活和运行以及发展方面遇到的问题。了解社会问题的成因、变化过程及规律有助于社会工作者对问题做出客观、正确的认定,有助于设计出合乎实际的、有效的解决问题的方案并实际地解决问题。社会学的一个重要任务就是研究社会问题,在对社会问题的认定、成因分析、功能分析方面也有诸多不同认识和理论。这些理论分别从不同的角度对社会问题进行了解释,为社会工作者分析和解决问题提供了一个参考性理论构架。例如,关于贫困、老年、失业等问题的社会学分析有利于社会工作者去认识和处理这些问题。

6. 关于社会变迁的理论

社会变迁是社会学研究的另一重要领域,是社会学的两大论题之一。社会学意图探究社会变迁的规律,更好地设计人类的生活。社会变迁是社会固有的特征。在某些理论看来,它又是社会问题产生的根源。例如,结构功能论从社会作为一个协调的整体是常态这一基本立论出发,认为社会变迁可能导致社会各组成部分变化的不同步、不协调,于是形成社会问题。在很大程度上,社会学要讨论的是在社会变动的情况下,各个部分以及人与社会环境的相互适应问题。比如,改革开放以来,我国进入重要的社会转型期,这是社会问题凸显的时期。许多社会问题与社会转型有直接关系。因此,只有了解了社会转型的理论和基本规律,才能更好地判断社会问题的成因,进而制订方案以解决问题。

(三) 从社会工作的任务看其对社会学知识的要求

如前所述,随着社会的变迁与进步,以及社会工作旨趣的扩展,社会工作的任务和目标也发生了变化。从个人困惑到社区问题,从社会救助到社会发展,从社会贫弱群体的扶助到一般社会人士需求的满足,社会工作的任务范围在不断扩大,这些都需要围绕特定问题的社会学解释。卡罗尔(Nancy K. Carroll)曾根据社会工作的任务、问题发生和影响的主要领域及应对的社会工作方法,提出社会工作的实践模型。① 这对于认识社会学知识在社会工作中的地位也颇多启发。现根据我国的情况做些修改,从中可透视社会学知识的基础作用(见图5-1)。

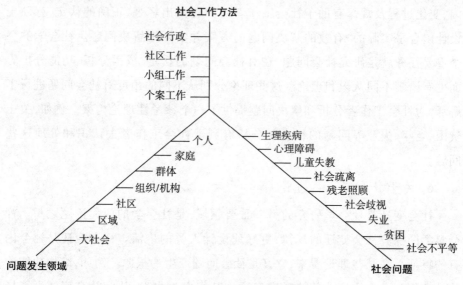

图 5-1 社会工作的任务范围

在上述三维结构中,社会问题是基本的一维,它展示了社会工作的任务由个人向更广大社会的扩展。如果说生理疾病、心理障碍较具"个人性",那么社会歧视、失业、贫困、社会不平等就更具"社会性"。如果说前者更具特殊性,那么后者就更具一般性。相应地,这些问题产生的社会领域和影响范围也由小而大,社会工作的应对方法也由较为微观到宏观,由处理特殊问题到处理一般性问题。当然,这只是一个大略的分析,实际上,微观层面的个人性问题与宏观层面的社会性问题绝不可截然分开。在处理某一具体的社会问题时,各种方法也是相容的。

显而易见,个人心理方面的问题的深层原因在于社会。儿童教育、残疾人和老年人照顾方面的问题、社会疏离与冷漠问题,与人们生活于其中的群体、

---

① Nancy K. Carroll, "Three-dimensional Model of Social Work Practice", *Social Work*, Vol. 22, No. 5, 1977, pp. 428-432.

社区的变化有关,而社会歧视、失业、贫困、不平等往往是社会结构、社会制度导致的问题。这些问题涉及不同类型的社会单位或社会生活的组织形式。这样,要认识这些问题并有效地介入和解决问题,就必须具备有关社会生活组织的知识,而家庭、社会群体、社会组织、社区等是社会学的传统课题。由此也可以看出,社会学知识对于社会工作具有重要意义。

面对社会工作任务,社会工作者会有不同的理论解释。这一方面与社会工作任务本身的特点有关,另一方面也与社会工作者看问题的角度有关。社会工作者常用的解释理论有结构功能论和社会冲突论。当个人、社会群体遇见的问题,被认为是其与周围社会环境的关系不协调、社会结构失调等造成的,社会工作者倾向用结构功能论来解释,并力图通过增强个人的适应能力和改善社会结构解决问题。当问题被认为是社会阶级、阶层的不平等及社会不公平造成的,社会工作者则倾向改变不合理的社会结构和社会制度,更多的是援引社会冲突的观点。当然,除了问题的性质常使社会工作者选取不同的社会学理论外,社会工作者的理论偏好也对理论选择具有重要作用。改良主义者易于采用结构功能论的分析方法,激进派则更多地采用冲突论来分析和解决问题。

三、社会心理学

(一)心理学与社会工作的关系

1. 社会工作涉及的心理学问题

社会工作要帮助解决的是人的问题。原本由生理或社会因素造成的困难作用于人们的心理,导致了心理方面的问题,轻则使人们产生情绪上的焦虑,重则会酿成精神疾病。这样,生理或社会问题就演变为心理问题。于是,心理学知识,特别是社会心理学知识,就成为社会工作的另一个重要的知识基础。

个人心理方面的问题主要源于社会环境的影响。按照社会化理论,环境中的不良因素长期作用于个人,就会对他的成长产生消极影响,甚至会导致变态人格。儿童受虐待、少年受不良团伙及不良社会风气的影响、妇女受歧视等,这些对当事人的消极作用是显而易见的。抑郁、孤僻、自我封闭、狂躁、心理变态等,这些轻则心理偏执、重则心理残疾的现象常常与环境影响有直接关系。心理问题在现代社会中是不可忽视的。在现代社会,人们的心理压力在增大,心理的脆弱程度在增加,心理及精神健康方面的问题在加剧。社会的急剧变化、人与人之间关系的冷漠不时冲击着人们的心灵。马克思尖锐地揭露了工业化、资本主义的发展对人性的吞噬。迪尔凯姆的失范理论清楚地指出了,社会结构的急剧变迁对人的心理、人的行为的影响。西方马克思主义对现代资本主义漠视人的弊病给予了无情的揭露和抨击。处理心理方面的问题已成为社会工作的一项重要任务。社会工作者要抚平人们的心理创伤,对心理学知识的了解和掌握是极其必要的。心理学是一门有众多分支学科的科学,面对上述诸多个人心理方面的问题,个体心理学、发展心理学、社会心理学、辅导心理学具有明显的效用。

2. 心理学的发展对社会工作的影响

如前所述,社会工作发端于社会问题的多发时期,因而社会学的理论对社会工作影响颇大,社会工作多关注和强调社会与环境因素。然而,实际上,任何问题的解决都涉及受助者内在积极性的调动和个人内在因素的配合。甚至在一定程度上可以说,许多人的问题的真正解决首先需要其心态的改变和健康人格的形成。20世纪20—30年代,弗洛伊德的精神分析学说风靡世界。在社会工作中,实践已证明只从社会环境因素入手不足以解决问题。如第一次世界大战给人们造成了严重的心理创伤,欧美国家的一些受害者不习惯甚至拒绝接受援助等。理论发展和任务的契合使得心理分析方法被社会工作者广泛采用,特别是在个案工作中,几乎形成一种趋势,似乎不运用心理分析方法就算不上个案工作。于是,社会工作的发展出现了一个心理学时期,极其重视心理因素的影响。其特点是,重视受助者对所面对问题的看法和感受,重视受助者对解决问题途径的期望,强调受助者的自决原则,注重社会工作者同受助者的互动关系,等等。

心理学特别是社会心理学的许多研究成果,被社会工作用来完善自己的工作模式、方法与技术,如埃里克森(E. Erikson)提出的人类成长理论(心理社会发展理论)。该理论把人的生命过程分为八个阶段,并认为在不同发展阶段人们会有不同需要,同时也会遭遇心理危机,而社会及个人的任务就是迎接挑战、战胜危机、顺利成长。这一理论发表后在社会工作领域产生了广泛影响,一些社会工作理论家把它移用到社会工作特别是个案工作中。心理与社会学派的个案工作、问题解决学派的个案工作都有明显的心理学痕迹。

(二) 心理学理论在社会工作中的运用

心理学对社会工作的影响是多方面的,以下仅以几种主要的社会工作方法来反映这种关系。

1. 心理学在个案工作中的运用

按照里士满的见解,个案工作是以个人为切入点,促成个人及其所处社会环境的有效调适,促进其人格成长的过程。在这一过程中,心理学的重要作用是不言而喻的。例如在功能派看来,开展个案工作,就是要激发人的潜能、促进其成长、增强其适应环境和回应挑战的能力,因而特别重视对人成长各阶段的心理特征的分析。心理与社会学派强调人与环境的互动关系,即个人内在的心理体系如何同外在的社会网络及物质环境相互作用。此派认为,面向受助者开展工作,首先就是要调整其人格体系,并辅之以环境的改变,以利于其人格的适应与发展。至于问题解决学派,则采用个体心理学及社会心理学中的自我发展理论,主张促动受助者发挥心理—情绪—行动能量,减少其因各种缺乏而产生的焦虑和恐惧,并通过提供支持而使其自我功能得以发挥,进而解决问题。由此可见,在个案工作中,个人心理问题成为关注的焦点。这样,心理学特别是社会心理学知识的重要性就不言而喻了。

2. 心理学对于小组工作的意义

小组工作是为有社会及心理问题或生活不利的人组成的群体,提供预防、治疗、康复等服务,进而改变其状态的工作过程与方法。小组工作以群体活动为手段,发挥治疗或发展之功能。就其治疗功能而言,它是通过有目的的群体活动帮助个人积累经验,进而增强其能力。而就其发展功能而言,其目的在于经由小组中的人格互动,促进个人的成长。在小组工作的手段与目标两个层面上,心理学特别是社会心理学的重要作用是不可替代的。从手段的角度来看,小组工作要借助的是群体的形式和力量,它通过将受助者组织起来并开展有效的活动去影响每一个参加者,以共享经验增强参加者的自信心和能力。在这里,群体的形成及运行需要运用群体动力学的知识和技巧。而小组工作目标的达成,常以参加者的兴趣、需求、经验、能力、开放态度和相互信任为转移。这一切都与个人心理状态关系极为密切。可以说,小组工作是建立在有效的群体动力和参加者积极心理的发展过程之上的。缺乏娴熟的个体心理学、群体心理学的知识,成功的小组工作似不可能。

3. 心理学对社区工作的意义

社区工作是从社区入手,了解社会问题或需要,动员社区内外资源以解决社区问题、满足社区需要、促进社区发展的过程。社区工作以社区组织、社区发展为手段,它追求社区意识的觉醒、社区凝聚力或共同意识的强化和社区一致行动的达成。在社区工作过程中,社区成员需求的表达及共同需要的形成是有效推进社区工作的起点,而社区意识、社区凝聚力的塑造是社区工作之关键,此后才会有社区发展计划和社区行动。同时,只有社区意识觉醒和社区凝聚力生成,社区发展才是内在驱动和主动的,这种发展才是扎根于本社区土壤的,也才会有生命力。显而易见,居民社区意识的觉醒、社区凝聚力的形成是一个复杂的社会心理过程。要激发强烈的社区意识并导向有目的的社区行动,非有社区成员需要的充分表达、社区成员广泛而深入的互动及有目的的社区教育不可。所有这一切都以改变社区成员原有的封闭、孤立、散乱、不知所措的心理状态为前提,以形成休戚与共的群体意识为转移。因此,从个人、群体及社区心理层面开展工作是社区工作的基础工程。这是社区组织最深层的基础,是社区发展的深刻内涵及其持续进步的依托。

(三)与社会工作相关的主要心理学理论

1. 精神分析理论

精神分析理论是由弗洛伊德创立的,旨在分析人格形成及其对人后来生活的影响。弗洛伊德认为,人格分本我、自我和超我三部分。本我是人格中最原始的部分,包括生的本能和死的本能。本能按照快乐原则行事,是人活动的内驱力。自我是人格中的意识结构部分,是本我经受外部世界的影响而形成的知觉系统,它遵循现实原则。超我是遵循社会规范、学习楷模而形成的部分,按至善原则行动。本我与超我处于永恒的冲突之中,自我则从中调节。这一理论认为,人的全部行为的基本动力都在于本能,而作为本能核心的性本能被压抑,是日后人们患神经症的主要原因,甚至人的行为及其在生活中的任何反常表现,都可以从其童年经历,在其性本能的发挥或压抑中找到解释。

弗洛伊德的泛性主义精神分析理论由其后继者修正和补充。阿德勒认为,人的行为并不是由生物本能决定的,而是由社会力量决定的。所以,只有研究一个人的社会关系和他对别人的态度,才能了解他的行为和个性。这样,精神分析出现了重视社会文化因素的趋向,并进而形成精神分析的社会文化学派。弗洛姆不但看到家庭对儿童最初成长的影响,而且将目光投向超越家庭环境的整个社会的经济、政治和文化因素,形成了针对社会的精神分析。

2. 社会学习理论

社会学习理论是在行为主义心理学的基础上发展起来的关于人的行为原因的理论。行为主义认为,人的行为遵循"刺激-反应"的规律,即环境刺激引起人的反应或行为。虽然有些行为主义者引入了生理内驱力、遗传等"中介变量",但行为主义是反对本能论的。社会学习理论认为,人既不完全受内部力量的驱使,也不完全受环境力量的支配。人的行为受内在因素与外部因素交互作用的影响,或者人的行为与环境、个人内在因素三者互相作用,构成一个三角互动结构。这即是说,人的行为受环境和个人的认知及其需要的影响,同时人的行为也在形塑环境。人的不同动机以及对环境的不同认知使人表现出不同的行为,而行为的结果又会使人的认识和动机发生改变。这样,社会学习理论就否定了人类行为的决定论,而是把人类行为放入具体的社会、心理环境之中,并对它们的相互作用及行为过程予以考察。这对于社会工作者认识和引导改变工作对象(受助者)的行为颇具参考价值。

3. 群体动力学

群体动力学是研究群体和群体意识的形成及过程的理论,意在探究群体成员的相互依存、相互作用,群体行为和群体变迁的动力及其机制。群体动力学的基础是勒温(Kurt Lewin)的场论,他认为环境或人与环境的交互作用决定人的心理事件和行为,并提出用 $B=f(P,E)$ 来预测人的行为(这里,B 是行为,P 是具体的人,E 是环境)。依勒温的场论来看,人们的生活空间是一个心理场,它是一个整体,且是一个动态的整体,其动力是心理力量。这即是说,人们生活于其中的群体是靠其成员之间复杂的相互作用维持的。群体动力学旨在对群体中各种潜在动力的交互作用、群体对个体行为的影响以及群体成员关系做根本性的探索,以揭示群体动态或相互作用的机制。群体动力学注重对群体心理气氛及群体内聚力的研究。群体动力学通过实验发现,参与能使成员的态度发生转变并趋于一致。通过讨论,成员会从他人的发言觉察到他人的态度及转变。由于主动参与,成员会受实验者的影响并将他人的观点内化为自己的态度。这对开展小组工作、社区工作有直接的借鉴意义。

四、其他社会科学知识对社会工作的贡献

(一) 经济学与社会工作

经济学是研究人的经济活动的科学,它以物的形态转化及流转为线索,通过对生产、分配、消费等环节的探究,分析如何有效地配置资源,以生产更多的物质产品为人类服务。经济学的关注点是生产效率和生产量,当涉及人在经济过程中的地位和作用,涉及经济上的差异和不平等与社会和政治上的差异和不平等的关系时,政治经济学的分析就是必要的。经济活动与社会工作有着密切的联系。第一,经济的不发达必然导致贫困,而消除贫困以实现社会福利是社会工作的基本任务之一,不管这种贫困是由什么造成的。第二,就经济过程而言,就业和分配两个环节上的缺陷最容易催生贫困。当一个成年人不能就业,不能取得收入以为自己和家人的生活提供保障时,贫困就会降临。另外,社会产品的不公平分配也会造成贫困。这样,社会工作就离不开对经济学知识的了解。

社会工作与经济的联系还在于社会工作的内容与过程。社会工作欲帮助人们摆脱贫困，可能采取救济的方式，也可能采取帮助提供就业机会的方式，这就要涉及经济方面的内容。另外，社会工作本身也是一种消费资源的活动。社会工作者常常需要募集资金并有效地利用这些经费来为受助者服务，社会工作服务也要向各方面交代，即说明它使用社会资源所达到的效果。更基本的是，社会工作实际上是社会福利的传送过程，而福利经济学是社会福利制度的基础。不论从历史的角度看，还是着眼现实，社会工作任务的出现大多与经济不发达、当事人经济水平低下有关，而要解决问题就必须改善他们的经济生活状况。因而，经济学知识对社会工作者来说是必需的。

(二) 政治学与社会工作

政治学是研究人类政治行为的科学。它以国家、政府、权力分配、政治组织为主要研究对象。现代政治学涉及一切权力现象，即各种场合中权力的产生及其运行等。从宏观上看，政治学研究国家的政治制度。这种以党派政治为基础的政治制度决定了社会中的权力分配，以及由此而来的利益在不同阶级、阶层、社会集团中的分配。从微观层面看，政治行为可表现为一个组织、机构、群体中的权力分配、管理与控制、决策过程及利益分配偏向。社会工作与政治有极密切的关系。一般说来，大量社会问题的出现常与一个社会的政治制度有关，政治制度会造成社会不平等，同时塑造社会上的统治或有权阶层和政治上的弱势群体，而后者常成为社会工作的对象。当某种社会工作任务的产生缘于特定制度、政策的实施时，要完成这一任务就必须诉诸政治行为——修改、制定相应的社会政策或法律，更不用说，弱势群体也可能以社会行动、社会冲突等手段达到目标。在社会工作过程中，涉及政治的行为也是普遍存在的，从社会政策的制定与推行到社会工作机构内部的管理，从为受助者争取正当权利到受助者的自决，无一不包含丰富的政治内容。这样，要开展社会工作，离开对国家政治及法律制度、政治权力结构、政策和法律的制定与推行过程，以及政治的实际和微观运行的了解，那基本上是不可能的。社会权利理论、增权理论等对社会工作也具有重要的指导意义。

(三) 教育学与社会工作

教育学关注的是教与学的过程，以及如何提升教学效果。在这方面，教育心理学、教育社会学具有十分重要的地位。社会工作就其本质来讲并不是一个教学过程，但并不排除借用教育学知识以实现工作目标。从传统的社会工作模式来看，社会工作者常扮演"教育者"的角色，为受助者"指点迷津"。为了使这种特殊的指导奏效，社会工作也设置了自决和自助原则，其中强调了对教育社会学、教育心理学知识的运用。其要点是根据受助者的特点，善用启发和教育手段，通过互动与沟通使受助者自愿接受社会工作者提供的某种选择。现代社会工作的理念否定了社会工作者对自身优势地位的预设，而强调社会工作者必须平等地同受助者相处和沟通，细心了解他们的需要，并谨慎地提出建议。但是这并不意味着从根本上否定社会工作具有启发、开导的性质，而是期望社会工作者的建议更符合受助者的需要，使这种"教导""咨询意见"更易被接受、更有效。因此，教育因素在社会工作过程中普遍存在，更不用说在以发展为取向的社会工作中，教育总是必不可少的。另外，在社会工作实施过程中，行政人员发挥辅导、督导作用也是必要的。有经验的社会工作行政人员、资深社会工作者以身作则，或指导缺乏工作经验者，也是一个教育过程。他们要运用教育学的教学理论与辅导知识去实现目标。由此看来，教育学的知识对社会工作来说是不可或缺的，而教育学的某些成功实践，如行动研究，对社会工作的发展具有直接的借鉴意义。

◆ 参考文献及进一步阅读文献

丽娜·多米内利：《社会工作社会学》，刘梦、焦开山、廖敏利、赵茜译，中国人民大学出版社 2008 年版。

何雪松：《社会工作理论》，上海人民出版社 2007 年版。

贺玉英、阮新邦主编：《诠释取向的社会工作实践》，新加坡八方文化创作室 2007 年版。

童敏：《社会工作理论》，社会科学文献出版社 2019 年版。

文军主编：《西方社会工作理论》，高等教育出版社 2013 年版。

马尔科姆·佩恩:《现代社会工作理论》,何雪松、张宇莲、程福财、丁慧敏译,华东理工大学出版社 2005 年版。

◆ 思考题

1. 简述理论对于社会工作的意义。
2. 简述社会工作理论的基本结构。
3. 试述社会工作的知识基础的结构。
4. 怎样理解社会工作与社会学的关系?
5. 试述社会工作与心理学的关系。

第六章

人类行为与社会环境

人是自然人与社会人的统一,人要健康成长,要正常发挥自己的社会功能。在现代复杂社会,人在生命周期各阶段及与社会环境的互动中,任何一个方面、一个环节出现故障,都会影响他的社会功能的正常发挥。了解人类行为与社会环境的关系是社会工作实践的基本前提。

第一节 人类行为

人类本身是自然界长期发展的结果。生物性是人的基本属性,即任何人都是一个具体的生物体。人类行为是个体面对环境时所做出的反应,包括外在的活动和内在的心路历程。

一、人类行为的含义和类型

(一)人类行为的含义

人类行为(human behavior),也称人的行为,它泛指人的一切活动,包括内在隐秘的和外在可观察到的行为。所有的人类行为都是生物有机体对外界环境刺激做出的反应,包含内在的生理和心理变化。

第六章 人类行为与社会环境

有关人类行为的本质,众说纷纭。行为主义学派认为,行为是由刺激直接引起的、可观察和可测量的反应。精神分析学派声称,行为是内心冲动与驱力作用的外显结果。认知论强调,行为是人在认知前提下对环境的反应性行动。社会学家则偏重广义的行为概念,主张外在行为是人内在价值观和态度的体现。群体心理学家勒温最早从系统理论出发,把行为定义为个体与环境交互作用的结果。他提出人类行为的基本原理可表达为:$B=f(P,E)$。也就是说,人的行为(B)是个性(P)与环境(E)交互作用的产物。

社会工作倾向以综合观点看待人类行为,由此,人类行为可以被界定为:个体为适应环境与满足自己的需要而表现出来的活动或反应,它是遗传、生理、心理、社会过程等内外因素相互作用的综合性结果。

(二)人类行为的目的及构成要素

人类行为的目的是满足人的需要。从这个意义上说,人类的行为皆是满足需求的活动。人类行为是在一定环境的刺激下产生的,所有的人类行为都是为了适应和改造环境。它是人采取某种态度和方法去适应和改造环境、满足其需要而表现出来的活动或方式。

人的行为由五个基本要素构成,即行为主体、行为客体、行为环境、行为手段和行为结果。分别是:行为主体——人;行为客体——人的行为所指向的目标;行为环境——行为主体与行为客体发生联系的客观环境;行为手段——行为主体作用于行为客体的方式、方法及所应用的工具;行为结果——行为对行为客体产生的影响。

(三)人类行为的类型

人类行为多种多样。按照行为范围,可分为广义的行为和狭义的行为;以先天或后天区分,分为本能行为和社会性适应行为;以是否符合常模和社会规范,可分为正常行为和异常行为;按照行为的功能,可分为生理行为、精神行为、情绪行为和社会行为等。以下进行概括介绍。

1. 本能行为和社会行为

广义的人类行为包括外显行为与内隐行为。外显行为涵盖了所有可观察到或可测量的个体活动。那些内在的、无法被直接观察到的、只能通过自我报告等方式间接推断的活动被称为内隐行为,如思维、记忆等内在心理活动。我们通常说的人类行为主要指外显行为,它可被划分为若干不同的类型。

依据是由生物性还是社会性决定的,人类行为可分为本能行为和社会行为两大类。人类的本能行为由人的生物性决定,是人类先天固有的、最基本的行为,如摄食行为、躲避行为、睡眠等。本能行为出自遗传,又称遗传行为,这是一类不需学习即可获得的定型的行为模式。

人类的社会行为由人的社会性决定,其机制源于社会环境的影响。人们通过不断的学习、模仿、受教育、与人交往,逐步懂得如何使自己的行为得到社会承认、符合道德规范、具有社会价值,从而与周围环境相适应。因此,人类的社会行为是经由社会化过程确立的,是人类后天在与环境的互动中逐渐通过学习掌握的,又可称为习得行为。人类行为虽然具有生物基础,但大多受到后天因素的强烈影响。

2. 正常行为和异常行为

人类行为还有正常和异常之分,在精神健康领域做这样的区分尤其重要。然而,要在正常行为与异常行为之间画出绝对界线并非轻而易举。一般来说,划分正常行为与异常行为的常用标准有以下几个:

(1) 统计规律。与大多数人相似或一致的行为在统计上就可以视为常态的、正常的行为,反之则视为异常行为。如,大多数同龄的儿童上学时都很健康,而某儿童一到上学时就犯病,这显然是一种异常的行为。

(2) 社会规范与价值。如果个人行为符合当地的社会规则与价值观念,该行为就是正常的,否则就是异常的。如学龄儿童逃学被认为不符合社会规范,所以相关人士才会寻求治疗。

(3) 行为适应性标准。个人如果无法适应社会,就会出现社会化不足的问题,表现为行为异常。如,某儿童因为害怕上学而不敢去学校,无法顺利完成学业;有的人因为酗酒或吸毒成瘾而无法正常工作、生活;等等。

(4) 个体主观体验。个人的主观体验,也是判断各种行为正常与否的重要标准。如果某种行为超越了界限,就会被划入异常范围。如,配偶去世,一般人都会伤心难过,这属正常;但如果因此较长时间陷入极端抑郁,那就应该求医了。

需要强调的是,上述定义异常行为的标准其实并不是绝对的,包括医学的临床诊断在内,都会随着社会的变迁、认识的深入而发生变化。另外,根据行为的性质及其后果,还可区分出攻击性行为、反社会行为、利他主义行为、亲社会行为等不同行为类型。

(四)人类行为的特点

人类行为的主要特点包括适应性、多样性、动态性、指向性、可控性和发展性。

(1)适应性:人类行为的根本目的是适应环境,维持个体生存及种族繁衍。

(2)多样性:人类行为复杂多元。既有外显的和内隐的,也有遗传的和后天习得的;有生理范畴的,也有社会属性的。

(3)动态性:人类行为是变动的。既可能源于生理变化,如身高、体重的改变所带来的不同需要,也可能基于社会生活条件的变化。

(4)指向性:人类行为是有目的的,且指向特定的目标。

(5)可控性:人类能够有意识地控制和调节自身行为,不断趋近自己的目标。不仅如此,人类行为还可能经过学习或训练而改变,具有可塑性。

(6)发展性:人类行为是连续不断的发展过程,过去的行为会影响现在的行为,而现在的行为也会成为未来行为的基础。

二、人类需要

(一)人类需要的含义

所谓"需要",就是人对某种目标物的渴求或欲望未得到满足的状态。需要是人的行为的动力基础和源泉,是人的生理需求和社会需求在头脑中的反映,或者说是人们对社会生活中各类事物所提出的要求在大脑中的反映。正是需要促成人们的各种行为动机。

在社会工作和社会福利理论中,人类需要(human need,或称人的需要)有特别的含义。按照多亚尔和高夫的说法,人类需要是这样一种存在:它对一个人或一个社会系统发挥其功能而言是必要和必需的;没有它,人就不可能符合社会和社会系统对他的期待;需要是在理性期待下产生的。因此,需要并不是一般的要什么,它不是经济学意义上的需求,而是指缺少这种东西,个人或社会系统的功能就无法正常发挥。人的基本需要是客观存在的,如果这些基本需要没有得到满足,人们会在道义上感到不安。于是,人的需要特别是基本需要就具有了伦理和道德的意义。

(二) 人类需要的类型

需要是人的欲求未能满足的状态,它表现为人们对目标的追求。作为社会生物体的具体的人,其需要可分为生物性需要和社会性需要。

1. 生物性需要

生物性需要是指人为了满足生理需求而产生的需要,目的在于维持生物体的生存和发展。生物性需要是人的最基本的需要,包括食、衣、住及人身安全等需要。《孟子》中有言,"食色性也",即是指人的最基本的生物性需要。马克思、恩格斯把满足个人肉体组织的需要视为人的第一要务,并从人类发展的角度指出生存需要是最基本的需要。美国人本主义心理学家马斯洛的需要层次论把生理的需要、安全的需要置于所有需要的基层,指出它们在人的生存和发展中占据首要地位。

2. 社会性需要

社会性需要是人作为社会成员,在参与社会生活时产生的需要。一个人意识到自己是社会的一员,就会产生社会性需要。这种需要把个人置于同他人的联系之中,并且建立在个人对自己的社会地位、社会责任、人生目标的认知基础之上。在马斯洛的需要层次论中,社会性需要可包括归属的需要、尊重的需要和自我实现的需要。这些需要都涉及个人同他人的社会性联系,个人把这种联系视为满足自己需要的手段或目的。马克思也是从目的性角度来看待人的社会性需要的。他指出,人的基本生存需要的满足依赖于社会成员之间的社会性合作,特别是生产生活必需品的劳动。而且,不管是生物性需要还是社会性需要,都是在社会活动中得到满足的。

(三) 需要的特征

第一,对象性。人的需要不是空洞的,而是有目的、有对象的,并且随着对象范围的扩大而发展。人的需要的对象既包括物质性的,如衣、食、住、行,也包括精神性的,如信仰、文化、艺术、体育;既包括个人生活和活动,例如个人日常的物质和精神方面的活动,也包括参与社会生活和活动及这些活动的结果,例如通过协作取得物质成果,通过人际交往、沟通感情获得愉悦和充实;既包括想要追求某一事物或开始某一活动的意念,也表现为想要避开某一事物或停止某一活动的意念,这些意念的产生都是由个人需要及其变化决定的。各种需要的区别,在于需要对象的不同。但无论是物质需要,还是精神需要,都必须有一定的外部对象才能得到满足。

第二,阶段性。人的需要是随着年龄、时期的不同而发展变化的。个体在发展的不同时期,其需要的特点也不同。例如,婴幼儿主要是生理需要,即要吃、喝、睡;少年时代开始生出对知识、安全的需要;到青年时期又发展到对恋爱、婚姻的需要;成年后又会增加对名誉、地位、尊重的需要等。

第三,社会制约性。需要受时代、历史的影响。在经济落后、生活水平低下的时期,人们首先要解决的是温饱问题;在经济发展、生活水平提高的时期,人们要的不仅是丰裕的物质生活,同时也开始追求高雅的精神生活。

第四,独特性。人们的需要既有共同性,又有独特性。由于生理和遗传因素、环境因素、条件因素不同,每个人的需要都有自己的独特之处。年龄不同、身体条件不同、社会地位不同、经济条件不同,人们可能在物质和精神方面会有不同的需要。

(四) 需要的层次和发展

在关于人的需要的理论中,马斯洛的需要层次论对于人们的实际需要是有解释力的。它指出人具有生理的需要、安全的需要、归属的需要、尊重的需要和自我实现的需要,并明确在特定条件下何种需要居于优势地位。按照马斯洛的理论,任何人的需要都是丰富多样的,同时也是有优先次序的。但说明人的需要是一回事,满足人的需要是另一回事。社会工作者从人的生存和福利的角度分析人的需要,指出人的需要包括经济上的安全、生理上的安康、受教育、社会归属、受尊敬、自由表达自己的思想,以及具有能力、自我决断、信仰自由、公正处事及避免伤害等。社会工作者不但要认识人的需要,而且要帮助人满足其合理的需要。

恩格斯曾以生存、享受、发展三个层次来揭示人类需要发展的历史规律。马斯洛则指出人的不同需要的层次性及优先次序。两种理论都涉及人的需要的发展问题。人的需要的发展是指,人们在满足原有需要的基础上又生出新的需要的现象。它表现为两个方面:一是人在较低层次的需要得到满足之后,会产生更高层次的需要。如按照马斯洛的需要层次论,生理需要被满足之后,人们会去追求更高层次的社会需要。二是对同一类需要更进一步的追求,即需要在同一层次上的横向发展。例如,一个人可能在获得基本生存条件之后,又去追求更加舒适的生活。又如,一个人在基本发挥了其潜能之后,又去追求人生至善。

人的需要的发展既与生理因素有关,也与社会因素有关。从生理因素来看,随着人的生物机体的发育,人的需要也会变化和发展。关于这一点我们将在下面讨论。社会因素对人的需要的发展有显著影响。社会因素是复杂的,其中社会经济发展的水平、文化观念对人的影响极大,而具体的社会环境对人的需要层次的提高常常发挥直接作用。当人类处在刀耕火种阶段时,就不会产生在工业社会中才可能出现的需要。同样,穷人可能把一次丰盛的午餐视为奢侈,拥有轿车对落后国家的居民来说也只是一个理想。随着社会生产力的发展,人的新需要也被一次次创造出来,且更新速度很快。文化价值对人的需要的影响是明显的。中国的传统文化崇尚知足常乐,在这种价值观念的支配下,人们需要的发展是缓慢的。而在与现代工业文明相适应的文化体系的影响下,人的需要迅速发展,新的需要成为人们奋斗与发展的动力。社会环境直接刺激人的需要的更新升级。

(五) 人的需要的满足

人们都在不断追求需要的满足,但这也需要主、客观条件的配合。这里的

第六章　人类行为与社会环境

主观条件是指，人自身的生理和心理条件，其所拥有的经济力量和权力。客观条件是指，人所处的社会中存在的、可以为其所用的各种资源。二者的配合常常表现为社会资源的丰饶程度和个人获取资源的能力。

相对于人们日益提升的需要，社会的资源总是短缺的，对每一个社会成员来说似乎都是如此，即社会资源在总量上是不足的，在分布上也是不均衡的——每一社会地位上的社会成员几乎都有超过现有资源的需要。当然，这并不代表社会资源的分布是合理的，因为同是资源短缺，具体内容却十分不同：有的人因缺乏起码的生存条件而陷入贫困，有的人则因不能进行更奢侈的消费而苦恼。

人们都有满足自己需要的权利，社会也有责任帮助人们满足正当的需要。人的需要的满足取决于个人努力和社会提供的条件的相互作用。个人努力不足和社会条件不具备都会生出阻碍。而且在正常情况下，二者的相互作用常常会形成"马太效应"。

人的需要的社会性决定了人要满足需要就必须参与社会生活，在与他人的社会交往和合作中获取自己所需的资源。然而，这又受制于个人的主观条件和客观的社会结构条件——它们在多大程度上为社会成员提供了制度所允许的实现自己利益的机会。如果说在社会中一般社会成员基本具备了满足其需要的主客观条件，那么，社会工作的服务对象，特别是那些基本对象，在满足自身需要的道路上面临着许多障碍。社会应该对这些人给予特别的关照和帮助，以满足他们的较低水平的需要。这也是社会正义、社会进步的价值观念所要求的。

第二节　社会环境

人是生活在环境中的，环境影响人的行为。"人在情境中"（person in situation），也称为"人在环境中"（person in environment），即是社会工作对人与环境关系的概念化表达。作为社会的一分子，人无时无刻不生活在社会环境中并与之互动。社会环境对于人类行为有着至关重要甚至是决定性的影响。

一、社会环境的含义

（一）环境的含义

人是生活在环境之中的。所谓环境,是指与人的活动、生存和发展有关的外在事物的总和。也就是说,环境是与人相关的东西,与人无关的事物不构成人的生活环境。当然,与人的生活相关,这有时难以清楚界定。某一事物与人的生活直接相关,毫无疑问,它是环境的一部分。有的事物与人的联系是间接的,实际上它也是环境的一部分。上述定义强调了环境与人的行为的相关性。其中隐含这样一种意义:人的不同活动有不同的环境,不同个体、群体的活动也可能有不同的环境。随着人的活动范围的扩大和复杂化,环境也不断扩展且相当复杂。这也就是说,对于某一社会成员、社会群体的特定活动来说,环境也是具体和特定的。这样,人的生存环境就具有复杂性、具体性、特定性等特点。

（二）自然环境与社会环境

人类或人的生存环境包括自然环境和社会环境两大类。自然环境会影响个体、群体乃至人类的生存状态,在贫困地区的社区发展中,当地居民与自然环境的关系常常被高度重视。社会工作一贯关注人的成长,在社会工作者的视野中,环境一般指个人或群体生活于其中的社会环境。社会环境是与个体或群体的生存和发展相关的、物质和非物质的要素的总和,它包括人造环境、社会关系系统、社会氛围和文化等。人造环境是指各种服务设施、社区生活设施布局等。由于社会是由许多社会成员、社会群体、社会集团组成的,它们又相互制约、互相影响,因此,某些社会成员、社会群体、社会集团,以及由它们结成的社会关系系统,就会成为相关人员活动的社会环境。人们都生活在具体的社会关系中,人际关系、文化氛围都会影响人的行为,这些也成为人们生存和发展的环境。

（三）人与环境的关系

人生活于环境中这一事实,决定了人与环境的密切关系。从人类与自然环境的关系来看,人类离不开自然环境。人类改造自然环境的能力由弱到强,所以人类起初是依赖自然环境的,后来才变为改造和开发环境。人类对自然环境的依赖决定了人类受自然环境的制约,受被自己破坏了的自然环境的制裁。自工业革命以来,由环境污染导致的生态恶化对人类的威胁就属于此。这样,自然环境对人类生存的不利影响实际上是人类自己的活动造成的。

个体、群体与其生存的社会环境的关系比与自然环境的关系更为复杂。因为这种环境是由具有意志的人及其活动组成的。个体或群体的行为会作用于其他人,他们做出的反应又反过来影响行为者,而且个体或群体还会受到社会中其他人的"主动"影响。这就使得个体、群体与社会环境的关系具有复杂性。

在人与环境的关系中,人与环境都是重要的。不论是人类与自然的关系,还是个体、群体与社会环境的关系,都印证了这样一个著名的判断:"人创造环境,同样环境也创造人。"或者说,人的活动影响其生存的环境,与此同时,环境也以各种形式约束、塑造人。

二、社会环境的构成

社会环境是与人的生存和发展有关的所有外部社会因素的总和。人类的社会环境主要包括如下几个方面:

(一) 社会小生境

社会小生境是某一个体、群体生活于其中的直接的生存小环境。个体、群体的生存环境是广阔的和具有扩散性的,那些与人们的生活直接相关、关系密切的社会环境,我们称之为社会小生境。

1. 家庭

家庭通常是由一对夫妻与子女组成的社会生活单位。对于个体来说,家庭是最直接、与其关系最密切的生存环境,家庭的结构、内部关系和变化对其成员有直接影响。家庭作用于个体的直接和重要途径是家庭教养和家庭生活。影响家庭成员的因素包括:社会宏观结构因素作用之下的家庭经济状况、家庭生活事件,以及家庭成员的互动方式和关系形态等。

2. 邻里

在日常社会生活中,邻里是人们的直接生存环境的重要组成部分。特别是在传统社会中,邻里守望相助,对儿童的社会化及成长、对宽慰和帮助老人都是十分重要的。现代邻里关系的形态也会影响人们对社会生活的态度。

3. 社会组织

在现代社会中,学校和工作单位这些社会组织也成为社会成员生活小环境的一部分。学校是青少年最重要的社会环境,他们生活中的大部分时间是在学校度过的。对于儿童和青少年来说,他们的社会小生境包括学校的老师和同辈群体。对于一个劳动者来说,工作是其生活的重要组成部分,其在工作单位度过的时间仅次于家庭,工作中的境遇成为其人生的一部分,并且这种工作境遇和当事人的感受还会影响到工作以外的活动。

4. 人际关系环境

人际关系环境是指,与人们的生活、工作密切相关的人际关系的总和。在社会中,人们会参与多种社会活动,同他人进行广泛交往,从而结成一定的人际关系。这些人际关系相互交织,成为他们生活环境的一部分。其中包括在社区生活共同体中与邻居的关系,在工作单位中与同事的关系,在朋辈群体及兴趣团体中同朋友的关系等。这些人际关系同家庭中的关系不同,不具有法律意义上的责任和义务,但它们对个人的生活、工作具有直接的重要影响。人际关系网络实际上是一个人的社会支持体系的一部分,人际关系网络的优劣及其强度对人的成长,特别是对其走出困境具有重要作用。如果说社会小生境着眼于人的生活范围,人际关系环境则是这种生活环境的中心。

(二)社会生态环境

生态也称区位,它是描述生物与相关者的相对位置和关系的概念,生态指的就是生物的生存状态。生态的概念最初是在一般生物学中使用的,以生态为研究对象的是生物生态学。人类也是生物,其生活也可以用生态学的理论来描述和分析。社会学的芝加哥学派利用生态学原理考察人类生活,创立了人文生态学(Human Ecology,或称人文区位学),认为这是研究在环境的选择、分配和调节作用下,人类在时空中形成的联系的科学。该学派认为,城市社区是一种生态系统,在这一系统中不同的个体/社会群体既互相依存而共生,又因资源匮乏而彼此竞争。对于社区成员或群体来说,共生和竞争成为他们之间关系的基本特征,这种生态系统也成为他们的生存环境。

人们所处的生态系统实际上是一个社会关系体系,是社会结构在社区中的具体表现。社会结构是社会各组成部分比较持久、稳定的联系方式。个体、社会群体相互联系也会形成一种结构,个体、群体在其中既相互依存,又彼此竞争,从而构成一种生存结构。个体、群体在社会结构中的层次较高,他们的经济地位、政治地位及社会地位也较高,这就是说,其生态位较高,在具体社会生活中的位势也较高,在资源竞争中的力量较强。这样,我们可以把社会生态系统扩展到社会结构的范围。一个社会(社区)的既定社会结构也就成为个体、群体的生存环境,即社会生态环境。社会结构是由众多参数组合而成的,社会的某一方面的结构都会为其成员提供一种生存环境,即把人们置于一种关系中。

(三) 社会系统

社会是人们在社会生活中形成的社会关系的体系。一般来说,社会包含家庭、经济、教育、医疗、社会福利、政治、法律等子系统。每一子系统在不同层面上各司其职,满足人们的不同需要,使社会成员得以在有规范和秩序的系统中互动。人们的行为也是在社会系统,即一定的社会关系体系中展开的,社会系统是人们活动的重要的、不可隔离的外部环境。

(四) 社会文化环境

人们都生活在某种文化中,这种文化也就成为人们的生活环境。文化是由知识、价值观念、行为规范、法律、风俗等构成的体系。按照美国文化人类学家克罗伯和科拉克洪的见解,文化的基本要素是传统的思想观念和价值。① 文化既向人们提供生活知识和技巧,也对他们起约束作用。社会文化以一种特殊的形式为人们提供行为指导、规范约束、生存资源和保障。这样,社会的风

---

① A.L.克罗伯、K.科拉克洪:《文化:一个概念定义的考评》,转引自《中国大百科全书·社会学》,中国大百科全书出版社1991年版,第409页。

俗习惯、价值观念和制度就成为人们生活的基础和背景,成为人们生存和发展的特殊而重要的环境。

(五)布朗芬布伦纳的发展心理学生态系统理论

发展心理学家布朗芬布伦纳(Urie Bronfenbrenner)主要研究儿童发展。他认为儿童是在与自己所处的环境的相互作用中行动和成长的。根据对儿童发展的影响的直接程度,他把人的发展环境从小到大依次分为:微观系统、中间系统、外围系统和宏观系统。这些系统在影响儿童发展的总系统中处于不同的位置,这个理论因此被称为生态系统理论(见图6-1)。

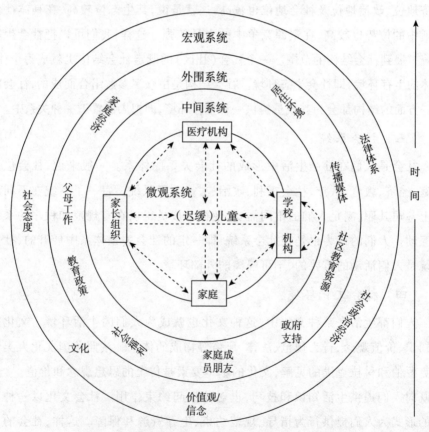

图6-1 布朗芬布伦纳的发展心理学生态系统理论

参见 Urie Bronfenbrenner, *The Ecology of Human Development: Experiences by Nature and Design*, Harvard University Press, 1979.

布朗芬布伦纳的生态系统理论对人的生存环境予以拓展,将环境看作一个不断变化发展的动态过程。他还将时间和环境相结合来考察儿童发展的动态过程,扩展了儿童发展研究的视野和空间。

三、社会环境的功能

社会环境是人类生存的必要的外部条件,它对人的成长与发展具有重要的功能。

(一)提供资源和直接支持

个体和群体都是社会系统的组成部分。这决定了个体、群体都不能完全独立地生存,而必须依赖系统中的资源,即要与环境进行交换。这种交换关系首先是社会环境对个体和群体的输入,即社会环境为个体和群体提供生存和发展的资源。对于个体或群体来说,这种资源表现为物质的和精神的支持。凭靠这种支持,个体或群体可以克服困难,个人也得以成长。实际上,社会环境也牵扯到分配,即它内部的生态关系影响资源的分配。社会环境不同,其所拥有和可以提供的资源不同,对人成长的促进作用也不同。优越的社会环境能够为人们提供更多有利于其成长的资源。

(二)资源获取中介

有时个体或群体的直接生存环境并不拥有其所需的资源,但是个体或群体与环境的密切关系可以促使后者去寻求这种资源,再传递给个体或群体。在这种情况下,直接生存环境就是个体或群体获取资源的中介。比如,凭借群体、社区的力量去争取资源,然后再进行分配。家庭、工作单位、人们的社会关系网络常常扮演这种角色。

(三)刺激竞争

构成个体或群体环境的并不都是积极的或有利于其生存的。环境中还有生存与发展资源的竞争者。在资源短缺的情况下,这种竞争关系尤为明显。激烈的竞争更多地发生于不同利益群体之间。这种竞争常使社会生态结构中的弱者遭遇困难,并影响他们的生存和发展。对于能力弱小的个体或群体来说,竞争失败会给他们的生存和发展造成更大的障碍。当然,一定程度的竞争也可能对个人或群体的发展起激励作用。

在资源分配方面,社会环境对个体或群体的生存和成长可能有积极作用,也可能正相反。这种功能的性质取决于社会环境的性质,取决于它与个体或群体之间关系的类型。如果社会结构不合理、社会制度不公正,人们也不会得到公平的资源分配。在个体或群体与社会环境关系恶劣的情况下,前者不但不能受惠于环境,反而会受到环境的负面影响。

四、社会环境与人的行为的关系

个体、群体与社会环境的相互依赖和作用,决定了人的行为受到社会环境的直接影响。

(一) 社会环境为人的行为提供了活动空间

社会环境为人的生存和发展提供了具体的空间。在这个空间中,人们为了满足自己的需要,会在现实社会条件及社会规范的约束下行动,获取自己生存和发展的资源,发展自己的潜能,实现个人与社会的期望。这样,社会环境对人来说,既是资源获取空间,也是行为约束空间。人从社会环境中获取资源并受其约束这种关系,决定了人在相当程度上要依赖环境,因此,环境对人的行为发挥着重要的制约作用。社会环境中资源的丰饶程度及其分配规则引导和规范了人的行为。在这种意义上可以说,环境塑造了人,环境也决定了人的行为。这样,我们就容易得出这样的结论:要了解人的行为,就必须认清人所处的环境及其性质;要改变人的行为,也要从改变其所处的环境入手。环境状态是破译人的行为原因的密码之一,这并不是否定行为者的生理、心理状况对其行为的重要影响,因为行为是行为者自身选择的结果。然而,这种通过与社会环境相互作用以谋求生存与发展的行为,总是受社会环境因素制约的。

社会工作十分注重社会环境对人的行为的意义。因为社会工作的许多任务缘于社会环境给人们造成的不良影响:人们心理上的问题是由社会的急剧变迁导致的,待业、失业是由社会结构的变化引起的,贫困现象常与社会资源分配制度的缺陷有关。这样,要解决上述问题,促进人的成长、发展与社会进步,不但要了解、认识社会环境(包括社会结构、社会制度、社会文化及价值体系等),而且要通过改善社会环境去改变不利于个人发展和社会进步的行为,为人的生存和发展创造条件。

(二)社会环境为人的行为提供参照标准

美国社会学家默顿提出了参照群体理论,指出参照群体是个人推崇并渴望加入的群体。后来其意义有所拓展,成为人们重视的群体,人们会与之进行比较。参照群体不是社会成员生活于其中的群体,而是社会环境的一部分。在社会生活中,参照群体是人们进行比较和评价的标准,因此会影响人们的行为。实际上,能够作为参照的不只是社会群体,还包括阶级、阶层、社会集团以及其他个体。通过参考和比较,人们会对自己做出满意或不满意的评价,会产生成就感、满足感或自卑感。同时,参考和比较也会催生社会公平感或相对剥夺感。这些认知和心理感觉都会影响人们的行为。满意的评价将鼓励人们按照常规行事,不满意的评价或者刺激人们去竞争、奋斗以至反抗,或者压抑个人的积极情绪,导致个人心理忧郁,影响其心理健康。

(三)社会环境影响人的社会功能的发挥

人是自然人与社会人的统一,在社会中生活,人要正常发挥自己的社会功能。一个人社会功能的发挥受两方面因素的影响:第一,由其身心发展的特性决定,如人格、心理健康、性格等;第二,受社会环境制约。因此,发挥社会功能是人与生态、社会心理系统相互作用的一种现象。

按照贝姆的看法,人发挥社会功能就是个人要成功扮演其所承担的社会角色,而角色扮演有赖个人与个人之间、个人与群体之间及个人与社区之间的社会互动。[1] 个人在社会团体中履行其角色的种种活动,就是其在发挥社会功能。良好的社会功能表现为个人或团体与其所处环境之间平衡的、相称的、满意和谐的以及相互调适的关系。相反,不良的社会功能体现为个人在社会环境中履行角色时遭遇的冲突、挫折、无能、不适当与困顿。[2]

---

[1] Werner W. Boehm, "The Nature of Social Work", *Social Work*, Vol. 3, No. 2, April 1958, pp. 10–18.
[2] Max Siporin, *Introduction to Social Work Practice*, Macmillan Publishing Co., Inc., 1975.

社会工作不是把人与环境看作两个分离的实体,而是关注二者的相互作用。社会工作者要探究人与其所处环境的社会互动的模式、方向、质量及结果,关注社会互动过程中阻碍社会功能正常发挥的那些因素,包括个人在扮演社会角色时调节与社会环境相互关系的潜在能力,以及为满足自我实现的需要而利用的社会资源。因此,社会工作者同时关注个人及群体的有效互动的能力以及可供利用的社会资源。具体地说,社会工作在两个方面关注个人与环境的关系:增强个人之间、群体之间社会互动的效能;通过协调、改变或创新等方式动员适当的社会资源。[①]

(四)改善社会环境,促进人的发展

社会环境对人谋求生存和发展的行为的影响,说明要促进人的发展,必须从改善社会环境入手。这包括强化社会支持网络,加大对人的支持力度,改善社会结构和社会制度,调整资源分配格局,改造不相适应的社会文化,等等。应该指出的是,对于同一社会环境,人们的反应能力是不同的。那些能力强的个体或群体,不但可以利用社会环境中的资源,还可能拓展资源。而能力弱者(他们基本上属于社会工作的服务对象)则难以获得和利用这些资源。这样,以促进人的发展和社会公平为己任的社会工作者,就致力于建造对不同人来说基本平等的社会环境。显而易见,这需要给予那些生理、心理机能较差,社会地位较低的个人或群体特殊的关照,以保证他们的成长和发展。

(五)人的行动可以影响和改变社会环境

按照社会学家韦伯的看法,人的有意识、有社会意义的行为即是社会行动。社会行动既包括个人的,也包括群体的。在阐述了社会环境对人的行为的影响之后,我们还必须看到人的行为对社会环境也发挥作用,人的活动可以改变社会环境。人是具有能动性的社会动物,这种能动性体现在人们基于自己的需要,发挥内在动力,动员各种资源,去实现自己的目的。既然社会是由个体和群体组成的,人们之间互为环境,那么,人们就可以发挥自己的能动性去建造和改造环境。社会工作强调通过服务促进服务对象与其环境的相互适

---

① Werner W. Boehm, "The Nature of Social Work", *Social Work*, Vol. 3, No. 2, April 1958, pp. 10–18.

应,其中就包括对社会环境的改变。确实,即便是弱者,也有能力或多或少地改变其生活处境和环境。社会工作相信人有潜能,通过发挥潜能可以改变不利处境,这就是社会建构论的基本观点。个人的行为对环境的作用有时看起来微乎其微,但是持久的、合理的行动可以改变社会小生境,甚至可能改变社会的制度安排。这也是社会工作者有信心改善社会环境、促进社会进步的原因所在。

第三节　人类成长

一个人从出生到婴儿期,经过童年、少年、青年、壮年、老年,最终死亡,走过人生各阶段。一个家庭从建立到生育和抚养子女,再到子女成年,也要经历不同的时期。人在人生各阶段中都有生理、心理发展的不同需求;同时,社会也要求个人在各阶段完成相应的发展任务,我们称之为生命任务。下面我们从人的成长的角度分析如何去完成这些生命任务。

一、人类成长的含义

人类成长(human growth,也译为"人的成长")与人的发展(human development)具有相近的含义,它是指人们提高自己素质和能力的过程和状态。如前所述,人有生物性和社会性两种属性,因此,人的成长或发展也具有这两个方面的含义,即包括生物性成长和社会性发展。

人的生物性成长表现为人的生物机体的生长,即其各种生物器官的正常发育和发挥功能。在一般情况下,这种发育或成长是按照时间的坐标演进的。人类的生物进化经过了漫长的时间,每一个体都在某种程度上复制、微缩这一过程,在生物学上这被称为生物发生律。人的社会性发展常被简称为人的发展,它是指个体作为社会的成员在社会的群体生活中发挥自己的潜能,实现自身价值的过程。人的社会性发展是多维度的,由许多层面的发展综合而成。包括:个体在文化上的发展,即继承和掌握人类优秀的文化遗产;在经济上的发展,即获得更多的收入,以维持优裕的物质生活;在社会层面的发展,即个人被更多的社会成员所接受,与他人建立起良好的人际关系;在权力上的发展,即个人在社会权力结构中,在处理与自己有关的事务时,有更多的参与和决定权。人的社会性发展的核心是充分发挥自身潜能,成为真正有价值的社会人。

可以发现,人的社会性发展比其生物性成长要复杂、困难得多。但是,这两种成长并非相互分离,而是密切结合在一起的。这种结合使得人们在人生的不同阶段会有不同的发展任务,而各种发展任务又是由人在特定阶段所要扮演的角色决定的。

长期以来,人的生物性成长具有大体相似的表现,而人的社会性发展在不同时代、不同时期往往有不同的具体内容。农业社会与工业社会对人的要求不同,人的发展的含义和标准也就不同。美国现代化问题专家英克尔斯(Alex Inkeles)曾根据其研究指出,现代人有这样一些特征:愿意接受新事物、欢迎变迁、重信息、愿意发表和接受不同意见、未来取向、自信、具有较强的计划性、重视知识和技能、信任他人、尊重他人等。① 这些应该看作现代人社会性发展的部分内容。

人的成长是在满足其基本需要的基础上实现的,但是人的成长并不止于基本需要的满足,它还包括人的潜能的发挥与发展。这样,人的成长或发展又包括人的自我实现。

二、人生发展阶段及任务

人的成长是一个过程,是一个不断积累的过程,它既有阶段性又有连续性。所谓阶段性,是指在人生的不同阶段,人的发展任务有所不同,甚至有重大差别。所谓连续性,是指前一阶段的成果成为后续发展的基础。人的生物性成长与社会性发展的统一,使我们可以依据生物成长过程考察人的总体发展问题。

(一) 埃里克森的心理社会发展理论

人的生命周期是,个体从生到死,依次经过几个成长阶段而完成人生任务

---

① 阿历克斯·英格尔斯等:《人的现代化》,殷陆君编译,四川人民出版社1985年版。

的过程。在不同的成长阶段,个体有不同的生理、心理及社会发展任务,从而有不同的需求。人的成长就是满足需求、完成人生任务的过程。对于每一个体来说,其成长是有独特性的,但对于人类来说,人的成长又具有共同性。

美国发展心理学家埃里克森强调社会环境对于人的自我发展的作用,并且认为人格发展贯穿人的一生。按照个体发展的综合特征,他把人生分为八个阶段,即婴儿期、幼儿期、游戏期、学龄初期、少年期、青年期、中年期和老年期(见表6-1)。在人生的每一阶段,个体都面临着独特的心理成长和发展任务,也会经历一次特殊的心理社会"危机",或者说矛盾冲突。这些冲突包含对立的两极,个体只有面对并化解这一冲突,才能顺利进入下一阶段,同时发展出特定的品质或"美德"。如果无法圆满解决冲突,那么个体自我的发展就会发生阻滞。在八个发展阶段中,埃里克森特别强调青少年期自我同一性的发展,并认为这是自我发展的最关键环节。

表6-1 埃里克森的人类心理社会发展阶段

发展阶段	主要冲突与任务	形成的美德
婴儿期 (0—1岁)	• 基本信任还是基本不信任 • 重要的联系:照护者 • 任务:对周围世界的信任超越不信任	希望
幼儿期 (1—3岁)	• 自主还是羞怯与疑虑 • 重要的联系:父母 • 任务:在怀疑和羞怯中发展独立性	意志力
儿童早期(游戏期) (3—5岁)	• 主动还是内疚 • 重要的联系:家庭 • 任务:不断尝试新的事物,克服内疚,建立自信心	目的
儿童中期(学龄初期) (5—12岁)	• 勤奋还是自卑 • 重要的联系:学校和同伴 • 任务:学习重要的知识、技能和生存技巧,勤奋感超过自卑感	能力
青少年期(少年期) (12—20岁)	• 同一性还是角色混乱 • 重要的联系:朋辈群体、角色模式 • 任务:发展自我同一性	忠贞

(续表)

发展阶段	主要冲突与任务	形成的美德
成年早期(青年期) (20—24岁)	• 亲密还是孤独 • 重要的联系:爱人、伴侣或亲密朋友 • 任务:对他人做出承诺,建立亲密联系而非与社会疏离,专注自我	爱
成年中期(中年期) (24—65岁)	• 繁殖还是停滞 • 重要的联系:家族、同事、社会规范 • 任务:培养和指导下一代,生产与创造	关怀
成年晚期(老年期) (65岁以后)	• 自我整合还是失望 • 重要的联系:所有人 • 任务:回顾一生,坦然面对死亡,而非失望、沮丧且对死亡充满恐惧	智慧

资料来源:参见叶浩生主编:《西方心理学的历史与体系(第二版)》,人民教育出版社2014年版,第348—351页。

(二) 哈维格斯特的人生六阶段与社会角色论

哈维格斯特把人生分为六个阶段,并具体描述了人生各阶段的发展任务。[①] 幼儿期的人生任务是学会穿衣、进食及基本生活技巧,与家人建立感情;儿童期要发展日常生活技能,借助游戏学习如何扮演角色,发展道德感;青春期的任务是认识自己的生理结构,学习性别角色,接受作为行为指南的价值与伦理体系;壮年初期要组建家庭,从事工作,担负起公民的责任;中年期要承担养家的责任、抚育子女、赡养父母,并适应生理方面的变化;老年期要适应退休、丧偶的冲击,适应体力与健康状况衰退带来的消极影响。

三、角色承担与人的自我实现

人的成长是由其角色承担情况来表征的,它是生物性成长与社会性发展的综合,其目的在于实现人自身的价值。于是,实现自身价值的活动——角色扮演或角色承担,就成为测量一个人成长状况的指标。那些能够较好地承担

---

① Robert J. Havighurst, *Human Development and Education*, Longmans, Green and Co., 1953.

社会所赋予的角色的成员,应该被视为成长状况良好的人。相反,如果一个人不能按照社会的要求去承担其角色,即担负其应有的责任和义务,享受其应有的权利,那么,其成长是不充分的,或是有欠缺的。实际上,某一社会成员未能按照社会的期望去扮演社会角色有众多原因:比如,个体生理或心理的残疾,个体社会化不充分,社会结构在安排上未能提供促进发展的有利条件,等等。然而,这一切又都可以看作个体未能在生物机体及社会方面得到良好发展。

人的成长首先表现为人的潜能的发挥,而角色承担即是要发挥这种潜能,因而人的成长又是自我实现的过程。一个人能够良好地、创造性地发挥潜能、扮演社会角色,就是在实现人生价值,也就是人的自我实现。由此可见,这种看起来似乎较为困难的自我实现,实际上又是一种普通的行为。每一个人都有自己的潜能,都有自身的价值。个人和社会创造条件,激发个人潜能,促使人们实现自我,这不论对于个人发展还是对于社会进步都具有积极意义。社会工作的功能之一就是帮助那些有困难的人发挥其潜能,帮助其实现人生价值。

概括地说,人的生命周期是个体在生理上由弱小到强壮再到衰弱,在心理上由不成熟到成熟,在社会方面由不承担责任到承担众多责任再到减少社会责任,个人发展任务不断变化的过程。在人生的每一阶段,人都面临着成长压力,都有复杂的需要,都必须通过个人与社会的相互作用满足需要、缓解压力、实现健康成长。然而,这一过程充满了困难乃至于危机。社会工作的任务就是帮助人们度过这些危机,促进人们健康成长。社会工作学者西普林运用"生命历程"理论分析了个人和家庭在生命历程中的需求、问题与危机,以及社会工作所发挥的作用[①]:

人的生命历程与社会工作

阶段一:婴儿期(0—3岁)

生命任务——学习与照顾者建立基本信任关系。此时婴儿处于无助的状态,需要照顾者的关怀,以建立起温暖的关系,建立对自己

---

① Max Siporin, *Introduction to Social Work Practice*, Macmillan Publishing Co., Inc., 1975, pp. 10-11.

及周围环境的信任。这种全然的信任感促成儿童与照顾者之间的自然互动关系。婴儿忍耐力增强，照顾者在相互信任的基础上帮助婴儿建立安全感及价值感。

需求——依赖照顾者，足够的营养与温暖、亲情，学习与人建立关系、语言及概念、技巧。要求照顾者本身心理健康、情绪稳定。

问题与危机——教养不当、基本衣食不能保证、疏忽与溺爱、生理或心理残疾。

社会工作的功能——提供方案以满足婴儿的生理需求，如妇婴保健、亲职教育及幼儿园照顾等。

阶段二：学龄前(3—6岁)

生命任务——发展认知与智能，增进控制自己及环境的能力，包括自我概念、语言表达、运动能力、游戏能力，学习认同性别角色及与角色相关的行为规范，通过与父母的亲子关系培养自主能力及自信心。

需求——同伴游戏，发展语言的机会，良好的家庭环境与教育，父母的鼓励、支持及民主开放的态度，适当的管教引导，建立自信心。

问题与危机——自我中心，溺爱与不当的社会化，缺乏监护，偏差行为。

社会工作的功能——幼儿园照顾服务，父母、学校、亲子教育，儿童卫生保健。

阶段三：小学(6—13岁)

生命任务——学习知识，逐步适应社会，培养工作态度及自我信念，学会与同龄伙伴相处，习得与性别相关的角色行为，发展良知、道德及价值标准。

需求——良好的社会化环境，家庭与学校教育，与同辈团体相处的机会，成功的经验，个别化的辅导。

问题与危机——学习失败，自卑感，不良习惯与行为。

社会工作的功能——学校社会工作，业余课外活动服务，发展性

第六章 人类行为与社会环境

团体活动(如夏令营等),少年团队活动。

阶段四:中学(13—18岁)

生命任务——身份认同,准备扮演成人角色,完成从青少年到成人的过渡。

需求——重整自我,建立自己的道德与价值观,自我肯定,同辈团体的交往与活动,友谊,学习独立,团体认同与归属。

问题与危机——自我认同与肯定危机,亲子关系冲突,学校、社会及人格适应不良,罪恶感,问题行为,暴力行为。

社会工作的功能——学校与家庭的支持,亲子教育,青春期教育,青少年服务,学校社会工作,团体活动。

阶段五:青年期(18—22岁)

生命任务——人格重整与自我认定,独立,学习成人角色。

需求——选择职业与工作,结交异性朋友,成人的自我实现。

问题与危机——焦虑及自我角色混淆,畏惧与逃避社会,未婚父母,学校与工作适应不良。

社会工作的功能——职业训练,婚前学校。

阶段六:成人期(22—65岁)

生命任务——确定人生目标,选定职业,选择婚姻伴侣及适应婚姻,为人父母与养育子女。

需求——稳定的家庭,事业成就感,以及自我发展的机会。

问题与危机——疏离感,婚姻失败,教子不当,亲子冲突,工作挫折,失业,自我发展停滞,人格解组,伤残。

社会工作的功能——婚姻与家庭辅导,亲职教育,家庭服务,就业与职业辅导,医疗与社会保障,社会支持与社会救助,心理卫生服务。

阶段七:老年期(65岁以上)

生命任务——面对身体老化,准备适应退休生活,接受亲人去世,重建新的人际关系与社会角色行为,面对死亡。

需求——再就业,安老,自我尊严,参与社会生活。

问题与危机——适应困难,沮丧,疑心,自怜,孤单无依,绝望无助,恐惧死亡。

社会工作的功能——养老保险与社会保障,老年生活服务,老人社区照顾,收养服务,老年社区文娱活动,就业服务。

我们可以发现,社会工作在微观层次上帮助个人和家庭完成他们的生命任务,走过生命历程的各阶段,实质上是一个在社会环境中协助其建立社会支持系统,协调社会资源,满足其正常需要的过程。

 参考文献及进一步阅读文献

廖荣利:《人类行为与社会环境》,台湾商鼎文化出版社1998年版。

彭华民主编:《人类行为与社会环境(第三版)》,高等教育出版社2016年版。

叶浩生主编:《西方心理学的历史与体系(第二版)》,人民教育出版社2014年版。

查尔斯·H. 扎斯特罗、卡伦·K. 柯斯特-阿什曼:《人类行为与社会环境(第六版)》,师海玲、孙岳等译,中国人民大学出版社2006年版。

Werner W. Boehm, "The Nature of Social Work", *Social Work*, Vol. 3, No. 2, April 1958, pp. 10-18.

 思考题

1. 什么是人类行为?什么是社会环境?两者的关系是什么?
2. 人类需要有哪些类型?如何帮助服务对象分析他们的需要?
3. 社会环境对人的成长有哪些影响?
4. 如何结合各社会环境系统来帮助下岗职工及其家庭?
5. 埃里克森的心理社会发展理论的主要内容是什么?

第七章

社会工作过程

社会工作作为社会福利的传递系统,是现代社会的一种社会制度,有其独特的社会功能,它是人类对现代社会变迁所引发的社会问题的一种回应方式。从这个意义上说,社会工作是对社会问题的一种干预行动。

第一节 社会问题与社会工作干预

一、现代社会问题与社会干预

(一) 现代社会的社会问题

1. 社会问题的含义

社会问题是社会学的主要研究对象,而解决社会问题则是社会工作的重要目标。对于社会问题有多种理解:有的把社会上所有的问题都称为社会问题;有的认为只有那些影响面大且程度严重的问题才成为社会问题;有的强调社会问题不等于一般的经济问题;也有的明确指出社会问题不是个人性而是群体性的问题。社会学对社会问题是这样界定的:它是指社会中发生的被多数人认为不合需要或不能容忍的事件或情况,从而需要运用社会群体的力量加以解决。这样看来,社会学研究的社会问题就不是少数人或个别人遇到的问题,而是结构性、制度性的问题。

社会工作对社会问题的看法与社会学有相同之处,也有不同之处。社会工作从实践的角度看问题,认为负面影响广泛和严重的是社会问题,那些少数人甚至个体遇到的、由社会性因素导致当事人不能正常参与社会生活的也是社会问题,是这些人的社会问题。正因如此,这些问题才需要社会工作去加以解决。

2. 社会问题的分类

对社会问题的分类也是多标准的。比如,从影响人群规模和严重程度的角度看,有结构性问题和非结构性问题。前者如群体性失业、大面积的贫困、公共卫生方面的问题等,后者如某家庭因突发灾难而陷入贫困、老年人临时得不到照顾等。用社会问题的成因作为标准,就有经济贫困问题、个人心理问题、吸食毒品问题等。问题的严重程度不同、成因不同,解决的方法也不同。

(二) 社会学对社会问题的干预

社会问题是社会全体或部分成员的共同生活或社会进步所遇到的障碍。应对社会问题,是孔德创立社会学的目的之一。作为一门社会科学,社会学强调以经验、实证和科学的方法来研究社会问题,希望通过探索社会变迁的规律,找出人类社会问题的解决方案。社会学对社会问题的宏观干预与现代社会的发展几乎是同步的。美国社会学有浓厚的应用传统,20世纪20年代以前的社会学的芝加哥学派、20世纪初倡导都市社会运动的简·亚当斯,以及杜波依斯(W. E. B. DuBois)等学者,都是早期社会干预的代表。20世纪中后期以来,影响广泛的社会问题十分严重,许多社会学家对此都投注了更多关注。法国社会学家图海纳(A. Touraine)对社会学家脱离社会现实的纯学术研究提出了警告,他倡导社会学对社会生活的干预,认为脱离社会就是丧失了社会学家的本质。基本上,社会学关心的不是个人性的问题,而是注重社会结构、社会制度安排的合理化。其干预方式主要是,探究社会问题,对其成因和影响做出较有解释力的理论说明,并呼吁改变。也有社会学者根据相关研究得出的结论,与受社会问题影响的人群共同行动,促成社会变迁。简单来说,社会学对社会问题的干预是理论性的、研究性的和建议性的,是宏观层面的干预。

二、社会工作对社会问题的干预

(一) 干预社会问题是社会工作的基本活动

社会工作的基本职能是帮助服务对象走出困境(治疗)和提升能力,调整服务对象与生活环境的不协调关系,促进人和社会环境的改变。在这些方面,干预是社会工作的基本行动方式。在社会工作中,干预(intervention)是一个基本的、似乎是不言自明的概念,它指的是社会工作者关注及直接或间接地介入服务对象遭遇的问题,并通过提供服务协助其解决问题,促进人与环境关系协调和社会进步的各种活动。干预与介入的差别在于,介入更强调要进入解决问题的具体过程。

社会工作的专业特性集中表现在它既助人,又超越助人,通过预防和解决社会生活能力缺乏或丧失以及社会功能失调等方面的问题,达到"改变"社会和个人的目的。"改变"是社会工作的一项重要任务。从诞生之时起,社会工作就一直强调以具体的行动干预,来推动个人、群体、组织、社区甚至国家层面上的改变。

如果说社会学对社会问题的干预是宏观层面的,那么,社会工作不仅关注社会问题和社会进步,而且会综合运用各种社会科学理论指导实践,身体力行地去解决社会问题。社会工作是一种通过直接介入受社会问题影响的人与环境,来应对社会问题的基本机制和流程。[1] 它对社会问题的干预更多体现在对受社会问题困扰的社区、群体、家庭和个人的直接介入,是一套科学化的介入程序与过程。

社会工作更关心的是帮助人们解决问题,改善其社会功能。社会工作者力求在了解人和群体及社区的基础上,对影响人们发挥社会功能的问题做出

---

[1] O. William Farley, Larry Lorenzo Smith and Scott W. Boyle, *Introduction to Social Work*, 9th edition, Allyn and Bacon, 2003.

诊断并进行处置,帮助人们解决问题、改变社会环境,以便人们更好地适应社会,也使社会更好地服务于人。

(二) 社会工作干预方法的分类

社会工作者参与解决社会问题的方法有多种,主要以问题的性质、社会工作者的能力和解决问题的条件为转移。于是,社会工作的干预也有不同层次。社会工作学界的共识是,社会工作方法可依据微观实践(个人、家庭、小组)和宏观实践(组织、社区、政策)分为两大类。这也是两种类型的干预。

1. 微观工作方法与宏观工作方法

微观社会工作方法专指,协助个人、家庭和群体应对其生活困境或消除压力,并促使其整合于社会组织的专业服务方法。包括社会个案工作与小组工作方法。微观社会工作实践除应具备整合的社会工作专业知识外,更需精于人的行为动力与人格病理结构、家庭结构与动力、团体动力与团体治疗、个案诊断与治疗等方面的知识。[①]

宏观社会工作方法是指,针对社会大众的共同需求和问题,提供促进社会团体组织功能及社区组织功能协调的专业服务的方法。包括社区组织与发展、社会立法、社会行政、社会工作研究、社会工作督导与咨询等。宏观社会工作实践要求社会工作者具备整合社会工作的专业知识,精通社会组织理论、社会文化理论、社会政策分析与方案评估及科学管理等知识和方法。[②]

由于微观层面的社会工作大多通过面对面的方式为服务对象提供服务,因此被称为直接服务。宏观层面的社会工作以社区和组织、机构管理、社会政策分析与倡导以及相关研究为主,相对于直接服务,它们中的一些,如社会行政、社会工作研究、社会政策分析,被称为间接服务。

2. 社会工作的微观干预和宏观干预

社会工作的直接服务基本上是面对有需要的个人、家庭和规模较小的群体,通过分析他们遇到的具体问题,提供物质和精神以及社会支持方面的服

---

① 曾铭:《社会工作大意》,台湾考友上出版社 2000 年版。
② 同上。

务,帮助他们摆脱基本生活困境,改变对问题的认知,逐步增强自己的能力,协调好自己与生活环境的关系。这些服务是在局部和小范围内开展的,是对局部社会问题的干预,属于社会工作的微观干预。

社会工作的间接服务会涉及规模较大的服务群体,要解决广大困难群体、脆弱群体等的基本生活难题,是在政策改变、地区发展、群体活动计划的统筹安排等方面做工作,需要动用和协调多方力量,应对较大面积、较为严重的社会问题,这基本上是社会工作的宏观干预。

需要特别强调的是,直接服务并不仅限于与服务对象面对面的接触,而是要求社会工作者以整合取向的工作方法,同时关注影响服务对象的机构行政程序及相关的社会政策。因为临床社会工作者处在服务第一线,可以评估服务对象的需要,也能够了解社会政策和机构行政程序是否符合服务对象的需要。同时,临床社会工作者经常与服务对象组成的团体一道工作,了解服务对象的共同问题,这也便于与他们共同行动,呼吁相关立法,以促进社会公平正义。相应地,间接服务也要以直接服务为基础,对影响个人、群体和社区的政策、机会、资源、物品和服务分配等进行分析,以增强福利服务输送的有效性,在社会层面进行政策倡导。

实际上,不管是微观的直接服务,还是宏观的间接服务,都是社会工作对社会问题的干预,即以专业服务促进社会问题的解决。学者们一般认为,社会工作的社会干预应该将个人处境与社会环境及制度变迁联系起来考虑。[①] 社会福利学者米奇利(James Midgley)从社会福利的发展观角度较全面地阐释了社会工作干预和改变不发达状态的路径,具有广泛的影响。[②]

三、社会工作是复杂的社会过程

社会工作对社会问题的干预的最大特点是更多的实际介入,即以具体的服务、服务项目的设计和推动以及社会行政程序促进问题的解决。这是一系

---

① 熊跃根:《从社会诊断迈向社会干预:社会工作理论发展的反思》,《江海学刊》2012年第4期。
② 詹姆斯·米奇利:《社会发展:社会福利视角下的发展观》,苗正民译,格致出版社、上海人民出版社2009年版。

列复杂的合作、协调、资源动员、促进政策改变的社会过程。这种社会过程既是某种具体的社会系统发生变化的过程,也是社会服务系统的参与者之间的社会性互动的过程。

(一) 社会工作促进社会改变是复杂的过程

社会工作帮助社会系统与个人提升社会功能,预防或解决问题,这就需要结构化的操作,从而有计划、有步骤地达到改变的目的,这也说明社会工作是一个过程。

第一,助人关系的建立是一个过程。社会工作者作为有计划变迁的主要行动者,只是协助社区、群体和人们改变现状的媒介[1],而社会工作者要想有效地协助服务对象改变,就要在与服务对象接触的过程中建立起良好的专业助人关系。社会工作的助人关系被看作达致目标的基石与灵魂。[2] 因为,只有通过助人关系,社会工作者才能与服务对象一起讨论如何处理困难和解决问题、改变态度和行为,才能在服务过程中逐渐实现改变,达到助人的目标。

第二,改变是一个过程。社会工作中的改变不是突变,而是量变的积累过程,是服务对象逐步形成自我改变意识的过程。在这个过程中,社会工作者鼓励服务对象系统在自我觉悟、自我引导和自我行动中认识、教育和改变自己。因此,改变同时是一个内部过程。无论是社会问题还是个人问题,改变都必须从系统内部开始,都必须有社会公众、政府相关部门和服务对象的自觉。服务对象有了改变的动机,工作者才可能与其一道去发现和分析问题,进而激励其学习和增能,达到改变的目标。

第三,改变是一种主动与自发的过程。人的改变是一种具有高度自动性与自发性的行为。如果服务对象不是发自内心主动要求改变,而是被动地接受他人为其处理困难与解决问题的安排,这种改变就只具有表面性,而不是真正的改变。社会工作者要启发与刺激服务对象内心的动机与愿望,使改变成为他的一种自觉行为。这样的目标不是一蹴而就的,而是要经历一个过程。

---

[1] Allen Pincus and Anne Minahan, *Social Work Practice: Model and Method*, F. E. Peacock Publishers, 1982, Chapter 3.
[2] 徐震、林万亿:《当代社会工作》,台湾五南图书出版有限公司1983年版,第151页。

（二）社会工作是充满能动性互动的社会过程

社会工作的基本价值观是助人自助。社会工作要帮助有困难的群体，增强其应对困境的能力，促进困境人士与社会环境之间的协调，这些都不是社会工作者随心所欲、凭自己的力量就能做到的，社会工作者必须与服务对象、社会环境进行有效的互动，最终解决问题。因此，应该把社会工作看作一个社会过程。

社会工作是社会工作者与服务对象合作互动的过程，也是他们作为一个行动系统与外部社会环境互动的过程。实际上，参与这一互动的每一个人（或机构）的行动都会对社会工作的发展方向、进程和结果产生影响。以直接服务为例，社会工作的互动过程见图7-1。

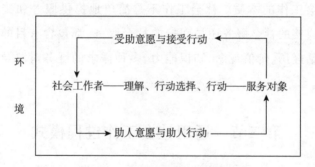

图 7-1　社会工作的互动过程

这一模型反映了社会工作者与受助者（或服务对象）是如何通过自己对问题的理解和行动选择而参与持续互动，进而解决问题的。在这里，双方都不是被动的，而是主动的；都不是机械的，而是能动的。这一过程模式也可以应用于对社区工作、社会行政的解释，即宏观社会工作也是社会工作者与其所服务的社区和群体，与政府部门和社会机构的复杂互动过程。同时我们还必须看到，上述的持续互动又是在社会环境中进行的，社会工作本身就是复杂的社会过程。

（三）社会工作的"过程观"的意义

改变寓于过程之中，没有改变的过程，就不可能有改变的结果。社会工作的助人不是停留在解决某一具体问题上，而是要通过这个"过程"实现服务对象态度与行为的改变、能力的增长,以及社会环境的变迁。社会工作不但要解决问题,而且致力于个人与社区的成长与发展。社会工作注重人与社会系统的成长与改变,十分讲求动态程序,这就是社会工作助人的"过程观"。

举例来说,在社区工作中,社会工作不单强调具体的"任务目标",如改善社区的环境卫生或是社区治安,而且尤其注重在完成这些具体任务的过程中,唤起社区公众的参与意识与社区归属感,促进互助合作的社区意识及人与人的和谐共处,培养合作与关心社区的态度与行为,引导社区居民自觉、自发、自助,并由此自我组织起来,这是解决社区问题的根本途径。这些只有在社区工作的"过程"中才可能实现。

应该认识到,从社会过程的角度而不是只从方法技术的角度看社会工作,更能理解社会工作的本质。社会工作不是简单地提供服务和接受服务的过程。不管是直接的社会服务还是间接的社会服务,都包含有目的的社会工作者与具有生活经历、价值观念、知识能力、多种需求的服务对象及复杂的外部环境的互动。

第二节 通用社会工作过程模式

现代社会问题繁杂,促使社会工作专业强调培养通才型实务工作者,采用综融的工作方法,面对和帮助不同的服务对象,应对各种各样的问题、挑战和情况。在社会工作领域,基于众多社会工作学者的研究,整合不同工作领域和服务对象的共同需要及实务工作的共同理论基础,形成了通用的社会工作实务过程模式,这为社会工作者提供了助人的理论基础、基本知识、技巧和程序。

一、通用社会工作过程模式的概念与内容

(一)社会工作过程模式的概念

社会工作是一个过程,这一命题来自社会工作前辈的实践经验。早在20世纪初,玛丽·里士满就在《社会诊断》一书中,把社会工作的助人活动视为一个过程,并讨论了社会现象的实质和社会诊断在助人过程中的意义。而"通

用社会工作过程"模式则是当代整合社会工作实务发展的成果。

通用社会工作过程模式指的是,从实践经验中提炼出来的,描述和总结了实务运作过程中的重要变项,以及它们之间的相互关系,因而具有结构性、广泛性和一般性的相对固定且普遍适用的工作程序。它是在社会工作实务开展过程中逐渐形成的普遍性的工作方法。换句话说,通用过程模式即是吸收了前人各种助人模式的经验,识别出助人过程中具有普遍性和共同性的因素,将之加以组织和结构化而形成的一般性助人程序。

通用社会工作过程模式超越了传统社会工作方法的分割,避免了对不同问题采用"不同方法"进行干预所造成的弊端,即将服务对象和他们的需要及问题割裂开来。故此,社会工作实务的通用过程模式,是与个人、家庭、群体、组织和社区一起工作的基本程序和方法,是对助人行动之基本程序和方法的概括。通用过程模式显示和说明,社会工作的助人过程具有稳定性和规范性。它为社会工作者在助人过程中的思考和行动、知识和技巧的运用提供了一个框架,指示着助人活动的方向,是适用于多种社会工作领域和服务对象的一般性的实务方法。

(二) 社会工作过程模式的内容

社会工作是一个过程,对此许多社会工作学者都做过研究。最早对社会工作过程进行研究和阐释的当数玛丽·里士满,在《社会诊断》一书中她讨论了社会现象的实质及社会工作诊断、干预服务对象问题的过程。[1] 利皮特(Ronald Lippitt)等人认为,社会工作的有计划的改变过程有七个阶段:(1)提出改变的需要;(2)确立改变的关系;(3)澄清或诊断服务对象系统的问题;(4)研究可供选择的路线、目标及确定行动目的与意图;(5)把意图付诸改变的努力;(6)巩固改变成果;(7)结案。[2]

平卡斯和米纳汉运用系统理论,对服务对象所处的社会环境做了分析,并

---

[1] 参见 Howard Goldstein, *Social Work Practice*: *A Unitary Approach*, University of South Carolina Press, 1973, p.29。

[2] Maria O'Neil McMahon, *The General Method of Social Work Practice*: *A Problem Solving Approach*, Prentice Hall, 1990, p.33.

将社会工作过程划分为三个阶段,即接触、订立契约和结案。三个阶段构成一个循环往复的过程。① 康普顿和加拉维确认和细化了平卡斯和米纳汉的三个阶段:接触阶段包括确认问题、设立初步目标和收集资料;订立契约阶段包括评估问题、设定目标和制订计划,执行计划和总结也是这个阶段的组成部分;终止阶段包括转介、转移和结案。②

西普林区分了社会工作实务过程的"基本助人途径"和"具体与折中途径",他归纳了助人过程的四个特性:(1)教育社会化与建构过程;(2)关系性过程;(3)恢复治疗过程;(4)问题解决与危机消除过程。问题解决过程包括"评估、计划、互动、评审与修正"。在此基础上,西普林提出了一个"一般的助人过程",也称为"行动过程",包括约定、评估、计划、介入、修正和结案。③

杰拉德·伊根(Gerard Egan)提出了一个三段式助人模式:(1)回应服务对象/服务对象自我探索阶段;(2)全面完整认识/动态自我认识阶段;(3)催化/行动阶段。伊根称自己的模式是发展性的、各阶段相互依存的渐进式模式。舒尔曼(Lawrence Shulman)则提出了一个以工作阶段为基础的"助人过程模式",包括初步接触、开始、工作、结案。在初步接触阶段,工作者关注同感、沟通和回应。在开始阶段,核心是注重发展工作关系的艺术,包括早期的服务协议和澄清边界。工作阶段则包括一系列的技巧,如倾听、包容、沉默等。当以上各过程结束后,就进入了结案阶段。

最后,应当特别注意的是珀尔曼(Helen Harris Perlman)的"问题解决"过程模式。珀尔曼认为,"问题解决"过程可以应用于整个生命与生活历程。这种问题解决的取向适用于个案、小组及社区工作。可以说,珀尔曼的"问题解决"过程模式为通用过程模式的建立奠定了基础。

社会工作是一个有结构的解决问题的过程,这一命题是社会工作学者一

---

① Allen Pincus and Anne Minahan, *Social Work Practice: Model and Method*, F. E. Peacock Publishers, 1982, p. 92.

② Beulah R. Compton and Burt Galaway, *Social Work Processes*, 4th ed., Wadsworth Publishing Company, 1989, pp. 471-485, pp. 637-657.

③ Max Siporin, *Introduction to Social Work Practice*, Macmillan Publishing, Co., Inc., 1975, pp. 159-161.

致认同的。虽然各学者对社会工作实务过程的阶段划分不尽相同,但他们都认为社会工作存在一个通用的过程,阶段划分的不同说明社会工作实务过程具有弹性,各阶段时有交叉重叠,同时表明社会工作实务过程有一个系统化的程序。

二、通用过程模式的理论基础

通用社会工作过程模式有一些重要的理论作为基础,下面介绍几个方面的理论。

(一) 人类行为与社会环境的相关理论

社会工作的一个重要观点是"人在环境中",对"人与环境"交互作用的认识成为通用社会工作实务的重要理论基础。人类行为与社会环境的理论是关于"人的生理、心理和社会发展的理论,包括有关人们所处的各个社会环境系统的理论,例如家庭、团体、组织和社区的知识"①,重点在于个人、群体、社会和经济系统的交互作用。这些知识对于社会工作者开展工作都是最基本的,是认识服务对象的需要与问题的重要前提。此外,还包括生命历程各阶段生物、社会、文化、心理和精神等方面发展的知识。这些有关人的成长和发展、有关人在各个阶段所面对的发展任务的知识,对社会工作实务是非常重要的。社会工作者想要评估和解决人的问题,必须了解人在每一个发展阶段的需要和资源,也要了解在不同文化(例如农村和城市)中,人们如何认定和满足这些需要,包括人们生活于其中的各个社会系统(个人、家庭、群体和社区),以及社会系统是如何推动或阻碍人们增进福祉的相关理论和知识。

人类行为与社会环境的关系反映了社会的基本制度性安排,这方面的理论与知识帮助专业人员将目光放到个人和环境双重因素上,恰当地理解人与其生存的环境之间的持续相互作用,协助社会工作者把解释个人成长历程及其在社会、生物、情感和精神方面的发展的理论融入实践。这种有关人与社会交互作用的看法,有助于社会工作者认识在人的生活中发挥重要作用的社会结构、系统和文化规范。

---

① Council on Social Work Education, *Handbook of Accreditation Standards and Procedures*, CSWE, 1994, pp. 139–140.

(二) 系统理论

系统论是研究一切综合系统或子系统的一般模式、原则和规律的理论体系。一般系统论认为,系统是由各部分(要素)组成的具有一定层次和结构并与环境发生关系的复杂整体,其功能取决于各组成部分以及它们之间的相互关系。社会系统论重视分析社会系统内部和系统之间的相互作用,研究这些相互作用如何影响人们的行动。

在社会工作实践中,"系统"具体是指社会系统内各个成员之间的相互联系和互动,如夫妻、家庭、邻居、医生和患者、小组、机构、照顾系统等。系统理论分析组织、政策、社区和群体对个人的影响,认为个人处于各个系统持续相互作用的环境中。社会工作的目的是要改善服务对象与其系统之间的相互作用的形态。

社会工作的系统视角强调,超出服务对象自身来评估他们生活环境的复杂性,以及二者之间的关系。系统视角催生了关于系统的新知识,使整合社会和心理现象的概念成为可能,也使社会工作对环境的看法由原先采取的静态观转向动态观。在系统视角下,个人、群体、组织和社区的环境系统是社会工作者要介入和改变的场域,这个场域里的所有元素相互交错和彼此影响。系统视角的社会工作实务强调:

(1) 注重个人的整体性和完整性。通用社会工作模式声明人与环境是相互作用的,强调整体环境中完整的人。

(2) 社会系统特别是家庭系统在塑造和影响人的行为及生活状态中具有重要作用。社会工作者努力了解个人与家庭、群体、组织和社区互动的形态和规则,包括文化习俗等对人们互动的影响。

(3) 注重运用社会资源,包括正式和非正式的社会网络资源,帮助个人、群体、组织和社区解决问题,满足其需要。

系统视角下社会工作实务对服务对象问题所持的观点是:

(1) 社会病理模式。对服务对象问题成因的分析不再局限于传统的疾病医疗模式或心理病理模式,即对问题的解释不再是个人归因。它认为,无论是个人、群体还是社区,其问题的产生都是内部因素与环境因素共同作用的结果。这就是"社会病理"模式。它既考虑服务对象外在环境中的社会支持网络情况,也考虑社会资源的分配问题,以及人们所处环境和社会制度的限制或不公平。

(2)系统评估。对个人问题的评估,不仅关注服务对象个人的生理或心理行为特征,而且要考虑与服务对象问题相关的宏观、中观和微观等各层次的外在环境的特质、功能和运作情况。它认为服务对象问题的相关层面非常广泛和复杂,各层面相互联结和依存,彼此影响。

(3)动态系统观。认为服务对象问题的相关层面或系统的各部分是动态的,不断消长和变化,故须持续评估服务对象的需要与问题。

(4)综合干预。主张对服务对象问题的处理采取周延和连续的整合观,即在横切面上同时考虑问题的所有相关层面,在纵贯面上注意问题的处理流程和阶段性步骤。

(三)生态系统理论

1. 生态系统理论的基本含义

生态系统理论源于生物学,而社会工作的生态系统理论则与社会工作实务中的"人在环境中"的观点一脉相承。生物学认为,自然界中的所有生物为了生存,都要从环境取得生存与发展所需的刺激和资源,同时,环境也通过各种生物的生产形式逐步分化,以喂养更多的生物物种。在生物与环境互惠的过程中,生物因应环境的变化,调整自己以适应环境的变迁;有时也会改变环境以符合生物演化的要求。也就是说,自然界中的各种生物为了生存或延续物种,与所栖息的环境保持一种适度的调和,这是生物本身所具有的因应环境变化的自动调适能力,目的在于保证自身的生长和发展。

社会工作的生态系统理论沿用了生态理论的"栖息地"和"生存空间/活动范围"的概念。栖息地指人生活的环境,包括物理环境和社会环境。当栖息地有丰富的资源,能够满足有机体成长和发展的需要时,人就会逐渐成长和繁衍;当栖息地缺乏必要资源时,人的生理、社会、情绪的发展和相关的行为功能就会受到严重的限制。生态系统理论认为,有机体或有生命力的系统与其所处环境维持着持续交流的关系。在这个意义上说,人们和他们所处的环境也被视为相互依赖、彼此辅助的一个整体。人和环境在这个整体里,相互作用和相互塑造。许多研究指出,个人与朋友、亲戚、邻居、工作或单位,甚至与宠物的联结所产生的支持性社会网络,可减轻生活压力给人造成的负面影响,这是一种"滋养性"的环境。滋养性环境能够在适当的时候以合适的方式提供必要的资源、安全与支持,从而促进社区成员在认知、社会及情绪等方面的发展。相反,如果人面对生活压力又缺乏社会支持,便会严重沮丧,甚至产生偏差行为,这种环境即是不友善环境。不友善环境缺乏支持资源或扭曲了资源的提供,因而阻碍了人的发展和适应。

生存空间是指人在社会中所处的地位和扮演的角色,创造生存空间也是人成长过程的任务之一。生态系统理论认为,个体必须手握取得资源的机会,否则无法打造自己的生存空间,主张人类发展是成长中的个人与其环境间长期交流的结果,而不是单一的个人特质因素的产物。由此,生态系统理论提出,人类的发展公式是 $D=f(P,E)$,即人的发展是人与环境(Person in Environment,也称人在环境中)的函数,主张个人的发展是主动的、有目的的。

2. 生态系统理论的核心概念

(1) 生命周期:指的是影响个人发展的相关社会结构,以及历史变迁中的生活事件,对个人生活的意义。运用时间线方法可以重现服务对象所经历的集体历史事件。

(2) 人际关联:指个人拥有与他人发生关联而建立关系的能力,由此建构个人在未来发展出来的各种互惠性的照顾关系。

(3) 能力:指通过个人与环境成功交流的经验,培养个人掌控环境的能力。具体而言,此种"能力"涵盖了从幼年生活经验发展出自我效能感,与他人建立有效而充满关怀的人际关系,有做决定的能力和自信,可以动员环境资源及获取社会支持。

(4) 角色:指的是一种具有互惠性期待的社会层面的角色,而不是个人的角色期望。它是个人内在历程与社会参与的桥梁,受到个人感受、情感、知觉和信念的影响。

(5) 地位与栖息地:地位指个人在其所处的环境或社区中拥有的成员地

位;栖息地指个人所在的文化脉络中的物理及社会环境。

（6）适应力：在人与环境的交流过程中，人与环境相互影响和做出反应以达到最佳的调适状态。生态系统理论认为，适应良好就免于病态和偏差，它是天时、地利、人和之下的成功交往。适应不良则体现为个人的需求与环境提供的资源和支持无法搭配调和。

3.生态系统理论视角下的社会工作切入点

在生态系统理论视角下，人被视为通过与环境中各种因素的相互作用来发展自己和适应环境的行动者。社会工作试图妥善处理人与自然和社会环境组成的系统的功能失调，以此来增强个人的能力，推动个人的改变和成长。生态系统视角同时考察某一系统的内部因素和外部因素。在这个视角下，人不是被动地对环境做出反应，而是主动地与环境相互作用。生态系统理论主张，要理解个人在家庭、团体、组织及社区中的社会功能的发挥状况，就要从个人与其所在环境的不同层次之间的关联系统切入。生态系统理论认为，个人所在的各个系统层次是一个层层相扣的巢状结构，大致可分为三个系统、四个层次。

（1）微观系统。它指个人在亲密人际关系情境中的活动形态与角色扮演，包括影响个人的生物、心理和社会系统。

（2）中观系统。它是指对个人有影响的小群体，包括家庭、工作伙伴和其他社会群体构成的系统。中观系统分为两个层次：一为中间系统，即两个以上的系统发生关联；二为外在系统，即两个以上的关联系统，再同一个间接的外在系统发生关联。这些系统的关联构成个体所处的微观系统之外的中观系统。

（3）宏观系统。它是比家庭等中观系统更大的系统。影响个人的四个重要宏观系统是组织、机构、社区和文化。各层次系统在更大的文化环境和社会环境中发生关联，很多微观和中观层次的行为都需要干预其所在的宏观环境。例如，个人的行为可能源于家庭、群体、组织和社区，是由这些系统形塑而成的。因此，即使服务对象是以个人身份前来求助，干预其所在的宏观环境也是非常重要的。

社会工作的生态系统理论将系统理论的抽象性与社会工作实务的要求和事实相联系,强调社会工作实务的目标是使个人、群体、组织和社区能够适应环境的要求。依据生态系统理论的观点,社会工作将焦点放在这些方面:促进人的成长和发展;增强人们适应环境的能力;移除环境给个人和群体设置的障碍;增加社会环境和物理环境对人们需求的响应和营养成分的提供。

4. 生态系统理论下的社会工作实务的任务

生态系统理论说明,个人或家庭问题的产生不单源于个体内在原因,在很多情况下是环境资源不足与获取障碍造成的,是多种因素互动的结果。因此,社会工作实务的干预方向或解决之道也是多元的。其重点在于解决人与环境互动的形态、性质等方面的问题。社会工作实务应关注以下方面:

(1) 人与环境的调和程度。社会工作实务应关注人与环境的适应性、互惠性、相互性和调和度,关注环境给人的压力、人和群体的因应策略以及环境的问题。社会工作在这些方面的工作重点是,协助个人或群体、组织及社区提升与其环境的调适程度,以实现对环境的适应和自身的发展。

(2) 环境的品质。环境分为物理和社会两方面。物理环境包括人们生活的自然世界和人为世界。人为环境经由区位空间的组成与建构、自然的周期变化而影响人们的生活历程和发展。社会环境包括复杂的各类科层组织(如具有特定任务和结构及运作系统的卫生、教育、社会福利部门,以及服务性的社会组织),以及人的社会网络(涵括亲属、邻居、同事及朋友)等。这些社会支持网络为网络成员提供各种工具性、情感性和信息性的资源,以满足网络成员之所需。

(3) 生活中的问题。社会工作实务应聚焦于,服务对象与环境交流时,环境是否符合其完成生命任务和成熟发展的需要。因此,服务对象的困难、人格的发展与对环境的需求都属于正常的"生活中的问题",而不是行为病态或品德瑕疵的结果。生态系统理论称此为社会工作实务的"生活模型"。为此,社会工作实务干预的目标在于:增强个人和群体的能力,加强或建立社会支持体系,也就是对环境进行干预,从而提高人与环境的调和度。

5. 生态系统理论下的整合社会工作实务

生态系统理论为社会工作实务提供了一个多层面、多元系统的全人服务的概念架构,有利于理解人的社会生活功能;为社会工作者提供了一个有组织的框架,可用于分析不断变化的生活与特定环节中的人与环境的相互作用。生态系统理论还有助于把传统社会工作实务理论中的概念,如"心理动力",同行为主义理论相联系,使社会工作者能将与人有关的各种概念统合一体。一旦建立了这样的联系,社会工作者就可以理出自己要用的概念,并有序而熟练地把它们运用到实际工作中。

依据生态系统理论,社会工作实务不仅要为服务对象直接提供服务,也要对服务对象的问题进行包括生理、心理、社会、经济、政治动力的全人系统分析与评估,同时开展个案倡导、社会政策及公共计划等宏观的间接工作,以有效地协助服务对象改善其与环境的"调和度"。生态系统视角下的实务,探讨人类的行为与环境的关系,既能关照到个人、群体、组织和社区等单位的发展,又能关照到社会服务的输送体系对上述单位的影响,强调干预计划的设计重在通过改善服务输送体系来提升服务对象与环境的调和度。社会工作的重点在于:提升个人、家庭及群体的需要与环境中的支持资源的调和度,兼具直接服务和宏观(社区、组织及政治、经济、文化)干预两个层次的专业功能。社会工作的直接服务重在增强个人应对环境压力的能力,满足其发展的需要;在间接服务方面,针对社会中的弱势群体(如低收入者、留守儿童、流浪儿童、身心障碍者等)长期受到"栖息地"社会排斥的问题,社会工作应在社区、组织及政策倡导等层面发挥专业功能,包括动员社区资源以改善弱势群体的社会处境和生活质量,影响相关部门以发展有利于服务对象的政策和服务,以及通过提倡政策制定、立法和修法来改善服务对象的生活条件。

(四)优势视角和增能理论

优势视角(Strengths Perspective),或称能力视角,认为每个人、群体、组织和社区都有其内在的能力,包括天赋、知识、社会支持和资源,只要条件合适,其就可以建设性地发挥自身功能。优势视角与传统社会工作的疾病模式不同,它从一个完全不同的角度看待服务对象、他们的环境和他们的现状;不是将服务对象视为孤立的个体或专注于其问题,而是将目光投向可能性,在创伤、痛苦和困难的荆棘之中看到希望和转变的种子。优势视角的宗旨是:协助服务对象凭借自己的力量(天赋、知识、能力和资源)来实现目标和愿望。优势视角/能力视角下的实践意味着:社会工作所做的一切,都要立足发现和寻求、探索和利用服务对象的优势和资源,协助他们达到自己的目标,实现自己的梦想,勇于面对他们生命中的挫折和不幸,抗拒社会主流的控制。优势视角下的社会工作实务强调社会工作的任何过程都要重视服务对象具有的优势。

优势视角的理念与生态系统理论具有内在契合性。生态系统理论暗含一个基本假设:个人痛苦是政治性的,社会工作的实践也是政治性的。社会工作的优势视角或能力视角契合了生态系统理论的这种假设,倡导一种生态系统的方法,强调全体与完整,并且在评估和介入过程中对服务对象的经验予以关注。优势视角的优点在于它分析、探索和发展服务对象自身的优势和能力,在于它为服务对象争取那些能够解决他们问题的环境资源,协助他们达到自己的目标,满足自己的需求。

优势视角强调,在评估服务对象的问题和需要时,将他们的优点纳入考虑,利用服务对象的优点和资源帮助他们解决困难,重点是识别、凭靠和强化人们已有的优点和能力。它侧重人的能力、价值、兴趣、资源、成就和抱负在满足自己需要和解决问题中的作用。优势视角的社会工作实务强调:

(1) 每个人、小组、家庭和社区都有优点,都有其内在和外在资源;

(2) 创伤、虐待、疾病和挣扎可能是伤害,但它们也可能成为挑战和机遇;

(3) 如果社会工作者不知道成长和转变能力的上限,就要认真对待个人、群体和社区的抱负;

(4) 社会工作者只有通过与服务对象的协作才能更好地为他们服务;

(5) 每一种环境都充满资源。

此外,优势视角强调服务对象能力的提升,因此,优势视角下的社会工作实务是一个增能的过程,它鼓励服务对象自决,尊重服务对象,并把尊重作为重要的专业价值观。增能意味着帮助个人、群体、家庭以及社区在其内部或周围寻找和扩展其资源的意图和过程。探求人们和社区内部的力量,必须推翻和抛弃歧视性标签,为家庭、机构和社区的资源获取提供机会,让弱势社群远离受害者的思维定式;相信人们的直觉、观点和精神,相信人的梦想。优势视角下的增能概念建立于五个理念之上:与服务对象之间的合作伙伴关系;对提升服务对象能力和优势的强调;关注个人或家庭与环境;将服务对象视为能动主体;将个人的精神指向一直受到剥夺和压制的人群。

增能的社会工作实务目标,要求社会工作者协助人们从压抑中解放自己,社会工作者的角色并不是为他人增能,而是帮助人们自我增能。作为专业助人者的社会工作者,要避免以一种父爱主义的姿态主导服务对象,即告诉人们什么是好的,号召人们去做正确的事情。相反,优势视角提供了另外一种态度和承诺:个人和社区的优势是可以再生、可以发展和可以扩展的资源。

三、通用社会工作过程模式的分析范式

如上所述,系统理论和生态系统理论强调个人和群体、组织以及社区的需要和问题是多种因素共同作用的结果,既有其内部的动因,也有其外在的诱因。内外影响力范式将系统理论和生态系统理论的元素融合,为社会工作提供了一个实务的分析范式。

(一) 内外影响力范式

内外影响力范式试图解释,为什么对相同的处境每个人会有不同的反应行为,协助社会工作者理出其中的头绪。所谓"内部"是指个人的内在动机,"外部"则是所有对个人施加了影响的外在因素。内外影响力范式的基本假设是,人(或群体、组织、社区等系统)自身及其环境中的各种力量促成他(他们)以某种方式行事。特定的行为正是这些力量相互作用的结果。这些力量的作用对社会工作实务分析具有重要意义。因此,内外影响力范式是系统理论和生态系统理论的"人与环境"相互作用的观点的一种操作化。

社会工作者可以用这个分析范式来协助评估服务对象的需要和问题,制订干预计划。这个分析范式还可以帮助工作者开展预防性工作。例如,如果社会工作者认识到了影响人们的外部力量,就能提醒社区及其他社会系统注意其对人们行为的潜在影响,以预防问题的发生。

将"内部"和"外部"影响力分为微观、中观和宏观系统,更有益于评估和分析服务对象的问题。同时,将生命周期中的重要发展阶段纳入对内部力量的分析,就可以清楚认识不同服务对象的不同需要与他们问题之间的关系,以及需要满足和问题解决与不同社会系统之间的内在联系。这种分析可以帮助社会工作者系统、全面地思考解决问题的办法。

(二)社会功能发挥

内外影响力范式是一个工具,它有助于社会工作者理解人在环境中为什么不能很好地发挥作用。内外影响力可被视为一个连续体,一端是充分发挥作用,另一端是不能发挥作用。依据优势视角的观点,人们拥有智慧和能力,可以应付生活中的各种困难、危机与问题,有些人还因直面生活中的挑战,生命获得了升华,成就了自己。然而,在有些情况下,人们也会遇到自己和家庭、群体解决不了的问题。这些问题中有些是个人性的,源自软弱的自我或缺乏天赋,有些是家庭诱发和造成的,还有些源于社区的压力及社区未能很好地发挥作用。在人们得不到帮助而不能履行社会责任和义务的时候,在问题侵害了家庭、学校、工作单位、社会群体或组织内的既定关系的时候,就需要社会工作者伸出援手进行干预。社会工作的目的是增强人们和群体及社区的社会功能。恢复和增强社会功能也因此成为社会工作专业的核心目的和工作焦点。通用社会工作实务关注个人与他人的关系,着眼于个人、群体、组织和社区扮演不同社会角色时的表现,以此考察其功能发挥的情况。对于发挥角色功能的威胁是社会工作关注的核心问题,社会工作者分析社会关系,与服务对象一道寻找方法,消除干扰功能发挥的因素,使他们之间的各种联系变得更为丰富、更加理想。

(三)与相关理论的结合

在内外影响力分析范式中,人被看作追求成长和发展的。生命周期理论认为,人的发展要经过几个普遍的阶段,每个阶段都是逐步上升的。生命周期理论使社会工作者可以系统地、全面地思考个人的问题,找出影响个人解决问题能力的内外原因,进而给予协助。

内外影响力范式可以作为通用社会工作过程模式的辅助性分析框架,帮助社会工作者理解个人、群体及社区问题产生的原因,以便制定有针对性的干预措施。这个分析范式协助社会工作者不断评估微观、中观和宏观系统的运作,了解这些系统对个人、群体、组织和社区的影响,认识系统持续相互作用的本质,将系统与环境相互作用的生态系统理论整合到"人(内部)与环境(外部)"这个框架中,并具体化为不同的系统及个人、群体、组织、社区在发展过程中如何与其外部环境相互塑造的分析,从而帮助社会工作者掌握这些系统不断重构的情况,为服务对象提供所需的帮助。

四、通用社会工作过程模式中的社会网络资源

每一个专业都有其关注个人与社会的独特视角。社会工作专业重视人与系统在其所处社会环境中的互动,因为不同的社会环境构成了个人、群体、组织和社区等社会系统的处境,影响着人们完成生命任务的状况。社会工作致力于改善"人与系统所处的社会环境",这一专业的介入点构成了社会工作过程中重要的实务参照架构。社会工作认为,人们的社会生活遇到困难或者障碍,原因在于其与环境之间的互动出现了问题。因此,个人和系统完成生命任务的条件与资源的配合度,个人或系统与资源体系的互动状况,就成为社会工作实务过程中需要关注的问题。

(一)完成生命任务的社会支持与资源

生命周期理论认为,人们在生命历程的每一个阶段都有其要完成的生命任务。人们依靠社会系统得到物质、情绪与精神方面的资源,获取服务与机会以实现愿望与满足需要,最终完成生命任务。支持人们完成生命任务的社会资源系统有下列两类:

1. 非正式(或自然)的资源系统

这个系统主要包括家庭、朋友、邻居、同事、亲戚等。非正式资源系统能够提供物质与精神的帮助,如情感支持、建议、信息;提供具体的服务和资源,如帮助照顾孩子、料理家务;还能提供临时性的帮助,如借予钱财等。非正式资源系统还常常帮助个人获取和使用正式的社会资源。

2. 正式的资源系统

正式资源系统也可分为两类。一种是社会组织,包括工作单位、各种专业团体、群众组织及各种协会等。这些组织致力于增加人们的福利和权利,通过直接提供资源帮助其成员与各种社会系统打交道。例如,工会组织为会员提供娱乐、社交活动,也为会员的利益与雇主交涉,维护工人的合法权益。农村妇联组织为农村妇女提供各种生产技能培训,组织她们学习科技知识和新技术,帮助她们在农村经济发展中发挥作用等。

另一种是社会性资源系统,它们是为适应社会公共生活与活动而建立的、满足人们短期或特别的需要的机构,是人们社会生活的重要支持系统,包括学校、医院、各种社会服务机构、派出所等。在现代社会,人们越来越多地与各种社会性资源系统发生联系,获得长期或暂时的帮助。

以上两种资源系统组成了人们完成生命任务与履行社会角色的非正式和正式的社会支持网络,也构成了人们生活的社会处境。如上所述,在考察一种社会情境时,社会工作者首先关注的是人们所面临的生命任务,以及能支持人们完成生命任务的资源与条件,利用这些资源来帮助人们实现价值、愿望并减轻痛苦与压力。这是通用社会工作过程模式中最重要的要素。只有先认定服务对象所处的社会情境、分析服务对象完成生命任务的条件与资源状况,才能决定提供哪些帮助。

(二) 人与资源系统的互动

社会工作对问题产生之根源的认识,不是简单地归结于个人,而是认为,人之所以出现问题,根源在于人与他们所处的社会环境的互动。通用社会工作过程模式关注的不是"谁"有问题,而是环境中的各种因素怎样相互作用,从而影响了人们在完成生命任务过程中对问题的处理。假设在居民区设立了一个社区医务室,可是很少有居民来看病。那么,问题是出在居民不愿意使用它呢,还是医务室并不适合这个社区居民的需要?如果是因为居民不知道有这样一个医务室,那就需要通过居委会来做宣传工作;如果是一些老人因为行动不便不能到医务室来,那就要考虑送医上门。其他影响居民对医务室态度的原因可能有:以前他们在医务室就医时有过不愉快的经历,或者是因为医务室设立时没有征求他们的意见而不能满足他们的需要,等等。可见,社会工作首先关注居民与医务室这两个系统的互动过程,然后是致力于加强两个系统的联系——人与资源系统的连接。

一般来说,人与资源系统的互动关系有三种类型:人在资源系统中的互动、人与资源系统的互动和资源系统之间的互动。这三种互动超出了简单的"人与资源系统"这样的二分法,而是注意到互动各系统之间联系的性质以及人与各种资源系统之间的关系。

五、通用社会工作过程模式中的四个基本系统

采用系统观点,通用过程模式将社会工作过程中各要素的组合概括为四个基本系统:改变媒介系统、服务对象系统、目标系统和行动系统。社会工作过程即是工作者运用各种知识与资源,与各要素系统共同努力,通过一系列具体的工作达到工作目标的过程,这个过程也称为"改变的努力(或变迁努力)"。社会工作者要根据人与系统在所处环境中的互动状况决定他的工作目标,确认实务工作所要涉及的人和系统及其相互关系,包括谁是社会工作者"变迁努力"的受益人,谁是"变迁努力"的合作者,谁是需要改变者,等等。

(一)改变媒介系统

所谓"改变媒介",是指受雇于公立、志愿、非营利机构、组织和社区中的社会工作者,他们是"有计划变迁"的具体操作者,在"问题解决"的过程中是促使服务对象发生改变的媒介。在社会工作过程中,改变媒介的任务是,推动个人完成生命任务及系统应对问题之能力的提升,促进服务对象与资源系统之间的良性互动,达到计划变迁的目标。需要注意的是,在很多情况下,服务对象的改变媒介并不是单一的,而是由与服务对象有关的、具有不同专长的助人者构成的一个"改变媒介系统"。这个媒介系统通过有组织的、结构性的工作,达到助人改变的目标。

在做出变迁努力的过程中,社会工作者与系统中的其他专业人士组成一个行动团队共同工作。在这个团队中,社会工作者是承担重要责任的"主要改变媒介"。例如,少年犯管教所的社会工作者是越轨少年的主要改变媒介,但在为越轨少年提供服务的过程中,他要同时与学校的教官、老师、服务对象所在街道派出所的民警、街道干部、居民委员会主任及其家庭一道工作,促进越轨青少年的转化,并协调不同部门的工作。在这个过程中,改变媒介系统既是服务对象改变的媒介,又是改变努力的主要行动者。

（二）服务对象系统

服务对象系统是社会工作的直接受益人,可以是个人、家庭、团体、组织或社区。前来社会工作机构求助的服务对象有不同的问题和不同层次的需求。大多数服务对象在求助以前,通常都曾凭借自己的努力去解决问题,当他们个人无法解决问题时,可能首先求助自己的自然助人网络,也就是依靠非正式的资源系统（如家人、亲戚、朋友、邻里等）解决自己的问题与满足需要。走进社会工作服务机构,可能是他在经过一段不成功的尝试后所做的最后选择。因此,来社会工作机构求助的人有几种类型:自己主动求助的;邻居、熟人、朋友介绍的;其他机构转介来的;有关司法机构要求的。

当服务对象前来社会工作服务机构求助,开始使用社会工作服务时,即成为"现有服务对象"。当服务对象并没有主动求助但需要社会工作的服务,或者是他妨碍了其他人或系统的社会功能的正常发挥时,他即成为"潜在的服务对象"。例如,一位母亲前来社会工作机构求助,因为她对教育孩子感到困惑,她的孩子在性格、学习方面有问题。这位求助母亲即是"潜在的服务对象"。社会工作者的任务是与潜在服务对象建立联系,使其了解接受社会工作服务对他的意义。

辨别服务对象的类型,弄清楚服务对象是如何来社会工作机构求助的,是社会工作服务传递的第一步。社会工作者与服务对象之间专业关系的建立,以及在助人过程中与服务对象的互动,都与服务对象的类型有关,社会工作者要对服务对象系统有清晰的认识。

（三）目标系统

为了达到改变服务对象系统的目的,需要改变和影响的系统即是目标系统。因为服务对象系统需要的满足与问题的解决,在很多时候与其所处的环境系统有关,所以,社会工作者要围绕人与系统做工作,即将他们视为目标系统之一,影响和改变这些系统,从而为解决服务对象的问题与满足他们的需要创造条件,间接达到帮助与改变服务对象的目标。

在确认了服务对象系统后,社会工作者的任务就是要与服务对象系统一起工作,确定目标系统——为达到改变目的而需施加影响的系统。例如,一个新建的居民小区环境卫生十分恶劣,垃圾成堆,污水遍地。社会工作者、街道有关部门和居委会主任(改变媒介系统)与社区居民(服务对象系统)共同商讨如何解决社区的环境卫生问题。首先,需要找出目标系统:房管部门、市政部门、环境卫生管理部门及社区居民。然后,改变媒介与服务对象一起,或代表服务对象,与目标系统互动或直接介入。在介入过程中,社会工作者要注意,目标系统并不总是支持改变的,有时也可能不愿改变。这就需要运用一些工作策略去对目标系统施以影响,例如,可以请区人大代表向市政和环境卫生管理部门施加影响,推动制定有关的环境卫生条例,或者通过新闻媒介报道社区的环境卫生状况,以引起政府有关部门的重视,等等。

从以上所举例子可以看出,服务对象系统并不总是为了达到社会工作目标而必须改变的系统。换句话说,服务对象系统并不一定就等于目标系统。一般来说,目标系统大于服务对象系统,而且具有时效性。在上述例子中,市政和环境卫生工作的主管部门,是小区垃圾站设立和管理的重要单位,他们的工作直接影响小区的环境卫生,因此其成为社会工作者的重要目标系统。服务对象系统与目标系统有时是一致的,有时是不一致的,有时还可能是交叉的。例如,上述社区居民改善居住环境的例子,社区居民就既是服务对象系统,也是目标系统。作为服务对象系统,他们是社会工作者变迁努力的受益人;作为目标系统,他们是社会工作者要改变的系统之一,即要帮助居民转变先前的卫生习惯与行为。此外,目标系统之一——环境卫生管理部门是与服务对象系统分离的。再者,当社区居民与政府有关部门接触时,可能会遇到困难,如不懂如何表达、没有自信心等。这时,社会工作者需要给予他们鼓励并帮助他们准备资料、练习表达方式等。在这些活动中,社会工作者把居民看作另一目标系统,工作目标不仅是帮助他们解决环境卫生问题,而且要帮助他们增加自我价值感,增强信心与社区归属感,鼓励居民参与社区生活,这对他们学会应付其他问题会很有帮助。在这个例子中，可以看出，目标系统是有时效性的，不同工作阶段会有不同的目标系统。

（四）行动系统

行动系统是指那些与社会工作者一起工作，实现改变目标的人。为了履行与服务对象的协议，帮助服务对象达到改变的目标，社会工作者要做出各种努力，调动各种资源。在这一过程中，社会工作者不是孤军奋战，而是同与服务对象有关的人和系统一起工作，形成一个行动系统。可以说，这些人和系统是社会工作者的同盟军，是与社会工作者一起做出改变努力的系统。例如，前述个案中为改善社区环境而采取行动的人大代表、新闻媒介的记者等都是行动系统，他们与社会工作者一起工作以影响目标系统。

在一个问题情境中，改变媒介既可以与一个行动系统，也可以与几个行动系统一道工作，以完成不同的改变任务，实现不同的目标。如在改善社区环境卫生的例子中，社区既是服务对象系统，又是目标系统，而为了寻求社区环境卫生的改变，社会工作者也要将社区当作行动系统。社会工作者在工作的不同阶段，要与不同的行动系统一起工作，每一个子系统都可以扮演不同的角色。比如，一个行动子系统进行相关研究、收集资料，另一个子系统负责与有关政府部门、新闻单位的联络。在这些活动中，社会工作者是与上述系统一起工作的。此外，在帮助服务对象改变的过程中，社会工作者也要善于将有助于服务对象改变的人员组成新的行动系统，去影响服务对象。当存在多个行动系统时，还要注意协调各行动系统的工作步调。如在帮助越轨青年时，要注意和街道干部、劳动用工部门、派出所等行动系统协同工作。同时，要随时研究、评估行动系统是否有效运作。当行动系统不能发挥作用时，应及时诊断其原因，并调整行动系统。

（五）四个基本系统对社会工作实务的意义

上述四个基本系统为社会工作者开展工作提供了一个分析工具，具有指导实务工作的重要意义。

第一，帮助社会工作者识别出改变服务对象系统所必须完成的一般任务。例如，通常需要完成的任务顺序是：首先获取服务对象系统的授权，与之订立建立助人关系的契约;其次需要辨识出目标系统;然后再发展实现目标的行动系统。

第二,社会工作者必须懂得,需要改变的不只是服务对象系统。社会工作者不能假设求助的人就是主要的介入目标,服务对象系统不一定与目标系统完全吻合。

第三,行动系统的规模或组成只有在明确了要改变的目标系统之后才能确定。

第四,由于社会工作者必须与不同的系统建立关系,与某一系统一起工作时所需的知识和技巧不一定适用于其他系统。与不同规模和类型的系统合作需要掌握更专门化的知识。

第五,组织也是一个系统。组织作为一个系统在改变过程中常常扮演重要的角色。除了与个人、群体和社区一起工作外,组织也会成为社会工作者处理问题时的改变目标。这要求社会工作者具备与组织一起工作所需的知识,同时也要懂得如何推动组织的改变。

第六,因为行动系统在整个改变过程中起着至关重要的作用,所以社会工作者也需要持续诊断行动系统的情况。

社会工作实务通用过程中的四个基本系统,为社会工作者提供了一个实务工作的基本参考架构和助人活动的介入蓝图。社会工作者要懂得:在社会工作的助人过程中,经由这四个基本系统不断互动,才能达到助人的目标。作为改变媒介的社会工作者,是改变服务对象的重要人物,而对于各系统的分析与运用是达到助人目标的重要工具。

第三节 社会工作实务的通用过程

社会工作实务的通用过程是指适用于为个人、家庭、群体、组织和社区提供服务的,由朝向既定目标的系统化的系列行动组成的助人过程。社会工作的通用过程包括接案、评估、计划、介入、总结和结案六个阶段或称步骤,每个阶段和步骤都有不同的工作任务、内容、方法与技巧。

一、接案

接案是改变媒介帮助有需要的人、群体或社区逐渐成为服务对象并接受其受助者角色的过程。这一阶段的主要工作包括：了解个人、群体或社区为什么会成为服务对象，初步评估，建立专业关系，决定是否提供服务，订立初步服务协议。

（一）与服务对象进行初步接触

接案初期需要通过与服务对象的初步接触了解其问题或困难，与之建立专业关系，并在此基础上订立初步服务协议。

1. 了解服务对象求助和受助的过程

成为服务对象通常有四种情况：第一种是个人、家庭或团体带着他们无法凭借自己的能力解决的问题主动前来寻求帮助。第二种是由他人介绍，比如社区内的机构（街道办事处、居委会）或邻居，发现脆弱的个人、家庭或团体遇到严重的问题，影响到其正常社会功能的发挥，要求社会工作者介入帮助解决问题。第三种是经由社会工作者主动接触的。第四种是其他机构转介来的，或者在有关机构要求下前来接受辅导的[①]。帮助必须是不令受助者失去自尊，也不会丧失对自己生活的控制，只有这样的给予才是真正的帮助。所以帮助是助人者对受助者不含任何回报企求的给予。无论是自己主动求助还是别人介绍或他人确认的服务对象，当他们决定接受机构所提供的帮助时，就从潜在的服务对象转为实际的服务对象。

社会工作者在开始与服务对象接触时，要特别留意当事人对助人与受助的态度与感受。这是因为：第一，从助人方面看，中国文化把助人当作一件善事，认为它能够给助人者带来愉悦，所谓助人为乐是也。从受助方面看，在中国文化中请求或接受他人的帮助是很有讲究的。一般来说，中国人以"差序格局"来区分远近亲疏，这决定了倾向接受来自外界的帮助的优先次序。第二，中国人的文化传统中有"滴水之恩当涌泉相报"的观念，对于无力回报的人而

---

① 指依法必须接受社会服务机构服务的人，例如，社区矫正对象。

言,这可能成为受助时的一种负担,因而会阻碍人们的求助和受助行动。第三,一般来说,个人和社会对于由个人错误或人格问题导致的困难与因社会环境因素而陷入困境的态度是有分别的。对于前者,社会的同情少,服务对象也比较恐于求助,要求助也倾向依靠自然助人系统;对于后者,社会的宽容与同情都比较多,人们通常也更可能凭靠社会性助人网络系统解决困难。

在接案阶段了解当事人对助人与受助的态度与观念,对帮助其接受社会工作服务具有重要意义。当事人对"助人与受助"的态度与观念会直接影响其是否接受社会工作服务从而成为服务对象。

2. 认定服务对象的类型

只有当事人真正接受机构服务,他们才是社会工作的服务对象。要使接案工作顺利进行,工作者需要在接案前对当事人的类型进行辨别,以便提供合适的服务。根据上述服务对象的来源,可以按寻求服务时的意愿把他们分为三种类型,即自愿、非自愿和不自愿/被强制接受服务的服务对象。

(1)"自愿的服务对象"是指,认识到需要协助而主动求助的,以及经由他人介绍而接触社会服务机构并愿意成为其服务对象的人。"自愿的服务对象"求助动机强,社会工作者比较容易与之建立关系,机构的服务与他们的需要也会比较吻合。

(2)"非自愿的服务对象"是指,那些被认定为有需要的,由政府、法院或其他有权力的部门或个人(包括父母、老师等)转介到社会工作服务机构以协助其解决问题的服务对象,他们是被动接受服务的人。这种特性使得他们在接受服务时通常会存在或表现出某些抗拒情绪和行为。虽然他们是被动接受服务的人,但如果他们拒绝服务可能会有不良后果。例如,流浪儿童并不是法定必须接受服务的人,但要是拒绝服务,他们中的一些可能会在街头受社会不良分子的欺侮、教唆、控制、威逼而做坏事。所以,社会工作者要识别哪些人或者哪些群体是高危人群,主动劝说他们接受服务。

(3)"不自愿/被强制接受服务的服务对象"是指,那些依法必须接受社会服务机构服务的人。因为他们是在法律规定下接受服务的,我们称之为"被强制接受服务的服务对象"。这些服务对象如果不接受服务将依法受到相应的制裁,这使得他们在接受服务时通常会存在或表现出某些抗拒情绪和行为。在社会工作的助人活动中,与这类服务对象的专业关系通常不易建立,需要做相当细致的工作,同时需要非常娴熟的工作技巧。

服务对象的这些不同来源和类型,要求社会工作者在接案前对即将面对的服务对象有清楚的了解,以便在接案面谈中有意识地增加服务对象接受服务的自愿因素,使他们成为"自愿的服务对象"。

3. 使"潜在服务对象"成为"现有服务对象"

现有服务对象是指前来社会工作服务机构求助,已经使用社会工作者所提供的资源或服务的服务对象。潜在服务对象是指那些尚未使用或接受社会工作者的资源和帮助,但未来可能需要服务的服务对象。一个人没有求助,但可能需要协助,或者是虽然没有求助但已妨碍他人或其他系统的社会功能的正常发挥,这时他即成为"潜在服务对象"。社会工作者不仅要与"现有服务对象"建立关系,同时还要联系潜在的服务对象,使其了解接受社会工作服务对他们的意义,促使"潜在服务对象"成为"现有服务对象"。

无论是自己主动寻求帮助,还是别人介绍或由他人确认而转介来的,一旦当事人决定接受机构所提供的服务,就从潜在的服务对象转为实际的现有服务对象。在这个意义上说,"非自愿"和"不自愿"的服务对象在其决定接受协助前也是"潜在的"社会工作服务对象。辨别服务对象的类型,弄清楚服务对象是如何来到社会工作机构求助的,这是接案前的重要准备工作,也是接案的第一步。

当社会工作者依据有关人士的要求而介入某服务对象的生活时,常常会引起对方的愤怒和焦虑。因为对个人或家庭来说,与社会工作者接触是有一定障碍的。他们带有很强的戒心,一直要到他们明白了社会工作者介入的动机、社会工作者对他们有多少了解、到底要对他们做些什么时,他们才能接受社会工作者的介入。因此,要了解他们的问题,社会工作者得先向他们介绍自己,向他们说明介入他们生活的目的。这里,有三点需要注意:

第一,对于非自愿和潜在的服务对象来说,社会工作者是不请自来的,因此服务对象有权不高兴,有权向社会工作者表示怀疑或挑衅。事实上,这些反应

第七章　社会工作过程

表明他们有良好的"自我强度"。

第二，社会工作者必须怀着关切之情去听、去说、去与服务对象沟通。社会工作者需要提升自己的素质，这样才能在服务对象愿意或选择改变时去帮助他们。

第三，在与服务对象一道分析反面事件和做评价时，实际上是把它们作为要解决的问题提出来的。这时要注意，不要指点服务对象应该如何，或者表现出你知道应该如何去做，避免把自己置于权威的地位。这是因为，如果社会工作者把自己放在权威的地位，而服务对象拒绝听你的意见，就等于直接拒绝了你。通过让服务对象表述问题，社会工作者就把他带进问题解决的过程了。

（二）初步评估

在接案阶段应当对服务对象的需要、问题或困难进行初步的评估。初步评估的任务主要是界定并确认服务对象的问题，对照机构功能看是否能够处理。通过了解服务对象对问题的看法，看他们是否愿意由社会工作者提供协助。最后，确定问题的轻重与解决的先后次序。

对服务对象问题的界定要经由会谈。在界定问题时社会工作者要谨记：第一，任何人都不可能是解决各种问题的专家。因此，在使用沟通技巧与服务对象交谈时，服务对象的起点即是界定问题的入手点。在这个阶段，社会工作者向服务对象表达同感的能力是很重要的，要了解是什么使得服务对象寻求帮助，以同理心达到听懂服务对象话语内涵的目的，要注意他所使用的字眼、言谈中所表达的感受、他身体语言所传达的信息，以便准确地传达工作者的同感。

第二，在界定问题时，要让会谈集中在社会工作者所需要的信息上。如果服务对象比较善于表达，工作者就可以多听少问，只针对服务对象的表述做一些简短的评论，或问一些与服务对象所言有关的问题，以促使他们说出更深入的问题。要让服务对象用自己的语言、方式讲述自己的故事，这样社会工作者就可以试着了解他的痛苦。此时，重要的是要了解服务对象的观点，而不是急于形成自己的判断，或者为了工作者自己的目的去收集资料。你可以表明对服务对象正在讲述问题的困惑,并请求服务对象做进一步澄清。当服务对象的问题与你的经验很不同或是超出你的理解时,要注意避免将马上理解它这种不现实的期望当作一个包袱背上,当你与一个生活经历完全不同的人谈话时,这点特别重要。社会工作者可以尝试调用自己类似的经历去理解服务对象的情感,这不是说你与服务对象一样,而是指情绪感觉与服务对象所表达的一样。一个人能理解另一个人是因为人类情绪、经历具有共同性与一般性。虽然情感的深度和意义可能不同,但情感的相似性可以帮助社会工作者理解服务对象。

这里要注意,如果社会工作者的经历与服务对象的非常相同,也存在一个危险,即社会工作者可能会将自己的感受代入服务对象的。但要记住,世上没有两个人会以完全一样的方式去经历同样的事。因此,一个原则便是,必须从服务对象开始,即了解那些促使他与社会工作者走到一起的他的具体观点与看法。

第三,与界定评估服务对象问题有关的是,要了解服务对象希望从社会工作者那里获得什么,通过一道工作得到什么结果。了解服务对象的愿望,就可以理解服务对象希望改变的是什么。这也需要一个持续的过程。经过几次会谈,服务对象与社会工作者对问题的看法可能并不一致,实际上二者经常会不同。所以社会工作者与服务对象要经过一系列的讨论、磋商来形成对问题的共同看法,确定具体目标,作为工作的开始。

在完成界定问题的任务后,社会工作者需要做出决定:中止服务还是继续服务。这要考虑机构的功能是否能满足服务对象的需要。当存在这些情况时即可中止服务:机构缺乏合适的工作人员;缺乏具有必要技能的工作人员;服务对象或其问题不在机构正式或经常的职责、使命或功能之内;其他机构的资源、服务更优越;其他机构具有处理特定服务对象或问题的特权。但社会工作者必须注意,即使做出中止服务的决定,你也有责任帮助服务对象去获得接受其他服务的机会。社会工作者必须熟知满足各种需要的适当资源。

另外,也存在一些情况可能结束社会工作者的服务,即服务对象对问题的看法和期望与社会工作者所能提供的服务不相符,或者是社会工作者所能提供的服务不能解决问题,或者是服务对象没有充分的动机投入必要的时间、力量和资源。如果服务对象与社会工作者对问题有共识,服务对象又愿意由社会工作者提供协助,那么接下来就要对问题的轻重缓急与解决的先后顺序进行讨论,开始进入下一阶段。

(三)建立专业关系

在社会工作的助人活动中,与所服务的对象建立起良好的专业助人关系是实现助人目标的重要一环。专业关系是维系全部社会工作助人活动的重要媒介,并贯穿整个工作过程。

1. 专业关系的含义与特点

关系是人们之间的一种社会联结。社会工作的专业关系在社会工作者与服务对象之间表现为提供与接受专业服务,是社会工作者帮助服务对象与环境达到更好适应状态的合作关系。社会工作专业关系的功能在于,它为服务对象与社会工作者提供了一种有意义的联结,会激发服务对象的学习动力,使其愿意利用社会工作者的服务,自觉受社会工作者的影响。因此,专业关系能够使工作过程有组织、有亲切感,从而成为促进服务对象改变的动力。

珀尔曼认为,社会工作的专业关系涉及社会工作者与服务对象为解决问题而进行的活动,是二者之间的一种气氛和契约。它有如下特点:第一,有一个双方共同认可的目标;第二,有一个特定的时间架构,即有时间的限制;第三,在此关系中,社会工作者不以自己的利益为取向,而是一切以服务对象的利益为中心;第四,在这个关系中,社会工作者是掌握专门知识、具有专业伦理和专门技巧的权威;第五,这种专业关系是"控制性"的,社会工作者要把握工作的大方向,并控制自己的感情投入、行动和冲动。

2. 建立专业关系的技巧

第一,社会工作者要对服务对象的想法与反应有透彻的了解。开始接触社会工作者时,服务对象会有一些顾虑,这可能阻碍服务对象接受协助,比如:(1)因为不愿意被认为是弱者,所以不愿意接受帮助;(2)怕别人知道了丢面子,会失去原先受人尊重的地位和权威;(3)对能否改变信心不足;(4)想改变,但又不愿花时间和精力;(5)担心改变及改变所带来的后果;(6)害怕(或实际已遇到)生活中的重要他人的阻碍。

第二,针对服务对象上述可能的顾虑,社会工作者需要努力"将自己与服务对象融合"。要通过了解服务对象的想法及处境,对照自己对服务对象的感受与服务对象对接受服务的感受,努力从他的想法与需要出发,设身处地地理解其所思所想,缩短自己与服务对象的距离,使其感受到社会工作者对他的共感和接纳。

第三,敏锐地觉察服务对象的各种情绪和态度及反应。包括语言和非语言所透露出的信息。例如:理解身体语言方面的表情、衣着、情绪及言谈举止等的暗示,社会工作者以语言将服务对象的感受表达出来,使服务对象能够体会到社会工作者的关切,从而愿意接受帮助。

第四,向服务对象表达愿意提供帮助的态度。包括:

(1)同感。同感是一个人进入另一个人(群体)的情感与经历,像后者一样感受其生活的活动和结果。它是助人者努力、积极主动进入服务对象的生活世界,在不丧失自己的立场与观点的前提下,感受服务对象的处境,并运用对这种感受的理解去帮助服务对象的能力。运用同感这一技巧时,要注意区别同感、同情及怜悯之间的不同。

(2)诚恳。所谓诚恳,是要求社会工作者在与服务对象的专业关系中始终保持真诚、开放、真实的态度,向服务对象实事求是地介绍机构的服务和自己的工作角色,不加任何修饰,并完全以服务对象的需要作为自己工作的出发点,接纳服务对象,全神贯注于服务对象的处境。

(3)温暖与尊重。这要求社会工作者关心服务对象的一切,并向服务对象传达这种情感。对服务对象的关切包括,对服务对象的责任感、关心、尊重和了解,以及促进服务对象提升生活品质的愿望。这种关切是无条件的。

准确、恰当地运用以上的技巧,社会工作者就可能与服务对象建立起良好的工作关系,从而为社会工作者的协助与服务对象的进步创造合适的前提条件。

(四) 角色引导

在建立专业关系的同时,社会工作者要帮助及引导服务对象逐渐接受自己的角色,主动配合社会工作者的工作。这包括以下步骤:(1)互相澄清双方的角色期望,既有服务对象对自己的角色期望、对社会工作者的角色期望,又有社会工作者对服务对象的角色期望、社会工作者对自己的角色期望。(2)对比并找出双方想法的差异。(3)协商并达成对问题的一致看法。(4)训练并帮助服务对象逐渐接受其角色。

角色引导的作用在于,使双方有个一致的目标,不会因工作过程中的不如意而放弃自己的责任。

(五) 订立初步服务协议

经过以上的初步接触,在双方对对方都有了基本的了解后,社会工作者与服务对象就可以订立一个初步的服务协议。内容包括:机构和社会工作者可以提供的服务;对问题的初步界定;相互的角色期望及暂定的工作时间长度。服务协议的形式可以是书面的,也可以是口头的,其目的是使双方有共同的目标与约束,以便工作有效展开。

二、资料收集与评估

资料收集与评估(assessment)是在社会工作者与服务对象建立了初步工作关系后进行的,目的在于为制订科学的计划打好基础。

(一) 评估的目的

评估是一个认识服务对象情况的过程,是为了了解服务对象、其问题及其所处环境,从而构建一个计划去解决或消除问题。因此,应该特别强调评估的最终目的是对正确的计划做出贡献,而这里的关键就是要对服务对象的情况有比较清晰的认知,并且形成概念化的认识,从而达到:(1)认识、了解构成问题情境的主要因素;(2)认识问题在服务对象处境中的意义;(3)识别服务对象本身和环境中的资源;(4)运用专业知识去思考、辨认情境中需要改变的部分;(5)计划如何能让改变现状的愿望变为现实。

在明确服务对象的需要、获得相关问题的资料以后，社会工作者才能通过对这些资料的分析，针对服务对象的问题做出解释、进行评估、形成概念，并决定解决问题与满足需要的目标以及介入的策略。这样，评估又是一个收集资料以对问题做出判断的过程。

（二）评估的特点

首先，评估的方向是由社会工作者所采用的理论架构决定的，同时也受到社会工作者价值观的影响。理论架构不同，评估的切入点也会不同。比如，采用"问题解决"模式的理论框架，在评估一个人时，会从生命历程与人的需要入手，去分析评价，把问题的产生看作人生的常态，出现问题与解决问题是生活的一部分。采用生态系统论的理论架构，则会从人与环境的互动出发，切入点是个人、环境及二者的互动。社会工作者要明白各种理论框架都有长短，要注意综合运用。

其次，评估是一个动态、持续和有焦点的过程。所谓动态，是说评估要根据改变的进度不断进行。评估贯穿整个助人过程，因此说它是一个持续的过程。要根据变化了的情况随时调整工作的步调与目标。评估也是有针对性的，要有焦点，一次针对一个问题，这样比较有成效。

再次，评估是一个社会工作者与服务对象共同参与的过程。工作者要与服务对象一起发掘问题、了解问题的成因，共同寻找解决问题的方法与途径，因为只有服务对象最了解自己及自己所处的环境。在共同参与中，工作者激发服务对象的潜能，会起到促进其成长的作用。

最后，评估是一个分析与行动并重的过程。在评估的过程中，社会工作者需要运用知识去分析服务对象的处境，进行抽象的思考，同时要与实际环境相接触，不断修正自己的判断，达到准确评估的目的。换句话说，评估必须既动手又动脑。

（三）评估的步骤

第一步，要探究服务对象的情况、问题与需要。这要从几个方面入手：

（1）描述服务对象的问题与需要。包括问题是什么，问题的范围、原因，问题的严重程度及持续的时间。

第七章 社会工作过程

（2）描述服务对象的处境及对象生活于其中的社会系统的情况。确定谁是服务对象系统（个人、小组、家庭或社区）、目标系统和行动系统，描述服务对象系统之间的关系，它们与其他社会系统（目标系统和行动系统）之间的关系。

（3）描述服务对象的问题与需要的进程。包括问题是在什么情况下产生的，产生的时间和先后次序，服务对象和其他重要系统的反应及应付措施。

（4）探究服务对象不能解决问题的原因，对症下药。导致问题不能解决的原因主要有下面几种：首先，服务对象对问题的看法可能就是影响其解决问题的因素。其次，处理问题的方法也会影响问题的解决。如对于"问题"青少年，有人认为应该严厉惩罚，让他们承担后果；也有人采取放纵、放弃的方法，把"问题"青少年推出校园。再次，与资源系统的联系也会影响问题的解决。在很多情况下，资源的缺乏是问题得不到解决的原因。最后，政府对资源系统的政策协调也是影响问题解决的重要因素。

（5）描述服务对象系统的发展阶段。如果服务对象系统是一个人，要描述个人生命周期的各阶段；一个家庭也有其家庭生命周期及其各发展阶段的特征；同样，一个小组或社区在为某一目标运作时也有其发展的不同阶段。了解服务对象系统的发展阶段与状况，社会工作者才能加深对问题与需要的认识和理解。

（6）描述并鉴定服务对象系统的资源状况。包括评估服务对象参与解决问题的动机强度、学习的能力、有形的资源（例如金钱）和时间等。

以上基本涵盖了服务对象系统的问题与需要，服务对象的内部动机与外部环境资源。全面掌握了这些情况后，就要开始下一步的评估了。

第二步，分析服务对象的资料与情况，做出评估和摘要。

（1）对服务对象的问题与需要做出解释。比如，针对脑瘫儿童上学难的问题可以做出如下解释：脑瘫儿童不能上小学是因为他们的家长缺乏应对能力，家长不懂如何训练脑瘫儿童的生活自理能力及缺乏必要的技能；很多学校怕影响其他人学习或使老师照顾负担过重而不愿收他们；社会没有提供足够的资源帮助他们；等等。这些都是使一部分家长陷入困境的原因。

（2）列出解决问题的目标及先后次序。例如，针对脑瘫儿童就学困难问题的工作目标可以是：首先帮助脑瘫儿童的家庭，指导他们培训孩子的生活自理能力，为上学做好充分准备；然后联系和协调有关资源系统协助有困难的家庭及脑瘫儿童，增加服务资源，如建立特殊学校等；再将服务对象与资源系统联结起来，组织、推动成立脑瘫儿童家长会，鼓励他们主动与教育、医疗部门及政府有关部门联系，使社会重视他们的需要。

（3）介入的策略。介入的策略原则是多层次介入。例如，针对脑瘫儿童就学困难问题，介入策略包括：直接提供服务，帮助服务对象解决问题，满足其需要，改变他们的看法及应对问题的方法；训练家长协助脑瘫儿童培养生活技能；为脑瘫儿童提供训练，让他们能独立在校生活等。

（四）收集评估所需要的资料

收集评估所需资料的方法很多，工作者要根据实际情况灵活运用多种方法，全面了解对服务对象及其所处的社会环境。收集资料的方法包括：

（1）询问。对服务对象的评估，最好的资料直接来自服务对象本身。直接向服务对象询问，经过面对面的会谈去收集资料，可以为决定介入与干预的方法提供依据。

（2）咨询。为做出准确的评估，社会工作者也常常向其他专业人士咨询，以求获得对服务对象问题的全面、正确、科学的认识。如社会工作者为自闭儿童提供服务时，常常向有关医学专家咨询自闭症的病理与临床治疗知识，以获得对服务对象问题的科学认识及服务对象问题的相关资料。

（3）观察。通过实地观察，社会工作者可以增加对服务对象及其所处社会环境的了解，增加对问题的实感，使收集的资料更准确。观察可以通过家访或深入社区生活来进行。

（4）利用已有资料。这主要是利用机构已有的个案资料、工作报告、调查报告及政府机构所提供的有关问题与政策的资料。服务对象若有其他方面的档案材料，也可作为资料的重要来源。

在收集了尽可能多的资料，并由此对服务对象的问题与需要做出评估后，即可进入下一个工作流程，即制订计划与签订服务协议阶段。

三、计划与服务协议

"计划"是一个理性思考及做决定的过程,包括制定目标及选择为了达到目标而要采取的行动。在制订计划过程中,社会工作强调服务对象的参与,社会工作者与他们一起工作,即服务对象参与目标的制定及对行动策略的选择。

(一) 计划的内容

计划的内容包括:第一,将已获得的有关服务对象系统的资料、直觉,以及服务对象和社会工作者对问题的分析加以整理和组织,形成概念性的认识,去解释问题。在解释清楚问题产生原因的基础上,寻求办法去改变问题情境。计划并不是只着眼于单一因素,而是将各种相关因素联系起来,构成对服务对象系统情境的完整认识。只有这样的计划才具有帮助服务对象改变的功能。

第二,确定目的及目标。所谓目的,是指介入工作总体的方向和要得到的最终结果;目标则是指具体的工作指标,是为实现目的而做工作的过程和中间阶段要获得的具体的、近期的、阶段性的成果。换句话说,介入工作的目的要通过一个个具体的工作阶段来实现,即以完成一项一项的短期工作趋向总目的。在确定目的和目标时,社会工作者要考虑服务对象系统的愿望,要与服务对象系统分享对目的与目标的期望。如果服务对象与社会工作者双方的目标与目的不一致,双方就要进行讨论与协商,直到取得完全一致的意见。否则,工作过程中,服务对象与社会工作者很可能是朝向相反方向的。

第三,制定介入的策略。制定介入策略即是决定解决问题的办法。决定介入策略的过程也是社会工作者与服务对象一起决策的过程,这要求双方共同商讨解决问题所要采取的步骤及如何具体实现目的与目标。当双方有分歧时,要协商解决。这里要注意的是,制定介入策略也要根据服务对象的实际情况,给服务对象选择的机会,不可操之过急。过快确定介入的策略会带来两个问题:一是服务对象没有机会为解决自己的问题做出努力,二是妨碍社会工作者运用服务对象在解决问题过程中的力量。

第四,明确协同工作的单位。为了达到计划的目标,社会工作者要运用不同系统的资源,与其一起工作。这些系统包括家庭、朋友、邻居、同辈团体及社区。

第五,确定社会工作者与服务对象各自的角色。一般来说,为了达到计划的目的与目标,社会工作者要承担多种角色。除了作为资源的联络人,是否还是直接服务的提供者?这些都要在计划中加以澄清和约定。此外,对服务对象的角色也应有清楚的说明,以利于工作的进行。

第六,规划具体的行动与工作程序及工作时间表。介入计划要列明介入行动的具体程序和时间进度,以便约束社会工作者和服务对象,使双方为实现介入目的和目标而共同努力。

(二)制订计划的原则

制订计划时,要遵循如下原则:

第一,详细、具体。详细、具体的计划能够给社会工作者和服务对象提供行动的指示,促进改变;详细、具体的目标具有可测量性,使社会工作者和服务对象看得见、摸得着工作的成果,知道是否实现了目标。

第二,计划的目标对于服务对象而言要容易理解,这样他们才有能力达到,并且有资源支持目标的实现。因此,目标要具有可能性与可行性。

第三,计划要与工作的总目的、宗旨相符合。计划的具体目标不能偏离介入的目的。有些事情可能对服务对象是有益的,但它们与服务对象近期需要的满足或者问题的解决并不吻合。在这种情况下,社会工作者要分清轻重缓急,务必使计划与介入目的一致。

第四,计划要能够总结与度量,以为评估打好基础。一项计划不但要能够满足服务对象的需要,解决他们的问题,还要能够进行量化评估,以便清晰地呈现改变的成果。一般来说,在制订计划时就要考虑到如何评估介入行动,这也是制订计划的重要原则。

(三)签订服务协议

1. 服务协议的含义与内容

服务协议也称为服务合同、工作契约等,是社会工作者与服务对象经过讨论协商而形成的满足服务对象需要和解决他们问题的工作方案,是双方对解决问题的承诺,是社会工作者与服务对象之间的合作计划,体现了双方的伙伴关系。服务协议具体标明了社会工作者和服务对象对问题的认识与界定,工作的目标及相互责任。

服务协议的内容包括:(1)计划的目的与目标;(2)双方各自的角色与任务;(3)为达目的与目标所采取的步骤、方法与技巧;(4)期望达到的结果,以及进行总结、测量和评估的方法。

2. 服务协议的形式

社会工作的服务协议可以是书面协议,也可以是口头协议。书面协议要列明各项工作目标及双方的义务和责任,这样的协议对于改变有积极帮助。所以,一般来说,最好是签订书面协议,这样才可能起到督促双方的作用。在实际工作中,口头协议也很常见。口头协议在效用上与书面协议没有明显的不同,一般用于专业关系建立的初期,是服务对象还不习惯签订协议时的变通。

3. 社会工作服务协议的特点与制订原则

社会工作协议的本质是一种契约,目的在于约束双方、促进合作、保证介入目标的实现,因此它最大的特点是具有可操作性。操作性服务协议的制订原则主要有:

(1)明确。协议内容应该词约指明。为了避免意思上的含混不清,协议的文字应清楚、精简和具体,避免过多使用专业术语。

(2)得到认可。协议必须是社会工作者和服务对象双方共同拟订的,即必须是双方合作、共同参与并使用服务对象能明白的语言表述的;协议必须体现出双方对问题界定、工作目标、介入策略、参与者各自角色与任务的共识,是双方完全同意的。

(3)具有弹性。法律协议具有固定不变性,然而,社会工作的服务协议却要根据服务对象的变化不断进行调整。这使得社会工作的服务协议具有灵活性而不是一成不变的,可以根据服务对象的新需要重新商定。

（4）具有实用性。协议应该是对于社会工作者和服务对象双方可行的、现实的。协议既要具有约束力,也要避免过于严格而难以实现。能够实现的、现实的协议让服务对象感觉自己有能力把握和处理问题,有助于恢复和增强他们解决问题的信心。协议条款太过严格而难以实现,会增加服务对象的挫败感,因而是不适宜的。

四、介入

社会工作者运用专业的知识、方法与技巧,协助服务对象系统达到服务计划目标的过程,即是社会工作的介入。介入是实际执行服务计划,满足服务对象需要和实际解决问题的行动阶段。

（一）介入的策略

1. 与服务对象系统一起行动

社会工作者与服务对象共同行动包括：

（1）帮助服务对象运用自己的内在资源,以达到改变的目标。在助人活动中,社会工作者的任务是协助服务对象对所面对的事情采取正确的分析态度与方法,从而有效地解决问题;改进服务对象扮演角色的技巧,发掘他的潜能,并帮助服务对象树立积极的人生观。在这里,社会工作者主要扮演辅导者、促进者、意见提供者和教育者的角色。

（2）帮助服务对象运用现有的外部资源。运用外部资源的目的是,将服务对象系统与资源系统联结起来以增强服务对象的社会功能。外部资源包括正式的资源系统（各类服务机构所能提供的资源）,以及非正式的资源系统（家庭、邻居、亲戚、朋友的支持等）。这里,社会工作者主要扮演中介、倡导者和促进者的角色。

（3）帮助服务对象采取处理危机的行动。危机是指,个人生活中的压力或突发事件使个人原有的生活状况有所改变,导致出现不平衡或者失去稳定的一种状态。每个人在人生的不同时期都有可能遭遇危机,危机是正常的,而不是病态。危机介入是一种特殊的介入,目的在于消除服务对象的紧张情绪,恢复其功能,使他们走出危机。帮助服务对象采取行动处理危机,就是与服务对象一起应对危机并帮助他们恢复社会功能。

（4）借用具体的工作方案及活动程序帮助服务对象完成生命任务与解决问题。所谓"活动"，是指针对既定目标或任务的行动。社会工作者组织活动作为帮助服务对象的介入行动，协助他们发展某些特别的社会技能，达到解决问题的目的。工作方案与活动程序的功能在于，能够帮助服务对象建立自信，增强社会功能，让服务对象在活动中学习做决定，提高处理问题的能力并掌握相关技巧，发展新的兴趣，改变自己的行为，在活动中建立与外部环境的联系。

（5）运用影响力。为有效帮助服务对象，社会工作者要有意识地运用各种影响服务对象改变的因素和力量，包括：诱导——奖励与处罚；劝导——运用有说服力的观点改变服务对象的观念；关系——运用人际关系去影响目标系统的行为；环境——运用外部资源，使外部社会环境有利于服务对象的改变。

2. 代表服务对象采取行动

当服务对象系统缺乏行动的能力，或是处于没有能力行动的境况时，需要社会工作者代表他们采取行动，为他们争取权益。社会工作者为此而采取的行动包括：

（1）协调各种服务资源与系统，将它们联系起来，以达到服务的目标。在一个地区内能够为服务对象提供服务的常常不止一个机构或者组织，社会工作者要有效协调这些服务资源。协调的功能在于，使参与助人的各方了解彼此的计划和进度，减少工作的重复和服务的空缺。

（2）制订计划创新资源，满足服务对象的需要。当发现社会有新的需要但缺乏有效的服务资源时，社会工作者就要考虑筹划发展新资源。创新资源是一个重要的发展资源和有效满足需要的方法，这并不一定需要很高的成本。只要有创造性，就能发展出一些成本不高，却富有创新精神且有用的资源，如发展互助小组、发展志愿服务等。

（3）改变环境。改变环境的工作也称环境介入、环境改变术，其目的在于改变服务对象周围的环境，以促成服务对象的改变，达到服务的目标。环境介入中的"环境"一词,意指环绕着服务对象的整个外部世界。环境被认为具有多元的特质,其所包含的层次有知觉的环境、物理环境、社会/互动的环境、社会体制和组织的环境、文化和社会政治的环境。环境介入不仅包括改变环境的意图和努力,同时也包含通过对环境状态产生的影响进行分析,而改变个人和集体观念的过程。社会工作者要明白,环境不仅充满挑战,也充满机会,需要对环境、个人和集体福利进行分析和行动介入。

(4) 改变组织与机构。每个社会工作机构都有自己清楚的目标、政策、组织架构和工作程序,从而服务于人与社会。当组织或机构不能满足服务对象的需要、妨碍服务对象社会功能的发挥时,就要尝试改变组织的结构与功能来满足服务对象系统的需要。

(二) 选择介入策略的原则

(1) 经济。介入意味着社会工作者和服务对象都要付出时间和精力,因此,介入行动的原则就是要实现收益最大化,优先考虑投入时间和精力最少的行动,从而以最小的成本投入获得最有效的改变。例如,对网瘾少年的介入行动如果针对其家庭可能比单纯针对个人有效得多。

(2) 服务对象共同参与。社会工作者不能单枪匹马地采取介入行动,要依靠服务对象,与他们紧密配合,双方共同参与介入行动,才能最大限度地发挥服务对象系统的积极性与能动性,介入也才可能有实际效果。

(3) 遵循个别化的原则。针对服务对象系统的特殊性选择介入的策略和行动,才能适应服务对象的需要,有助于解决问题。例如,就艾滋病患者而言,并不是所有艾滋病患者的家庭都排斥他们,故社会工作者对不同的服务对象要有个别化的介入行动。

(4) 量力而行。要根据机构的政策与功能、社会工作者的技巧与能力及现有资源条件选择适当的介入策略,以便达到计划目标与目的。

五、总结与评估服务

总结评估(evaluation)是指回顾整个介入过程,运用科学的研究方法和技术,系统地评价社会工作的介入结果,考察社会工作的介入是否有效、是否达到了预期目标与目的的过程。总结也是一种认知过程,一种逻辑判断,具有持续性、互动性、逐步深入性、知识指引性等特点。

(一)总结评估的目的

总结的目的首先是帮助社会工作者反思整个工作过程,衡量得与失,吸取经验教训,促进工作质量的提高。其次是帮助服务对象回顾改变的过程,促进服务对象的成长。最后是进行社会工作研究。通过总结社会工作的服务过程,系统地汇集资料,积累实践的知识和经验,这是发展本土社会工作理论和方法的有效途径。将实践经验汇总并进行检验、分析和研究是总结的又一目的。

(二)总结与评估的类型

1. 过程总结

过程总结是对整个介入过程的监测,包括社会工作者介入进行中的总结。它对工作过程的每一步骤、每一个阶段分别做出总结,关心的重点是工作中的各种步骤和程序怎样促成了最终的介入结果。方法是了解和描述介入活动的内容,回答服务过程中发生了什么,以及为什么会发生。

过程总结提供有关服务过程的各种信息,包括工作目标、介入过程、介入行动和介入影响。在介入初期和中期,重点是对服务对象的表现及社会工作者的工作和技巧进行总结,以此了解服务对象的改变进展,适时修正介入方案,改善工作技巧。用于总结评估的资料包括个案记录、社会工作者和服务对象的叙述资料等。在结束阶段,重在总结是什么因素推动了服务对象的改变。可以通过详细分析服务过程中有影响力的事件,探索服务对象转变的内在动力及其来源。

2. 结果总结与评估

结果是指介入行动最终完成的形态。结果总结与评估是在工作过程的最终阶段进行的,包括目标结果和理想结果两个部分。其中,目标是指介入努力的方向;结果是介入的直接和最终效果。结果评估是检视计划介入的理想结果以及这些结果实现的程度及其影响。相对而言,目标是比较概括的,而结果则是具体并可以度量的。

(三）总结的内容

作为一个助人专业，社会工作需要对服务对象、工作机构、社会和专业本身负责。我们要知道，经过介入行动，服务对象是否达到了目标，而目标的实现是否是社会工作介入行动的结果。具体包括：服务是否有效地达到了既定目标；服务方法与技巧是否运用得当；工作者所扮演的角色是否适当。

（四）总结与评估的方法

无论是结果评估还是过程评估，其在本质上都是社会工作研究的过程。总结评估的方法大致有三种：

（1）利用档案记录。主要包括对服务对象所填写的接受服务的相关资料和他们对服务效果的叙述进行研究总结。例如，依据他们对问题的说明、感受、看法，考察社会工作介入的效果、目标实现的程度、介入的方法是否有效等。

（2）收集服务对象对介入过程和结果的意见与看法。包括访谈、观察和记录等。例如，对服务对象的非语言行为的直接观察，对服务对象与亲友之间互动的直接观察，从服务对象的亲友、医生、老师、上级等相关人员处获得的间接信息等。

（3）使用调查方法，收集介入效果的数据和事实资料。包括让服务对象填写问卷，以获取实务效果的客观资料，以及服务对象对介入效果的主观感受方面的资料。基线测量方法也是收集介入效果数据时常用的方法。

（五）总结评估所采取的原则

（1）要注重社会工作者的自我总结与反思。总结的目的在于评价服务效果、探索工作经验、改善工作技巧、提升服务水平。社会工作者要重视对整个工作过程中的价值观、方法与技巧的反思，以便从总结中获得经验，进而改善自己和机构的工作，提升工作能力，并带来个人和专业的成长与发展，以便更好地为服务对象提供服务。

（2）必须有服务对象的参与。服务对象是服务的使用者，他们最知道服务是否符合他们的需要、哪里需要改进和自己有哪些改变。所以，他们在服务总结与评估中应该是最有发言权的人。更重要的是,总结的终极目的是更好地为服务对象提供服务,而不是为了社会工作专业和社会工作者自己。因此,总结一定要有服务对象的参与,才可能达到总结的目的。社会工作者要注意,进行总结时务必让服务对象参与其中,这样才能达到改进工作、提升服务品质的目的。

(3) 总结与评估的方法要与社会工作的价值观相吻合,注意保密。社会工作是与人一起工作的专业,进行总结时所选择的方法、资料的收集等环节都要符合社会工作的伦理,不能因为总结而损害服务对象的利益。

(4) 要切合实际需要。总结是为了让社会工作的服务切实满足服务对象的需要,帮助他们解决问题。因此,进行总结时要从实际情况出发,选择的总结方法也要与总结的目标一致,切实可行,而不是越复杂越好。

六、终止与结案

当社会工作成功地达到了预定目的,或者服务对象认为改变已经足够而要求终止工作,抑或服务对象与社会工作者因故不能继续一起工作时,社会工作的过程就要结束。此时,就进入社会工作的最后一个环节即结案。

(一) 终止服务结案的类型和方法

结案标志着社会工作者和服务对象终止接触,此时经过有计划的步骤,介入工作的目标已经实现。换句话说,结案时最理想的状况是,服务对象实现了改变目标,选择结束与社会工作者的关系。然而,成功地实现介入目标只是众多结案原因之一,还有其他情况也要结案。概括地说,结案有如下类型:

(1) 目标达成的结案。经过总结评估,社会工作者和服务对象都认为问题基本解决、目标大致实现时,根据协议社会工作者提议结案,服务对象也接受,由此就进入结案阶段。这种结案是有计划、按程序进行的。

(2) 因服务对象不愿继续接受服务而必须终止专业关系的结案。在外展工作中常常会遇到这种情况:服务对象强烈抗拒服务,社会工作者就没有理由再维持与他们的工作关系。在这种情况下,服务对象没有意愿和动机接受服务,双方的关系已没有意义。

(3) 存在无法实现目标的客观和实际原因的结案。当社会工作者发现服务对象的需要超出了自己和机构的能力时,就要结案。这种情况下,结案的形式可以是将服务对象转到其他机构去接受服务,也可以是转由其他社会工作者继续提供帮助。

(4) 社会工作者或服务对象身份发生变化时的结案。当社会工作者和服务对象身份发生变化时,即使目标没有实现也要结案。例如,服务对象由于搬迁而离开机构所服务的地区,或者工作者由于工作调动而离开时,都要结案。

终止和结案的方法包括:转介——将服务对象转往其他机构去接受服务;转移——转由其他社会工作者提供帮助;终止——不再提供服务。

(二) 结案时的注意事项

社会工作者要注意在终止期服务对象可能会有的一些反应,如:否认——不愿承认已到终止期;倒退——回复到以前的状态;依赖——对社会工作者过分依靠;抱怨——对社会工作者不满意。因此,社会工作者要审慎应对服务对象的反应,采取步骤与方法让服务对象适应和接受服务终止的事实。社会工作者可以在终止阶段逐渐减少与服务对象的接触,提醒服务对象学会自立,给服务对象以心理支持,在他有需要时继续提供服务。同时,社会工作者也要估计一些可能破坏改变成果的因素,预防问题的产生,继续提供一些服务,并为服务对象寻求对其有帮助的资源系统,待稳定了服务对象的改变成果后,才最终结束专业助人关系。

七、运用通用社会工作过程模式时应考虑的因素

(一) 助人过程各阶段的先后次序是有弹性的

通用过程模式假定,社会工作者与服务对象有面对面的接触,服务对象参与所有工作阶段,这在针对服务对象的"个案"工作中表现尤为明显。然而,就社会工作多样的工作场所来说,不同的工作性质和不同的问题会使各阶段的次序有所不同。例如,在青少年服务中心、社区工作站或居委会的社区工作

中,社会工作者要先评估社区的需要,然后才策划工作方案,再接着寻求社区居民的直接参与,即先有预估,后有建立关系的"接案"工作。在某些危急情况下,例如发现儿童被虐待时,社会工作者首先要保护儿童,其次才是评估其问题与需要,即先有直接介入,后有评估。在另外一些情况下,助人过程还会在某一阶段被简化,例如,接案后即结案,或者将服务对象转介给另一机构,这些就属于简化的工作过程。

（二）工作过程可能是叠加和螺旋式的

如上所述,尽管通用过程模式的各阶段有先后顺序,但这并不是说社会工作者必须完成一个阶段的工作任务才能进入下一个阶段。事实上,在助人过程没有结束前,哪一个阶段都不会真正结束。这是因为,对服务对象问题的理解是一个随时间不断深化的过程,问题本身也会随着时间的推移而改变。这要求社会工作者在与服务对象一起工作时不断发现新问题,不断修正原来的计划。所以说,助人过程是不断回旋的、螺旋式上升的,而不是直线式的。社会工作者在完成每一项工作后,要回头去看上一个阶段的工作是否需要进一步深化与加强。

（三）工作模式只可作为实务的参考性指南

通用过程模式不可能解决助人过程中遇到的所有问题,它更像是一张地图,为社会工作者的工作提供重要的参考信息和指导;它给了社会工作者在助人过程中十分重要的路标,帮助社会工作者考虑和决定工作的方向。但这张地图并不是全部真实的立体场景。这要求社会工作者学会在工作中运用社会工作的知识和技巧,来弥补通用过程模式这张抽象地图的不足,随时修正工作的方向。

◆ **参考文献及进一步阅读文献**

莱恩·多亚尔、伊恩·高夫:《人的需要理论》,汪淳波、李宝莹译,商务印书馆2008年版。

沈原:《"强干预"与"弱干预":社会学干预方法的两条途径》,《社会学研究》2006年第5期。

阿兰·图海纳:《行动者的归来》,舒诗伟、许甘霖、蔡宜刚译,商务印书馆2008年版。

熊跃根:《从社会诊断迈向社会干预:社会工作理论发展的反思》,《江海学刊》2012年第4期。

Howard Goldstein, *Social Work Practice*: *A Unitary Approach*, University of South Carolina Press, 1973.

Allen Pincus and Anne Minahan, *Social Work Practice*: *Model and Method*, F. E. Peacock Publishers, 1982, Chapter 3.

Max Siporin, *Introduction to Social Work Practice*, Macmillan Publishing, Co., Inc., 1975.

◆● 思考题

1. 怎样理解社会工作是一个过程?
2. 通用社会工作过程模式的理论基础有哪些?
3. 通用社会工作过程模式的分析范式是什么?
4. 满足人类需要的资源系统有哪些?社会工作是如何看待人与资源系统的互动的?
5. 通用社会工作过程中的"四个基本系统"是什么?它们对社会工作实务有什么意义?
6. 简述社会工作实务的通用过程。

第八章

个 案 工 作

个案工作是最早形成的社会工作专业方法,它在帮助个人和家庭满足需求和解决问题上发挥着不可替代的作用。本章将着重阐述个案工作的概念及发展历史、个案工作的服务对象与功能、个案工作的哲学基础与价值观以及个案工作的模式等内容。

第一节 个案工作的概念及发展历史

个案工作的概念是社会工作在实践中总结提炼出来的,是围绕个人和家庭的需要满足和问题解决而逐步发展完善的专业方法。

一、个案工作的概念

个案工作,又称社会个案工作,是从英文"social casework"直译而来的。由于文化的差异,中外对于个案工作的定义并无普遍共识,但从学术界对个案工作的界定来看,个案工作的要点包括诸多方面。

(一)个案工作的内涵

个案工作是最早成形的社会工作模式或专业方法,它有丰富的内涵,代表性观点有：

（1）个案工作是一个过程。里士满认为，个案工作包含一连串的"工作过程"，以个人为切入点，通过帮助个人与其所处社会环境取得有效的调适，促进其人格的成长。

（2）个案工作是一种艺术与科学。鲍尔斯（S. Bowers）认为，个案工作是一种艺术，它运用有关人类关系的科学知识与改善人际关系的专业技巧，以挖掘和利用个人的潜能和社区的资源，促使服务对象与其所处环境形成较佳的调适关系。

（3）个案工作是一种一对一的方法。斯莫利（R. E. Smalley）认为，个案工作是一种一对一的方法，通过建立关系及运用专业技巧，促使服务对象使用社会服务，以增进个人和一般社会福利。

综合以上三方面可以认为，个案工作是以科学知识和专业技巧为基础，通过一对一的专业关系，帮助个人、家庭等服务对象解决所面临的问题，处理其与环境之间的关系，从而增进社会福祉的专业服务。

（二）个案工作在社会工作方法体系中的位置

作为社会工作中最早形成和发展起来的一种提供专业服务的方法，个案工作具有自身的特点。从直接实践和间接实践二分法的角度来看，个案工作属于直接实践的范畴。所谓直接实践，是指社会工作者与个人、家庭、小组等一起开展的社会工作。它不但强调社会工作者与服务对象之间"一对一""面对面"的相互作用，而且力图直接改变服务对象的行为、解决他们的问题、疏解他们的情感或心理困惑。而间接实践则是指解决服务对象环境问题的工作。[1]

从微观实践、中观实践及宏观实践三分法的角度来看，个案工作属于微观实践范畴。扎斯特罗（C. Zastrow）认为，社会工作者在三个层次上从事实践：（1）微观层次——与个人在一对一的基础上一起工作；（2）中观层次——与家庭和其他小群体一起工作；（3）宏观层次——与组织和社区一起工作，或者寻

---

[1] Julie Birkenmaier and Marla Berg-Weger, *The Practice of Generalist Social Work*, 4th ed., Routledge, 2017, p. 66.

求法规和社会政策的改变。①

个案工作作为一种微观层次上的实践,不仅意味着社会工作者面对的服务对象系统规模较小,而且意味着社会工作者与服务对象之间关系较为密切,是一种"面对面"的服务提供过程。中观层次、宏观层次的服务范围较大,社会工作者与服务对象之间的关系不那么亲密。②

二、个案工作的发展历史

个案工作这一专业方法的发展,伴随着和反映了为个人和家庭提供服务的历程。

(一)个案工作的产生

专业社会工作起源于工业化早期的贫民救济活动。无论是欧洲还是北美,早期对贫困人口的帮助都是以救助贫民个人和家庭的方式展开的。在对遍行欧美的慈善组织会社和友善访问员所采用的"个别化"救助方式进行经验总结的基础上,演化出了社会工作的第一个专业助人方法,即个案工作。《社会诊断》是第一本对个案工作的知识基础和方法进行系统阐释的专著,个案工作也成为社会工作者有针对性地帮助个人和家庭解决他们的个别性问题的专业方法。个案工作所回应的不是"社会问题"本身,而是"个案",特别注重深受社会问题困扰或无法良好适应社会环境或关系的个人或家庭。

(二)个案工作的发展阶段

1. 慈善组织会社时期重视道德培养的个人和家庭工作

个案工作的历史可以追溯到19世纪末20世纪初在欧美普遍建立的慈善组织会社。慈善组织会社受当时社会思潮的影响,认为个人和家庭贫穷的原因在于个人道德的沦丧或不肯努力,但从人道主义出发,社会又有责任去帮助

---

① Charles Zastrow, *Introduction to Social Work and Social Welfare: Empowering People*, 12th ed., Cengage Learning, 2017, p. 42.

② Scott W. Boyle et. al., *Direct Practice in Social Work*, 2nd ed. (Pearson new international edition), Pearson, 2014, pp. 10-11.

这些人和家庭。因而,慈善组织会社聘用友善访问员走访这些贫困家庭,查证其有无援助的必要,并通过道德说教及其他方式给予协助。这个时期可以视为个案工作的萌芽时期,其特点在于重视个人的道德培养。

2. 第一次世界大战后强调个人与环境双视角下的介入工作

慈善组织会社后期至第一次世界大战结束,个案工作进入了第二个发展阶段。当时服务对象的问题多为酗酒、犯罪、遗弃及其他非法或不道德行为,而造成这些问题的原因往往是患病、工资不足、居住环境不良以及父母生活堕落等。这些问题启发了当时的社会工作者,他们认识到,服务对象的问题并不完全是个人原因导致的,而是与社会、社会结构密切相关。里士满认为,个人遭遇问题,乃是由于此人不能适应社会环境,或是社会环境不良导致个人与社会之间的关系失调。因此,她所提出的个案工作方法包括:(1)了解求助者个性和其问题之性质;(2)了解求助者的社会关系,分析其社会助力及阻力的影响;(3)探究求助者个人心理与问题的交互作用,了解社会环境的间接作用。此一时期个案工作的特点在于,重视个人方面的因素,更加重视对造成问题的社会环境方面的因素的分析。

3. 重视和强调改变服务对象个人特质的时期

第一次世界大战末至1929年世界经济危机时期是个案工作发展的第三个阶段。其时,服务对象的问题多属于心理或精神方面的,单靠改善社会环境并不能完全解决。加之,当时精神病学及心理分析的蓬勃发展给个案工作以强烈的影响,因而,社会工作者开始运用心理分析的方法来帮助服务对象解决问题。此时期的社会工作者注重服务对象本身对问题的主观看法和解释,认为个人行为往往受情感与心理因素的支配。在专业关系方面,强调"服务对象自决"的原则和社会工作者在工作过程中的客观与理智态度。这一时期个案工作的特点在于,重视个人的心理因素胜于对社会环境因素的分析和干预,以至形成了社会工作中的"精神医学的洪流"。

4. 强调人与环境相互影响及重视环境工作时期

第二次世界大战之后,个案工作进入了第四个发展阶段。社会工作者认识到,服务对象所面对的问题是多样的,也是多成因的,其中有心理方面的,也有社会环境方面的,甚至有心理方面和社会环境方面因素综合而成的。这要求个案工作的介入不能是单方面的,而应是综合的。加之行为科学等学科在此时迅速发展,于是,在个案工作领域中出现了一个以综合为特征的发展时期。社会工作者既重视针对服务对象心理方面的干预,也重视社会环境方面的介入,即强调把工作重点放在对人与环境之间互动的分析与介入上。

5. 系统视角下的个案工作时期

20世纪70年代,个案工作进入整合发展时期。到了20世纪60年代和70年代,个案工作理论和实务进一步扩展,此时,个案工作的理论和方法更加多元和系统。在对过往社会工作专业实践进行反思的基础上,借助系统理论开启了对社会工作三大方法——个案工作、小组工作和社区工作的整合。社会系统的概念以及其他社会科学的概念推动了个案工作新取向的发展,如家庭治疗、短期治疗模式取得长足进步,个案工作的服务对象也扩展到那些非自愿求助和难以接触的群体。

6. 生态主义视角下的个案工作发展

20世纪八九十年代,随着资本主义全球化的发展,受管理科学和科技理性的影响,社会工作在追求专业化和提升专业地位的努力中,愈益注重技术化;为了回应社会的问责,也越来越追求管理主义所定义的效率。这使得个案工作在注重吸收其他学科知识的同时,在对社会工作专家地位的追求中,生出一种淡化和偏离对社会中的弱势群体表现人文关怀的倾向。在后现代主义思潮的影响下,20世纪90年代出现了个案工作的新模式,包括采用女性主义理论、叙事分析治疗等。在个案工作的价值观方面,一些派别摒弃实证主义的客观观察立场,明确宣称包括个案工作在内的社会工作秉持一种道德实践的立场,认为社会工作者与服务对象应该建立合作的专业关系,在专业关系和专业实践中进行价值介入。承继了上一阶段系统理论取向的个案工作,在20世纪80年代以后发展出生命模式的介入方法,提出了生态主义个案工作视角和方法。

值得注意的是,虽然个案工作作为社会工作实践的一种方法有自己的发展轨迹,但与此同时,自20世纪70年代以来,个案工作越来越多地被视为通才社会工作者采用的一种实践方法。诚如赫普沃思(D. H. Hepworth)等人所言,为了回应对社会工作的要求,即社会工作应由可在各种场合使用的一套知识或实践哲学组成,一些社会工作学者提出了社会工作的框架或共同基础。这个框架由与社会工作有关的目的、价值、认可、知识和共享技能组成,因而拓宽了该专业的视野。由于这个新的框架没有面向实践方法,学者们创建了一个新的通用术语来描述它——社会工作实践。早期的社会工作实践框架为社会工作者确定了一个共同的知识基础,包括与服务对象的关系、资源战略、助人过程、直接实践及影响方案和机构的实践这两者的重要性,以及人与社会之间的相互作用。①

第二节 个案工作的服务对象与功能

个案工作以个人和家庭为对象,其功能在于帮助个人和家庭满足需要,解决因无法满足需要而产生的困难和问题,促进个人和家庭社会功能的发挥,提升其能力,从而使他们获得良好的社会适应能力和成长。

一、个案工作以个人和家庭为服务对象

(一) 个人和家庭是个案工作的基本服务对象

个案工作把个人视为自己的工作对象,强调社会工作者与之建立一对一的工作关系,以求帮助个人解决问题,增加福利。人在社会中生活,有时会遇到无法凭一己之力解决的个人和家庭问题。这些个人性的问题,有时家庭成员、亲戚、朋友或同事等非正式的社会支持网络可以提供帮助。但在另外一些时候,人们需要向正式的社会支持网络中的社会工作者求助。这是因为每个人都不是生活在真空中的,总是同这样或那样的社会环境联系在一起,其中,个人与家庭的联系最为紧密,并带有家庭的烙印,个体面临的个人性问题通常

---

① Dean H. Hepworth et. al., *Direct Social Work Practice: Theory and Skills*, 10th ed., Cengage Learning, p. 12.

会受到家庭内部发展动态的影响。正是因为如此,每个人的个体性问题的解决,通常需要所有家庭成员的参与,社会工作者要对家庭整体介入才能产生改变的效果,达成改变的目标。这样一来,个案工作不但需要把个人视为基本的服务对象,而且在很多时候也需要把家庭纳入解决问题、满足需要的视野,将家庭视为服务对象。具体而言,个案工作的服务对象主要是那些遇到问题需要协助的个人及其家庭。

(二)个案工作中的个人与家庭

值得注意的是,虽然个案工作一般把个人及家庭都作为服务对象系统,但从动态的角度来讲,当个案工作把个人作为服务对象系统时,其家庭并不一定同时是服务对象系统,而是社会工作者需要去改变的目标系统。例如,当一位妻子因为丈夫酗酒前来向社会工作者求助时,这位妻子是社会工作者的服务对象系统,而其丈夫则是要去改变的目标系统。其次,家庭成员的服务对象系统角色和目标系统角色可能会换位,也就是说,原来的服务对象系统可能变成目标系统,而原来的目标系统则变成服务对象系统。例如,在上述案例里,社会工作者可能会发现是这位妻子的行为导致其丈夫酗酒。这时,社会工作者除了与酗酒的丈夫一道工作外,还可能试图影响这位妻子以改变其行为,在这种情况下,这个妻子就变成目标系统。这就要求社会工作者在以个人及其家庭为服务对象时,注意区分服务对象系统和目标系统。

二、个案工作解决的个人和家庭问题的类型

个人和家庭面临的问题包括社会生活功能失调、家庭关系紧张和家庭以外人际关系不良等。个人和家庭的社会生活功能失调呈现出不同的形态,其中蕴含不同的需要和问题。

(一)物质帮扶

个人和家庭产生问题,其中一个非常重要的原因是物质生活难以自给自足,需要各种类型的生活扶助。这类帮助还包括有些家庭因新生儿降生,或者处在育儿期,或者家中有成员需要照顾,而在家务料理上难于自我照顾,需要某些家务料理扶助服务。

（二）家庭关系调解和协调

对家庭内部关系及家庭与其外部的关系进行调节是个案工作的传统内容。家庭内部关系紧张是造成家庭问题的原因。家庭关系问题既有平行关系中的夫妻冲突，也有代际的亲子关系恶劣、婆媳纠纷，以及家庭成员之间的紧张不安等。家庭以外的人际关系不良则往往表现为家庭成员与亲戚、朋友、同事以及邻居之间的不睦、纠纷和冲突等。

（三）教育和就业帮扶

家庭成员个人因在教育与职业方面难以达到合理的标准，陷入贫困或面临就业难题，需要社会工作者针对这些问题进行教育和给予就业扶助。

（四）健康维护和医疗救助

健康是个人和家庭发挥正常社会功能的基础条件，因此，当个人和家庭由于在健康维护与疾病诊治方面缺乏经费或相关知识，需要医护社会服务时，以个案工作方法提供救助是重要的社会工作服务内容。

三、个案工作的功能

从个案工作产生与发展的历史来看，个案工作是为回应个人及家庭的需要而形成的一种社会工作专业方法。因而，其功能集中表现在对个人及家庭的协助和改变上。

（一）改变动机

从个人层面来看，个案工作可以帮助改变个人的行为动机。行为动机是行为的原动力。一定的行为总是和一定的动机联系在一起的，要想改变某种行为，就不能不考虑这一行为的动机。社会工作者通过同服务对象一道工作，反思其行为动机，哪些是合理的，哪些是不妥当的，从而予以修正，使其更好地表现出适应社会环境的行为。

（二）改变行为

个案工作可以改变个人的行为。个人的行为虽然是和动机联系在一起的，但有的时候行为与动机并不完全一致。这往往会给个人在心理上造成很大的压力。社会工作者通过与服务对象一道工作,探索其行为的根本原因,从而帮助服务对象摆脱心理困扰,表现出良好的行为。

(三) 强化适应能力及发挥潜能

个案工作可以帮助强化个人的社会生活适应能力或发挥个人的潜能。个人遭遇问题,既可能与其行为动机有关,也可能与其直接表现出来的行为有关,但这一切都可以归结于个人的社会生活适应能力。社会工作者通过同个人一道工作,可以助力个人增强其社会生活适应能力,发挥潜能,以更好地完成不同发展时期的生命任务。

(四) 调整家庭关系

从家庭层面来看,个案工作可以有效地调整家庭内部的各种关系,为个人问题的解决及成长创造一个良好的环境。如上所述,个人问题总是或多或少同家庭有关,有时家庭环境不良甚至是其直接的根本原因。因此,个案工作也把家庭视为自己的服务对象。社会工作者通过与家庭一道工作,帮助家庭成员调整相互关系,增强其整体的社会生活适应性,从而为家庭个别成员问题的解决及个人发展创造一个良好的环境。

(五) 改变环境

个案工作除了在个人及家庭层面发挥功能以外,在更大的社会生活环境层面也能发挥作用。也就是说,个案工作亦会介入与个人问题有关的社会生活环境,以便为个人的改变创造契机。但由于这个层面的范围较大,个案工作在这个层面的功能是有限的。除了这种限制之外,个案工作在个人及家庭层面也不是万能的,许多时候会受到各种复杂因素的约束,它只能发挥部分功能。

第三节 个案工作的哲学基础与价值观

就其本质而言,个案工作的助人活动基于一系列的哲学假设,这套哲学探索的是一些根本性的理论问题,包括认识论、方法论、价值基础乃至美学基础。①

一、个案工作中的哲学问题

社会工作是以价值为基础的专业活动,是一种道德实践。个案工作的助人活动也离不开对人与社会关系的终极思考与关怀,涉及一系列理性与价值的判断。

(一) 个案工作的哲学及其含义

在社会工作的文献中,哲学指的是一组信念、态度、理性、抱负、目标、价值和伦理法则,它使人们对于存在、实体、我们和我们的世界、历史和发展有所了解,并赋予其意义。其中,与个案工作的实务紧密关联的就是道德和社会哲学,也是价值论和伦理学。这是因为,个案工作关涉的是个人和家庭以及道德价值和社会规范,关心的是社会公义、福利及个人权利与义务角色的实践。在整个助人过程中,也常会涉及帮助服务对象做道德规范和价值方面的选择,以及伦理抉择。② 社会工作专业具有这样一套哲学观点和信念,并以专业集体意识执着于此类信念的特性,因此可以将这套哲学观点和信念称为一种专业哲学。

专业哲学赋予个案工作以意义,为其提供原理和理想,以及描述和测量专业实践活动的基本模式和标准,并以后者为准绳衡量专业实践是否符合专业道德,这也就是专业实践的基本信念和方法的指导原则。③ 最简单地说,个案工作的哲学就是:一整套哲学观点和信念的总汇,它赋予个案工作以意义,为个案工作提供原理和理想,为个案工作的方法提供指导原则。④

(二) 个案工作哲学指导个案工作实践

个案工作的哲学是指导个案工作实践的一套理论,包括个案工作有关人

---

① 雷默:《社会工作价值与伦理》,包承恩、王永慈译,台湾洪叶文化事业有限公司 2000 年版,第 21—24 页。
② Max Siporin, *Introduction to Social Work Practice*, Macmillan, 1975, pp. 62-64.
③ Ibid., p. 62.
④ 参见黄维宪、曾华源、王慧君:《个案社会工作》,台湾五南图书出版公司 1985 年版,第 24 页。

性、人与社会关系的认识和原则。个案工作的哲学所要解决的问题是:为什么要有个案工作?具体就是:为什么要帮助处于困难中的个人和家庭?怎样才能帮助到个人和家庭?

就个案工作而言,专业社会工作者帮助有需要的个人和家庭应对各种难题,如物质匮乏、精神痛苦、人际关系疏离,以及环境和社会结构因素造成的困顿,促使其提升社会功能,增强分析和解决问题的能力,更好地融入社会生活。个案工作的性质是助人,在助人前,首先要明确为什么助人、助人的目标是什么、怎样助人,这就必然涉及人的本质、人的需要、人和社会的关系等一系列人生哲学、社会哲学、福利哲学、伦理哲学方面的问题,在这些问题上的不同看法和取向,会引出不同的助人策略和行为。故此,哲学作为一种世界观,对个案工作方法有重要的指导意义。

二、个案工作的哲学基础

个案工作的哲学源自民主、个人尊严和人权等思想,涉及人道主义、集体主义、理想社会理念、实证主义等。

(一)人道主义和人本主义思想

人道主义认为,人为万物之首,人有其尊严和重要价值。人道主义对人的价值、尊严、权利的尊重,以及对自我实现、自律、世俗理性的重视,成为个案工作诸模式对促成服务对象行为改变充满信心的一个基本理论前提,也是规范社会工作者与服务对象关系的思想基础。个案工作面对的是个人和家庭,帮助他们解决问题,其背后的人道主义哲学理念将人置于社会的首位,强调人是社会中最重要的,而个人和家庭功能的正常发挥是社会发展的必要前提。

人道主义和人本主义思想都强调尊重个人尊严和权利,因此,人权与社会正义的原则就构成了社会工作的基础,它的核心是所有人平等,尊重所有人的价值与尊严。社会工作自诞生之日起,即关注人类需要的满足和发展人的潜能,人权与社会正义是当今个案工作行动的动力与依据。

(二)集体主义思想和国家对个人福利的承担

社会工作强调社会正义。对于遭遇困境的个人和家庭而言,来自政府和社会的以集体主义思想为基础的帮助是重要的。因为任何社会都需要协助那些无法自给自足的人满足其最基本的需求,这是社会正义的基本体现。现代社会的福利方案和社会福利机构都是为实现社会正义而做出的制度性安排,而国家对于个人社会福利的承担则是以集体主义为其思想根源的。集体主义作为一种意识形态,是人类社会延续和发展的重要思想基础。

(三)理想社会

人类关于美好社会的理想是个案工作的主要哲学基础,其由来已久。中国古代社会即有"大同社会"的理想设计,而西方思想界提出的"乌托邦"社会更是现代重要的社会理想型。乌托邦主义试图通过让若干可欲的价值和实践呈现于一个理想的国家或社会,而促成这些价值和实践。

在社会工作领域,社会工作者是一群有信念和理想的专业人员,他们相信人类社会的美好前景,他们主张社会的公平和正义。乌托邦主义深刻地影响了社会工作专业人员的行为,他们认为以理想社会的理念指导经济、政治、社会等,生活能够变得完美,因此,乌托邦主义也可以说是一种理想主义或完美主义。乌托邦的理想使社会工作专业从一个广阔的视角去关心社会公正、社会平等。乌托邦主义提出的人类理想社会是个案工作的重要哲学基础,表现为个案工作对美好社会的向往和追求,以及在这种信念的支配下开展助人活动。

(四)实证主义

实证主义是在西方实验科学发展的基础上形成的一个科学哲学流派,其基本观点是,如果理论不能通过观察和实验得到验证,那它只能是种假设。换言之,知识、技术必须建立在效用的基础上,这种效用可通过观察、实验等方法经验地证实。实证主义对于个案工作的意义在于,个案工作的助人活动不仅要以人道主义为出发点,它还必须将这种哲学理念付诸实践,使处于困境的个人、家庭和处境不利群体从社会发展中获益,进而改善其社会功能。要达成这个目标,就需要有一套科学的理论和方法作为支撑。实证主义为社会工作的知识建构提供了一种科学的方法和途径,使得个案工作的助人活动不仅是以人文关怀为导向的,同时也是建立在科学化的技术和方法基础上的。

三、个案工作的价值观

作为专业实践,个案工作是充满价值的。它不但是建立在价值基础之上的,而且本身也是利他主义活动,其助人过程就是一个道德实践过程。

(一) 价值对个案工作的意义

价值是个案工作助人活动的参考框架,引导着社会工作者与服务对象的关系,也影响着工作者对服务对象所处社会环境的评判。价值经过内化成为个案工作的工作规范,从而作用于社会工作者的工作目标、理想和信念。个案工作作为社会工作的一部分,社会工作所珍视的价值也是个案工作的核心价值。布特雷姆在《社会工作的本质》一书中指出,社会工作的哲学思想主要来源于三个假设:第一,对人的尊重;第二,相信人有独特的个性;第三,坚信人有自我改变、成长和不断进步的潜能。[1] 个案工作的价值即是由此引申而来的,这些成为社会工作者与服务对象建立关系、协调与同事和社会的关系、选取和运用工作方法、发挥专业角色,以及在实务中处理两难问题的指导原则。[2]

(二) 个案工作的价值观

贝姆把社会工作价值观概括为:第一,每个人都有自我实现的权利,这种权利是人与生俱来的,并且每个人都有寻求达到此目标的能力;第二,作为一个社会成员,每个人都有义务去寻求自我实现的方法,以便贡献于社会;第三,社会有义务协助个人的自我实现,也有权利用其成员的贡献,使社会本身更充实、更富足;第四,每个人都需要和谐发展的社会给予他力量和机会,来满足自己生理、心理、经济、文化、审美及各种精神方面的基本需求;第五,由于社会日趋复杂,人与人之间相互依赖性增强,为了协助个人实现自我价值,也迫切需要专业的社会组织;第六,为了让每个人不仅能实现自我价值,而且能贡献于社会,社会组织必须在社会所认可和社会所提供的条件下,尽量在范围、种类、

---

[1] Z. T. Butrym, *The Nature of Social Work*, Macmillan, 1976, pp. 43-47.
[2] 雷默:《社会工作价值与伦理》,包承恩、王永慈译,台湾洪叶文化事业有限公司 2000 年版,第 21—24 页。

品质上求其广泛,以满足个体与社会的需求。①

莫拉莱斯和谢弗把社会工作价值观分为三个方面:第一,对人的价值偏好。(1)社会工作者相信每个人的价值与尊严是与生俱来的;(2)每个人都具有能力与动机去追求更满意的生活;(3)每个人要对他自身与他人负责;(4)人寻求归属;(5)每个人都有共同的需求,也有独特的偏好。第二,对社会价值的偏好。(1)社会必须提供机会让每个人成长与发展,以实现其最大的潜能;(2)社会应提供资源与服务,以满足人们的基本需要;(3)人人有平等机会参与社会的模塑过程。第三,社会工作的工具价值。(1)社会工作者相信所有的人均应受尊敬与保持尊严;(2)社会工作者应使人人有尽可能多的机会去决定自己的生活方向;(3)社会工作者应协助每一个人与他人互动,以建立一个满足人人需求的社会;(4)社会工作者相信个人具有独特性,而不以刻板印象待之。②

赫普沃思、鲁尼(R. H. Rooney)和拉森(J. A. Larsen)把社会工作的基本价值观概括为四个方面:第一,人有获得资源以解决问题并发展潜能的权利。社会工作者承诺为服务对象系统提供支持,以协助服务对象获得所需要的资源。为了实践这个基本的专业价值观,社会工作者需要持守承诺,具备运用社区资源的知识和技术,以发展和落实能有效满足人类需要的政策和服务方案。第二,人的价值和尊严是与生俱来的。社会工作者应对服务对象个人的尊严和价值给予尊重。社会工作者通常会认为,这个专业价值观同时包含其他相关的概念,例如,无条件正向的、非强迫性的关怀、接纳和尊重。第三,每一个人的独特性和个别性都应该被尊重。社会工作者相信每一个人都是独特的,必须努力予以维护;尊重服务对象的个体差异同接纳和非批判的态度有密切关联,对社会工作者而言,两者同样重要。要想保护服务对象的独特性,社会工作者必须认同上述价值观,并且进入服务对象的主观世界,以尽可能了解他,同时相信服务对象的个别性是丰富和复杂的。第四,人在拥有适当资源的

---

① Werner W. Boehm, "The Nature of Social Work", *Social Work*, April 1958, Vol. 3, No. 2, pp. 10–18.
② Armando Morales and Bradford W. Sheafor, *Social Work: A Professor of Many Faces*, 4th ed., Allyn and Bacon, 1987, pp. 205–207.

情况下,均有能力成长并且改变。这个价值观包含对服务对象成长、改变以及发展解决困难能力的信任,并且相信服务对象能负责任地自由尝试,尽力达到所选择的目标。当社会工作者采取能力取向的观点,强调服务对象的正向特质和未被开发的潜能,而不是强调服务对象过去的错误和限制时,社会工作者便实现了此一价值观。当社会工作者采取此种取向的观点时,能使服务对象感到自己是有希望和被鼓励的,这可以培养服务对象的自尊感。[①]

四、个案工作面对的伦理挑战

由于社会价值的多元性,现实生活中不但存在社会工作的专业价值,而且存在个人的价值、组织的价值乃至社会的价值,所以社会工作者从事个案工作实践时,通常会遭遇一些伦理挑战。

西格尔等指出,在与个人和家庭一道工作时,社会工作者面临许多伦理挑战。美国社会工作者协会的伦理守则要求社会工作者遵循专业工作程序,以保证工作者做到为服务对象保密、确保知情同意以及提供有益和无害的服务。但是,这些要求有时是难于满足的。例如,如果一个服务对象透露他打算自杀,那么社会工作者还要继续保守这个秘密而不警示其他人吗?或者,假如一个服务对象向社会工作者吐露,他知道有一个儿童受到了身体虐待,社会工作者对此深信不疑,那么他必须报告这个情况来保护孩子。在上述情形下,如果社会工作者要履行对服务对象的保密承诺,就会遇到一些限制,即保护了服务对象就有可能给其他人造成损害。虽然保密是社会工作者工作的一部分,但它有局限性,社会工作者需要让服务对象确知并理解这些限制。

西格尔等还专门讨论了在一些特殊场合或特殊处所中,该如何处理个案工作的伦理议题的问题。例如,农村社会工作者因为与服务对象共处于村落社区,所以在个人生活及为服务对象提供帮助的过程中会有一些特殊情况,他们就此提出了应对策略。策略包括:第一,与服务对象就在农村工作时如何对服务对象的情况保密,以及服务对象和工作者可能会在同一场合出现这种情

---

① 赫普沃思、鲁尼、拉森:《社会工作直接服务:理论与技巧》上册,张宏哲等译,台湾洪叶文化事业有限公司1999年版,第95—124页。

形,进行详细和公开的讨论。例如,如果社会工作者经常光顾服务对象拥有的餐馆,双方应该如何处理关系?第二,利用村落居民的世系关系图(genograms)和生态图(eco-maps)去识别可能在村落中遇到的共同朋友和社会系统,以便提早制定保密的策略,妥善管理工作者与服务对象交叉的人际关系和系统。例如,如果社会工作者和服务对象去同一个聚会场所,社会工作者应该就可能的偶遇进行讨论。社会工作者必须向服务对象保证,他不会通过与参与聚会的其他人分享信息或提及服务对象的情况,来破坏保密约定或泄露服务对象的隐私。第三,定期评估如何处理双重关系和隐私问题。[①]

第四节 个案工作的模式

个案工作因个人和家庭的需要和问题不同而采取不同的工作策略,所以会有不同的工作模式。

一、个案工作模式的含义和功用

(一) 个案工作模式的含义

模式即是指事物的标准样式。宋张邦基《墨庄漫录》卷八中说:"闻先生之艺久矣。愿见笔法,以为模式。"清薛福成的《代李伯相重锲浗滨遗书序》也说:"王君、夏君表章前哲,以为邦人士模式,可谓能勤其职矣。"个案工作的模式是指,社会工作者针对特定服务对象的需要和问题而采用的标准形式,包含一套解释问题的理论,也规定了解决问题的方法。在此意义上说,工作模式是对个案工作所使用理论和方法的系统阐释和刻画。

(二) 模式的功用

个案工作模式的意义在于,它规定了社会工作者在专业价值观的指导下,对服务对象的需要和问题进行分析判断和介入所必须遵循的一种路径

[①] Elizabeth A. Segal, Karen E. Gerdes, and Sue Steiner, *An Introduction to the Profession of Social Work*: *Becoming a Change Agent*, 6th ed., Cengage Learning, Inc., 2018, pp. 169-172.

(approach),也可以说是一套方法。因为个案具有特殊性,个案工作的模式也不尽相同,但每种工作模式下都会生成专业实践行动的一般方式,包括工作的步骤、具体内容和工作技巧。由此,我们可以说,个案工作的模式是理论和实践之间的中介环节,具有一般性、简单性、重复性、结构性、稳定性、可操作性等特征,是个案工作者专业实践的指南。

(三)工作模式为评估个案工作效果提供了依据

个案工作的模式在实际运用中必须结合具体情况,实现一般性和特殊性的衔接,并根据实际情况随时调整要素与结构,这样才有可操作性。个案工作模式还具有一个特性,即它是源自经验的针对某类个案问题而系统提供服务的有效程序,因此对于每个具体模式的实践都可进行评估,以确定个案工作的效果。

个案工作的模式是研究、分析、判断和指导个案工作介入的理论图式和解释方案,同时也是一种专业实践的思想体系和思维方式。在个案工作发展过程中先后形成了一些定型的方法和模式,如心理与社会派的个案工作、功能派的个案工作、问题解决派的个案工作、行为修正派的个案工作等。

二、心理-社会模式

心理-社会模式的个案工作可追溯到里士满的《社会诊断》一书。1937年,汉密尔顿(G. Hamilton)在《个案工作基本概念》一书中首次对心理-社会模式做了系统阐释,并发展出了"心理-社会模式"的个案工作。此模式也被称为诊断学派的个案工作,与功能派的个案工作分庭抗礼。后来,其理论观点由美国哥伦比亚大学教授霍利斯(F. Hollis)发扬光大,并由此形成了美国颇具影响力的个案工作学派。心理-社会模式的个案工作(Psycho-Social Casework Model)及学派,也以汉密尔顿和霍利斯等为代表人物。

(一)心理-社会模式的主要观点

心理-社会模式的个案工作,融入了弗洛伊德心理学和一般系统理论的观点,因而带有极强的诊断学派的色彩。虽然心理-社会模式的个案工作仍然强调个性化的诊断和治疗,但它与传统个案工作的诊断和治疗相比,纳入了对服务对象社会生活背景的分析,在传统诊断治疗的基础上,其实务工作在语言和分析单位方面加入了"人在情境中"的观点。①

1. 强调对个人和环境双焦点的介入

里士满认为,个案工作的任务不是决定谁值得帮助,而是评估某个人或一个家庭如何可能得到最好的帮助,然后制订和执行适当的治疗计划。在这个过程中,社会工作者需要全面考虑社会的、环境的、经济的、个人的和家庭的因素。②秉承里士满的这一思想,霍利斯进一步利用弗洛伊德的心理分析概念来阐释个人的需要与问题,利用社会系统理论的假设来解释环境方面。③该模式认为,遗传的、生理的及社会文化的因素及其相互作用,可以解释激发人类行为的有意识和无意识的认知和情感过程。

在心理-社会模式看来,社会工作的任务首先在于协助服务对象调整人格体系,配合其改善环境,以促进其人格成长及良好的适应。由于心理-社会模式的个案工作把"人在情境中"作为自己的前提,所以该模式的个案工作既依赖于对个人内在心理维度的充分理解,也依赖于对个人环境的充分理解。"人在情境中"的观点认为,人与情境交互影响。"人"指个人内在的心理体系、人格及自我功能,"情境"指个人生活中的社会网络及物质环境。因此,心理-社会模式的个案工作不仅致力于平衡个人思想和感情的内在世界,而且致力于解决环境、社会和物质生活中产生的问题及清除外部世界的障碍。

2. 直接治疗和间接治疗并用的工作策略

心理-社会模式把涉及人的内在世界的工作称为直接治疗,把与人的外部世界有关的工作称为间接治疗。心理-社会模式的个案工作的首要任务在于,协助服务对象调整个人的人格体系及改善外部环境,以促进其人格的成长与适应。协助的目标在于,适度满足服务对象的基本需要,帮助其处理面对的问题,增强处理问题的能力,减轻痛苦,增加实现目标与期望的机会与能力。在

---

① James G. Barber, *Beyond Casework*, Macmillan, 1991, pp. 15–16.
② Christopher P. Hanvey and Terry Philpot, eds., *Practising Social Work*, Routledge, 1993, p. 147.
③ Barbra Teater, *An Introduction to Applying Social Work Theories and Methods*, Open University Press, 2010, pp. 6–7.

环境改善方面则尽量让服务对象自己承担责任,只在必要时,社会工作者才给予协助。总体来讲,心理-社会模式的个案工作强调"人在情境中"的重要性,但并没有充分关注外部冲突或社会系统的影响。①

3. 关注个别化

该模式强调社会工作者应针对服务对象的个人情境进行个别性诊断,再依据不同的问题或需求提供适当服务。

4. 重视早年经验

心理-社会模式的个案工作认为,个人过去的经验会影响其当前的行为,了解服务对象的过去有助于理解甚至改变现状。在诊断和评估服务对象情境时,应对服务对象进行社会调查,并从其重要他人处获得更多信息,以了解及检视服务对象丧失功能的成因。

5. 强调专业关系

心理-社会模式的个案工作强调,社会工作者在提供专业服务时,除了思考合适的介入方法外,与服务对象维持良好的专业关系是介入成功的重要基础性条件。

(二) 基本工作过程

心理-社会模式的个案工作包括三个实施步骤:

(1) 进行心理社会调查。在会谈初期,社会工作者应与服务对象建立专业关系,以诚恳、支持的态度,通过语言和非语言的动作让服务对象感到被尊重、被理解和被支持,进而减缓其焦虑、罪恶感、恐惧、无价值感、无能感等不安情绪。然后,社会工作者要让服务对象对专业人员的善意及能力产生信任并订立工作契约。调查时应收集服务对象的困难及求助动机、家庭背景、个人发展史等方面的资料。

(2) 进行心理-社会诊断。将收集到的资料加以整理、归纳、分析,然后针对问题的性质做出推论,决定适合服务对象情境的服务方式。需要注意的是,

---

① Elizabeth A. Segal, Karen E. Gerdes, and Sue Steiner, *An Introduction to the Profession of Social Work: Becoming a Change Agent*, 6th ed., Cengage Learning, Inc., 2018, p. 161.

诊断过程和判断是暂时的和持续的,要随着不同阶段及对服务对象情境的了解而做适时和恰当的修正。

(3) 进行治疗。治疗在首次会谈时即已展开,旨在满足服务对象的需要,协助服务对象直面困难情境,增强服务对象的社会功能,以及增加服务对象实现愿望之机会。

三、功能模式

个案工作的功能模式(Functional Approach)产生于20世纪30年代,由美国宾夕法尼亚大学的社会工作学院主导。塔夫脱(Jessie Taft)和鲁滨逊(Virginia Robinson)等接受了兰克(Otto Rank)以及杜威和米德的理论。他们吸收了兰克的自我心理学(Ego Psychology)理论、杜威的实用主义和米德关于自我的思想,创建了个案工作的功能学派。

(一) 基本观点

塔夫脱和鲁滨逊认为,在助人过程中,社会工作者可通过专业关系及时间限制的设定,为服务对象提供心理方面的帮助,激发其潜能,以利于其克服困难和解决问题。

以塔夫脱为代表的功能学派的个案工作模式强调,服务对象的成长和改变是个案工作的中心,服务对象是工作过程和改变的主体,而社会工作专业机构在广泛意义上说,是促进个人成长和人类社会正向发展的媒介(agent)。社会工作是具有时间阶段、具体目标和明确结构的助人过程。基于上述认识,塔夫脱首先提出了"发挥机构功能"(use of agency function)的概念,强调机构功能与助人过程的关系,认为社会工作机构的重要功能就在于创造条件帮助个人和家庭实现改变和成长。社会工作机构是社会福利制度的代表,社会赋予社会工作的职责在于:发展和执行社会服务方案,满足一些仅凭个人努力无法达到的需求,促进个人成长与福利增加。社会工作服务必须经由"过程"实现,社会工作者与服务对象在专业关系中共同努力,激发服务对象的潜能,帮助服务对象达到自我实现的目标。个案工作的基本任务就是运用助人"过程",助力个人和家庭的改变和成长。

个案工作的功能模式,其理论假设机构的结构(structure of the agency)决定了个案工作介入的重点、方向、内容和持续时间。所以,机构功能加上助人过程,就构成了实现社会工作助人目标的基础。此后,宾夕法尼亚大学社会工作学院的鲁滨逊进一步将这派理论扩展到了社会工作教育与实习督导的过程中。

功能模式强调的是工作过程,而不是诊断。在功能学派的治疗关系中,社会工作者和服务对象共同努力,去探索在所能提供的帮助下可以做些什么。[1]正是由于此派对作为服务对象-个案工作者关系之基础的机构功能的强调,其获得了功能学派的称号。[2]

个案工作的功能模式在心理学、社会学和工作"过程"之基础上构造自己的理论,认为成长是个人生活的中心,每个人从一出生就能运用潜能与环境资源,以达到不断成长的目标。成长是一个过程,人在"生命周期"的各个阶段均有特定的任务与机会,随着各阶段任务的完成,个人也在不断成长。同时,该模式强调个人的一切由意志力决定,个人可通过运用关系达到自我成长与不断创造及改变自己的目标。改变的关键在于服务对象,因此要求社会工作者善用专业关系与助人过程,协助服务对象增强自我意志力和自决能力,以利于其自我改变和自我成长。为此,功能学派用帮助服务对象的概念取代了治疗病人的概念。

(二) 功能模式的重点

功能模式的个案工作认为,人们不是他们的过去的最终产物,而是能够在"此时此地"的环境资源的背景下不断重新创造自己。服务对象不是"生病"的人,而是前来机构寻求特定服务的人。社会工作机构一个非常重要的功能是,它的政策和运作程序决定了社会工作者为服务对象提供服务和进行专业实践的焦点、方向和内容。

由此,个案工作不是一种心理治疗的形式,而是一种管理具体的社会服务

---

[1] Francis J. Turner, ed., *Social Work Treatment: Interlocking Theoretical Approaches*, 6th ed., Oxford University Press, 2017, p. 224.

[2] James G. Barber, *Beyond Casework*, Macmillan, 1991, p. 17.

的方法,是一个提供机构服务的助人过程。社会工作者带头发起、维持和终止这个过程,但他们进入这种关系时,并没有对服务对象进行分类、规定特定的治疗,或承诺为预期的结果承担责任。服务对象的成长是在关系脉络中发生的。改变的动力来自服务对象,而非在个案工作者身上。在考虑到社会和文化因素的前提下,社会工作者需要借助专业关系的力量帮助服务对象释放自己,进行选择和发掘成长潜力。总之,个案工作者和服务对象共同去发现,在所提供的帮助下可以做些什么。

由上可以看出,功能模式的个案工作有三个特性:第一,强调个人的自由意志。个人可借助与社会工作者建立的专业关系,达到自我成长与不断创造及改变自己的目标。第二,强调个案工作的目的是协助而非治疗。社会工作者通过专业关系和会谈技巧,了解服务对象的心理和问题,统筹资源,提供服务对象所需的服务。第三,强调个案工作是过程。机构只有通过这种过程才能提供服务,而服务对象只有与社会工作者合作才能寻求适当方法。所有干预方法都是社会工作者与服务对象研商后决定的,其结果好坏则视服务对象之意愿而定。

(三) 工作原则

在上述工作理念基础之上,功能模式的个案工作提出了自己的工作原则:第一,了解与诊断服务对象的情况。诊断伴随服务过程而发展,并随情况的改变而不断修正。服务对象参与诊断过程,诊断结果作为社会工作者协助的依据。第二,所有社会工作过程的效能,将因社会工作者有意识地作用于各个时间段而得以发挥。第三,发挥机构功能与兼顾专业角色功能,将是社会工作过程的方向与重点。第四,有意识地利用时间、地点、相关的政策及工作程序,增进所有社会工作过程的效能。第五,所有社会工作过程都需妥善处理专业关系,协助服务对象做决定,并确认机构提供的服务与服务对象所需的服务是一致的。

四、问题解决模式

问题解决(Problem-Solving)模式的个案工作是珀尔曼在20世纪50年代

提出的。这个模式是由心理与社会派派生出来的,同时吸收了功能派的自我心理学理论和社会学中的自我发展理论。问题解决模式是综合了诸多传统个案工作方法的新模式。

(一)问题解决模式的形成和基本观点

第二次世界大战后,国家在提供福利方面起到越来越大的作用,作为其代理的社会工作机构发挥着社会控制的功能。随着 20 世纪 50 年代人们对犯罪和"问题家庭"的关注与日俱增,社会工作者发现要体现专业权威,与那些"不合作"的服务对象一道工作,就必须开发新的个案工作模式。20 世纪 50 年代后期,珀尔曼批评早期个案工作者的"研究—诊断—治疗"模式,认为该模式导致"个案工作者方面而不是服务对象方面更多的问题解决活动"。因而,她倡导提升服务对象解决自己问题的能力[1],其目标是离开聚焦于早期童年经验和记忆的心理-社会模式,使社会工作实践变得更加务实和集中关注解决"当下"的问题[2]。

问题解决模式的个案工作强调遇到问题是人们生活的常态,认为人类生活本身就是一连串解决问题的过程。每个人在日常生活中都会不断面对问题,反复运用解决问题的方法,以获得快乐、报偿、平衡和较好的适应。在长期的问题解决过程中,人们形成了一种惯常使用的问题解决模式。这一模式往往被人们持久而稳定地运用于日常生活中,成为个人特有的心理与行为方式。但是,个人的问题解决模式形成后并不是一成不变的,人格是一个开放系统,它会不断接收外界的刺激并做出反应,从而修正原有的人格体系。

个人所面临的一系列问题主要源于无法恰当处理生活中的各种困难,因此,社会个案工作的任务就是协助服务对象解决这些问题。这样做,一方面消除了服务对象的问题;另一方面,在问题解决过程中,服务对象通过与社会工作者的不断接触,可以获得人格支持、心理帮助、解决问题的方法以及利用外

---

[1] Christopher P. Hanvey and Terry Philpot, eds., *Practising Social Work*, Routledge, 1993, p. 148.
[2] Elizabeth A. Segal, Karen E. Gerdes, and Sue Steiner, *An Introduction to the Profession of Social Work: Becoming a Change Agent*, 6th ed., Cengage Learning, Inc., 2018, p. 161.

部资源的途径,这一切促使服务对象接收新的刺激,有助于服务对象改变原有的行为模式,形成更积极的新的问题解决模式。

(二) 问题解决的工作方法

在解决问题的过程中,该模式主要是运用自我具备的选择、判断、认识、控制冲动等能力。个人不能用惯常的方式处理问题,主要是因为缺乏动机、能力或机会。因此,社会工作者必须提供物质、心理或社会方面的协助,促使服务对象有效地处理问题。

在此认识基础之上,问题解决派提出了自己的工作方法。第一,引导和增强服务对象寻求改变的动机,在解决问题的过程中,帮助服务对象减轻因缺乏能力而产生的焦虑和恐惧,为其提供支持与安全感,使服务对象降低自我防卫性,增加报偿性期待,恰当发挥自我功能,从而解决问题。第二,协助服务对象调动和运用心理—情绪—行动能量,即发挥自我感官、知觉、认知、理解、选择、判断、行动的能力,去解决问题。第三,寻找解决问题所需要的资源或机会,也就是说,解决问题的过程主要在于协助服务对象获得恰当扮演角色所需要的环境条件。

(三) 问题解决模式的理论基础

问题解决的个案工作模式是从心理-社会模式发展而来的,其理论基础与心理-社会模式没有太大差别。但问题解决模式的个案工作把帮助服务对象解决现实问题作为切入点,使个案工作的目标更加明确且更具操作性。同时,它把人格发展看成解决问题的自然结果,认为在社会工作者的协助下解决问题,服务对象可以获得一个有效解决问题的参考样本,并且在这个过程中学习如何解决问题及积累经验,这种新经验将促使服务对象改变原有的解决问题模式与人格系统,达致解决问题和改变自己的目标。

五、危机干预模式

危机干预(Crisis Intervention)模式主要是由美国精神病学家林德曼(Erich Lindemann)和卡普兰(Gerald Caplan)提出的,社会工作实践者拉波波特(Lydia

Rapoport)为其增添了社会系统理论的术语,目前与社会工作专业相关的危机干预则主要是建立在罗伯茨(Albert R. Roberts)的著述基础之上的。

(一)危机干预模式的基本观点与假设

危机干预模式的个案工作认为,个体拥有应对压力事件的机制,但在某些情况下,事件超出了个体正常的应对能力,并使其陷入不平衡状态。当个人的正常应对策略和机制不能解决问题、他们的优势和资源不足以应对事件时,个人就会把这种情况看作一个危机。危机干预的目标是调用应对策略化解危机,帮助个人提高应对水平、信心和解决问题的能力,并使个人在未来面对压力源时能够利用新确定的优势、资源和应对机制。虽然危机经历可能给个人造成创伤,但这种经历也可以成为一个成长和发展的契机。

危机干预模式的个案工作的四个基本假设是:第一,系统(个人、家庭、社区)在整个生命周期中都会遇到压力和危险的事件。系统会利用现有的优势、资源和应对机制来处理事件,避免或减轻事件的负面后果。第二,当面临困难、压力或危险事件时,系统能够利用自身优势、资源和应对机制来保持动态平衡和稳定状态。第三,系统面对的压力或危险的事件,可能使其现有的优势、资源和应对机制在避免或减轻事件的负面后果方面变得无效。在这种情况下,系统会经历功能失调,处于危机状态。第四,可通过干预紧急危机状态及利用系统的优势、资源和应对机制来改变局势。这些优势、资源和机制可用于应对危机事件,也可作为服务对象今后面临紧张或危险局势时使用的工具。

(二)危机干预模式的过程

危机干预模式的个案工作由七个阶段组成,包括:第一,做计划并进行危机评估(包括致命性测量)。第二,快速建立融洽关系和治疗关系。第三,找出与服务对象有关的问题及与服务对象危机有关的任何加速因素。第四,通过有效运用倾听技巧来处理感情和情绪问题。第五,确定服务对象的优势以及以前成功的应对机制,从而生成和探索替代方案。第六,执行行动计划。第七,制订后续计划和协议。当然,尽管理论上是从一个阶段到另一个阶段,但实际上几个阶段往往是重叠或并行的。例如,第一个阶段的做计划和进行危机及生物、心理、社会评估,最有可能与第二个阶段的建立融洽关系和治疗关系并存。①

六、任务中心模式

以任务为中心的个案工作(Task-Centred Casework)模式产生于20世纪60年代末70年代初,是在对心理-社会模式的个案工作的反思与批评基础之上涌现出来的。为了回应当时个案工作开展过程中存在的实际问题,即服务效率低下,里德(William J. Reid)和什恩(Ann W. Shyne)合作开展了一项旨在提升个案工作服务效率的研究。1972年,里德和爱泼斯坦(Laura Epstein)合作出版了《任务中心取向的个案工作》一书,阐释了在有限的时间里实现由服务对象自己选定的明确目标的任务中心模式的方法。

(一) 任务中心模式产生的背景

由于心理-社会模式的个案工作的心理分析和洞察力都要求持续较长时间的介入,一些服务对象可能等不起,不能得到所需要的服务。其次,相关研究发现,长期治疗甚至会导致倒退现象,与之相比,短期治疗更加有效。再者,当时个案工作者短缺,但个案工作服务对象的数量却持续增加,这导致了对更快和更经济的治疗方法的求索。在这个背景下,里德和爱泼斯坦提出了以任务为中心的个案工作模式。

以任务为中心的个案工作,除基于相关的经验研究证据外,还借鉴了一般系统理论、沟通理论、角色理论、精神分析理论和学习理论的相关观点。以任务为中心的个案工作奉行这样的价值观念,即建立伙伴关系和增权,服务对象是其问题的最佳权威,介入应基于人们的优势而不是他们的不足,提供帮助而不是治疗等。以任务为中心的个案工作,被认为适用于解决人际冲突、社会关系中的不满、正式组织中的关系紧张、角色扮演困难、社会转型适应不良、反应性情绪困扰、资源不足等问题。

以任务为中心的个案工作的基本过程包括:明确服务对象所认知的问题,

---

① Barbra Teater, *An Introduction to Applying Social Work Theories and Methods*, Open University Press, 2010, pp. 197-203.

详细探讨问题,以给服务对象造成最大痛苦的问题作为干预切入点,确定消除或减少问题的目标,为服务对象和社会工作者制定推动服务对象朝着目标前进的任务,评估最终工作。评估是要确认服务对象是否达到了预期的目标,以及问题是否已经消除或减少。如果社会工作者和服务对象无法识别目标问题,那么社会工作者就没有理由继续与服务对象合作。[①]

(二) 任务中心模式的内容

1. 任务中心模式的基本理论假设

任务中心模式聚焦于为服务对象提供简要有效的服务,希望帮助服务对象在有限的时间里达成自己所选定的明确目标。任务中心模式认为,高效的服务介入必须符合五个方面的基本要求:一是介入时间有限;二是介入目标清晰;三是介入服务简要;四是服务效果明显;五是介入过程精密。

在任务中心模式看来,任务就是服务对象为解决自己的问题而需要做的工作。它是服务介入的核心,是实现服务介入工作目标——解决问题的手段。两者之间的关系类似于目标和手段之间的联系。解决问题是目标,任务是切实解决问题的手段。

任务中心模式在运用任务实现目标的过程中,非常重视服务对象的自主性。任务中心模式强调,服务对象的自主性主要包括两个方面的内容:(1) 服务对象具有处理自己问题的权利和义务,即应由服务对象自己决定是否需要处理问题、处理什么问题以及怎样处理问题等,提高服务对象的参与程度。(2) 服务对象具有解决自己问题的潜在能力,即社会工作者在服务介入过程中应尽可能激发服务对象的潜能,提高服务对象解决问题的能力。

2. 任务中心模式的治疗技巧

任务中心模式把沟通视为社会工作者与服务对象进行交流的工具,无论是否正在进行辅导面谈,社会工作者只有借助具体的沟通行动,才能把自己的想法传递给服务对象,推动服务对象发生改变。任务中心模式认为,有效的沟

[①] Barbra Teater, *An Introduction to Applying Social Work Theories and Methods*, Open University Press, 2010, pp. 179-180.

通行动必须具备两个要素和发挥五种功能。这两个要素是:(1)有系统。社会工作者需要根据具体的介入阶段,以及此阶段的目标和任务,与服务对象进行沟通。这种沟通要有焦点、不节外生枝,同时又与整个服务介入过程紧密相连,做到层次分明、循序渐进。(2)有反应。社会工作者需要给予服务对象及时的回应,鼓励服务对象积极表达自己的想法和意见,并让服务对象体会到社会工作者对他的关心和尊重,从而愿意了解和分享社会工作者的经验和感受。

沟通行为所要发挥的五种功能包括:(1)探究。明确服务对象的问题及其需要承担的任务。在确定了服务对象的任务之后,还需要进一步明确如何完成任务。(2)组织。规划与服务对象沟通的方式和目标,包括介入目标的解释、介入时间的安排、行动的规划和服务对象的参与方式等。(3)提升意识水平。通过提供相关的资料,帮助服务对象增进对自身以及周围环境的了解和认知。(4)鼓励。强化或者激励服务对象有助于完成任务的行为和态度。(5)方向引导。向服务对象提出建议和忠告,让服务对象及时了解完成任务的有效途径。

(三) 任务中心模式的特点

问题的界定、服务对象的界定以及任务的界定,是应用任务中心模式的过程中需要重点关注的三个方面,也是任务中心模式的重要特点。

1. 清晰界定问题

任务中心模式认为,那些可以处理的问题具备以下条件:(1)服务对象知道这个问题存在。(2)服务对象承认这是一个问题。(3)服务对象愿意处理这个问题。(4)服务对象有能力处理这个问题,并有可能在服务以外的时间尝试独立处置。

2. 明确界定服务对象

并不是所有的求助者都能成为任务中心模式的服务对象,任务中心模式对服务对象有明确的要求,主要包括两个方面:(1)服务对象必须是愿意承担自己的任务,并且承诺尝试完成任务以解决问题的求助者。(2)服务对象处于正常的生活状态,具有自主的能力。

3. 合理界定任务

在界定任务时,任务中心模式强调,只有将三个因素融入任务,这样的任务才是最好的,而且是可行的。这三个方面的因素是:(1)服务对象的问题。(2)服务对象解决这个问题的能力。(3)服务对象的意愿。

七、行为修正模式

20世纪60年代以来,对心理-社会模式的个案工作的反思批评,还催生了行为修正(Behaviour Modification)模式的个案工作。20世纪60年代初期,临床心理学家已经开始使用行为修正模式。它提供了一种有效、经济的干预方法,涉及广泛的至今难以解决的问题。行为修正的个案工作变成了一种流行的干预方法。[①]

(一)行为修正模式的理论基础

行为修正模式的个案工作以行为主义为理论基础。行为主义理论认为,倘若某一行为令人感到高兴与满足,这样的行为再出现的可能性就会增加。反之,如果这个行为令人不悦,则再次出现的可能性便会减少。行为主义理论总结,人们学习新行为有三种方式:第一,通过古典制约或反应制约实现,即在某一行为出现之前改变任何一项立即发生的事情(改变前件),从而使问题行为得到修正。第二,通过操作制约实现,即改变某一行为出现之后立即发生的事情(改变结果),从而使问题行为得到修正。第三,与上述两种直接经验的学习方式不同,它是一种间接经验的学习方式,即以"示范"或"代偿学习"为典型的社会学习。社会学习是当事人通过观察别人,看他们是怎么做的,产生了什么样的后果,进而修正自己的行为。

(二)行为修正模式的个案工作的特点

行为修正模式的特点是:第一,仅限于选择可观察到的行为反应作为服务的焦点,对人的行为避免主观推论。第二,注意人的行为的基本类型,把人的

---

① Christopher P. Hanvey and Terry Philpot, eds., *Practising Social Work*, Routledge, 1993, p. 149.

行为分为自主的操作性行为和非自主的反应性行为。因此,行为修正的原则是:对行为后果施以影响,才能控制操作性行为;消除先前引发反应性行为的刺激物,则可控制反应性行为。当评估与诊断服务对象时,应尽量注意并找出问题行为的最直接相关的后果。一旦选定部分问题行为作为需修正的行为,工作者就应该视情况而改变该行为的前导刺激物,或重新安排目标行为,以逐步引导目标行为出现,达到改变原有行为的目的。

八、几种治疗模式

(一) 叙事治疗模式

叙事治疗(Narrative Therapy)模式产生于20世纪80年代至90年代,主要以怀特(Michael White)和埃普斯顿(David Epston)为代表人物。怀特在其人类服务生涯早期,对传统的干预模式感到失望,认为它们是无效的和非人化的,进而开始了对人们如何理解他们的生活世界的求索。

1. 理论基础

怀特和埃普斯顿把存在主义、符号互动主义、多元文化主义,尤其是后现代主义和社会建构主义,融入他们的叙事治疗模式,认为所有的人都处于一个建构生活故事或个人叙事的持续过程,这决定了他们对自己以及他们在世界上的位置的理解。正是人们使用的词汇和学会讲述自己和他人的故事,创造了自己的心理和社会现实。这些生活叙事是与一个人的家庭、社区和文化中的重要他人的叙事共同建构的。由于所有的个人经历从根本上讲都是模棱两可的,因此人们必须把自己的生活排成故事,并赋予它们连贯性和意义。这些故事不仅反映了人们的生活,而且塑造了人们的生活。叙事实践的最终价值是赋予服务对象权力,或者帮助他们获得对自己生活和命运的更大控制。[①]

2. 叙事治疗的过程

叙事治疗是通过倾听和反思来理解和解构服务对象的故事,然后建构替代性生活故事的过程。主要包括:(1)倾听和了解服务对象的故事;(2)以叙

---

① Joseph Walsh, *Theories for Direct Social Work Practice*, 3rd ed., Cengage Learning, 2014, pp. 279-282.

事的方式协助服务对象定义他们的挑战;(3)共同致力于界定需求意义;(4)提升服务对象对权力和宰制关系的认知度;(5)帮助服务对象外在化他们的挑战和议题;(6)协助服务对象重构具有能力和优势的个人故事;(7)确认服务对象具有重构其生活故事和建构替代性叙事的特权;(8)分享社会工作者的故事。①

(二) 寻解治疗模式

寻解治疗(Solution-Focused Therapy)模式(或称焦点解决治疗模式),主要是由德沙泽(Steve de Shazer)和伯格(Insoo Kim Berg)提出的。他们基于美国加利福尼亚精神研究所的工作和维特根斯坦的哲学思想指出,当治疗师专注于家庭中正确的事情而不是问题和错误的事情时,在家庭中发生改变的可能性会更高。他们所聚焦的不是问题本身,而是找出解决问题的方案。所以,寻解治疗亦可以译为"聚焦于找出解决问题方案的治疗",或者说是寻解导向的治疗模式。

1. 基本观点和假设

寻解治疗模式旨在识别和确立服务对象的优势、能力及制订解决问题的方案,以实现他们想要的未来。在寻解治疗模式下,社会工作者更为关注没有发生问题时的情况或发生问题时的例外,而不是让服务对象将注意力集中在发生问题时的状况。

寻解导向的治疗模式对问题的解决有以下观点:第一,问题的成因与其解决方案并无必然联系;第二,我们不必完全清楚问题的成因,只要明白解决的方法,亦可解决问题;第三,解决问题的方法必定存在,而且通常不止一个方案;第四,通过社会工作者与服务对象的合作,我们可以找到或创造解决方案;第五,寻解、创解的过程是可以清楚描述的,并且可以习得。

社会工作者在与服务对象一道工作时的关键假设是:第一,聚焦于寻解导向的谈话而不是问题导向的谈话;第二,每一个问题的例外都可以由社会工作者和服务对象来确定;第三,要相信改变一直在发生;第四,从任何可以改变的

---

① 何雪松:《社会工作理论》,上海人民出版社2007年版,第181页。

地方入手,由较小的改变导向较大的改变;第五,服务对象总是愿意并积极与社会工作者合作的,因为他们想解决问题;第六,人们有解决问题所需要的一切资源,包括能力和机会;第七,个案工作的介入或者说治疗,是以目标为焦点或解决方案为焦点的,是社会工作者与作为解决自己问题的专家的服务对象的共同努力。

2. 工作过程

寻解治疗模式的工作分为五个阶段:第一,请服务对象简要描述问题,同时将他们引导至寻求问题解决方案的谈话上;第二,由服务对象描绘他们渴望和喜欢的未来的画面,以便制定出精心设计的目标;第三,通过确认服务对象没有遇到问题或在某种程度上实现目标的时间,来探索问题;第四,通过确定服务对象已经做得很好的事情,并将其与治疗间歇期任务的建议联系起来,提供治疗间歇期后的反馈;第五,评估服务对象的进步。[1]

(三) 家庭个案工作的治疗模式

如前所述,个案工作是以个人和家庭为服务对象的。因此,本章第四节简要阐述的个案工作模式不但适用于同个人一道工作,也适用于同家庭一道工作。但另一方面,当以家庭为服务对象时,个案工作可以采用以下特殊的模式[2]。

第一,功能性家庭治疗(Functional Family Therapy,FFT)模式。应用这个模式,通常会制订一项短期的干预计划,一般历时3个月到5个月,在此期间提供平均12次到14次的介入服务。这种方法主要适用于11—18岁的青少年,他们因行为或情感问题而被转介。功能性家庭治疗使用了一个建立在接受和尊重基础上的基于优势的模型。重点是评估和干预,以衡量家庭内外的风险因素和保护因素。功能性家庭治疗由五个主要部分组成:建立关系、发掘动机、关系评估、行为改变和巩固改变成果。

---

[1] Martin Davies, ed., *The Blackwell Companion to Social Work*, 4th ed., John Wiley & Sons, Ltd., 2013, p. 481.

[2] 参见 John Poulin, Selina Matis and Heather Witt, *The Social Work Field Placement: A Competency-Based Approach*, Springer, 2018, p. 294。

第二,多重系统治疗(Multisystemic Therapy,MST)模式。该模式是一种以家庭和社区为基础的密集介入和解决问题的模式,其强调严重反社会行为的多重原因,这些行为跨越了青少年嵌入其中的关键环境或系统(家庭、同辈、学校和社区)。由于多重系统治疗注重促进青少年在自然环境中发生行为改变,所以该模式旨在赋予父母独立解决青少年行为问题所需的技能和资源。最初的治疗阶段要确定青少年及其家庭以及青少年与家庭外系统(如同辈、朋友、学校、父母工作场所)的交互作用的优势和弱点。家庭成员和治疗师确定的问题都明确针对改变,共同利用每个系统中的优势来促进这种改变。

第三,简要结构性家庭治疗(Brief Structural Family Therapy,BSFT)模式。这个模式是一种短期的、以问题为焦点的治疗介入,以儿童和6—17岁的青少年为目标,通过消除或减少药物使用及其相关行为问题来改善青少年的行为,识别药物滥用相关的风险因素和保护因素,并改变相应的家庭成员的行为。治疗过程采用以下技术:(1)加入。与所有家庭成员结成治疗联盟。(2)诊断。识别那些允许或鼓励有问题的青年行为的互动模式。(3)重组。改变与问题行为直接相关的家庭互动。

第四,家校结合(Families and Schools Together,FAST)模式。该模式会引入一个八周的项目,每周放学后将多个家庭聚集在一起,在每次2.5小时的课程中,由经过培训的家校结合团队,以基于科学证据的活动议程指导家庭,从而提高育儿技能和减少家庭压力,促进家庭关系。

九、个案管理

个案管理(Case Management)既是个案工作的一个模式,也是社会工作实务的一种方法,被广泛应用于不同的社会工作服务中。

美国社会工作者协会在1987年对个案管理下了这样的定义:个案管理指的是,由社会工作专业人员为某一个或一群服务对象统整协助活动的一个过程。工作过程中各个机构的工作人员相互沟通协调,以团队合作的方式为服务对象提供其所需之服务,并以扩大服务之成效为主要目的。当提供服务对象所需之服务必须经由许多不同专业人员、福利机构、卫生健康单位或人力资源通力合作时，个案管理即可发挥其协调与监督之功能。由此可知，个案管理是为那些有多种需要的个人和家庭提供服务的一种方法。其中，专业的社会工作者扮演重要的角色，是整个服务提供过程中的关键人(key person)。社会工作者是服务提供的组织和协调人，负责评估服务对象及其家庭的需要，对适当的资源与不同专业人士予以安排、协调、监督、评估，并倡导多元服务，目的在于满足特殊服务对象的多元和复杂的需要。

虽然个案管理者执行的任务与个案工作者的任务相似，但个案管理者的岗位职责在服务领域与个案工作者的有所不同。例如，青少年感化场合中的个案管理者的工作包括：高度参与监督服务对象，提供咨询，监测服务对象行为以确保他们遵守缓刑规则，将服务对象及其家庭与所需服务联系起来，编写法庭报告并在法庭上作证。而为身心障碍人士提供服务的个案管理者则需要参与这样一系列活动，如向服务对象提供工作培训、为服务对象提供咨询、安排交通、对服务对象的不可接受行为进行纪律处分、为服务对象发声和倡导，并与服务对象的监护人(如在集体家庭、寄养家庭、寄宿治疗设施或父母之家)进行联络。

个案管理模式超越了传统个案工作者聚焦于服务对象的"人与环境"的工作框架，不仅要求工作者提供直接服务，更是将工作重心放到了"服务资源的协调"等间接工作层面。提供服务的资源根据服务对象的需要，涉及医疗卫生、住房、经济援助、职业治疗与物理治疗、家居照顾等多个专业，因此，社会工作者在其中是一个统筹和协调所有资源与服务的"管理者"(manager)。因为所有的资源和服务都是围绕个人及家庭的需要安排的，所以其工作又称"个案管理"，而工作者叫作个案管理者(case manager)。

个案管理的目标包括：第一，效率目标。个案管理的目标首先在于改善服务对象对社会支持和福利服务的使用，发展并扩展服务对象的社会网络，提升专业人员的服务能力，以增进服务对象的福祉，最终是要提升整个服务的效率和效能。第二，整合服务目标。个案管理的目标在于管理服务对象所需的服务，为服务对象提供专业的和非正式的支持，而不是要管理服务对象个人。它强调的是提供一套将服务对象所需的各种资源整合在一起的服务，进而管理服务对象的处境和为他们提供各种支持。所以,个案管理是介于社会工作直接服务与间接服务之间的一种整合性服务方法。

 参考文献及进一步阅读文献

黄维宪、曾华源、王慧君:《社会个案工作》,台湾五南图书出版公司1985年版。

玛丽·埃伦·里士满:《个案社会工作导论》,刘丹主译,华东理工大学出版社2018年版。

玛丽·埃伦·里士满:《社会诊断》,刘振主译,华东理工大学出版社2018年版。

李增禄主编:《社会工作概论(增订二版)》,台湾巨流图书公司1995年版。

潘淑满:《社会个案工作》,台湾心理出版社2000年版。

隋玉杰主编:《个案工作》,中国人民大学出版社2007年版。

玛丽安娜·伍德赛德、特里西娅·麦克拉姆:《社会工作个案管理——社会服务传输方法》,隋玉杰等译,中国人民大学出版社2014年版。

许莉娅主编:《个案工作(第二版)》,高等教育出版社2013年版。

Max Siporin, *Introduction to Social Work Practice*, Macmillan Publishing, Co., Inc., 1975.

 思考题

1. 如何从个案工作的发展过程看社会个案工作的意义与功能?
2. 个案工作的哲学基础是什么?
3. 个案工作的价值观有哪些?
4. 个案工作有哪些主要的方法与派别?
5. 试述个案管理的内容及意义。

第九章

小组工作

小组工作是继个案工作之后形成并被认可的第二种社会工作方法。本章主要阐述小组工作的概念及发展历史、小组工作的服务对象与功能、小组的类型以及小组工作的模式及一般过程等内容。

第一节 小组工作的概念及发展历史

一、小组工作的概念

小组工作是社会工作的方法之一。人们对于何为小组工作并没有形成普遍的共识。徐震和林万亿在《当代社会工作》一书中,对较有代表性的小组工作界定做了如下介绍。

一是发展的观点。科伊尔(Grace Coyle)认为,小组工作是一种教育的过程,通常由各种志愿结合的人员,在小组工作者的协助下,于闲暇时间开展。其目的是在小组中通过成员人格的互动促进个人成长,以及促成小组成员互助合作、采取集体行动,以达到共同的目标。

二是治疗的观点。科诺普卡(Gisela Konopka)指出,小组工作是社会工作方法之一,它通过有目的地创造小组经验,协助个人增强其社会功能,更有效地处理个人、小组或社区的问题。小组工作的对象包括由健康的个人组成的小组、由患病者组成的小组等。当小组工作者利用其专业训练和技巧,去帮助由功能受扰的个人组成的小组时,他便在进行小组治疗。

三是社会性目标的观点。特雷克(Harleigh B. Trecker)从意义、对象、方法、过程和目标等方面着眼,认为小组工作是这样的活动,即小组工作者提供协助,引导各种小组中的个人在小组活动中互动,促使他们建立关系,并以个人能力与需求为基础,获得成长的经验,以实现个人、小组、社区的发展目标。

可见,由于出发点不同,人们对小组工作的界定也是不同的。综合上述各家看法,可以这样来表述小组工作:小组工作是社会工作的一种方法,其服务对象是小组中的个人和整个小组,经由小组过程及小组工作者的协助,个人可获得群体经验,实现行为的改变及社会功能的恢复与增强,并达成个人、小组、社区及社会的发展目标。

值得指出的是,随着对不同社会工作方法的共性的探究,以及培养通才社会工作者呼声渐高,不少学者亦从通才社会工作实践的角度来定义小组工作。譬如,托斯兰(Ronald W. Toseland)和里瓦斯(Robert F. Rivas)认为,小组工作是旨在满足组员社会情感需要和完成特定任务的目标导向的活动,其实现主要通过两种方式,即在小组中处理问题(治疗性小组)和达成任务目标(任务小组)。小组工作的这一定义刻画和强调了小组工作四个方面的特征:第一,小组工作是一种目标导向的专业活动,意指社会工作者在专业实践背景下提供有计划且有序的专业服务。第二,小组工作是社会工作者与小团体(small group)中的人一道工作的一种方式,在这种组员能够彼此认同、积极参与、相互作用及交流思想和情感的小组中,社会工作者协助组员和小组实现其社会目标。第三,小组工作是一种社会工作者帮助组员处理问题和完成任务的工作方式。第四,社会工作者在任何小组中都应当具有双重焦点:与个别组员一道工作的目标导向的活动,以及与作为整体的小组一道工作的目标导向的活动。[1]

---

[1] Ronald W. Toseland and Robert F. Rivas, *An Introduction to Group Work Practice*, 8th ed., Pearson, 2017, pp. 27-28.

与个案工作相比,小组工作有自身的特点。第一,个案工作者依赖从心理动力取向中发展出来的洞识和具体资源的供给,为服务对象提供专业协助,小组工作者则依赖项目活动(program activities)激励组员行动起来实现协助目标。各种类型的项目活动是小组实现其目标的媒介。诸如野营、唱歌、小组讨论、游戏和工艺美术等活动,用于娱乐、社会化、教育、支持和康复,都是为了协助组员和小组更好发挥其社会功能。个案工作主要聚焦于问题解决和康复,小组工作活动则用于分享、发展和解决问题。第二,个案工作者寻找工业化进程中最贫困的受害者、脆弱者,并通过向他们提供资源和树立有道德、勤劳的公民的榜样,来诊断和治疗服务对象。虽然小组工作者也与贫穷的和受损害的人一道工作,但他们不会把焦点只放在最贫穷的人或最困难和有问题的人身上。小组工作者偏爱组员这个词,而不是服务对象这个词,强调组员的优势而不是弱点。在小组工作中,助人被视为组员间、社会工作者与组员间的一种共享关系。在这种关系中,小组工作者和组员共同努力,就他们同样关心的问题达成相互理解并采取行动。第三,个案工作者强调通过研究、诊断和治疗,取得改善服务对象处境的工作结果,而小组工作者则注重小组组员共同的经历和互动过程。小组工作者一直关注如何最好地利用小组中组员互动所提供的独特可能性,注重团体的动力。因此,社会工作者把工作焦点放在作为一个整体的小组上,同时关注每个组员的状况。[①]

二、小组工作的发展历史

小组工作的产生,最早可以追溯到19世纪中期在欧美普遍建立的社团及娱乐组织。当时伴随着工业化的发展,出现了一些社会问题。于是,社会中的一些有识之士开始组织社团予以应对,其中较早和较典型的是青年会。这种青年会把一些青年人组织起来,定期集会,从事各种宗教性、社会性及有益会员身心发展的活动。与此同时,为缺乏文化和教育的人提供新机会、创造新生活,为贫民区中的儿童青少年建设娱乐场所的组织也纷纷兴起。这些组织提

[①] Ronald W. Toseland and Robert F. Rivas, *An Introduction to Group Work Practice*, 8th ed., Pearson, 2017, pp. 60-61.

供服务以青少年小组方式为主,目的是发展小组成员的民主生活态度及对社区的负责精神。① 这些活动和服务成为小组工作的开端。

对小组工作极具影响的另一事件是 19 世纪后期在欧美兴起的睦邻组织运动。该运动号召知识青年为地方服务,并发动当地居民互助合作、自动自发为自己的社区服务。睦邻组织运动促使邻里重新建立了解与合作关系,帮助贫苦地区的人们免费获得再教育机会或谋生技艺的训练,并协助他们解决生活难题。这种做法对小组工作的形成产生了直接的影响。

到了 20 世纪初,受教育学、社会学及心理学等社会科学发展的影响,小组工作拓展出了新的工作领域,它不再仅仅局限于为正常人提供教育及娱乐,更尝试针对不幸的人进行小组治疗,使人们可以借助小组经验改变自己。

20 世纪 20 年代之后,小组工作开始被纳入社会工作课程。先是科伊尔于 1923 年在美国西储大学开设了第一门小组工作课程,后是纽斯泰特(Wilber I. Newstetter)于 1927 年引入了小组工作课程设置。至 1937 年美国已有 13 所教育机构开设了小组工作课程。②

然而,直到 1946 年,小组工作才被正式确认为社会工作的一种方法。当时,科伊尔在全美社会工作会议上发表了题为《迈向专业化》的演说,强调小组工作应是一种社会工作方法。她指出,社会工作是有意识地运用社会关系,促进社区功能的发挥,涉及儿童福利、家庭福利、卫生健康事业、娱乐和社会教育等。通过让人们彼此联结,进而解决社会问题。……小组工作在社会工作定义中,是广义的社会工作方法之一。③ 她的意见为与会者所接受,小组工作正式成为社会工作的一种专业服务方法。

第二次世界大战之后,受当时社会需要和社会科学进展的影响,小组工作的研究也更加深入,从传统的青少年娱乐活动转向了治疗性小组,工作的理论及技巧有了较快发展,并出版了大量有关小组工作的文献。与此同时,小组工

---

① 吉絮拉·克那普卡:《社会团体工作》,廖清碧、黄伦芬译,台湾桂冠图书股份有限公司 1985 年版,第 5 页。
② 吴梦珍主编:《小组工作》,香港社会工作人员协会,1992 年,第 1—2 页。
③ 吉絮拉·克那普卡:《社会团体工作》,廖清碧、黄伦芬译,台湾桂冠图书股份有限公司 1985 年版,第 16 页。

作更推至外展工作方面,力图服务于一些有越轨倾向而难于接触的青年人。

进入20世纪50年代,小组工作也呈现出与个案工作和社区工作整合的趋势。约翰逊(Arlien Johnson)于1955年撰文指出:个案工作、小组工作及社区组织工作等,这些方法在机构和实践领域中各自独立运行,但它们具有共同的内容,并且可适应许多情境和场合。她预言,专业专门化将消失,会转而采用统一的整合性社会工作方法。至20世纪60年代,约翰逊的预言有一部分变成了现实。到20世纪80年代,许多有关整合性社会工作实践或通才社会工作的基础理论和实务方法的书籍出版,这些书将小组工作作为社会工作实践的一个组成部分,要么单独处理,要么将其纳入整体社会工作方法中。①

第二节 小组工作的服务对象与功能

一、小组工作的服务对象

科诺普卡在《社会团体工作》(*Social Group Work*;可译为社会小组工作,或小组社会工作,简称小组工作)中指出,小组工作情境中的"小组",是相互作用的一群人,其构成要素包括小组中的人、小组、问题及场所。也就是说,小组工作的对象是拥有共同问题的一些人构成的群体,一个小组或称团体。个人在小组工作者的协助下,在一定的场所内组成一个小组,通过小组内的互动及组内经验,解决问题并增强社会功能。

具体而言,科诺普卡认为,小组工作的服务对象主要包括这样一些人:第一,陷入窘困状态的个人,为了解决问题主动寻求服务,或被转介到提供小组服务的机构。这些小组中的个人常由此类专业人员和机构转介而来:家庭福利机构、心理卫生机构、学校社会工作者、矫治教育工作者、障碍者福利机构及其他机构等。第二,小组主动提供满足其成员需求和帮助成员达到目的的服务。如社区中关心育儿问题或儿童教育的双亲小组,为了寻求更好的方法来

---

① Helen Northen and Roselle Kurland, *Social Work with Groups*, 3rd ed., Columbia University Press, 2001, pp. 12-14.

第九章 小组工作

解决社区问题而组成的社区服务及行动小组。第三,不是个人或小组请求援助,而是整个社区从社会层面体认到某种需要,或要防止某些社会问题产生和促进更健全的群体生活,要求社会工作者提供服务。例如,以街头流浪的越轨少年团体为对象的小组工作,是要协助儿童及青少年完成发展任务;还有为机构中被忽视的收容者组织的小组工作服务。

如果说个案工作面向的通常是个体服务对象系统(individual client system),那么小组工作面向的则往往是多重服务对象系统(multiple-client system)。当出现下述情景时,社会工作者所面对的大多是多重服务对象系统。第一,除非与其他人合作,单凭个人无法实现其目标;第二,不能单独与社会工作者一道努力解决自己的问题,但能和同龄人一起在社会工作者的协助下解决问题;第三,存在对个人有相当大影响的群体;第四,需要几个人才能完成任务或实现目标;第五,有一些人具有类似需求或问题。当服务对象是多重系统时,社会工作者不仅要了解作为那个系统成员的个人,而且要了解存在于那个系统的子系统和系统本身。

对于社会工作者来讲,为了与多重服务对象系统有效互动,首先要把多重服务对象看作一个社会系统。多重服务对象可能是由无关联的个人构成的小组、社区、专业人员群体以及家庭群体,他们组成了一个个社会系统。其次,要了解社会工作者可能也是小组的一个成员。当社会工作者是一个团队的成员,或者参与一个社区委员会或一个机构工作团队时,社会工作者就是小组的成员。虽然社会工作者通常并不是这些小组的指定领导者,但他可以利用有关小组互动的知识和技巧来影响小组过程,以便小组有效地发挥功能和完成任务。最后,有时社会工作者并不是小组的一员。例如,当社会工作者和多重服务对象系统一道工作时,其主要身份是专业协助者,此时,社会工作者是从小组外部影响该小组的。当社会工作者以这样的角色去影响小组时,将运用与作为小组一员不同的、同小组一起工作和互动的技巧。[1]

---

[1] Louise C. Johnson, *Social Work Practice: A Generalist Approach*, 5th ed., Allyn and Bacon, 1995, pp. 191-192.

二、小组工作的功能

作为社会工作的一种方法,小组工作的功能与整个社会工作的功能相一致,不过它也有自己特殊的功能。从历史发展来看,小组工作先是具有教育性和娱乐性的功能,而后发展出社会行动和治疗等功能。

特雷克在《社会小组工作:原则与实务》一书中,对小组工作的功能做了概括。他认为,不同年龄阶段的人都可以参与小组,从而帮助自己:(1)追求兴趣与获取技能;(2)在同辈团体中得到接纳与地位;(3)成为较大团体和较有影响力集团的成员;(4)在父母或其他人的监护之下获致成长与独立;(5)适应和学习与异性接触;(6)通过参与过程成为社区的一分子;(7)拥有乐趣、休闲与社交情趣;(8)获得友谊与同伴。

与特雷克这种把小组工作的功能集中于个人的观点稍有不同,克莱因(A. F. Klein)在《有效的小组工作:原则与方法导论》一书中,对小组工作的功能做了一定程度的拓展。他指出,小组工作的功能有八项:(1)康复。包括对原有能力的复原,对情绪、心理、行为、态度及价值导向的修正。(2)获得。发展面对问题与解决问题的能力,也就是学习适应危机情境,提升能力。(3)矫治。协助犯罪者矫正行为与解决问题。(4)社会化。帮助人们满足社会的期待,以及学习与他人相处。(5)预防。对问题发生的可能性进行预测,提供有利的环境以满足个人需要,并协助个人培养处理偶发事件及抗御危机的能力。(6)社会行动。帮助人们学习如何改变环境,增强适应能力。(7)解决问题。协助人们运用小组力量完成任务,进行决策及解决问题。(8)发展社会价值。协助小组成员发展适应环境的社会价值体系。①

林赛和奥顿从小组为什么可以助人的角度,阐述了小组工作的功能。第一,群体生活是人类正常生活的组成部分。个人在与小组中的其他人的互动中发展出来的技巧,譬如沟通、建立关系和肯定自己等技巧,可以移用到他们在小组之外的生活中。第二,相互支持。有相似生活经历、情境和问题的人可

---

① 参见徐震、林万亿:《当代社会工作》,台湾五南图书出版有限公司1983年版,第170—171页。

第九章 小组工作

能是获取支持的一个来源,因为人们会意识到自己的处境并不那么独特,从而消除自己的内疚感,克服与经验相关的认知困难。第三,为组员增能。与个案工作中服务对象通常处于权力关系的弱者位置不同,在一个小组中,社会工作者的权力可以由小组成员的权力来平衡。而且,把人们聚集在一起,引导他们互相帮助和支持,本身就是为组员增能。第四,小组提供了给予和接受帮助的机会。在一个小组中,每个成员都可能为其他人提供支持、建议和意见。第五,在小组中可进行社会对比。小组的一个重要功能可能是,让组员以安全和有价值的方式获得需求满足,听到、看到并确认在小组中的经验和感觉。第六,小组提供了学习机会。包括展示各种可用的学习方法,组员互相学习,获取关于一个人的行为如何被他人体验和回应的信息,获得尝试新行为的机会。第七,小组提供希望和乐观主义。一个人越坚信自己能成功,就越有可能成功。小组工作示范了提高自我效能的方法。第八,小组工作采用了一种个案工作无法遵循的助人路径。一些人对个案工作者的动机持怀疑态度,不愿意与他们建立信任关系,或者不准备与他们交往,个案工作者面对这些服务对象时无能为力,但这些服务对象乐于参加小组,因而给小组工作者提供了发挥作用的机会。①

诺森和库尔兰从社会工作者为什么选择以小组形式提供服务的角度,阐述了小组工作的功能。他们认为社会工作者之所以选择小组形式,主要是因为小组形式适合以下四种情境或能够发挥四种功能。第一,关系提升(enhancement of relationships)。当服务的目的是面向未来提升某种形式的社会关系时,小组通常是首选的方式。小组的特殊动力使其成为处理社会关系中的缺陷或困难的理想社会环境。这些力量运作于其中的小型团体,即我们通常所说的人数不多、人际关系比较密切的小组,提供了一个理想的环境,在这个环境中,人们有可能解决依赖-独立冲突、兄弟姐妹对抗、与权威的冲突、暴力、拒绝、退缩、孤独和失落等问题。第二,社会胜任力(social competence)。通常,运用小组社会工作服务的第二个目的是提高社会胜任力。小组是增强社

---

① Trevor Lindsay and Sue Orton, *Group work Practice in Social Work*, Learning Matters Ltd, 2008, pp. 7–11.

会胜任力的最有效和最自然的方式,因为社会胜任力只能通过个人与他人的关系发展出来。小组的目标是帮助成员在扮演重要的社会角色的过程中更充分地发挥作用,以及在人生过渡期应对角色期望的变化及其带来的问题和挑战。第三,应对压力(coping with stress)。一个小组的首选目标很多时候都是通过小组发展有效应对压力的能力,这种压力是由个人生活中的过渡阶段、文化失调、威胁生命的疾病、离婚、强奸或身体暴力等情况造成的。在小组中,组员可以获得来自同伴的支持和刺激,小组能够帮助成员披露和管理情绪,释放紧张和焦虑,修复受损的自尊,并发现应对压力和现实情况的新方法。一些研究表明,有过创伤经历的人往往感到孤立、孤独和沮丧。与拥有支持性社会网络的人相比,这些人更有可能在实际应对事件的后果方面遇到严重困难。这样的人特别需要精心策划的治疗性小组工作服务。第四,间接服务(indirect services)。间接服务的主要目的不是直接帮助服务对象,而是以小组为工具,组织员工培训、团队协作、实施规划方案和进行社会倡导。①

第三节 小组的类型

一、对小组类型的新划分

以往的教科书中,作者们基于小组工作以小组中的个人和小组本身为服务对象,帮助组员和小组解决问题与满足需要的理念,多从治疗性功能或工作目标的角度对小组的类型进行细分。譬如,有的书就按照社会工作的目标,把小组划分为朋辈小组、教育小组、服务或志愿小组、兴趣小组、成长小组、治疗小组、社会化小组、自助或互助小组等。②

上述对小组的分类有其道理,但却忽视了另一大类的小组。随着通才社会工作的兴起,学者们越来越视小组工作为通才社会工作者需要掌握的一种方法,其服务对象和功能不再限于直接的微观层面,而是延伸到了间接的中观

---

① Helen Northen and Roselle Kurland, *Social Work with Groups*, 3rd ed., Columbia University Press, 2001, pp. 27-29.
② 王思斌主编:《社会工作导论》,高等教育出版社2004年版,第187页。

和宏观层面。托斯兰和里瓦斯在《小组工作实践导论》一书中指出,通才社会工作者需要了解和掌握,利用小组工作来帮助个人、家庭、小组、组织和社区尽可能有效地发挥作用的相关知识和技能。许多小组工作教科书把焦点放在以小组形式"治疗"服务对象方面,许多小组工作只关注治疗性小组或支持性小组,而很少关注社会性、娱乐性或教育性的小组。社会工作者作为成员和领导者参与的委员会、团队和其他任务小组尤为不足。虽然社会工作专业明确强调个人与其社会环境的交互作用,但在许多小组工作教科书里,很少关注社会目标小组、工作联盟组织和其他社区组织工作中的小组。[①] 实际上,这些都是运用小组工作原理开展的非常重要的小组工作,是在发展领域中的小组工作。

基于对小组工作的这种新的认识,托斯兰和里瓦斯重新把小组划分为处理问题(处遇)或称治疗性小组(treatment group)和任务小组(task group)两大类。治疗性小组涵括了传统小组工作的所有类型,而任务小组则涉及在传统小组工作类型之外的与服务对象有关的小组工作方式。除托斯兰和里瓦斯外,克斯特-阿什曼(Karen K. Kirst-Ashman)在《社会工作与社会福利导论:批判性思考的观点》一书中亦把小组划分为这两种类型。

二、处遇/治疗性小组

(一)处遇/治疗性小组的含义

处遇是从英文"treatment"翻译而来的,其含义非常宽泛,其中既有处理问题的内涵,也有通过一定的处理使问题消解,因而是一种"对问题的治疗"、对组员问题的治疗的意味。

托斯兰和里瓦斯指出,处遇/治疗性小组的概念是用来指称这样一类小组,其主要目的是满足成员的社会情感需求。形成处遇小组的目的,包括满足组员互助、支持、教育、治疗、成长及社会化的需求。克斯特-阿什曼同托斯兰和里瓦斯持有类似看法,认为处遇小组帮助个人解决个人问题、改变不想要的

[①] Ronald W. Toseland and Robert F. Rivas, *An Introduction to Group Work Practice*, 8th edition, Pearson, 2017, p. 19.

行为、应对压力、提高生活质量。这类小组工作的焦点是协助服务对象解决他们的个人问题、提高个人素质，或促进组员相互提供支持。二者相比，托斯兰和里瓦斯把处遇小组细分为六种次级类型，克斯特-阿什曼把处遇小组细分为五种次级类型，且在这些次级类型的排序上有所不同。综合上述作者的观点，处遇小组可划分为六种类型，基本相当于传统社会小组工作类型。①

（二）处遇/治疗性小组的类型

（1）支持小组（support groups）。这是小组成员分享共同的议题或问题，组员持续聚会以应对压力、相互提出建议、给予鼓励、传达信息，并提供情感支持的小组。支持小组的主要目的是促进互助，帮助组员应对压力性的生活事件，以及提振组员精神和增强其应对能力，使他们能够有效适应和应对未来的压力性生活事件。例如，艾滋病患者、酗酒康复者、性虐待成年幸存者和经历创伤后应激障碍的退伍军人的小组。

（2）教育小组（educational groups）。这是为参与者提供所需要的信息的小组。教育小组的主要目的是帮助组员接收新的信息和学习新的技巧。教育小组被应用于多种多样的场合，包括治疗机构、学校、护理院、矫正机构和医院。例如，学习儿童行为管理技术的父母小组、接受性教育的青少年小组、有兴趣寻找工作的老年人小组，以及住在养老院要求提供有关他们处方药物的信息的老年人小组。

（3）成长小组（growth groups）。这是旨在扩大自我意识、发掘潜力、最大限度地提高健康水平和提升自我的小组。成长小组为组员提供认识、拓展和改变关于他们自己和其他组员的思想、感情和行为的机会。小组被视为最充分地发展组员能力的载体。成长小组注重促进社会情感健康，而不是治疗社会情感疾病。例如，青少年价值观澄清小组、学习自我管理以获得成长的小组。

（4）治疗小组（therapy groups）。这是帮助有严重心理和情感问题的组员

---

① Ronald W. Toseland and Robert F. Rivas, *An Introduction to Group Work Practice*, 8th ed., Pearson, 2017, pp. 36-43; Karen K. Kirst-Ashman, *Introduction to Social Work & Social Welfare: Critical Thinking Perspectives*, 3rd ed., Brooks/Cole, Cengage Learning, 2010, p. 122.

改变其行为的小组。治疗小组帮助组员改变他们的行为、应对和减轻个人问题,或使他们自己在遭受身体、心理或社会创伤之后得到康复。治疗小组的重点虽然通常是在支持上,但治疗小组不同于支持小组,因为它们聚焦于治疗和康复。例如,为治疗个人抑郁、焦虑和心身障碍而成立的小组。

(5) 社会化小组(socialization groups)。这是帮助参与者改善人际行为、沟通和社会技巧,以使他们更好地适应其社会环境的小组。社会化小组帮助组员学习社会技巧和社会接受的行为模式,组员由此可以在社区中有效地发挥功能。社会化小组经常组织诸如游戏、角色扮演或郊游等活动,帮助组员实现个人目标。例如,一个城市社区的青年活动小组,一个致力于提高人际交往能力的以学校为基础的害羞青少年小组。

(6) 自助小组(self-help groups)。虽然自助小组与支持小组、教育小组和社会化小组有许多共同特点,但明显的区别在于,它们由分享小组其他成员所经历的问题的成员领导,即小组的领导也是组员。由于专业人员经常在自助小组中发挥重要作用,因此这类小组被纳入处遇小组类型。例如,那些试图变清醒和保持清醒的匿名酗酒者的小组,接受过心脏搭桥或其他手术的病人小组,癌症幸存者小组等。

三、任务小组

(一)任务小组的含义

当代的小组工作概念超越了直接服务于有需要的社会工作服务对象的范畴,即小组工作的方法可运用于所有为服务对象提供服务的工作团队,以小组工作的方式组织和运行团队,形成了为服务对象而运作小组的间接服务。其中既有为服务对象提供服务的任务团队,也有跨专业和跨领域的人为解决服务对象问题和满足其需要而召开会议所形成的会议小组等。

托斯兰和里瓦斯指出,任务小组要寻找解决服务对象问题的工作方案,生成新的工作理念,以及做出协助服务对象的决定。任务小组有三个主要目的:(1)满足服务对象的需求;(2)满足组织——工作小组的需求;(3)满足社区的需求。克斯特-阿什曼认为,任务小组是那些运用小组动力去解决问题、发展理念、制订计划及实现目标的工作小组。社会工作者经常组建宏观社会环境中的任务小组,去满足个人、家庭、小组、组织或社区的需要。

(二) 任务小组的类型

以托斯兰和里瓦斯划分的三大类九小类任务小组为框架,以克斯特-阿什曼关于任务小组的论述为补充,下面简要介绍不同类型的任务小组。①

1. 以满足服务对象需求为主要目的的任务小组

(1) 团队(team)。团队是两个或以上的人聚在一起,合作实现预定目的的小组。这种小组大多是为了满足服务对象需求而由社会工作者参与组织和带领的工作小组,是为实施服务方案和提供服务而组建的。一个团队可以被定义为由具有不同背景的工作人员组成的小组,这些工作人员在组内通力合作,并定期为指定的服务对象组成的小组制订和实施照顾和服务计划。团队成员代表着特定的服务对象群体,协调他们的努力并与他们一道工作。例如,在康复医院里为中风患者及其家属服务的一个专业人员小组,提供家庭临终关怀的一个专业人员小组,在心理健康机构赞助下接受危机干预培训的专业和准专业人员,与精神病院的病人一起工作的一个专业人员和助手的小组。这类任务小组是为了帮助服务对象而组建的工作小组,目标是满足服务对象需要和解决其问题。这种团队是当代社会工作实务中常见的工作形式,团队内部以小组工作的方法运作。

(2) 处遇会议(treatment conference)。处遇会议是指,代表服务对象系统的人,为监控和协调服务计划而参加由社会工作者召集的会议。处遇会议的目的是,为特定的服务对象或服务对象系统制订、监测和协调处遇服务计划。所有参与处遇会议的成员都有一个共同目标,即考虑服务对象所处情境,并就如何为服务对象提供服务和"与服务对象一道工作"做出计划和决定。例如,精神卫生病院中的病人即将出院,此时,与病人治疗和康复有关的多个专业人士组成一个跨学科的专业人员小组,成员包括患者的医生、护士、心理咨询师、

---

① Ronald W. Toseland and Robert F. Rivas, *An Introduction to Group Work Practice*, 8th ed., Pearson, 2017, pp. 44-57; Karen K. Kirst-Ashman, *Introduction to Social Work & Social Welfare: Critical Thinking Perspectives*, 3rd ed., Brooks/Cole, Cengage Learning, 2010, p. 124.

第九章 小组工作

物理治疗师、社区精神康复中心的医生和社会工作者,大家坐到一起开会,共同讨论和确定病人出院后需要哪些服务。社会工作者作为这个患者所需的一揽子服务计划的"关键人",组织和运作这个"处遇会议"所形成的小组,以期为即将出院的患者及其家庭和其他相关系统服务。这种"处遇会议"形式的小组,还常见于院舍照顾中。例如,儿童照顾者、社会工作者、护士和精神病学家围绕如何服务于某个儿童召开会议,不同专业的人员由此形成一个处遇小组。这些工作人员一起制订工作方案,以解决这个儿童的问题,因为其需要的满足和问题的解决要求多个专业的工作人员既分工合作,又密切配合。社会工作者参与其中,运用小组工作的方法协助由不同专业人员组成的小组和各个组员处理他们的难题。这类小组工作过程中会遇到各种困难,也同样面对一般小组工作关心的议题。相同原理的处遇会议式任务小组还有,由法庭中的社会工作者、感化官、法官、律师、检察官等组成的,负责审议与释放囚犯有关的证词以决定是否假释囚犯的工作委员会,这些人一起开会也形成了针对囚犯这个服务对象开展一系列"治疗工作"的小组。还有一种典型的处遇会议形式的小组,即考虑对一个患有严重抑郁症的年轻人进行治疗的、由社区心理健康专业人士组成的小组,这个小组的成员为了服务对象一起开会,研究如何为服务对象提供"治疗-处遇"服务。

由托斯兰和里瓦斯等人提出的"处遇会议"的任务小组,实际上是由"个案管理"实务中的"联合会议"发展而来的。在个案管理中,为服务对象提供的"一揽子"服务,涉及多个专业,需要专业人员一起"开会"商讨、决定、协同行动,予以落实。这种会议所讨论的面向服务对象的服务,既涉及"治疗"性协助,例如情绪和心理辅导,也涉及身体疾病的治疗,同时会牵扯到房屋、生计等政策方面的议题。这些来自不同部门的专业工作者共同努力,与服务对象一道"解决问题"。正是在这个意义上,托斯兰和里瓦斯提出了"处遇会议"这一类型。社会工作者在"处遇会议"所形成的小组中是"关键人",需要带领小组朝着完成任务以满足服务对象需要和解决其问题的方向前进。

(3)职员发展小组(staff development groups)。这类小组的目的是,通过发展、更新和恢复工作人员的技能来改善面向服务对象提供的服务。职员发展小组为工作人员提供机会,去了解新的处遇取向、资源和社区服务,练习新的技能,带领组员审视并总结与服务对象共同努力解决问题所积累的经验,将之变为今后工作中的方法,甚而提炼概括成可以推广应用的概念。例如,一群专业人士,参加由地区精神中心组织的一系列关于药理学的研讨会,就形成了学习新技能的发展小组;一个酗酒处遇机构,定期召开工作研讨会议,以便其工作人员相互学习,这是最便捷的在职发展研讨会;一个资深的社会工作者,为没有督导的学区中的社会工作者提供小组督导;一名项目主管,给那些为独居老年人开展社区外展项目的"准专业人员"(有可能是实习生)进行每周一次的小组督导。上述小组都是面向与服务有关的工作人员的发展性小组,主要目的是提升工作人员的专业服务水平,小组带领者都是社会工作者。

2. 以满足组织需求为目的的任务小组

(1)委员会(committees)。委员会是被授权审议、调查、采取行动或报告某些事项的工作小组。委员会由那些被任命为或当选为委员的人组成,他们要完成提供赞助者或组织全体成员委派给委员会的工作。委员会通常被授权就针对组织成员的指控进行审查或调查、制订工作方案以供讨论等。譬如,一个负责为当地社区中心推荐活动的青少年工作委员会;一个被委以研究和建议机构人事政策改革工作任务的由员工代表组成的工作委员会;等等。

(2)行政班子(cabinets)。行政班子是一个负有职责的工作机构,其成员组成了一个工作小组。行政班子的任务是向首席执行官或其他高级管理人员提供有关政策问题的咨询和专门知识。它通常承担这样的任务,即在高级行政官员宣布某项政策之前,围绕政策对整个组织的影响、程序和实践,进行讨论、制定或修改。行政班子促使一个组织的高级行政人员进行正式沟通,并有助于获得高级和中级行政人员对特定政策和程序的支持。例如,一个地方的卫生部门中,由科室负责人组成"班子",成员坐到一起研究制定和讨论长期照顾报销政策;三甲医院医务社会工作部中,督导社会工作人员和社会服务主任的每周会议;联合募捐高级职员的一系列会议,讨论募款在其成员机构中的分配方法和政策变革;基层政府的社会福利部门负责人的会议;等等。

(3)理事会(boards of directors)。理事会的主要功能是做组织决策、监控机构运作、确保组织的财务完整和稳定,以及处理组织的公共关系。理事会决定组织的使命、短期和长期目标,制定人事和程序政策。理事会向首席执行官提供咨询和建议,并监督组织的运作;理事会也负责制定财政政策、预算,并建立监测和审计机制。理事会还可能进行筹资、雇用首席执行官和管理公共关系等,但理事会不应参与组织的日常运作、雇用工作人员(执行主任除外)或决定工作方案的细节,它只负责审议和批准相关工作计划和政策。

3. 以满足社区需求为主要目的的任务小组

(1) 社会行动小组(social action groups)。这是为了促成有计划的改变,努力去修正或改善宏观社会环境或物理环境而组建的小组。它为组员提供支持,赋权组员以集体行动做出努力,目标是改变包括组员在内的某个社会群体或社区所处的社会或物质环境的某些方面,以推动社会的进步。社会行动小组的成员通常来自社会的基层,小组关注的问题和努力的目标大多是那些未被社会注意到的现象,与问题或需要满足有关的个人和群体往往也是社会中的被忽视者。虽然社会行动小组的目标经常与小组中个别成员的需要联系在一起,但目标的实现一定是既有利于个人和群体,也有利于小组之外的社会公众,对社会进步有积极意义的。因此,可以说,社会行动小组旨在为包括成员在内的一般社会公众的共同利益服务。例如,倡导家庭教育入法的小组,其成员为法律、社会工作领域的专业人士和关心此问题的社会人士,他们做研究、写提案给相关政府组织,目标是建立规范化、常态化的家庭教育;一个由社会工作者组成的小组,通过系统地收集和分析资料,向政府建议增加社会服务资金,倡导发展社区老人服务机构;流动家庭和儿童关注小组,致力于为流动儿童提供课外活动和课业辅导等。

(2) 联盟(coalitions)。这是由组织、社会行动小组,或那些通过分享资源和专门知识而集合在一起对社会施加影响的个人组成的小组。联盟成员具有共识,即同意为追求共同目标而采取一致行动,因为他们认为任何成员都无法凭借单独行动实现这些目标。例如,非营利的家庭护理机构的代表聚集在一起,向地方政府游说为慢性病老年人提供更多的社区护理服务;为了呼吁在地铁路线设计中增加人口密集地区车站而组成的"关注增加××地铁站问题"小组,是社区内自发参与的个人组成的行动联盟;希望引起公众注意,实现增设社区青少年中心目标的若干社区机构的联合;企业、社区和社会组织共同工作,探讨如何缓解该地区的交通拥堵和停车难问题;等等。

(3) 代表委员会(delegate councils)。这是来自不同机构或同一机构各单位的代表为了协商讨论共同关心的问题而组成的小组。代表委员会的目的是,促进机构间的交流与合作,或者是社区成员代表研究全社区的问题或社会层面的问题,参与集体社会行动,并管理大型组织的运作。代表委员会的成员是由各单位任命或选举的,成员的主要任务是在委员会会议期间代表其单位就相关问题提出意见。代表委员会会议的一个变体是代表大会,它通常规模更大。例如,街道驻区各单位和机构的代表每月开会,以改善机构间的沟通合作,提高工作效率,避免重复浪费,或者就共同关心的事务进行讨论,达成共识,采取行动;一个专业组织各地方分部的代表组成小组,开会核准组织的预算;一个由每个县任命的成员组成的研究预防和干预家庭暴力的工作团队,共同交流经验,采取一致措施;来自全县家庭服务机构的代表的年度会议;等等。

四、处遇小组与任务小组的区别

克斯特-阿什曼认为,处遇小组和任务小组的主要区别是:处遇小组的目的是在小组内部环境中改变组员的行为或态度,而任务小组的目的是实现一个预期目标或执行小组外部环境中的一个改变行动。托斯兰和里瓦斯从八个维度对这两类小组进行了详细区分,对两类小组的运作和要素进行了分析,这可以帮助社会工作者掌握工作的要领。这八个维度是:

第一,纽带。两类小组都存在纽带这个要素,表现为形成小组的目的。处遇小组的成员因其共同的需要和工作任务而相互联系,任务小组的组员则通过共同努力完成任务、执行任务或生产产品来建立关系。在这两种类型的小组中,共同的文化、性别、种族或族裔特征也有助于成员相互关联。

第二,角色。在处遇小组中,虽然组员有各自的特长和技能,但组员的小组角色不是在小组形成之前设置的,而是经由成员之间的互动发展出来的;在任务小组中,虽然成员可以通过互动明确自己承担的角色,但角色更有可能基于成员在组织中的位置。此外,两种小组都会根据要完成的任务重新分配角色,包括主席或组长、秘书和事实发现者的角色,可以随任务进展而重新进行分配。

第三,沟通模式。处遇小组中的沟通模式是开放的,并且鼓励组员相互交流。任务小组组员的沟通集中在要完成的任务上。在一些任务小组中,由于设定了任务完成的时间,组员很可能无法就特定议程或项目进行充分沟通,居中协调的社会工作者以任务的完成为主要导向。在其他任务小组中,组员的沟通则可能受限于个人的专业和视角,有些组员担心自己的意见不被其他专业背景的组员理解而不做充分沟通。很多时候,组员来自不同组织,会担心自己的身份和意见能否得到小组的接纳,这就需要社会工作者努力协助小组,以确保充分和顺畅的沟通。

第四,程序。处遇小组通常有灵活的会议或工作程序,包括热身期、处理组员关切的时间和总结小组工作的时间。任务小组更有可能制定正式的规则,如议事程序,以指导组员开展小组工作和做出决定。

第五,构成。处遇小组通常由关注共同问题和需要及具有专业能力的人员组成。任务小组往往由拥有达成小组使命所需的资源和专门知识的人员组成。

第六,自我披露。在处遇小组中,会鼓励成员披露自己的关切和问题。因此,自我披露可能包含情感上的、个人的关注。在任务小组中,成员自我披露相对较少,一般预期成员只讨论如何完成小组的任务,而不会分享私密的个人关切。

第七,保密。处遇小组的会议经常保密。有些任务小组的会议,如处遇会议和行政班子会议,可能是保密的,但其他任务小组的会议,如委员会和代表委员会的会议,往往可以公开将会议的记录和描述分发给有关人员和组织。

第八,评估小组成功的标准。处遇小组和任务小组在评估小组成功的标准上有不同。对处遇小组来说,只要小组帮助成员实现他们的个人处遇目标,小组工作就是成功的。对任务小组来说,完成小组任务是评价小组成功与否的主要指标,例如为问题制订解决方案和做出决定,或者是开发小组产品,包括工作报告、一套工作条例或关于特定社区问题的一系列建议等,这些都被看作任务小组成功的重要标志。①

第四节 小组工作的模式及一般过程

在小组工作发展过程中,先后形成了一些工作模式。其中早期较有代表性的是由帕佩尔(Catherine Papell)和罗斯曼(Beulah Rothman)所概括的社会目标模式、治疗模式和交互模式。20 世纪 70 年代之后,社会工作者较多采用的是互动模式、组织与环境模式、行为修正模式、发展模式及预防与康复模式。

一、小组工作的模式

(一) 社会目标模式

社会目标模式源于睦邻组织运动,主要代表人物为科伊尔、科诺普卡、威尔逊(Gertrude Wilson)和赖兰(Gladys Ryland)等。其理论基础是新弗洛伊德主义的人格理论、机会论、无权论、文化贫乏论、政治经济学方面的理论及杜威的教育理论,以民主精神为最高理想。该模式的主要论据是:如果一个小组及其成员能够在一位社会工作者的影响下找到一个共同目标,并且培养一种自主的行为去推动小组历程,小组成员便能自我发展,学会技巧,参与一些有意义及负责任的社会行动。因此,这种模式的目的是启发社会良知、社会责任及促进社会转变。社会工作者在这种模式中的角色是使能者或促进者,即一个有影响力的人,他把社会责任及政治立场在小组中个别化地表达出来,并推动和协助小组行动。

(二) 治疗模式

治疗模式又称为康复模式或临床模式。主要代表人物为雷德尔(Fritz

---

① Ronald W. Toseland and Robert F. Rivas, *An Introduction to Group Work Practice*, 8th ed., Pearson, 2017, pp. 29-31.

Redl)和文特(Robert Vinter)等。其理论基础是行为矫正理论、学习理论、自我理论、社会角色理论及小组动力理论。治疗模式的基本假设是：如果一个社会工作者能用他的专业知识去影响小组历程及小组动力，使小组成员改变他们的一些具体行为，这便证明小组成员可以凭着参与小组而获得再教育的机会，参与小组的经验可以帮助他们调整不适应社会的行为和态度。因此，社会工作者在这种模式中的角色不是促进者，而是一位家长或博学的专家。他把小组看作一个治疗环境或治疗工具，他的任务是研究、诊断与治疗，他的地位相当于权威的家长，他必须有足够的能力去诊断个人的需要，安排治疗计划，并控制小组的发展。

(三) 交互模式

交互模式又称居间模式，主要代表人物为施瓦茨(William Schwartz)，理论基础是系统理论、场域论、社会心理学中的人性理论及社会关系的结构功能分析理论等。交互模式的基本假设是：如果一个社会工作者能够使组员在一个有机的组织内，通过互相帮助而完成其特定的任务，组员便可以增加自己在社会上与人相处的技巧，进而凭借这种经验更好地适应社会。因而，在这种模式中，社会工作者的角色是小组成员与小组及社会之间的中间人或协调人。他不设计方案、不控制小组，而是提供社会信息引导小组走向自动自发，他要帮助组员在小组内进行协商，以求组员的问题受到小组的重视，从而通过小组的运作加以解决。

(四) 互动模式

互动模式是由交互模式演化而来的一个模式，主要代表人物为施瓦茨，特罗普(Emanuel Tropp)、克莱因等亦对此模式的理论及技巧做出了一定的贡献。互动模式的理论基础包括系统理论、场域论、符号互动论、完形心理学、存在心理学和小组动力研究等。该模式将小组工作的注意力集中于个别组员为满足共同需要而互动的过程。社会工作者的角色是协调者，负责促进组员、小组、机构、家庭、学校、社区等各系统的彼此适应，帮助服务对象与产生问题的系统进行接触并居中协调，协助系统接纳服务对象。

（五）组织与环境模式

组织与环境模式的主要代表人物为哈特福德（Margaret Hartford）、哈森菲尔德（Yeheskel Hasenfeld）、格拉瑟（Paul H. Glasser）、萨里（Rosemary Sarri）和加文（Charles D. Garvin）。此模式的理论基础主要为社区结构功能理论、组织理论、小组理论、社会交换理论、社会行为学习理论、自我心理学和社会化理论。应用该模式的主要目的是，通过了解个人的特性、社会功能及其所处的社会环境而找出解决问题的工作方法，利用小组去提供一些改变个人及环境的方法或机会，使个人能够更好地适应社会。因此，社会工作者的主要任务是促进组员的社会功能的修复和发挥，尊重个人，帮助组员在其生活环境中调适自己，预防问题和运用社区资源支持服务对象。

（六）行为修正模式

行为修正模式的主要代表人物为萨里、弗兰克尔（Arthur J. Frankel）和格拉瑟，以及费尔德曼（Frances L. Feldman）和沃达斯基（John S. Wodarski）。行为修正模式的理论基础为刺激反应理论和社会学习理论。应用该模式的目标是，消除个人一些不被社会文化接受或不适当的行为，尽力帮助组员学习新的行为，并通过反复练习使新学习的行为巩固下来，鼓励组员投入小组并与他人接触。此模式中，社会工作者是专家，具有指导的能力，教导组员解决问题的技巧，营造气氛，选择组员，引导组员，协助他人，以及对组员进行直接干预等。

（七）发展模式

发展模式又称为过程模式。早期代表人物为科伊尔、威尔逊和赖兰、菲利普斯（Michael H. Phillips）、施瓦茨和伯恩斯坦。对该模式的形成起决定性作用的则是特罗普。此模式的理论基础主要是发展心理学、米德和帕森斯的社会学理论及存在主义哲学。应用该模式的主要目的是，通过小组鼓励组员参与、表达自己，从而找出大家的共同兴趣及目标，在体现民主程序的过程中实现小组目标及组员的自我成长。因此，社会工作者在小组发展过程中，要察觉到发展的潜力，组员在温暖、刺激和轻松释放中获得肯定和满足需要，帮助小组达到目标，改善人际关系和促进个人的自我实现。

（八）预防与康复模式

预防与康复模式的主要代表人物为文特、加文和格拉瑟。理论基础主要为角色理论、社会系统理论、社会行为理论、认知理论和社会心理学理论。应用预防与康复模式的目的主要有二：一是通过小组的程序以及小组工作者的协助来防止个人做出社会认定的越轨行为，二是帮助已被认为有越轨行为的人通过小组活动重新适应社会。在这个模式中，小组工作者是中心，是小组成员的模范、代言人及导引，是小组的推动者及控制小组运作的人。

二、小组工作的一般过程

小组过程也叫小组的生命周期，它糅合并体现了小组工作助人的目标、价值观、技巧和理论基础，包括从小组组成前的筹备到小组形成，经过活动期、维持期、行动期，到小组结束的结案等几个阶段。

（一）小组筹备阶段

小组工作的过程始于筹备。小组经过筹备才能进入满足组员需求和解决问题的阶段。在筹备阶段需要做以下基础性工作。

（1）需求评估。这是小组工作的根据，是社会工作者对社会需要的回应。需求评估可由机构、服务对象或者小组成员基于存在的问题或需要而提出。

（2）目标确定。基于需求，社会工作者要将小组工作的目标概念化，包括社会工作者的目标、组员的目标、机构的目标，以及小组的长期、中期和短期的目标。

（3）组员选取。在选取组员时需要考虑小组动力问题。组员同质性强有利于组员的分享和互动，组员异质性强则可能会存在沟通障碍。

（4）小组工作方案设计。小组工作方案的构成部分：第一，小组工作理念的阐述，包括机构背景、开设小组的原因、小组工作的理论基础和概念架构；第二，小组工作目标的选取和确定，包括要依据小组的性质来制定具体可操作的工作目标，治疗、发展、成长模式的小组，其目标都会不同；第三，要考虑组员的构成，包括年龄、性别、教育背景、问题和需要的特征；第四，根据组员构成特点设计小组工作开展的时间，进行时间安排，包括小组持续的时间、活动的频率；

第五,进行小组工作程序计划和日程安排,包括每次活动的目标、内容、时间、地点、准备活动、所需器材、资金、工作者职责;第六,决定组员招募方法、小组工作的应变计划、活动预算;第七,设计制定小组工作的评估方法。

(5) 组员招募。社会工作者将小组计划公布,招募小组成员,接受潜在的小组成员对小组目标、聚会时间、地点、期限、团体大小以及团体其他成员情况的咨询。通过与潜在组员的交流,修正小组目标、决定组员,与组员订立契约并开始提供服务。

(二) 小组工作的第一阶段:小组初期

在小组工作的第一阶段,小组成员聚到一起,开启小组历程。这个阶段,小组工作的目标是通过面对面的会议,带起小组成员对小组的期待。此阶段小组成员的特点是:组员刚聚到一起,还没有生出团体感,因此充满紧张、不满、畏缩,有些组员会嘲笑其他组员,有些组员只顾自己,不关注他人。此时,组员会以过往经历的"社会"生活作为自己行动的参照架构,特别是以前类似的小组经验,也就是说,以社会经验作为其评估本小组的基础。在这一阶段,开始带出小组的团体动力,组员表现为或沉静或活跃,其行为具有试探性、灵活性、推测性、考虑安全性等特点,其心理特点是焦虑、恐惧、封闭、伪装和不友善。

针对小组初期组员的特点,社会工作者介入的焦点和工作任务是,通过小组成员面对面的互动来发展小组的目标。方法可以是,引导组员认识小组环境,包括探索物理和心理环境,鼓励开放的讨论和相互了解以及表达对他人的期望,达成共识目标;同时要建立小组规范,允许组员保持心理和行为的距离,创造信任气氛。此阶段社会工作者需要设计一些个人化的程序,而非合作性活动和程序,激发组员兴趣,帮助他们相互认识和建立关系。

(三) 小组工作的第二阶段:小组形成期

形成期的小组的特点是:开始确立小组的角色体系和行为模式及规范,小组被要求符合组员的期待,组员开始对社会工作者和小组产生亲近的依赖感。小组规范是指,成员语言和非语言沟通的规则及影响他人的行为方式,包括保守小组成员的秘密、彼此负责、参与原则、开放和诚恳的态度、批评与自我批判的态度、对小组和成员不满的表达方式等。小组规范是小组成员的互相认同和默契,它是在小组内自发形成的,能够满足组员对于情感、控制与被控制、给予、包容和被包容的需要。

社会工作者的任务是,鼓励组员的参与,引导组员产生归属感,建立小组目标,寻找达成目标的方法,同时要平衡小组动力,促进成员内部和外部角色的发挥。

(四)小组工作的第三阶段:小组中期

小组经历形成期后即进入小组中期,也称为协商期或者亲密期。这个阶段的小组处于整合、冲突、分化与重组的过程中,组员也呈现出新特点。进入整合阶段的小组并不一定就不再分化,实际上此时小组仍会产生分歧甚至冲突,组员开始关注自己在小组中的权力和地位、被他人接纳的状况,本我逐渐暴露,也可能出现有攻击性、沉默、垄断话语权、作为替罪羊的成员,形成次群体。

社会工作者的任务是化解组员的分歧,妥善处理冲突。社会工作者要善用冲突这个契机引导小组走向成熟,因为小组冲突反映出小组所具有的活力,所以它是小组发展的契机。社会工作者要冷静面对小组的分歧和冲突,引导组员包容不同意见,学习倾听和接纳不同意见;以同感、诚恳和接纳的态度关注每个组员的需要。社会工作者可以与组员共同设计小组任务,创造机会让组员在完成小组工作任务的过程中实现上述工作目标。

(五)小组工作的第四阶段:整合期

当小组经历了分歧和冲突,组员学习到了如何相处,建立了相互信任,由此就进入小组的成熟期。小组成熟期组员的特点是:第一,组员达到最理想的沟通状态,能够密切交流,互助互惠;对他人抱持理解和宽容的态度,讨论内容扩宽,彼此分享问题、想法和感受,给予启发,持续互动、相互治愈和支持。第二,小组形成了有效的管理模式和解决冲突的方法,组员默契日深。第三,小组开始有力量达成目标。成员摘下面具,能够处理深度的个人和人际关系问题,不再担心受到伤害,自我表露达到高峰。此时,小组的目标非常清晰。第四,小组凝聚力增强,产生"我们感",组员既彼此依赖又有自主性。第五,小组权力结构趋于稳定,成员能够分担责任。第六,组员与社会工作者、成员之间的关系更加和谐。

此阶段,社会工作者的任务主要是引导组员并给予忠告,为小组提供咨询意见,支持小组自主完成任务。

(六) 小组工作的第五阶段:结束期

当小组成熟后,小组工作进入结束期,即小组工作的结案期。小组存在以下情况时就需要结案:第一,按照计划,小组工作已到预定结束的时间;第二,小组完成了预定任务;第三,组员不再需要小组;第四,小组无法再整合。在小组结束期,组员的自我和社会功能都得到提升,获得了满意的小组经验。与此同时,组员在小组中建立了互相接纳和信任愉快的关系,成为朋友和伙伴,因此,结案过程中部分组员可能会有一些心理反应,表现为失落感和担忧、悲伤,甚至觉得被小组和其他组员遗弃,故而拒绝分离,有些组员还会产生否认、逃避、行为倒退等反应。

在结案期,社会工作者要对小组工作的成效进行评估。评估的内容包括:目标的达成状况、小组动力、小组工作的成果和组员的改变。社会工作者要小心处理组员的离别情绪,帮助组员做好离别的准备。此时,社会工作者要鼓励组员分享感受,激励他们独立和减少对小组的依赖,通过逐渐降低小组的聚会频率,淡化小组的吸引力和影响力。结束小组时,请组员讨论和分享在组内的愉快经验,回顾所获成果,相互祝福并道别。

◆ 参考文献及进一步阅读文献

何洁云、谢万恒:《社会工作实践:小组工作》,香港理工大学,2002年。

吉絜拉·克那普卡:《社会团体工作》,廖清碧、黄伦芬译,台湾桂冠图书股份有限公司1985年版。

林孟平:《小组辅导与心理治疗》,上海教育出版社2005年版。

刘梦主编:《小组工作》,高等教育出版社2003年版。

罗纳德·W. 特斯兰、罗伯特·F. 理瓦斯:《小组工作导论(第五版)》,刘梦等译,中国人民大学出版社2010年版。

吴梦珍主编:《小组工作》,香港社会工作人员协会,1992年。

Helen Northen and Roselle Kurland, *Social Work with Groups*, 3rd ed., Columbia University Press, 2001.

Ronald W. Toseland and Robert F. Rivas, *An Introduction to Group Work Practice*, 8th ed., Pearson, 2017.

◆ 思考题

1. 个体服务对象与多重服务对象的区别是什么?
2. 小组工作的主要功能和作用是什么?
3. 处遇/治疗性小组和任务小组的区别是什么?
4. 小组工作有哪些主要模式?各模式的理论基础是什么?社会工作者的角色是什么?

第十章

社区工作

社区是人们共同生活的领域。受工业化、城市重建以及社会原子化的影响,现代社区产生了许多不利于人们共同生活的问题,需要社会工作介入予以解决。本章对社区工作做简要介绍。

第一节 社区工作的含义与功能

一、社区工作的概念与发展历史

(一) 社区工作的相关概念

1. 社区的概念

社区工作是从社区的概念、社区问题及其解决发展而来的。社区的概念来源于德国社会学家滕尼斯(Ferdinand Tönnies)的著作 *Gemeinschaft und Gesellschaft*,该书中译名为《共同体与社会》。"Gemeinschaft"原本指的是成员相互认同、关系和谐,靠习惯和共同的价值理念来维系社会生活的形式。美国社会学家在分析美国问题时,借鉴滕尼斯"Gemeinschaft"的含义,并引入了"Community"的概念,除了感情、共同意识、团结等含义外,还加进了地域的内容。后来"Community"被译成中文的"社区"。社区的概念有两种所指:一是指生活在同一地理区域的人,这些人因为生活地域相同而具有某些共同的社会活动和心理特征;二是指具有共同意识和共同利益的社会群体。上述两种理解的相同点是成员具有同质性和共同意识,以及相互联系的共同活动;不同之处在于前者强调了地域因素。

"社区工作"一词是从英文"Community Work"直译而来的。从发展历史来看,英美国家的社区工作与"社区组织"(Community Organization)、"社区发展"(Community Development)两个概念密切联系。

2. 社区组织

组织,有时被作为名词来理解,有时则被视为动词。社会工作一般在动词的意义上使用社区组织的概念,把它视为一种工作方法。在社会工作中,社区组织是指,利用计划与组织工作协助社区居民认清社区整体的需要与目标,以社区方案与社区变迁机构来统合、协调与发展社区个体、团体与组织,并动员社区内外资源,来满足社区需要与达到社区目标,以适应社会变迁与生活环境的活动和过程。按照社区组织的思路,社会工作者的任务就是把居民组织起来,共同去解决社区中存在的影响部分居民乃至整个社区的问题。

3. 社区发展

第二次世界大战以后,许多新独立的国家开始谋求自己的经济和社会发展。国际组织和学者们开始使用社区发展的概念,重点在于促进乡村社区经济和社会的进步,满足乡村居民发展经济、改善生活的基本需求。按照联合国给出的解释:社区发展专指居民自己与政府机构协同改善社区的经济、社会及文化状况,把社区与整个国家的生活合为一体,使它们对国家进步有充分贡献的一种程序。这种复杂的程序包括两种重要的因素:一是居民尽量本着自动自发的精神参与改善自己生活的各种社会方案和活动;二是鼓励自助、自动、互助精神,并使这种精神更好地发挥效力。联合国的定义表明,社区发展是推动社区经济、社会和文化总体进步的方法和过程。关于社区发展,后面还会做进一步阐述。

4. 社区工作的含义

社区组织及社区发展可以看作社会工作发展过程中的概念,后来它们逐渐被整合进社区工作的概念。对于社区工作,可以这样下定义:社区工作是以社区为基础和对象的社会工作,它是专业社会工作者秉持专业理念,运用专业方法,与他所服务的社区民众一起工作,群策群力,推动与民众福祉有关的社区建设、社区发展的专业服务行动。

这里有几点需要稍作解释。第一,社区工作是社会工作的一种方法或类型,它是社会工作者为社区居民提供服务、建设社区的专业方法。社区工作也称社区社会工作,社区工作是社区社会工作的简称。第二,社区工作以社区为基础和工作对象。在社区工作中,社会工作者要解决的不是哪一个人的问题,而是社区正常运行和发展遇到的问题。第三,社区工作是以社区居民为本的。解决社区的问题是为了改善社区居民的经济社会生活,是要增进他们的福祉。第四,做好社区工作要以社区居民为主体。社区居民是解决社区问题的根本力量,社会工作者要依靠、动员、组织和推动居民去解决自己的问题,这样才能实现社区的发展。

(二) 社区工作的发展历史

1. 西方社区工作的发展

邓纳姆(Arthur E. Dunham)在1970年出版的《新社区组织》一书中,对西方发达国家社区组织的发展历史进行了描述。邓纳姆指出,美国的社区组织发展可以分为四个阶段。

第一个阶段是从1870年至1917年的慈善组织运动时期。当时在欧美普遍建立了慈善组织会社和睦邻服务中心。它们以都市街区为服务对象,用协调合作的方法将各慈善团体与救济机构组织起来共同解决问题。

第二个阶段是从1917年至1935年的美国社区基金会、社区委员会及联合会发展时期。为适应各团体机构沟通和协作的需要,亦成立了社区联合会。这不仅为志愿服务团体提供了有效的经费来源,而且促进了全国性组织的建立。

第三个阶段是从 1935 年至 1955 年的社区组织与社会福利时期。受 1929 年经济危机的影响,美国政府开始积极介入社会福利领域,因而供给社会福利的基本责任也由志愿团体转到政府身上。1939 年,随着兰尼报告(Lane Committee Report)的提出,社区组织被确认为社会工作三大方法之一。

第四个阶段是从 1955 年至 70 年代的社区组织及社区发展时期。1955 年,联合国在《通过社区发展促进社会进步》报告中提出,社区发展即是由全体社区居民积极参与并充分发挥其创造能力,以促进社区的经济与社会进步。这一理念受到了一些学者的推崇。20 世纪 60 年代是美国社区工作发展的黄金时期。福利权益运动、民权运动,回应市区重建、青少年犯罪、失业、市民参与及服务协调等的计划,逐渐拓宽了社区工作的范围。

20 世纪 70 年代以后,美国等西方发达国家的社区工作发生了新的变化,面对市场化、城市化过程中出现的新问题,社区建设逐渐成为社区工作的重要内容。

2. 我国社区工作的发展

(1) 20 世纪上半叶的社区工作

专业社会工作于 20 世纪 20 年代前后传入我国,社区工作有一些初步实践,但是在专业性、制度化上与发达国家存在差距。民国时期,作为不太专业的社区工作,晏阳初的华北平民教育运动、燕京大学的清河实验以及由知识分子广泛参与推动的乡村建设运动,取得了一定成就。其中,晏阳初的平民教育运动较具社会工作的特点。晏阳初总结了乡村建设的基本原则,包括:深入民间,认识问题、研究问题,协助平民解决问题;与平民打成一片,向平民学习;与平民共同商讨乡村建设工作;不持成见,当因时因地因人制宜;不迁就社会,应改造社会;建设是方法,发扬平民潜伏力,使他们能自力更生是目的;言必行,行必果。[①] 作为本土社区工作的乡村建设实践取得了一定成果,但是由于当时不利的社会局势,没有获得更大成功。

---

① 参见宋恩荣编:《晏阳初文集》,教育科学出版社 1989 年版,"手迹"部分。

(2) 改革开放以来的社区工作

随着专业社会工作的发展,社会工作进入社区领域,我国的社区工作也越来越多地带有专业的成分。比如,面向城市居民特别是困难群体的社区服务、老旧社区改造、社区文化建设、针对边缘人群的社区矫正等,都有专业社会工作的参与,也有专业方法与本土实践的结合。与此同时,农村社会工作得到初步发展,社会工作在儿童与老年人服务、扶贫开发、灾区重建等方面积极参与,并且取得了重要成果。

2006 年,党的十六届六中全会决定建设宏大的社会工作人才队伍,主要落脚点在社区层面。此后,我国的社区工作在专业化方面不断发展。关于我国社区工作的发展,本书后面还会有进一步的阐述。

二、社区工作的任务和功能

(一) 社区工作的任务和目标

1. 社区工作的任务

从历史上看,社区工作最初以城市社区为工作对象,20 世纪 50 年代之后,其工作范围又扩展至农村(或落后)社区。就城市社区而言,社区工作的主要任务在于,应对工业化及城市化所引发的社会问题,启发民众,发现共同问题,认识共同需要,从而调整社会福利机构,规划新的服务,解决共同的问题,适应生活上的变迁。就农村社区而言,社区工作的主要任务在于,促使社区居民参与讨论社区的问题和需要,确定他们的需求与目标,在政府及有关机构的协助下大家共同做计划,决定如何最有效地运用各种资源达到发展目标。

2. 社区工作的目标

像其他社会工作方法一样,社区工作也有多层次目标。由于社区工作具有复杂性,美国社区工作学者罗斯曼(Jack Rothman)特别强调了社区工作的任务目标(task goal)和过程目标(process goal)。所谓任务目标,指的是解决特定的社区问题,完成具体的工作任务,从而满足社区需要,增进社区福利。所谓过程目标,指的是致力于提升社区居民的能力和增强社区团结,在此过程中促进社区居民对社区事务的参与,并通过建立社区信息沟通渠道来凝聚社区的力量。

社区工作的具体目标包括:第一,推动社区居民参与;第二,提高社区居民的社会和社区意识;第三,善用社区资源,满足社区需求;第四,解决影响社区居民正常生活的具体问题;第五,培养互相关怀和社区互助的美德。通过这些目标,我们看到了社区工作既要解决具体问题,也要在增强居民的社区意识和建构生活共同体方面发挥作用。

(二) 社区工作的功能

社区工作是为适应社区及人们的需要而产生的,社区工作在社区层面发挥着特殊功能。一般而言,社区工作的功能包括:调整或改善社会关系,减少社会冲突;寻求社会福利需要与社会福利资源的有效配合,以满足需要、消除问题、改善社区生活、促进社区进步;改善权力与资源的分配。社区工作的这些功能是通过社区工作者扮演不同的角色发挥出来的。大致说来,社区工作者在社区工作中所要扮演的角色主要包括:引导者,即社区工作者引导社区确立其本身的目标,促进社区发现问题并采取解决问题的行动;促成者,即鼓励社区讨论问题,推动社区居民组织起来共同工作,以良好的人际关系获得居民的信任,共同达到社区的目标;专家,即对社区进行分析与诊断,提供研究方法及资料,以其他社区的资料、经验和本社区的评估及工作评价作为社区决策的参考;社会治疗者,即了解社区内个人间、群体间与组织间的竞争、压力、紧张及冲突,通过社区领导人物来缓和、消除与调和这些现象;计划者,即分析社区的问题,提出可能的解决途径,作为社区居民决策的参考;倡导者,即帮助社区居民意识到自己的需要,并加强对其的认识,与服务对象融为一体,协助他们完成目标。正是通过社会工作者扮演这些角色,社区工作在社区层面发挥着自己的功能。

(三) 社区工作的原则

社区工作是一项专业服务活动,面对有需要的社区和社区居民开展工作,既要解决具体问题,也要达到社区建设的目标。在解决社区问题的过程中,要坚持一些基本原则：

第一，注重以人为中心的发展目标。社区工作的任务目标与过程目标相辅相成。社区工作的任务目标是解决社区问题，过程目标则侧重人的发展。社区工作聚焦具体问题的解决，以此改善居民生活。但是，社区工作也十分关注培育居民相互关心和合作的态度，培养居民解决社区问题的能力和信心，因为在许多情况下这更具实质性。

第二，尊重社区自决。所谓社区自决，是指社区工作者不能居高临下地指挥、命令居民为其所认定的目标而努力，而应尽力让居民明白具体情况，与居民一起讨论和交换意见，使居民对事情有客观的了解，并让居民做出合乎自己愿望的决定。居民是社区的主人，他们最了解自己的需要，所以要尊重他们的自决权。

第三，强调社区参与。社区工作要尽量动员社区居民参与社区活动，这是因为：首先，社区工作相信只有居民自己才最清楚社区问题和需要，因此居民应该参与界定自己的问题和需要，并提出解决问题所需要的援助和方法。其次，基于民主的价值观，社区工作认为每个人都有参与公共事务的权利，因而要努力确保居民有实践自己参与权利的机会，也让居民有一个学习民主技能的过程。最后，社区参与可以激发个人成长，实现社区工作以人为发展中心的目标。

第四，坚持社区行动过程的理性原则。理性的社区行动过程包括两方面的含义：一是指社区工作者应认识清楚所介入社区的具体情况；二是社区居民所采取的一切行动和参与活动都应该是民主和理性的，不受社区内任何既得利益团体的控制。

第二节 社区工作的模式

社区工作通过实践和经验积累形成了一定的模式。罗斯曼将社区工作分为地区发展（Locality Development）、社会计划（Social Planning）和社会行动(Social Action)三种模式。① 这三者又被统称为"社区组织实践"(Community Organizing Practice)模式。除此之外,还有社区照顾和社区工作的宏观模式等。

一、地区发展模式

(一)地区发展模式的含义与特点

1. 地区发展模式的含义

社会工作介入或服务的社区常常是内聚力或发展动力不足,居民的生活质量比较差的社区。如果社区毫无生气,社区居民对社区事务漠不关心,居民关系冷淡,缺乏解决问题的能力,社会工作一般采用地区发展模式开展工作,解决问题。社区工作的目的就是,针对这种情况,促进该地区(社区)居民的自助和互助,提高他们以民主方式解决问题的能力,增强社区的团结和社会内聚力,激发社区潜力和发展动力,实现发展社区的目标。运用地区发展模式开展工作的主要策略是鼓励居民广泛参与解决共同问题,强调通过协商的方法,促使社区居民及各利益团体互相沟通、共同讨论,最终达成共识。

地区发展模式是社会工作者解决社区问题的一种工作模式和一套工作方法,它集中关注的是地区(社区)发展。这里的地区概念比主要关心社会因素的社区概念更丰富,包含了经济活动、公共设施、生活环境等方面。地区发展就是通过促进该地区(社区)中社会力量的发展,解决经济、社会关系、生存环境等方面的问题。所以,地区发展模式较多运用于城市中经济社会状况较差的社区,或社会关系薄弱、居民社区生活无序的新建小区。

2. 地区发展模式的特点

地区发展模式关注地区性、发展性的问题,作为社会工作的一种方法,它通过激发和增强居民社区意识,将社区居民组织起来,调动社区居民运用自己

---

① J. Rothman, "Three Models of Community Organization Practice: Their Mixing and Phasing", in F. Cox, J. L. Erlich, J. Rothman and J. E. Tropman, eds., *Strategies of Community Organization*, 3rd ed., F. E. Peacook, 1979.

的、集体的力量去解决问题,从而实现社区状况的改善。这种方法的特点是:第一,关注社区的共同性问题。第二,注意通过培养社区自主能力来实现社区的重新整合。第三,过程目标的地位和重要性超过任务目标。第四,特别重视社区成员的参与,希望居民由此实现自决与自助。

(二) 地区发展模式的实施策略

按照这种模式,社区工作者的策略是推动社区成员的参与和互助,改善沟通和合作的渠道,更好地运用地区资源,解决现存的社区问题。具体来说就是:第一,促进居民之间的交流。这主要是针对社区居民的冷漠和疏离而采取的策略。第二,团结邻里。这主要是针对社区中部分邻里关系不良而采取的策略。第三,社区教育。这主要是回应居民对社区资源不熟悉或陌生的问题和培养居民骨干。第四,提供服务和发展资源。主要针对的是社区服务和社区资源缺乏的问题。第五,社区参与。这主要是为解决社区面对的共同问题。

(三) 社会工作者在地区发展模式中的角色

由于地区发展模式注重居民参与,并强调参与者的自立、自助和成长,因此社区工作者主要扮演的角色是:第一,使能者。协助居民表达对社区问题的不满,鼓励和支持居民组织起来,帮助他们建立良好的沟通渠道及人际关系,促进共同目标的形成与实现。第二,教育者。社区工作者通过开展培训,帮助居民掌握解决问题和组织的技巧,培养积极参与和自助互助的精神。第三,中介者。协调各方面的社区群体和个人,促进他们之间的沟通和合作,调动社区资源,改善社区的问题。应该说明的是,在地区发展模式中,常常不是只有社会工作者在社区里工作,他们可能是各方面组成的团队的一部分。

(四) 地区发展模式的优点与不足

地区发展模式的优点在于:一是可以营造良好的社区氛围;二是提高居民的能力;三是推进社区民主;四是能够解决社区的公共问题,改善居民生活。

其不足在于:一是无法解决整体资源分配不均及制度不合理导致的社区问题;二是调和不同群体利益的手段不足;三是民主参与成本高而效益低。地区发展模式相信,通过社区居民广泛的民主参与,便可达到解决问题和自助的目的。但是这种参与会花费不少资源和时间,不符合成本效益的计算原则。运用地区发展模式解决问题,一般需要投入较多人力和时间。

二、社会计划模式

(一) 社会计划模式的含义与特点

1. 社会计划模式的含义

社会计划模式是社会工作者通过为社区设计解决社区问题的方案或计划来促进社区发展的一种方法。在这里,社会工作者被视为专家,他要系统地收集有关社区问题的资料,分析可行的解决方法,权衡利弊,认清轻重缓急,确定先后次序,然后选定最有成效的方案,加以实施。社会工作者的主要任务是收集和分析资料,提出解决问题的方案。因此,社会工作者的角色是高度技术性的,是"专家"身份,多采用社区分析、社会调查及评估的工作方式及技巧。社会工作者要执行或推动有关方案,必须与相关社团、机构保持良好关系。社会工作者擅长的是促进社区居民交往、推动社区公共活动和社区发展的社会技术。因此,社会工作者所设计的解决社区问题的计划是社会性计划,公共设施建设、公共空间改造、系统的公共活动开展,这些是社会计划的主要内容。当然,社会计划模式并不是排斥居民参与,而是要运用一定的社会技术及开展活动,更好地促进居民参与,改善社区面貌。

2. 社会计划模式的特点

第一,注重任务目标的实现。社会计划模式是直接完成某项工作的做法,要解决的是最直接、最现实的问题,是对准目标的工作模式。

第二,强调采用理性原则处理问题。一方面强调过程的理性化,包括工作中设定清晰的目标和价值取向,设计可行的方案,预估方案的效益与代价,比较和选择代价最少而效果和效率最佳的实施方案;另一方面强调技巧的科学化,特别是运用科学方法,包括以定量和定性研究方法收集、处理和分析资料,来协助做出决定。

第三,注重自上而下的改变。社区工作者扮演专家的角色,运用知识、科学的决策能力及其学术权威,推动及策划改变。

第四,指向社区未来变化。社会计划是通过分析当前和过去的资料,预测可能发生的事情,并设计对策,其目的是尽量降低社区未来变化的不确定性。

(二) 社会计划模式的实施策略

社会工作者采用社会计划模式,有一套基本的实施策略,包括:

第一,明确组织的使命和目标。社区工作组织或机构都有一套服务信念和使命,用来体现其存在的价值和提供服务的意义。

第二,分析环境和形势。社区工作者要收集环境发展趋势资料,了解对计划有影响力的人士和团体,分析他们的利益和需要及他们与计划的关系、对计划的期望和要求。

第三,客观地认识自己的能力。

第四,界定和分析问题。明确社区问题的现状、特点、成因,发现目前解决这些问题的方法之不利或不足之处。

第五,确定进行需要评估的主要方法。包括:参与性方法,即由服务对象参与确定需要;社会指标方法,即用社会或专业所认可的指标数字来推断需要;服务使用情况判断方法,即根据目前使用服务者的资料来评判总体需要;社区调查方法,即通过问卷调查科学地了解居民的需要。

(三) 社会工作者在社会计划模式中的角色

社会工作者在社会计划模式中主要扮演技术专家和方案实施者的角色。

第一,技术专家。在社会计划模式中,社会工作者主要扮演专家的角色,他要做的包括收集社区资料、进行社区分析及社区诊断、做社会调查、提供资讯、组织运作及评估等,这些都有较多的技术含量。

第二,方案实施者。社会工作者的专家角色在于,不但要制定社区计划,而且要促进实施。他是实践型专家,而不是书斋中的"纯学者"。社会工作者执行有关方案,与相关机构、团体保持良好关系,并运用社区力量去推动方案的实施。

（四）社会计划模式的优点与不足

社会计划模式的优点是：第一，目标清晰，方向明确，工作效果比较有保证。因为事先已经考虑清楚如何解决社区问题，加之社会工作者拥有所需的技术和能力，所以可以保证所提供服务的质量。第二，工作效率相对比较高。社会计划模式较为注意专家的作用，因而决策和行动都可以有更高的效率。除非遇到反对，一般都可以保证服务较快地满足民众的需要。

社会计划模式也存在明显不足：第一，居民参与率低。一是，在服务目标方面，常常由社会工作者来确定什么是民众需要的，可能未真正代表民众的心声。二是，由于在决策过程中缺少民众的参与，民众对计划本身可能缺乏兴趣和投入。第二，服务对象对所提供服务的依赖日增，或许会导致被动接受帮助的现象出现。

三、社会行动模式

（一）社会行动模式的含义与特点

1. 社会行动模式的含义

与上面的地区发展模式和社会计划模式把解决问题的焦点放在社区认同、社区组织不同，社会行动模式强调社区内部的冲突。该模式认为，社区里主要有两个阵营：压迫者和受压迫者。压迫者可能是大企业、大商家、地方政府或当权派，拥有强大的权力或权势，影响一般民众的生活。受压迫者则是一般无权势的弱小民众，特别是中下阶层的民众，受到有权势者的剥削、压迫或不公正的对待。所以，工作的目标是要改变社区权力及资源的分配，使受压迫者摆脱压迫者的完全支配。由于拥有权力或资源的是既得利益者，他们轻易不放弃利益，因而工作的策略是把当权者看作角力对象，并以各种冲突行动与之对抗。在这方面，建立强有力的民众组织及把有关事件尖锐化，都可加强对抗的力量。社会工作者的主要角色是行动的倡导者，组织民众，为民请命，并与有关方面周旋。

2. 社会行动模式的特点

社会行动模式认为，由于社区中存在权力与地位的不平等，社区中的一部分人处于劣势地位,他们被剥夺、被忽视,失去了权力,由此导致社区问题的产生。因此,社会行动模式的变迁策略是:组织起来对付压迫者,即聚集大众行动起来,去实现预定的目标。

在目标设定上,社会行动模式认为,必须实际地改变社区中的权力关系与资源分配,或者通过基本制度的变迁提高弱者的社会经济地位。在社会行动模式中,服务对象通常只是社区中的一部分人,包括弱势群体以及处于不利地位的个人,他们特别需要社区工作者的支持,同时他们也是被动员起来采取行动的主体。社区权力精英往往是社会行动针对的目标,不属于服务对象体系。服务对象被认为是现有体系的牺牲者,也是所要采取的社会行动的得利者。

(二)社会行动模式的工作策略

社会行动模式的工作策略是通过将事件具体化,凝聚并组织社区居民,采取行动以对抗目标对象。主要方法是辩论、磋商、直接采取行动或施加压力,以促成社区制度、法规或政策的变迁。美国近代史中的争取公民权的团体、工会、社会运动、福利权利运动等,这些都是社会行动的实例。

社会行动的类型包括:社会政治行动,即通过游说、立法倡导、行政监督、公证会等形式的"政治行动"来达到社会变迁的目的;通过抗议与说服、不合作行动、干预行动来促成社会变迁。

(三)社会工作者在社会行动模式中的角色

在社会行动模式中,社会工作者是社会行动的策动者,服务对象的辩护者与代言人。因此,组织者、倡导者、教育者、资源提供者、鼓动者是社会工作者的主要角色。

(四)社会行动模式的优点与不足

社会行动模式的优势是:能够吸引利益相关者的参与,通过社区行动过程培养社区领袖,并由此提升他们的社会意识、自立、处事技巧、权力感和尊严;社区行动组织得当、运用得法,能够有效解决社区的实际问题。

这个模式最大的问题和限制是:行动容易被人操纵,同时有可能迫使对手

第十章 社区工作

采取防卫态度,进行报复或反击,或者引起对手的敌意而采取不合作的态度,延迟问题的解决,因而需要社会工作者谨慎权衡以决定采取何种行动策略。

四、社区照顾

社区照顾模式首先产生于英国,它是在对院舍照顾进行批判反思的基础上形成的。第二次世界大战后,英国开始建立福利国家,国家对孤老、残疾人和精神病患者实施院舍照顾,即将他们安置在专门的福利院舍中进行集中照顾。其出发点是,在设施条件比较好的院舍进行集中照顾,可以使这些人的生活更好一些。但是,院舍照顾实施一段时间后,人们发现此模式存在一些经济效益、政治权利和社会关怀方面的问题。于是,社区照顾成为新的服务模式。

(一)社区照顾模式的含义和特点

研究发现,长期的院舍照顾容易使受助者处于一种非正常的环境之中,使他们产生强烈的依赖性,并逐渐失去适应社会、正常生活的能力,而且经济成本巨大,照顾者与被照顾者的关系也不平等。于是,社会工作者和政策研究者开始倡导社区照顾。随着福利国家的衰退,到20世纪90年代,社区照顾模式正式确立,并被广泛应用于社会服务的各个领域。

社区照顾(Community Care)是社会工作者动员社区资源,运用非正式支持网络,联合正式服务所提供的援助与设施,让需要照顾的人在家里或社区中得到照顾,过正常生活的服务活动。它包括物质支持、心理抚慰和整体关怀。社区照顾不只是简单的去院舍化,或者用非正式的服务来填补需求缺口,而是希望重新确立社区在照顾有需要者方面的地位,发扬社区互助精神,建设互助互爱的社群生活。

社区照顾有明显的特点,主要包括:第一,在服务对象熟悉的社区中对其实施照顾;第二,协助服务对象正常地融入社区;第三,强调社区有责任照顾它的居民;第四,强调非正式照顾的作用;第五,提倡建立关怀的社区。

(二)社区照顾模式的内容

社区照顾的最初想法是让失依老人、残疾人回到他所熟悉的社区中接受照顾。社区照顾模式在发展中内容也不断丰富,主要包括以下几个方面。

1. 在社区内照顾

"在社区内照顾"是指将服务对象留在社区内,面向他们开展服务,即指有需要及依赖外来照顾的人,在社区的小型服务机构或自己的住所中获得照顾。这种照顾模式会增强服务对象的社区感,他没有离开他熟悉的地方,因此对他的生活是有利的。

2. 由社区照顾

"由社区照顾"的重点是,积极协助弱势群体和有需要的人在社区中重新建立起社会支持网络,包括家人、亲属、朋友及邻居等,并由这些网络成员为他们提供照顾服务。社会支持网络大致可分为三类:一是提供直接服务的网络;二是服务对象自身的互助网络;三是社区紧急支援网络。"由社区照顾"是社区照顾的重要内容,因为由自己的熟人提供照顾,服务对象才会有"共同体"感。

3. 对社区的照顾

"对社区的照顾"是在上述社区照顾遇到困难时的一种支持性方法,即社区(熟人群体)照顾生活和行动困难的服务对象,有时会压力过大,进而影响到照顾服务的质量。因此,要给予负有照顾责任的社区(熟人群体)支持,以使该社区能正常地履行照顾责任。

4. 正式和非正式照顾的结合

英国在推行社区照顾的过程中,既积累了经验,也遇到了新的问题。这些问题是社区(熟人群体)没能力解决服务对象的全部问题,社区内的正式服务资源(如医疗服务、护理等)不足,于是出现了院舍的正式照顾和社区(熟人群体)的非正式照顾相结合的方式。社区照顾强调正式照顾和非正式照顾融合的重要性。社区照顾服务包括日间医院、日间护理中心、家务助理、康复护士、多元化的社区服务中心、暂托服务、关怀访问及定期的电话慰问等。只有充分提供这些服务,才能让需要照顾的人留在社区中正常生活。

(三)社会工作者在社区照顾中的角色

在社区照顾模式中,社会工作者承担多种角色,包括照顾经理、治疗者、教育者和辅导者、经纪人、倡议者和顾问。其中,社区照顾经理是其核心角色。

在社区照顾中,社会工作者要拟订恰当合理的社区照顾方案,根据不同服务对象的需要提供不同服务,依据每个受助者的具体情况制订一揽子的服务计划,而不仅仅是提供单一的服务项目。这种一揽子的计划,可以帮助和促使服务对象留在社区内接受照顾,以及由社区来照顾。照顾服务对象的这个一揽子计划,要由卫生、健康医疗和社会服务部门在服务计划和服务提供方面通力合作实施。而社会工作者则是这个一揽子计划中调和志愿部门、非正式照顾者和机构服务的中间人和协调者,是使社区照顾成为可行和具有成本效益的服务方式的管理者。

(四)社区照顾模式的优点与不足

社区照顾模式的优点是:给予服务对象人性化的关怀;动员社区普通居民参与社区照顾;倡导综合性的社区服务。尤其是"在社区内照顾"体现了服务策略的改变,即通过服务的非院舍化及增加支援性服务,使被照顾者留在自己熟悉的社区中生活。

社区照顾模式的不足是:第一,社区资源状况可能不能满足社区照顾的要求。社区照顾的重点是家庭和社区资源的充分运用。第二,非正式照顾的服务质量难以保证。在社区照顾中,照顾者不再局限于受聘于政府或服务机构的专业社会工作者,而是尽量鼓励服务对象的亲人、邻居或志愿者提供照顾服务,而这种理想中的"非正式"照顾者常常由于个人原因而不能提供及时和持续的照顾。

五、社区工作的宏观模式

美国的社会工作比较强调直接服务,但是在社区层次,有些问题是制度和政策原因造成的。这样,除了上述几种直接介入的社会工作模式之外,还应该有宏观的、间接的服务模式。罗斯曼1987年提出了社区工作模式分类的新"宏观实践视角"(Macro-practice Perspective)。其主要内容是:

第一,将1979年的三种模式归类为"社区组织实践"模式。上面我们已经做了介绍。

第二,提出社区工作的"政策实践"(Policy Practice)模式。这种模式的假设是：社区的改变有赖社会政策的转变，因此社区工作须针对政策内容及政策决定的权力中心进行介入，利用建制内的政治架构及体制内的工作方法，来影响政策的制定。

第三，提出社区工作的"行政实践"(Administration Practice)模式。其背后的假设认为：任何社区的转变都需要由一些团体组织通过行政运作来实现。因此，社区工作者必须掌握行政运作的规律，以达到解决社区问题的目的。

这种新的模式分类涵盖了社区照顾（行政实践）、政策倡议（政策实践）等工作方法，融进了社区工作发展的最新经验、模式及方法，其工作理念及社区工作者的角色更趋多元化。但这种模式分类也存在一些缺点，即未能指引及分析发展中国家的社区工作实践。

应该说，社区工作基本上属中－宏观层面的社会工作，从社会政策和社会行政方面进行干预，可能会对社区问题的解决发挥重要作用，因此，社区工作的宏观模式对于社区社会工作来说是十分重要的。我国的社区工作实践充分说明了这一点。这也就要求，在从事社区工作时，应该具备社会行政等方面的知识和方法。

第三节 社区发展与社区建设

社区发展主要是针对不发达、社区公共生活在设施和组织以及生活方式方面存在明显问题的社区的工作模式，其要义是通过发展解决社区问题。

一、社区发展

（一）社区发展的含义

社区发展作为在世界范围内发生的旨在改变社区不良状况的一场行动，起源于第二次世界大战之后。20世纪50年代，联合国在世界范围内倡导社区发展，并发布了《通过社区发展促进社会进步》报告，社区发展成为包含地区经济发展、政治发展、社会环境改变以及人群能力发展的综合性运动。在不同国家和地区，面对不同社区任务，形成了多种社区发展模式。社区发展的核心是，在内外力量的共同努力下，增强社区要素和能力，改变社区的不利状况，促进社区变迁和社会进步。社区发展成为一个相关专业人才共同参与、理论与实践相结合的领域，它也成为社会工作者和其他专业工作者（如发展工作者）共享的服务模式。

（二）社区发展的工作模式

社区发展的任务、所致力于解决的问题不同，要求社会工作在其中发挥不同作用，也因此形成了诸多工作模式。

1. 创新改革模式

该模式认为，社区变迁是一个过程。在开始的时候，首先由变迁推动者或社区发展工作者，向社区居民提出一个新的理想或计划。在结束的时候，这个理想或计划已整合到社区居民的文化或行为中。在整个变迁过程中，有两股力量在互动。一股是改革者的新理想、新技术或革新行动，另一股是社区居民对改革者的新理想、新技术或革新行动的回应行动。经过这两股力量的互动，理想和计划或者成功或者失败。

2. 改变习俗模式

该模式强调变迁推动者或社区工作者与服务对象、社区或社区居民之间的合作。改变习俗的目的在于使社区不受拘束地成长或发展，通过帮助居民掌握新知识、新技术，促使他们以更有效的方式落实社区的各种决定。促成习俗改变的途径包括工艺上的、政治上的、经济上的、社会上的、法律上的、意识形态上的及宗教上的等。

3. 行为改变模式

该模式以心理学中的社会学习理论为基础，认为人们学习的主要决定因素是他们所处的社会的规范、组织或制度。社区发展的成败，可由社区居民行为改变的情形来断定。在改变观念或信念之前，不需要考虑物质的或外在环境的改变，因为行为的选择或改善本身就是社区发展的目标。只要价值观念或态度改变了，行为也会跟着改变。因此，社区工作者的主要任务就是运用基于学习原理的教育计划，改变社区居民的价值观念、态度及行为模式。

4. 过程取向模式

该模式强调社区发展工作者与社区居民之间的沟通,通过教育及组织过程,改变居民的态度和行为,促使他们参与社区建设。社区发展的基本关注是过程目标,如提升居民参与做决定及合作的能力,而不是任务目标,如物质条件的改进、设备及服务的提供等。在此模式中,社区发展工作者是变迁的推动者、有能力的协调者以及解决问题的教导者。他要了解变迁的团体动力,并相信居民参与及民主方式的功能。居民参与可作为社区发展的目标,也可当作方法。因为过程取向的工作者认为,增加居民的参与可以获得更显著的社区改善,同时亦可以达到改变居民生活条件的目的。

5. 综合发展模式

当社区的问题比较复杂,涉及经济、社会、政治等多个方面,需要在各方面促成改变和变革时,就易于采取综合发展模式。在实施综合发展模式时,实际上是多种专业力量与社区民众一起,综合性、有计划地解决社区发展中的问题。它是各方专业人员合作,组织动员和协同社区民众解决问题,促进社区持续发展的过程。该模式优先考虑居民社区意识的强化、居民潜力的开发、社区的组织化和居民最迫切问题的解决,并通过获取外部支持和挖掘社区内部潜力,逐步积累发展成果,进而改变社区的不良状况。现在世界上不发达地区的发展运动,特别是反贫困运动,基本上都采取综合发展模式。

(三)社区发展的目的与目标

社区发展的主要目的是:(1)提倡互助合作精神,鼓励社区居民自力更生解决社区的问题;(2)培养社区居民的民主意识,在社区发展过程中倡导居民积极参与本社区的公共事务;(3)加强社区整合,促进社区变迁,加速社会进步。根据这些目的,联合国和许多国家政府确定了社区发展目标。

社区发展目标分为当前目标和终极目标两种。当前目标包括:(1)启发社区认识其成员的共同需要;(2)支持社区运用各种援助;(3)协助社区开发和利用社区的资源;(4)帮助社区改善物质、文化生活条件。终极目标包括:(1)经济发展。提高社区的经济发展水平和收入水平。(2)社会发展。建立良好的社区内部人际关系和合理的社区结构。(3)政治发展。发展社区的民间团体和组织,培养居民的民主意识和自治、互助能力。(4)文化发展。提倡有利于社会进步的伦理、道德,发展科学、教育、文化事业。

(四)社区发展的原则

社区发展的原则分为基本原则和工作原则。1955年,联合国在《通过社区发展促进社会进步》的报告中,提出社区发展的十条基本原则:(1)社区的各种活动必须符合社区的基本需要,并以居民的愿望为根据确定工作方案;(2)社区各个方面的活动可局部改进社区,全面的社区发展则需确定多目标的行动计划和各方面的协调行动;(3)推行社区发展之初,改变居民的态度与改善物质环境同等重要;(4)社区发展要促使居民积极参与社区事务,提高地方行政的效能;(5)选拔、鼓励和训练地方领导人才是社区发展的主要工作;(6)社区发展工作特别要重视妇女和青年的参与,扩大参与基础,谋求社区的长期发展;(7)社区自助计划的有效推行,有赖于政府积极的、广泛的协助;(8)实施全国性的社区发展计划,须有完整的政策,建立专门行政机构,选拔与训练工作人员,运用地方和国家资源,并进行研究、实验和评估;(9)在社区发展计划中应注意充分运用地方、全国和国际民间组织的资源;(10)地方的社会经济进步,须与国家的全面进步相互配合。

社区发展的工作原则,是开展具体工作时遵循的技术和行动原则。在社区工作中,实际应用的社区发展基本原则,常因国家或研究者的不同而相异。美国学者罗斯曼在《社区组织:理论与原则》一书中认为,社区发展的工作原则应当是:(1)从发现社区问题入手;(2)将不满足的情绪导入行动;(3)要符合社区多数人的利益;(4)工作组织应包括社区各方面的代表;(5)利用社区感情推动社区发展工作;(6)了解各团体和阶层的文化背景;(7)加强社区内部的沟通;(8)注重长期规划的制定。

(五)社区发展的内容与组织模式

1. 社区发展的内容

主要包括:(1)社区调查。要对社区整体状况进行调查,主要包括对社区人口结构、社区需求、社区权力结构、社区资源的摸底。(2)社区发展计划的制订。根据需求和资源的状况,对社区需求排出优先顺序,制订解决问题的方案和计划,这里包括居民参与。(3)社区内部力量的动员与协调。有计划地动员和组织社区居民参与实施发展计划。(4)社区发展资源的筹集。包括:外部支持力量的引入,获得政府政策、社会资金和社会力量的支撑,对社区内部资源的挖掘和动员。(5)社区服务。社会工作者与其他各方力量一起实施发展计划,社会工作者注重社会性的服务活动。(6)社区发展状况评价。在社区发展过程中,要对重要节点的发展计划实施情况和效果进行评价,找出问题,改善行动,凭借小成绩的积累取得大成就,最终实现社区发展。

2. 社区发展的组织模式

社区发展的组织模式因各国、各地区的情况不同而有一定差异。大体可划分为三种:(1)整体模式。由中央政府设立专门机构,主管制定社区发展的基本政策,研究社区发展的长远规划。再分设地方相应机构和组织,推行社区发展计划。印度和菲律宾等国采用了这种模式。(2)代办模式。政府将社区发展工作交给一个或几个部门负责,部门将社区发展工作同本部门的工作结合起来推进。缅甸和牙买加等国采用了这种模式。(3)分散模式。国家或地区中推动社区发展的组织是分散的,各有关部门、团体分别围绕社区发展制订计划并执行。美国和英国等国采用了这种模式。

二、社区建设

(一)社区建设的缘起和内容

20世纪中后期,随着后工业社会的来临、信息技术的广泛运用、城市化的发展和后现代文化的扩张,发达国家和一些发展中国家的城市社区发生了居民关系疏离的重大变化。这引起了社会学家、社会工作学者、政治学家的关注,他们指出社区正在衰落,会产生严重的社会和政治后果。这些呼吁受到了各国政府的重视,于是,社区建设作为一种普遍的行动在世界范围内开展。

社区建设(Community Building)是指政府、社会机构和社区居民强化社区要素、发展社区组织、增强社区活力、提高社区居民生活水平的过程。它不仅是指社区物质生活及设施条件的改善,更是指增强社区的内聚力,使社区更具其应有特征的过程。简单说来,社区建设就是建设社区。不同国家和地区的社区遇到的问题不同,社区建设的重点也不相同。

(二) 社区建设的方法

社会工作积极参与社区建设活动,并在社区社会关系网络建设和倡导社区参与、社区互助、社区照顾等方面发挥了重要作用。社会工作参与社区建设的主要方式有以下几种。

1. 社区教育

作为社会工作的一种专业方法,社区教育是指以社区成员为对象,开展旨在提高成员的素质、提升居民的社区认同感、增强社区凝聚力和互助网络、改善居民生活品质的活动。对于大量散乱社区来说,社区工作者要致力于教育、启发和说服居民,增强社区意识,关心社区和邻里,积极参与社区活动,建设和发展社区。这里所说的教育是指向居民传输思想观念,而不是指传授科学文化知识。

社区教育的具体方法有多种,包括:进行社区共同生活方面的知识宣传,增强居民的社区意识和责任意识;进行公民和居民权利和义务的宣传,增强居民的社区参与意识;通过分析社区事件,增强居民的相互关怀的责任意识;等等。对于有一定历史的老旧社区来说,社区历史的挖掘和整理,唤起居民的社会记忆,也是对社区居民特别是年轻居民进行社区教育的方法。

2. 社区参与

社区参与是社区居民自觉自愿地参加社区各种活动或事务,表达自己的意见和建议,并影响权力持有者决策的行为。在社会学和社会工作看来,一些社区的散乱,与居民缺乏积极的、有一定组织性的参与活动有关。社区参与有多种表现形式:投票,参加社区组织的活动,参与志愿服务,对社区公共空间使用提出建议,以及围绕社区事务的各种发声。居民的社区参与表明了其对社区公共事务的关心,不管发表的是支持还是反对意见。

社区工作者想促进居民的社区参与,首先要有一个基本的有一定号召力和组织能力的骨干队伍,开展居民感兴趣的公共活动。在组织公共活动的过程中,社区工作者使用开放的、包容的、有效的方法,鼓励居民参与。从组织普通的活动(如居民娱乐活动)到有意增进互助的活动,从讨论一般公共问题到有计划的社区环境改善,从解决生活不便到公共设施建设及社区空间合理使用,等等。社区参与是卷入型的连续活动,利用居民之间的关系链、利益链,把居民逐渐组织起来,促使他们有序地参与社区生活、建设自己的社区。在这方面,以社区空间的有效利用、公共设施建设、环境改善为重要内容的社区营造是有益的实践。在社区公共议题的参与讨论方面,罗伯特议事法则(Robert's Rules of Order, RONR)也经常被使用。

3. 社区组织

社区建设中的社区组织是指,建立和强化居民之间的联系,通过一定活动,把居民拢合起来,以促进社区问题的解决。这基本上是前面讲的地区发展模式中的组织方法和技巧。对于散乱的社区或主要由陌生人组成的社区,可以安排各种有组织的活动,启发居民的社区意识和激发其建设力。比如,设立居民的兴趣小组、举办家庭运动会、举办社区联谊会等,可以增强居民之间的相互了解,逐渐发展社会组织网络,提高社区能力。

在社区组织中,居民组织的建设具有重要意义。社区组织不是指社区内部形成自上而下的权力体系,而是采用以服务居民为目的的或紧密或松散的组织形式。在社区组织中,由各类居民精英参加并发挥积极作用的自治和服务型组织的建立与有序运行至关重要。

4. 社区互助网络建设

社区工作者要善于发现社区疏离的问题,组织居民互帮互助。建立社区志愿者队伍是中外通用的社区建设方法。在中外社区建设实践中,增强社区社会资本是社会工作研究和实践领域普遍看重的。社区社会资本是居民之间的相互信任感、友好的互动、善意的互助和联合起来改变社区不良现象的能力,它也是社区凝聚力、组织力、行动力。传统的社区社会资本来自家族力量、熟人社会,现代社会的社区社会资本应该建立在平等和负责任的公民意识、居民意识之上。美国学者首先是从家庭互动的减少来透视社区社会资本的衰落的,由此他们提出要加强社区社会资本的挖掘和积累。这也说明,社区社会资本对正常的社会生活来说是重要的,社区社会资本也需要建构。

应该说明的是,上述社区建设的方法或途径并不是互相独立的。社区建设的方法以社区问题的类型、社区的资源、解决社区问题的条件、实施社区建设活动的进度等因素为现实背景,可能会有不同的组合。

(三) 我国的社区建设实践

我国的社区建设是在市场化改革、城市单位体制解体的情况下启动的,开始时是 20 世纪 80 年代政府推动的城市社区服务。后来,城市社区建设成为政府的一项政策在全国推行,并随着形势和任务的发展不断充实和变革。2000 年,民政部发布文件,指出社区建设包括社区服务、社区文化、社区卫生、社区治安、社区环境等内容,核心内容是改善居民生活服务和加强社区管理。2009 年,民政部发布《关于进一步推进和谐社区建设工作的意见》,指出社区和谐是社会和谐的基础,加强社会管理的重心在社区,改善民生的依托在社区,维护稳定的根基在社区。基于这种认识,提出了把城乡社区建设成为管理有序、服务完善、文明祥和的社会生活共同体的目标。基层社区治理成为社区建设的重要任务。

近年来,面对城乡社区发展中的问题和现代化建设的任务,中国政府强调解决城乡社区公共服务、居民生活、公共管理、公共安全等方面的问题,增强社区居民的参与能力,强化基层社会治理和社区治理。这里反映了改善民生和维持社会稳定两个既有所区别又密切联系的视角。基于这种理解,政府希望社会工作在其中发挥作用,也积极推动社区、社会组织、社会工作"三社联动",参与和协同解决综合性的社区问题。社区建设、社区发展和社区治理已经成为中国政府在社区层面的主要任务,它有诸多面向。社会工作也在这一复杂的过程中,发挥着创新服务的作用。

参考文献及进一步阅读文献

高鉴国主编:《社区工作》,山东人民出版社 2013 年版。

联合国:《社区发展及其基本要素》,王思斌主编:《中国社会工作研究》第十三辑,社会科学文献出版社 2016 年版。

F. 埃伦·内廷、彼得·M. 凯特纳、史蒂文·L. 麦克默特里、M. 洛丽·托马斯:《宏观社会工作实务(第五版)》,隋玉杰等译,中国人民大学出版社 2020 年版。

徐永祥主编:《社区工作》,高等教育出版社 2004 年版。

徐震:《社区与社区发展》,台湾正中书局 1980 年版。

徐震、林万亿:《当代社会工作》,台湾五南图书出版公司 1996 年版。

J. Rothman, "Three Models of Community Organization Practice: Their Mixing and Phasing", in F. Cox, J. L. Erlich, J. Rothman and J. E. Tropman, eds., *Strategies of Community Organization*, 3rd ed., F. E. Peacook, 1979.

 思考题

1. 社区工作有哪些主要模式?
2. 地区发展模式的基本内容有哪些?
3. 怎样看待社区照顾的模式与其得失?
4. 社区发展面对的主要任务是什么?社区发展应该坚持何种基本原则?
5. 试述我国社区建设的基本内容与演变。

第十一章

社会行政

在现代社会,成体系的社会救助和社会服务,一般是由政府系统和社会服务机构具体实施的。这一过程需要一系列组织和管理环节,协调安排各种资源,之后送达服务对象。这里的组织和管理环节就包括社会行政,社会行政被称为间接的社会服务。

第一节 宏观社会行政

一、社会行政的内涵与层次

(一)社会行政的概念与含义

在现代社会,常常会出现一些影响范围较大和比较严重的社会问题,这时,社会救助和社会服务不是由社会工作者直接送达困难群体,而是要由政府和大型的社会慈善组织、社会福利机构通过制定相关社会政策、设计社会服务项目,将政策和服务项目具体化,并经过一定的社会组织和服务程序,最后由社会工作者和相关工作人员将福利资源和服务送达服务对象。这里的从社会政策的制定和社会服务项目的设计到具体化,即把它们变为实际的社会服务的过程,被称为社会行政。简要地说,社会行政是将社会政策变为社会服务的过程，是以社会福利理念为指导、运用行政管理和服务的方法去组织推动社会服务的活动。

社会行政(social administration)包括社会福利行政(social welfare administration)和社会工作行政(social work administration)。当政府或大型社会慈善组织面对较大范围、较为严重和复杂的社会问题时，必然要动员较多的人力、物力资源，通过自上而下的程序，借助社会政策将社会福利资源科学有效地送达各服务对象，实现社会救助和社会服务。从社会政策到社会服务的实现过程就是社会行政的任务。

(二) 社会行政的层次

大规模的社会救助和社会福利服务的实施涉及一系列复杂的、有组织的活动，这里包括社会政策的制定、社会政策的具体阐释、社会福利资源的筹措、项目设计和推动，最后到一线工作人员提供服务。按照这种程序和内容，社会行政可以分为宏观社会行政、中观社会行政和微观社会行政，它们在政策变为服务这一过程的不同层次和环节上发挥作用。一般来说，决策属于宏观社会行政，解释和推行政策属于中观社会行政，具体组织和操作属于微观社会行政。当然，这里的层次划分是相对的。通常情况下，国家和省市层次的社会福利服务项目的实施涉及宏观、中观和微观社会行政；而一些规模较小的、地方性的社会服务可能就没有清晰分明的宏观社会行政，只是细化和落实政策。在社会行政研究领域，为了研究上的方便，常常将社会行政分为宏观和微观。政府官员和大型社会慈善组织的高层的行政工作可称为宏观的社会福利行政，一般社会服务机构中的行政属于微观社会行政或社会工作行政。从事社会行政的工作人员被称为社会行政人员、社会福利行政人员、社会工作行政人员，他们在自己的职级系统中有相应的职衔。

(三) 社会行政与公共行政(服务)的关系

社会行政源于规模巨大和复杂的社会服务需要组织和协调的实际。社会行政产生的历史表明，它有政府的公共行政和大型社会慈善组织的服务协调两个来源。政府实施的社会政策原来在广义的公共政策范围之内，社会行政也内含于公共行政。后来，社会政策的实施强调专业性，于是分化出了社会行政。社会慈善组织注重具体的服务,但是大型服务项目、不同组织的服务活动也需要协调,于是衍生出社会行政性质的活动。

社会行政在实践上由来已久,结合学术与实践来看,社会行政的发展与行政学和社会政策学科的发展密切相关。1887年,美国的伍德罗·威尔逊撰写了《行政学研究》,分析了执行宪法(行政)的重要性。后来,公共行政逐渐成为政府处理公共事务的活动和学科。学者们认为,现代国家的职能是为公民的公共利益服务,对公共事务的管理就是公共行政。乔治·J. 戈登(George J. Gordon)在《美国的公共行政》(*Public Administration in America*)一书中指出,公共行政指的是与实现立法机关、行政部门和法院所采用或制定的法律以及其他法规有关的一切过程。在政府公共行政事务中,有关失业者、失依儿童和老人以及残疾人的救助事务因其特殊性而相对独立,对这些事务的组织管理就属于社会行政。这样,社会行政就与社会保障(福利)制度、社会政策的产生和发展相伴随。1952年,英国伦敦政治经济学院任命蒂特马斯为社会行政领域的第一位教授,社会行政学科在英国得到较快发展。总的来看,社会行政与一般公共行政的不同点是:社会行政是社会福利领域的行政活动,它需要有社会福利的价值理念作指导。

二、宏观社会行政的内容与功能

(一)宏观社会行政的内容

蒂特马斯较早对社会行政的内容做了阐述,他认为,社会行政研究包括描述和分析社会政策的形态及其运作效果,从历史和比较的角度考察社会福利制度的结构、功能、组织形态、规划和管理的进程,以及此进程中各主体所起的作用。[①] 显然,在蒂特马斯看来,社会行政的范围是宽泛的,既包括社会政策和社会福利制度这些宏观层面的问题,也包括服务实施过程中的组织和管理问题。蒂特马斯的这种观点是与英国宣称其建成福利国家,即由国家通过实施社会政策向相关群体提供社会保障和社会服务的体制相关的。

---

① 参见林卡、陈梦雅:《社会政策的理论和研究范式》,中国劳动社会保障出版社2008年版,第15—17页。

美国学者特雷克认为社会行政有广义和狭义之分,狭义的社会行政是通过协调与合作去获取各种资源,以达至社会目标的过程。广义的社会行政是根据主流思想与社会政策,运用社会工作专业方法,预防或解决社会问题,调整社会关系,革新社会制度,促进社会均衡发展的过程。这种界定照顾到了社会行政在社会政策实施、资源的动员与协调方面的内容,也顾及了社会行政在解决社会问题、促进社会协调方面的角色。在他的看法中,社会行政显然包括政策制定、制度协调等宏观方面的内容。①

我国学者对社会行政的研究较晚,最初主要是从国家和政府的角度看待社会行政。朱辛流认为,社会行政是运用政府权力,根据当前国策与施政方针,有计划地健全人民团体,推展社会运动,增进社会福利,维护社会安全,加强劳动管理,发展合作经济,推行公共保健,并对国民的生存权、工作权和利益予以确切保障的措施。② 这种界定显然属于官方的宏观取向。

从我国现在的实际情况看,中央政府部门在社会行政方面主要承担相关政策拟定、政策的协调推进等工作。如民政部儿童福利司的职能是:拟定儿童福利、孤弃儿童保障、儿童收养、儿童救助保护政策、标准,健全农村留守儿童关爱服务体系和困境儿童保障制度,指导儿童福利、收养登记、救助保护机构管理工作。

到区县级,这些社会行政方面的工作就变得更加具体,是要实际推进和执行相关社会政策。北京市某区民政局的部分社会行政的职责是:贯彻落实国家关于民政事业方面的法律法规、规章和政策以及北京市相关规定,拟定本区民政事业中长期发展规划和政策并组织实施。负责本区社会福利机构的监督管理工作。落实有关老年人、孤儿和残疾人等特殊困难群体的社会福利政策,承担相关权益保护工作。

(二) 宏观社会行政功能

1. 社会行政的社会功能

社会行政的社会功能是指,社会行政在一般的、较大的社会层面所发挥的

---

① 参见 Harleigh Trecker, *Social Work Administration*: *Principles and Practices*, Association Press, 1971。
② 参见江亮演、洪德旋、林显宗、孙碧霞编著:《社会福利与行政》,台湾五南图书出版公司2002年版。

作用。主要包括如下一些方面：

第一，确定政策对象范围和救助服务体系。任何社会政策都是宏观层面或较大范围内的有关规定，由于涉及面广、情况比较复杂，社会政策要由一定的组织体系去贯彻落实，这个实施系统就是社会行政系统。社会行政系统通过层层落实，将原则性的社会政策变为具体的服务。社会行政的运作确定了政策对象的范围和救助服务体系。

第二，统筹与合理分配资源。要解决较大范围的社会问题，必须协调安排各方资源，并按照政策规定和社会需要对这些资源进行分配，然后通过下属的行政体系将这些资源输送给政策对象。由于社会政策所涉甚广，社会福利资源又是相对有限的，因此，如何统筹和分配资源对于社会问题的解决是相当关键的。

第三，增进社会福祉和社会公平。一般来说，社会行政的福利资源分配决定了某一社会政策会解决哪些群体的困难，以及在多大程度上解决他们的困难。这就是我们常说的政策重点或政策倾斜的问题。社会行政人员对政策对象的情况比较了解，能合理地分配资源，就能较好地利用社会福利资源，增进社会的福祉。另外，社会行政人员还有向政策制定者反映社会问题的职能。把哪些现象看成问题，或者把哪些问题排在优先位置，都会影响社会问题的解决，进而影响社会福利资源分配和社会公正。因此，宏观社会行政在解决社会问题方面的作用不容小视，这也就是国家省市层次社会行政部门（相关部委、厅局）的重要性之所在。

2. 社会行政的具体功能

宏观社会行政在将社会政策实际变为基层的政策行动，并促使下层的社会行政有效运作方面发挥着重要作用。主要包括：

第一，将社会政策具体化、操作化。这里包括解释社会政策的意图和基本要求，说明政策的实施范围和实施要求。国家省市的政策比较宏观，必须根据各地情况将政策具体化，以使社会政策变得可执行，这就是较高层次社会行政的功能。

第二，建立社会政策的实施体系。任何政策的贯彻落实都依赖于下层的执行系统,即社会行政系统。宏观社会行政必须明确某一政策由哪些方面(部门)负责实施,各相关部门负有何种责任,进而形成政策实施的行动体系。

第三,提出政策实施的关键指标和实现要求。上层的社会行政部门要对政策实施的具体目标、关键指标和具体做法做出规定,以使下级执行者有清楚的行动目标,这同时可以规范下级的执行行为,以免其偏离政策要求。

第四,进一步确立政策资源和进行分配。一个完整的社会政策包含了资源来源,但是也有一些社会政策需要地方筹集或配套部分资源,这时,社会行政人员也要具体筹集各种资源并进行分配。

第五,对下级执行政策的行动和效果进行监测和评估。宏观的社会政策涉及范围广、情况复杂,政策制定者与政策对象之间的距离较远。要保障政策真正落实,必须有上级对下级执行政策情况的督查、监管和评估环节,这些都是宏观社会行政的重要职能。

三、社会行政体制

(一) 社会行政体制的含义

一个国家或地区要解决较大范围的社会福利方面的问题,需要政策安排和政策执行系统,即政策制定和行政体系。我们把遵循某种福利理念,形成社会福利制度和政策体系,依靠一定的组织系统,运用社会福利资源解决社会问题、增进社会福祉的制度化的社会行政组织和行动体系,称为社会行政体制。简而言之,社会行政体制是一个国家或地区的社会行政制度和组织实施体系的总和。

社会行政作为政策的执行系统,其前提是国家或地方政府的社会福利理念和社会政策,更深层次的是社会福利哲学,在行动上则表现为政府的社会立法——它的类型、立法过程和社会政策。有了这些前提条件,社会行政才具有政治合法性与行政合法性,才可以正当地获得资源、形成执行政策的体系,并将社会政策变为向政策对象输送福利的行动。

社会行政体制是政府的公共行政体制(政府体制)的派生物,是一套关于社会行政的制度安排和政策执行系统的组织设计。这一设计涵括:一个国家或地区在社会福利方面设立哪些部门,相关部门之间、不同层级的社会行政部门之间的关系如何,它们怎样运作以贯彻和落实社会政策、实现政策目标,等等。从政府行政的角度看,与社会行政体制密切相关的是社会福利体制、政府的行政体制和社会政策实施体系。

(二)社会行政体制的类型

从社会福利的责任范围、社会福利资源的筹集、社会福利的传输系统来看,典型的社会行政体制有如下几种。

(1)一元社会行政体制。这是由国家对某种社会福利负责,安排一个公共服务或社会服务部门主管并对下层的同类社会服务部门实行督促、管理及考核评价的社会行政体制。在这种体制中,政府对某类社会问题的处理负有责任,相关政策的实施由一个部门负责,不同层级的同类部门采取上级领导(指导)下级、下级向上级负责的做法。这种体制在中央集权国家是常见的,其特点是责任明确、政策执行力强。

(2)多元社会行政体制。这是由国家对某种社会福利负责,安排几个公共服务或社会服务部门共同参与,各系统对下层的同类社会服务部门实行督促、管理及考核的社会行政体制。在比较复杂的社会领域,经常会形成这种体制。如扶贫、儿童保护、老人服务等领域,都由多个部门共同负责,合作落实社会福利服务。这种体制的优势是多方力量参与支持,弱点是各部门之间协调困难,效率不高。

(3)混合社会行政体制。这是由政府与社会力量合作供给某类社会福利服务的体制机制。政府由于力量不足,需要依靠社会力量投入来解决社会问题,但政府和社会组织采用两种不同的行政和运行机制。我国的社会慈善领域、公益服务领域多实行混合社会行政体制。其优势是可以广泛动员社会力量参与,但在服务对象的确定、服务体系的运行、服务效果的评价等方面常常存在不一致,需要做很多协调工作。

除了上述类型之外,社会行政体制还可以按主导因素分为专业导向的社会行政体制和行政导向的社会行政体制。前者的专业作用比较明显,如医疗系统;后者注重行政管理,重视政治和层级的作用。

我国的社会行政体制是与政治体制、公共行政体制相一致的。一些社会服务部门实行一元社会行政体制，在问题比较复杂的社会救助领域实行多元社会行政体制。总的来看，我国的社会行政体制有政治性、行政性强，福利理念有待发展，专业性不足，基层行政能力较弱等与发展中国家的国情相关的特点。

第二节 社会工作行政

一、社会工作行政的含义与功能

（一）社会工作行政的含义

现代社会服务都是由专业社会服务机构来提供的，社会服务机构是把社会政策转变为具体服务的、最接近服务对象的连接点。有组织的服务源自现代社会问题的特点和更有效地提供社会服务的要求。任何社会组织都需要管理，社会服务机构也是如此。我们把社会服务机构中的行政活动称为社会服务行政或社会工作行政。社会服务行政与社会工作行政是两个基本相同但又有所区别的概念。社会服务行政是社会服务领域的行政活动，社会工作行政基本上指社会服务机构内部具有社会工作特征的行政活动。发达国家（特别是美国）以专业机构的形式提供社会服务较多，于是，社会工作行政成为更普遍的用语。

社会工作行政是以增进社会福祉的社会工作价值观为指导，组织和配置各种资源，对社会工作服务进行协调管理，以更有效地满足服务对象的需要，并促进社会服务机构发展的活动。它是社会服务机构内部的专业性行政管理活动。理解社会工作行政的含义需要注意以下几点：

第一，它是将社会政策变为社会工作服务的过程。社会工作行政是在比较具体的地域和空间范围内，以社会服务机构为载体，将社会政策变为向政策对象实际提供的服务的过程。作为转化过程，它还不是服务活动本身。

第二，它是以有效提供社会服务为目的的管理和服务活动。社会工作行政为具体的、有效的社会服务创造条件，提供专业化保障。

第三,它是将政策落实、服务机构运行和社会需要满足密切结合的活动。社会工作行政上游承接社会政策,下游连接具体服务,是通过有组织、系统性的活动解决特定的民生问题、满足一定的社会需要的中间过程。

第四,它是组织和统筹各种服务资源并有效配置之,以达到有效落实社会服务的目标的活动。社会工作行政要组织人力、财力、设施等方面的资源,统筹安排,支持一线社会服务人员提供服务。

第五,它是运用社会工作价值观,支持和指导一线人员的活动。社会工作行政不同于一般的行政管理,它是以社会工作价值观作指导,组织协调各种资源开展社会服务的活动,因此,社会工作行政属于社会工作的范畴,它也是一种间接的社会工作方法。

(二) 社会工作行政人员

从事社会工作行政的人被称为社会工作行政人员,在社会服务机构中处于行政管理岗位。在社会工作专业制度和职业体系比较健全的国家和地区,社会工作行政人员有自己的行政和职称系列,在社会服务机构中被称为社会服务部门主任、社会服务主任、社会服务总主任等。我国的社会工作职业体系还不完善,在政府举办的社会福利机构中,社会工作行政人员按行政级别和专业技术系列两条路线发展;在民办社会工作服务机构中,项目主管(经理)、部门主任、中心主任、项目总督导、机构总干事基本上都是社会工作行政人员。

在社会工作专业制度和职业体系比较健全的国家和地区,社会工作行政人员一般要求有社会工作服务和机构管理两方面的知识和训练背景,即从业者必须受过社会工作或其他社会服务的专业训练,因此他们属于专业人士。这就是说,并不是在社会服务机构中处于管理职位的都属于社会工作行政人员,他们可能是另外专业的管理者,如财务管理者、一般行政管理者等。社会服务机构需要各方面的专业人才,但社会工作人员是其主体,社会工作行政人员在整个机构或落实社会服务的部门中处于核心地位。

(三) 社会工作行政的功能

社会工作行政在实施社会政策、有效提供社会服务方面具有重要作用。美国社会工作学者萨里将社会学家帕森斯从制度、管理和技术的角度分析社会组织功能的理论框架,用于社会工作(社会服务)行政的功能分析,比较系统地阐述了社会工作行政的功能。它主要包括以下内容[①]:

第一,社会政策的实施与改进。国家决策部门通过社会立法和制定社会政策引入某种社会福利,但是决策者不可能亲自去自上而下地落实这项政策,所以要有相应的社会行政部门去推动。在政策接近服务对象的层面上,需要具体设计和推进服务的开展,包括详细说明实施该政策的意义、设计项目和行动方案,处理项目实施与相关方面的关系等。这就是将社会政策转化为社会服务行动或社会方案,将社会政策、社会目标变为社会行动。从社会服务机构的角度看,可以说是"组织目标的人格化",把政策目标落实到具体的人身上。社会工作行政不单单是落实政策,还要通过落实政策的实践,发现其中的问题,向决策者提出建议,促使其改进政策,让该政策尽可能达到预期效果。

第二,提高机构的服务效率。社会政策的实施不但追求解决现实问题、增进社会福祉的效果,而且希望提高服务效率,即能更有效地利用各种福利资源,达成既定目标。这就有赖于社会工作行政人员的项目设计和机构管理。社会服务项目的实施是一个以社会服务机构为主体的复杂的社会行动系统,它的有效运行和达到目标的行动需要周密合理的计划,机构部门间、成员间的恰当分工与合作,各方行动的协调,服务进程的监测,以及财务与服务进程的平衡等。社会工作行政人员有责任有效利用来自社会的福利资源解决社会问题,这就要求提高社会服务机构的效率。

第三,社会服务系统运行的技术设计。社会服务机构的服务活动包含诸多方面的系统行动,它的正常运行需要各方面的有效衔接,这就要求机构各部分行动具有确定性,等同于需要社会工作行政人员对社会服务机构进行组织技术设计——为受助者提供辅导、转介、咨询服务,或筹集和安排物力资源,进行组织目标的选择、执行、整合及维护等。短期及长期方案设计,包括标准化、惯例化、方案完成的定期评估及人事管理。社会工作行政人员必须直接处理

---

① Rosemary C. Sarri, "Administration in Social Welfare", in John B. Turner, ed., *Encyclopedia of Social Work*, Vol. 1, 17th ed., NASW Press, 1977.

目标的矛盾并定出优先顺序,也要向社会工作者提供不断发展的条件,以实现机构的目标和持续进步。

二、社会工作行政的主要内容

社会工作行政作为以社会服务机构为依托,统筹、协调和推动直接社会服务的活动,包括一系列相互连接和影响的工作环节和过程。社会工作行政与公共行政及组织中的行政管理有密切的联系,其过程或内容也有一定的相似之处。关于组织中行政管理的内容,古利克(Luther Gulick)在《组织理论注解》(Notes on the Theory of Organization)一文中提出了POSDCORB模式,即计划(Planning)、组织(Organizing)、人事(Staffing)、指挥(Directing)、协调(Co-ordinating)、报告(Reporting)和预算(Budgeting)。实际上,社会工作行政除了比较强调社会工作的价值观之外,在工作程序上与古利克的过程模式基本上是一致的。下面我们做一简要介绍。

(一)社会服务的计划

社会服务机构的运行和发展需要有科学的计划。社会服务机构的较为长远的自身发展计划称为战略规划;较为近期的、指导机构运行的称为管理性计划,管理性计划又可分为对外的社会服务计划和对内的机构管理计划。做好计划是社会工作行政人员的重要职责。

要提供系统的社会服务,首先需要做社会服务计划。社会工作机构的服务项目主要来自两个方面:一是实施政府的相关政策,承接政府委托的服务;二是机构自筹资金以设立项目。就中国的现实来说,由于社会慈善事业不发达,而政府有改善民生、推进社会建设的需要,因此不管是政府办的社会福利机构还是民办的社会工作服务机构,基本上都是用政府资金开展服务的。这里就有一个理解政府的政策要求和落实政策的问题。理解社会政策包括领会政策的指导思想、目标和要求,在此基础上做落实政策的项目设计。如果是自筹资金,也要对实施某种服务的政策和制度环境、资助者的意图做认真理解,以使该项社会服务更能被政府、社会所认可。

社会服务的项目设计就是把某项服务作为一个项目来执行。现在我国社会工作机构的许多服务就是申请承接政府的项目,项目设计的环节比较明确。如果政府办的社会福利机构,其服务是常规性的,项目设计也就相当于某项服务的工作计划,不过依然可以使用项目计划的方法。在项目计划阶段,主要工作是:进行社区(项目对象)需求调查,并对这些需求进行优先次序排列;机构成员共同了解和认识政策或项目的目的和要求,处理政策要求与社区需求的关系;根据政策要求和社区需求,以目标瞄准和有效性为基本原则,设计和选择项目实施方案;根据机构的内外部条件等多种因素对项目实施方案进行可行性分析。上述这些不仅仅是社会工作行政人员的活动,也涉及组织动员机构员工参与,但这些工作的主要责任人是社会工作行政人员。

社会服务计划的核心是项目选择(或服务方案选择),社会工作学者卡普兰认为社会服务计划(项目)设计要坚持如下原则:第一,公正原则。项目的实施要使目标人群获利,促进社会公正。第二,最不利者受益最大原则。第三,更多数不利者受益原则。第四,广泛参与原则。社会服务机构对项目和服务方案的选择要考虑诸多因素,要审视各种有利条件和不利条件,并做出综合考虑和选择。SWOT 分析是常用的方法:S(strengths)是指本机构在选择某项目(方案)方面的优势,W(weaknesses)是本机构在这方面的劣势,O(opportunities)是本机构在外部竞争中的机会,T(threats)是指来自外部的对本机构的威胁。社会服务机构对内部优势与劣势以及外部机会与威胁的综合考量,决定了是否选择某服务项目或服务方案。

(二) 社会服务资源的筹措和分配

确定下来的项目方案必须以相应的人力、经费、设备和其他方面的资源为条件才可能完成,社会工作行政人员的一项重要任务就是筹措资源。政府办的社会福利机构的经费是纳入预算的,但这也需要提前报预算,尤其是要根据社会福利事业的发展增加预算,并争取自己的预算被上级同意和获得财政部门批准。社会福利机构中的人员是相对稳定的,但是创新性项目仍需要调整人员,有时还要招聘志愿者。总的来说,由于社会福利机构的社会服务的连续性强,各种预算和经费筹集的活动相对简单一些。

对于民办的社会工作服务机构来说,这一领域实行的是市场竞争原则,所以,争取到项目和项目经费是十分重要的,它关系到机构所期望的某些社会服务可否开展、机构能否正常运行和得到发展。在民办社会工作服务机构那里,服务经费的筹措经常是与项目设计结合在一起的,这就是要根据政府的政策指引或出资者的意向,撰写项目申请书,争取得到支持。项目申请书包括对所要解决的社会问题(及机构将要提供的社会服务)的重要性的理解,这要与政府的政策、出资者的理念相一致,要阐明如果本机构获得经费支持,会很好地提供服务,按政府和出资者的期望解决社会问题,达致预期的社会目标。除了对项目意义的强调之外,项目申请书的关键是对经费和其他资源的申请要科学合理。

当政府支持的经费不足或社会服务机构希望做创新项目时,就可能要进行社会筹款,即向基金会、企业和社会筹集基金。这种筹款重点是要说明实施该服务项目的重要性、善款使用的方法和效果以及项目的透明性,社会工作行政人员要有一定的筹款意识和筹款能力。

经费申请到后,就要根据服务计划对人员和经费进行分配。从人员的角度来说,就是人员招募和内部分工。创新性的社会服务可能需要招聘新的社会工作者,也可能需要招聘志愿者。接下来是根据服务项目的要求进行人员分工,形成服务项目的人员架构。在大的社会服务机构,部门分工和人员分工是常规性的和明显的。对于中小型机构和创新项目来说,一般要成立项目组,与机构的性质相适应,并形成一定的内部工作结构。

(三) 社会服务项目的推动与协调

服务项目确立之后,要推动项目的开展。项目的推动包括两个方面:内部组织动员和外部关系的协调。内部组织动员是要具体布置任务,说明项目要求,明确各部门及相关人员的工作要求和目标。项目的内部分工也可能在较早的环节进行。机构中的部门分工和人员分工应该是分解性的,即机构是基于项目的总体目标和任务而做出划分、进行任务分配的。这种分工应该是系统的,即项目的总目标要变为下级部门的目标,下级部门的任务目标既不能重复,也不能中间出现空档;目标和任务的再细分也是如此。项目的内部分工不仅是部门和人员工作责任的划分和承担,而且包括各部门、各岗位在完成任务的时间上的配合。所以,一个好的项目实施计划应该是人力、资金、服务活动的合理整合,项目实施计划也就成了协调不同部门行动和目标达成的目标树。形成项目实施的目标树是社会工作行政人员的一项重要工作。整个项目实施之前,要使每个部门、每个成员都了解这个目标树,特别是了解自己的工作任务和相互配合的责任。对于中小项目来说,还可以画出反映部门分工、工作进度、与时间相关的项目系统进展的甘特图(Gantt chart)。

计划科学、实施得当的项目可以有条不紊地推进,但是在某些未曾预料的内外因素的影响下,各部门、各岗位的行动可能出现非整合状态,如果这种现象比较严重,就需要社会工作行政人员发挥协调职能,主要包括调整部门、岗位之间的任务分配、人力和资源配置。协调是为了保障和维持项目运行的整体性和有效性。管理学家巴纳德(Chester I. Barnard)在《经理人员的职能》(The Functions of the Executive)一书中提出,整个组织实际上是一个协作系统,经理人员的一项重要职能就是协调。这也适用于社会服务机构的内部管理。

外部关系的协调是要处理好机构的外部关系,包括建立良好的合作与竞争关系和做好社会交代,以使机构有一个较好的工作环境。

(四) 社会工作机构的人力资源管理

社会工作机构的人力资源管理主要包括员工选聘、绩效管理等。人力资源管理不等于人事管理,它主要包括人力资源分析、工作分析、招聘录用、绩效管理、薪酬管理、培训开发、员工关系管理等内容。人力资源管理把员工看作机构发展的资源,要用好和开发资源。为了正常提供服务和促进机构发展,社会工作行政人员要进行机构发展和工作分析,以决定需要增加何种人才,并进行招聘。虽然社会工作者一般都有助人的价值观,但是作为机构的员工,还是要对他们的工作进行绩效管理,这样一是有利于按计划完成服务,二是能激发员工的积极性。在对员工的激励方面,除了强化社会工作价值观之外,还要根据员工的追求选择相应的激励方法,马斯洛的需要层次理论、亚当斯的公平理论、麦克利兰的胜任力理论等,都为采取不同激励方法奠定了理论基础。在很大程度上,薪酬管理成为机构内部管理的重点,机构要制定合理的薪酬标准,保障和提高员工的工作报酬。

(五) 社会工作机构中的督导和控制

1. 社会工作督导

社会工作行政人员的一项重要职能就是,对在工作中遇到困难的员工进行督导。这种督导依员工所遇困难的不同,可分为三种类型:行政性督导、教育性督导和支持性督导。行政性督导是,社会工作行政人员在任务分工、机构规则、工作目标、同事关系协调等方面,给予其管辖部门的员工的指导。特别是对于新员工、资历不深的员工来说,行政性督导是必要的。行政性督导的主要目的是,使员工的工作更符合机构的期望和政策,更有效地实现工作目标。教育性督导是,社会工作行政人员对新进社会工作者的教导,涉及专业知识、工作方法、同事之间关系如何协调和其他服务相关知识。新来的社会工作者和对新服务项目不太熟悉的工作人员需要尽快了解相关知识、做好工作,这时社会工作行政人员的督导就属于教育性督导。支持性督导是,对于在工作中遇到困难、遭遇挫折的工作人员,社会工作行政人员给予心理上、社会关系上的支持。通过提供适当的支持与关怀,可以提高工作人员的士气,帮助其适应压力和稳定情绪、建立自信,从而更好地投入工作。从上述社会工作督导的职能来看,社会工作行政人员应该是具有丰富知识和实际经验的专业社会工作者。

2. 控制和监管

社会服务机构的有效运行还需要一定的控制和监管。这里的控制包括两个方面:一是对机构内部部门之间、成员之间矛盾冲突的控制。要通过督导、协调等方式尽量避免机构内部问题的激化,构建良好的工作环境。二是对机构各部门工作进程的协调控制。社会服务机构的负责人密切关注服务计划与工作进度的联系,解决不协调的问题,促进机构的工作顺利进行。监管主要指对机构的工作进度与财务支出之间关系的监督和管理,所有财务支出都要合规,工作需要推进,财务需要平衡,二者需要协调。

3. 社会工作评估

实施社会服务机构内部控制和监管的重要方法是评估,主要包括监测机构运行状态、服务开展状况的过程评估和反映服务结果的结果评估。社会工作评估注重反映服务过程和服务对象转变的过程评估,因为社会工作的目标就是服务对象的不良状况的改变。改变是在服务过程中发生的,社会工作评估要了解发生改变的机制。社会工作评估和许多其他评估一样,也重视结果评估,注重服务资源的使用效率和服务达到的最终结果。社会工作的结果评估又包括效率评估、成效评估和效果评估等。

第三节　社会服务机构的治理与发展

一、社会服务机构的治理

(一) 社会服务机构的治理特征与内部权力

社会服务机构是为了实现特定的社会目标而有意识地建立的社会组织,它具有社会组织的基本特征。既然社会服务机构是由不同个人组成的,成员既有共同目标又有自己的追求,那么,把这些成员整合起来,在实现机构目标的同时成就个人追求,就是十分重要的问题。这也是社会工作行政人员的主要任务。前面我们从一般管理学的角度做了阐述,下面更进一步从治理的角度分析问题。

管理与治理的重要区别是,管理强调自上而下的权力行使和规则约束,治理比较强调各相关方的共同参与,是参与式管理。社会工作是一个强调民主、参与、协作的专业活动,社会服务机构在其管理上必然会反映出这些特点,即更强调治理。治理是多元利益主体围绕共同事务进行协商及达成共识而采取共同行动的过程。治理的核心是利益和权力。组织学者费弗尔曾经把社会组织的管理分成理性模型和政治模型,前者强调理性人、理想型决策和组织效率,后者强调内部的利益博弈和权力冲突。[①] 社会服务机构有明确的为社会服务的价值观,虽然强调理性,也不否认内部的利益分配,但是明显更偏重治理。

---

① 参见理查德·L. 达夫特:《组织理论与设计精要》,李维安等译,机械工业出版社1999年版,第226页。

一般来说,社会组织中的权力主要分为行政权力和专业权力。行政权力是依据行政职位而具有的权力,专业权力是由专业能力确定的权力。社会服务机构同时承认这两种权力,既重视机构分工带来的权力关系,也尊重专业能力形成的专业权威。社会工作行政人员要处理好这两种权力关系,在工作中要特别尊重专家的权威。

(二)社会服务机构的治理结构

治理结构是指相关方面用什么样的关系模式或结构去实现治理。传统的组织管理采用科层制,即运用分工和层级权力来指导组织的运行。社会服务机构则基本上采用治理模式,主要包括在组织决策层建立治理结构,在中下层倡导参与和授权。决策层的治理结构包括建立管理委员会、专家咨询委员会、监事会,通过这些组织形式,保障机构决策的科学性,避免机构负责人独断专行。中下层的参与包括民主决策、民主管理等,可以通过建立相应的机制和组织形式来实现。机构中的授权也是社会服务机构治理的重要组成部分。授权是上级向下级赋予部分权力,包括项目某一部分的计划、工作方式、时间分配等,在不违反机构总体要求和规范的条件下行使弹性决定权。科学合理的授权有利于基层对机构事务的更多了解和参与管理,也有利于调动下层的工作积极性。

二、社会服务机构的团队建设

(一)社会服务机构团队建设的意义

社会服务机构承接的社会服务基本上是以群体性的方式提供的,因此,团队的质量就成为社会服务机构有效运行的基础。团队可能指的是一个工作部门,也可能指在一段时间内完成某项任务的工作队伍。但是,它不等于科层体制下的工作部门,区别在于它们的工作状态。科层体制下的部门强调严格的上下级关系和权力的行使,团队工作是指一群人的共同行动,在这种共同行动中,每个人的个人利益和观点都服从于群体的一致性和效率,朝着相同目标共同努力。按照社会工作学者斯基德莫尔的说法,团队有如下特征:所有层级员工都参与其中;工作者要尽职尽责,对其他员工和机构忠诚;保密,对彼此需求保持敏感;接纳行政人员及其他员工;富有创造性;等等。① 可以设想,有了这样的工作团队,就一定能够形成上下通气、集中智慧、团结协作、互动发展、积极向上、发挥各自优势的机构工作状态。几乎所有社会组织都重视团队建设,对于不断面对复杂的社会服务任务并以群体的方式开展工作的社会服务机构来说,团队建设就显得更加重要和必要。

(二) 社会服务机构团队建设的方法原则

社会服务机构的团队建设是建立在合理的组织结构之上的,即机构内部要有合理的分工合作机制、员工共同认可的规则,以及合理的绩效管理和激励制度等。在这些条件之下,社会服务机构要建立更加团结、更有凝聚力、工作能力更强的团队,需要采取一系列的方法。如下一些方法和原则在团队建设中有促进作用:

团队任务和目标是明确的,要进一步廓清机构面临的挑战,即确定团队建设的目标;形成积极的、讲求效率的工作气氛,而不是造成内部关系紧张;遇到重要问题要充分讨论,成员尽量自由表达自己的意见;成员要认真聆听他人的意见,成员之间互相尊重;针对机构工作中问题的讨论,允许不同意见存在,鼓励民主解决问题;面对有分歧的看法,要尽量达成一定共识,避免独裁和票决;成员之间可以进行善意的互相批评,对事不对人;当成员共同行动时,每个人都要清楚地知道自己的职责;在较长时间、较复杂服务的合作中,每个人都有在某一环节上当领导的机会,以发挥自己的潜能,表现自己的能力;团体应该具有反思性,即反思部门、团队以往的工作,分析存在的问题,找到更有效的工作方法。②

总的来说,团队建设就是要形成相互尊重和理解的氛围,打造出以做好工作和机构发展为目的,有共识、协调性强,集中全体成员智慧且心情舒畅的有行动能力的工作队伍。

---

① 参见雷克斯·A.斯基德莫尔:《社会工作行政——动态管理与人际关系(第三版)》,张曙等译,中国人民大学出版社 2005 年版,第 160—163 页。

② 梁伟康:《社会服务机构行政管理与实践》,香港集贤社 1990 年版,第 264 页。

(三) 社会服务机构的员工发展

社会服务机构不但要培养团队精神,还要确实使员工得到发展,员工发展是机构发展的根本。员工的发展与如下几个因素有关:工作的成就感——这与其价值观的实现和服务成效有关;合理的工作报酬——从事一份工作,员工应该获得合理的、与其工作绩效相匹配的报酬;晋升机会——员工在职位、层级上有向上走的机会;能力的发展——员工在处理本职工作方面有更强的能力,有学习新知识、方法、技术的机会;自主性——员工有适度的自主性,在完成工作方面有一定的权力空间。社会服务机构应该有比较清楚的、促进员工发展的制度性安排。

三、社会服务机构的外部关系处理与交代

(一) 社会服务机构的外部关系处理

社会服务机构是为社会服务的,在现实社会中运行和发挥作用。它要从外部获得资源,要为外部的社会群体和社区提供服务,其服务活动还要接受多方面的评价,这些因素都会影响机构的进一步发展。这样,社会服务机构就要处理好外部关系,这是社会工作行政的一个重要职能。处理好外部关系不仅仅是机构最高负责人的责任,也是其他社会工作行政人员甚至一线社会工作服务人员的责任,因为这些成员的工作同外部发生不同的联系,并由此得到评价。不过一般说来,机构的高级行政负责人、项目负责人在这方面的责任更大。要处理好外部关系主要有以下几个原因:

(1) 资源依赖。资源依赖是指社会服务机构的服务资源基本上来自外部,社会服务机构必须依赖这些外部资源,想得到外部支持,就需要处理好与资源拥有者的关系。在社会问题不断出现,社会服务需要创新发展的情况下,更要处理好这种关系。

(2) 竞争和发展。随着新自由主义在全球的扩展,竞争也越来越多地被引入社会服务领域。具有较好公信力、社会评价较高的机构,获得支持的可能性更大。社会服务机构要在竞争中具有优势,要实现进一步的发展,就必须处理好外部关系。

(3) 专业责任。专业责任是社会服务机构所承担的社会服务责任，不同专业机构都有相应的责任，这也是其合法性的来源。以社会工作为主题的社会服务机构也是如此，它必须向社会说明自己的服务是有效的，以此获得社会的认可。

社会服务机构处理外部关系的行动也叫处理公共关系，这里所说的处理好关系不是世俗化地拉关系，而是要建立正当的、以社会服务效能为评价基础的工作方面的关系。

（二）社会服务机构的交代

社会服务机构因为运用了社会资源，负有政府和社会赋予的帮助困难群体、增进社会福祉、推动社会进步的合法性责任，所以它必须向政府和社会交代。社会交代是对社会问责的回应。它是社会服务机构向政府和社会报告自己的服务和效果，获得评价的行动。凡是获得政府和社会的资源、信任和支持的组织都有社会交代的义务，社会服务机构承载政府委托的社会福利服务和改善社会困弱群体生活状况的责任，其回应问责即进行社会交代就十分重要。由于社会（工作）服务机构有很多责任承担，所以其社会交代也是多方面的。社会交代是社会工作行政的一项必要职能，基本来看，社会（工作）服务机构的社会交代框架如图11-1所示。

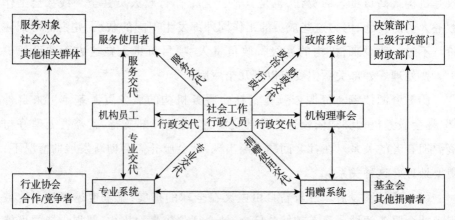

图 11-1　社会服务机构的交代

注：本图参考了徐明心等：《社会工作行政的本质：探索、反思与启示》，图二，何国良、王思斌主编：《华人社会社会工作本质的初探》，八方文化企业公司2000年版，并有修改。

图 11-1 指出社会工作行政有六个方面的交代责任。在服务使用者方面,主要是服务对象,公共服务则涉及公众或特定社会群体。对政府系统的交代是政治、行政和资金方面的,在宏观社会行政那里,这种交代的作用相当明显。由此,社会服务要寻求政治和行政的合法性。对捐赠系统的交代是必然的,基金会、企业、社会大众捐了钱,是希望帮到困弱者或他们指定的其他群体。社会服务机构做到了吗?效果怎样?这些都需要交代。社会工作机构还有专业方面的交代,自己是否实践了社会工作的价值观和专业伦理,其服务对社会工作专业的声誉有何影响;还有,该服务机构对于社会工作专业的发展有何贡献——包括知识、理论和实务经验。最后,社会工作行政人员还要对内有所交代:机构给员工带来了什么?实现了自己的承诺了吗?整个项目或机构服务符合机构的专业责任和发展目标吗?这些也需要向员工和理事会交代。

良好的社会交代是建立在优秀的社会服务基础之上的,社会工作行政人员尤其是上层决策者和管理者,应该立足领导和改进机构服务,做好社会交代,回报社会,并反思性地促进机构的进一步发展。

四、社会服务机构的发展

(一)社会服务机构发展的含义与动力

社会服务机构发展是指,社会服务机构数量增加和质量提高,以更有效地发挥自己的社会服务功能的过程和状态。社会服务机构的数量增加分为宏观和微观两个层面。在宏观层面,社会服务机构的发展表现为一定地域范围内社会服务机构的增加,有更多社会服务机构参与提供社会服务。在微观层面,社会服务机构的发展表现为,作为一个机构其自身规模扩大,有更多的员工提供社会服务。社会服务机构的质量提高也表现在宏观和微观两个方面。社会服务机构能更敏感地认知社会问题,在政策指引下更有效地回应社会需要,促进社会建设,是社会服务机构质量提高的宏观表现。在微观上则体现为具体机构社会服务功能的增强。

社会服务机构发展的动力来自这些方面:第一,社会需要的增加与机构社会责任意识的增强。从宏观层面看,社会转型、社会变迁会带来新的、更复杂的社会问题,社会服务机构有责任对之做出回应,这要求社会服务机构有新的发展。第二,社会服务机构之间的竞争。从组织间关系角度看,在市场机制下,社会服务机构要在竞争中生存,必须不断谋求新的发展。第三,员工发展的要求。从机构内部看,社会服务机构不但要承担社会责任,也要对自己的员工负责,员工的新的合理需求得到满足也会促进机构的发展。

(二) 发展社会服务机构的方法

宏观视角下的社会服务机构发展需要从政策层面入手,通过政策的制定和实施促进社会服务机构在一定区域的发展,在我国就是要在政府高层、部门之间形成共识,各部门合力推动。在微观层次上,社会工作行政要发挥重要作用,促进机构发展。除了上面已经讲到的成员选聘、管理激励、社会交代外,还可使用下列方法。

第一,支持员工成长。员工成长或员工发展是机构发展的基础,机构要强化员工对社会服务的价值认同,为他们创造学习和交流的条件,增进他们的知识和工作能力,关心他们的职业生涯。第二,促进员工参与。在机构内部治理和开展服务过程中,减少科层约束、增加参与机会,在适当范围内进行授权,增加员工的责任意识和创新机会。第三,强化机构效能。社会服务机构要提升自身服务能力,善于创新,发挥专业功能,有效回应社会问题,既要注重效率,更要注重效果,要在服务中彰显自己的专业优势和不可替代性,以获得社会认同,提高自己的专业地位。第四,建设机构文化。机构文化是某一社会服务机构在长期的服务活动中形成的、指导其成员活动的价值观念、工作规范和共识、工作习惯以及与此相关的机构运行理念。机构文化是内在于机构及其成员活动之中的,是机构的软实力,所以社会服务机构都应注重自己的文化建设。社会服务机构的文化一般具有这些特征:利他主义、人文关怀、合作精神、团队精神、责任意识、丰厚的社会资本。上述机构文化不是自然产生的,而是需要进行建设,要在机构服务和运行中通过积累、分享、总结、强化等方式予以建构。在文化建设过程中,机构的结构和运行机制、工作场合布局、员工服饰和机构标识都会发挥重要作用。

参考文献及进一步阅读文献

珍妮特·V. 登哈特、罗伯特·B. 登哈特:《新公共服务:服务,而不是掌舵(第三版)》,丁煌译,中国人民大学出版社 2016 年版。

尼尔·吉尔伯特、保罗·特雷尔:《社会福利政策导论》,黄晨熹、周烨、刘红译,华东理工大学出版社 2003 年版。

江亮演、洪德旋、林显宗、孙碧霞编著:《社会福利与行政》,台湾五南图书出版公司 2002 年版。

梁伟康:《社会服务机构行政管理与实践》,香港集贤社 1990 年版。

林卡、陈梦雅:《社会政策的理论和研究范式》,中国劳动社会保障出版社 2008 年版。

劳伦斯·L. 马丁:《社会服务机构组织与管理》,台湾扬智文化事业股份有限公司 1997 年版。

萨拉蒙:《公共服务中的伙伴》,田凯译,商务印书馆 2008 年版。

雷克斯·A. 斯基德莫尔:《社会工作行政——动态管理与人际关系(第三版)》,张曙等译,中国人民大学出版社 2005 年版。

王浦劬、萨拉蒙:《政府向社会组织购买公共服务研究——中国与全球经验分析》,北京大学出版社 2010 年版。

王思斌主编:《社会行政(第二版)》,高等教育出版社 2013 年版。

 思考题

1. 怎样理解宏观社会行政在社会工作中的地位?
2. 试述社会行政的功能。
3. 社会工作行政的主要内容有哪些?
4. 试述社会服务机构的治理结构。
5. 试述社会服务机构交代的内容和意义。

第十二章

社会工作教育与专业发展

在社会工作学科和实践发展史上,社会工作教育扮演着重要的角色。社会工作教育在形成社会工作理念、传承社会工作知识、培养专业人才、促进社会工作专业化方面发挥着不可替代的作用。社会工作的一些基本规范和要求也已成为国际标准。中国社会工作教育界对社会工作专业的建构进行了重要的探索和实践。

第一节 社会工作教育在社会工作发展中的地位

一、社会工作教育的发展

(一) 社会工作教育对于发展社会工作的意义

社会工作教育(也称社会工作专业教育)是,由专门的社会工作教育机构向相关人员传授社会工作知识和理论、实施专门训练,使之在专业知识、技能和专业伦理以及实践经验等方面符合社会工作专业实践要求的过程。这是一个教育过程,是受教育者完成个体专业社会化的过程。[①] 从发展史来看,社会

---

① 参见王思斌主编:《社会工作导论》,高等教育出版社 2004 年版。

第十二章 社会工作教育与专业发展

工作能够成为一个专业和现代职业,是与社会工作教育的发展密切相关的。当初纽约慈善学院和其他教育培训机构的建立,使社会工作不再完全依赖于个人慈善之心和经验摸索,而是通过现代教育培养合格的工作人员。现在,社会工作教育在社会工作专业发展和社会服务中的作用越来越重要。

如前所述,社会工作是一个复杂的、动态的过程。这是社会工作者与服务对象共同面对后者的生活困境和发展需要而进行互动的过程。这既是一个社会工作者帮助(协助)服务对象的过程,也是双方合作的过程。社会工作所要处理的问题的复杂性和不断提高社会服务质量的要求,有力地推动了社会工作教育的发展。

第一,社会问题具有复杂性。社会工作可以帮助人们解决各种问题,但是最能反映社会工作价值的是它能处理比较复杂的问题。在现实社会中,人们向社会工作者求助一般是遇到了自己不能解决的问题,即需要解决的问题比较复杂。这不仅是指问题本身相对复杂,而且问题产生的原因也错综交织。这样,要处理复杂问题,就需要比较丰富的知识及细致和专业的方法。显而易见,仅凭服务者(尤其是新进入此领域者)人生经验的积累无法得到这些知识和方法,需要通过教育过程向服务者传递他人经过实践检验被认为有效的经验,这就是现代社会工作教育。

第二,有效地解决问题。社会工作的生命力在于它的有效实践,在于它能更有效地解决问题。社会工作专业形成以来,人们进行了大量实践,也积累了大量宝贵的经验,经过多次检验,它们作为知识和理论沉淀下来,成为人们后来解决问题可资借鉴的财富。社会工作成为专业的一个重要条件就是靠现代教育体系传承知识,而不是靠工匠式的个人摸索。当我们面对问题时,借鉴以往经验不但是必需的,而且是有效的,而现代教育是后来者了解和掌握这些经验和知识的最主要的途径。

第三,对社会工作服务的新要求。随着社会的发展,当事人和社会对社会工作服务质量的要求也不断提高。比如,从前求助者希望解决的是物质生活方面的困难,现在则越来越注重生活质量,注重人的发展。从前的观念是求助,现在则强调人的基本权利,关注社会公平,重视人的尊严。这样,问题的解决就需要社会工作者具有更高的素质,包括知识、价值观、科学方法与技巧等方面。社会工作教育对提高社会工作者的素质和服务质量具有不可替代的重要作用。

第四,对社会工作本质的新认识。在传统上,社会工作被认为是社会工作者帮助人们解决生活问题的过程,双方是帮助与受助、给予与接受、主动与被动的关系。随着社会福利权利观念的发展和对人的主体性的探索,以及对社会工作服务本质的更深刻认识,社会工作界越来越意识到社会工作过程是社会工作者为服务对象服务的过程,双方是平等的互动关系。在服务过程中,要用增权和优势视角去看待和对待服务对象,以更有效地推进服务过程,达致更佳结果。这种对相关新知识、新理念、新方法的借鉴,常常是经由教育来完成的。发达而先进的社会工作教育有利于推动社会工作服务适应社会的新变化,取得新的进步。

(二)国际社会工作教育的发展

社会工作是工业社会的产物,随着社会问题的复杂化和解决这些问题的迫切性的增加,社会工作教育也不断发展。在国际上,社会工作教育首先诞生于英美等西方发达国家,并得到快速发展。当今,发展中国家的社会工作教育也取得了一定成绩,这是与这些国家的工业化、城市化、社会问题的复杂化、社会福利制度的建立等因素相联系的。

在西方发达国家,社会工作已经成为一种制度,社会工作教育也形成了体系。所谓社会工作教育体系是指,一个国家的社会工作教育,在教育目标与培养目标、办学权利和教育规范、教育层级及各层级关系、教学基本过程、修业标准等方面,形成了制度化的规定并得以实施。社会工作教育体系的核心是教育目标和培养目标,即为什么要发展社会工作教育,要培养什么样的人。各国受经济社会条件、文化价值、主流(或官方)意识形态的影响,对培养目标的表述可能有差别,但是培养社会服务的专门人才、满足社会需要则是共同的。

社会工作教育体系具体表现为学科、专业、层次几个方面。所谓学科,即社会工作的学科性质。起初,在许多国家和地区,社会工作教育是隶属于社会学学科的,被看成应用社会学。后来,随着社会工作的发展和学科分化,社会工作成为独立的学科。另外,作为对解决具体问题要求的一种回应,社会工作逐渐发展成为一个专业,这不仅关涉知识、理论,而且是指它是一个需要专门知识和技能的职业领域。这样,在国际上,社会工作学科已不属于社会学,而是相对独立的应用社会科学。

社会工作培养的主要不是理论人才和研究人才,而是能够解决具体社会问题、向有需要的人士提供专业服务的应用型人才。这就决定了社会工作的知识框架。在教育层次方面,社会工作有文凭(大学专科)、学士(本科)、硕士和博士几个层次,它们的学制不同,课程内容和要求不同,学生毕业后的去向也有所不同。文凭(大学专科)阶段的专业教育和训练的主要目标是,进行基本的职业技能培训,培养一线的实务工作者,教育内容以职业技能训练为主。学士阶段的教育目标主要是,培养实务社会工作者,同时为学生进入更高层次的学习做准备。社会工作硕士是高级社会工作实务人才,一般要从事社会服务的策划和管理工作,需要有较丰富的理论知识及较强的社会服务策划、机构和项目管理的能力。硕士阶段的教育除了上述知识和能力外,还要使学生具备研究的能力。博士阶段是社会工作专业教育的最高层次,其目的是培养高等学校社会工作专业的教师和社会工作研究人员,因此比较注重理论学习和研究能力的培养。

为了推动和规范社会工作教育,除了国家的教育行政管理部门之外,许多国家成立了社会工作学校的联合组织,促进专业教育和自律,它们有权对成员学校的课程和教学水平进行评估。

社会工作教育的国际组织是国际社会工作学校协会(IASSW)。其功能是推动各成员学校社会工作教育的发展,进行教学交流。国际社会工作学校协会在促进世界社会工作教育发展方面发挥着重要作用。

(三) 国际社会工作教育发展的趋势

社会工作教育是在回应社会需要的过程中不断发展的。20世纪80年代以来,世界经济政治形势发生了许多变化,这也要求社会工作教育做出回应。三十多年来,主要全球性变化包括:第一,经济全球化。在科学技术突破和市场化的推动下,全球化速度加快,许多国家性和地区性的问题变为世界性问题,需要从全球的角度来应对,比如就业或失业问题就是如此。第二,新自由主义与市场化盛行。新自由主义是鼓吹发挥市场作用的理论思潮,认为市场能够促进经济繁荣,反映在机构方面则是新管理主义大行其道。第三,社会福利的发展面临挑战。以发达国家特别是北欧福利国家面临的困境为背景,在全球范围内出现了压缩社会福利的趋势,这必然给困难群体带来严峻挑战。第四,在市场化的笼罩下,人的价值、社会公正问题顽强地争取自己的空间。

在这种情况下,社会工作教育的发展表现出明显趋势:第一,社会服务任务的扩展促使社会工作教育持续发展。特别是在发展中国家和地区,社会工作教育规模不断扩大、层次不断提高。第二,社会工作专业教育和培训共同进步。在一些发达国家,社会工作继续走专业化之路,也有少数国家(如英国)比较注重社会工作培训,培养多样化的服务人员。在发展中国家和地区,专业化依然是主要方向,社会工作教育致力于培养高级专门人才。第三,注重机构管理、项目管理、个案管理等方面的知识积累和训练。市场化对社会福利支出的质疑,管理主义的影响,使得社会工作机构必须更清楚地向社会、资助者交代自己的工作。这要求机构负责人具备更丰富的向各方交代的知识。第四,注重社会工作知识的整合。由于社会问题日益复杂化和综合化,社会工作人员必须了解更加多样的知识,学会综合运用多种工作方法。于是,社会工作教育中的整合教学被提上了日程。第五,关注跨文化社会工作。与全球化进程、频繁的社会流动相适应,社会工作者必须准备好与多种文化背景的人一起工作,文化敏感性、跨文化社会工作日益被重视。

二、社会工作教育的内容与特点

(一) 社会工作教育的内容

社会工作教育主要包括专业知识的结构、教学方法、社会工作实习等内容。

社会工作是在具体情境下向有需要的人士提供专业服务的活动,这样,在专业知识上要有社会工作价值观、解决不同人群问题的具体方法和其他相关知识,而后者常常与对问题的理解有关。比如,美国的社会工作在其专业化早期比较注重治疗,因此个案工作方面的知识占据支配地位。20世纪60年代之后,随着对社会福利制度和政策的关注增加,社会工作教育比较注意人类行为与社会环境、社会政策、社会福利制度等方面的知识。当然,由于各国社会福利制度不同,社会服务的提供方式不同,因此社会工作专业教育的着重点也有所不同。比如,相对于美国,英国的社会工作知识体系更注重社会政策、社会行政方面的知识,这与英国的福利国家体制有关。

在教学方法上,社会工作特别强调案例教学。除了理论教学和相关知识传授外,社会工作教育特别强调案例教学、角色扮演、参与式教学,目的是使学生在学习理论知识的基础上,增加对社会工作实践的了解,增强理论与实践相结合的能力,掌握并艺术地使用社会工作的专业方法,同时激发学生的创造性,鼓励活学活用知识。

社会工作教育尤其注重专业实习。像其他应用学科一样,社会工作教育把实践能力置于十分重要的地位,把专业实习纳入社会工作教育体系就是最重要的表现。专业实习是基于社会工作专业知识和价值观,尝试运用专业方法解决问题的过程。这一过程与整个教育过程相匹配,目的在于通过实习强化学生的社会工作价值观,检验和巩固社会工作知识与方法,增加其对社会工作服务的实际了解。专业实习对于学生专业价值的养成,增进学生对社会工作专业的认同,切实提高其服务能力是十分重要的。

总的来说,社会工作教育是紧紧围绕学生专业价值观的形成和巩固、专业理论和相关知识的学习、专业方法教学和演练而展开的,其最终目的是培养合格的社会工作专业人才。

(二) 当代社会工作教育的特点

1. 理论与实践相结合

从本质上说,社会工作是实践的,而非理论的。其功能在于解决实际问题,而不在于从理论上阐释这些问题。因此,缺乏实际工作能力的社会工作者是不合格的。正因如此,社会工作教育体系特别强调和重视学生的实际工作能力的培养。重方法、重技术、重实习是这种取向的突出表现。然而,这并不能得出社会工作不需要理论的结论。实际上,缺乏理论基础的实践常常是盲目和肤浅的。正如缺乏深厚的医学理论功底难以医治疑难病症一样,没有精到的关于社会生活、社会运行及人的成长的理论作基础,社会工作的具体助人活动也会浮于表面,更不用说去解决复杂的社会问题了。由此,社会工作教育在重视工作技能的同时,也在加强理论方面的培养。它不但吸收社会学、经济学、政治学、人类学、社会心理学等方面的理论为己所用,还提炼出关于社会工作实务的模型理论,注意用中层理论去具体指导社会工作实践。社会工作教育对社会学、政治学、社会心理学等方面的理论十分敏感,就反映了注重理论的趋势。实际上,社会工作方法的发展是心理学、精神分析学、行为科学、社会学、公共行政学、教育学等方面的理论及思潮在社会工作领域的反映。现代社会工作教育自觉地借鉴各方面的理论成果,紧追社会科学理论发展的新潮流。

2. 教学与科研相结合

与上述变化相适应,社会工作研究也有较大进展,并在改进社会工作、提高工作效率方面发挥着重要作用。专业社会工作在其形成初期,对科学研究的注意是不够的。有人认为,社会工作强调特殊性原则,其工作效果常与服务对象的情况、与社会工作者同服务对象的现场互动关系密切,因此探究普遍规律对社会工作似不必要。也有人以为,社会工作是人道的助人专业,只要有为人服务的理念,认真按既定程序和技术提供服务,就会达到目的,其中没有什么值得研究的。这样,社会工作教育机构常常只注意向学生传授知识、工作技巧,端正他们的价值观,而较少探索提高社会工作成效的途径,更不用说通过研究去建立社会工作自己的理论体系。实际上,尽管社会工作的具体任务各不相同,但在其深层原因和社会因素方面常有一些相似之处。另外,虽然社会工作者面对的任务不同,处理问题的方法也有差异,但还是有些相同之处的。这就使得研究社会工作的基本规律和模式以增强工作效果成为必要和可能。事实上,只按照既定的规则和技术去开展工作,不认真总结和研究,社会工作的效率提高是比较慢的。而社会工作研究既可以通过实证研究去验证已有的理论,检验之、批判之、扬弃之,进一步发展理论;也可以从社会病理学的角度去探索问题产生的原因,改进社会工作方法。正因如此,教学机构和研究机构

第十二章 社会工作教育与专业发展

联合推进,社会工作研究自20世纪70年代中期以来有了较快发展,并被用于个案工作、小组工作、社区工作中。

3. 社会工作方法的整合

整合是指相互关联的各部分协调形成一个整体的过程和状况。社会工作方法的整合则是指,社会工作者综合运用不同的工作方法以有效地处理复杂问题。

如前所述,个案工作、小组工作和社区工作三种工作方法是在不同历史条件下形成的。这种时间上的差别、不同方法所依靠的基础理论的不同、具体工作方法上的差异与社会工作的专业化要求相结合,使各种工作方法沿着自己的轨道向前发展。它们用不同的理论来充实自己,用不同的工作技巧来完善自己,由此,几种工作方法各有自己发挥作用的范围。20世纪50年代以前,社会工作教育与训练也显示出这种分割特征。个案工作专家不熟悉小组工作,也不能解决这方面的问题,社区工作专家面对个案工作也难有作为。因为当时的社会工作教育强调专才教育而不是通才教育。更有甚者,即使同是个案工作者,也常常因工作对象不同而难以沟通。专业化使各种社会工作方法在一个较窄的范围内发展,但它不能解决更为复杂的社会问题。这是因为,实际上,任何社会问题的出现都是有多重原因的。个人问题常由社会性因素造成,社区中的问题也不排除社区居民个人方面的原因。将社会工作方法分隔开来是一种专业上的自闭。所要解决问题的复杂性、各种工作方法功能的有限性要求工作方法的综合,社会工作方法因而开始走上了整合之路。

20世纪60年代,美国爆发了社会工作危机,这是由社会工作方法分立造成的。不但政府怀疑以个案为主的社会工作的功能,社会工作专家也开始质疑社会工作方法的局限。然而,英国对这种危机早有注意。从50年代起,英国的社会工作开始走向整合。如个案工作者要学习社会行政方面的知识,强调社会工作者应同时具备面向个人、小组和社区开展工作的能力,学生不应只对一种方法有深度了解,也要知晓相关方法。这就是通才教育的思想。

社会工作方法的整合是在几个层次上展开的。如不同的个案工作,个案工作、小组工作和社区工作,以及直接工作方法与间接工作方法,都在走向整合,甚至一些学者运用系统理论去构造社会工作实践的整合模式。然而,尽管整合方式多种多样,但其实质是相同的,即综合运用各种社会工作方法去处理复杂的社会问题。

三、社会工作继续教育与专业发展

(一)继续教育的重要性

在社会工作教育体系中,继续教育是重要的组成部分。社会工作继续教育是指,对已经从业的社会工作人员进行的专业教育。已经从业的社会工作人员需要接受继续教育,主要是基于如下原因:一方面,社会工作实践不断发展,需要从业者学习新的知识、理论和服务方法。随着社会的变迁,新的社会问题相继出现,这要求社会工作予以应对;而对社会问题、社会服务认识的不断深入,也要求持续改进服务方法。对从业人员进行继续教育,是要为其提供社会工作的新理论和提高社会服务效率的新方法,促进社会工作的发展。另一方面,社会工作实习督导需要在职人员不断学习。在社会工作领域,教学系统与实务系统有着直接的联系。社会工作是一个专业,其教育水平直接影响到新的社会工作人员的水平,并进一步影响社会服务的质量,所以社会工作教育机构特别注重与实际服务机构的业务联系。这种联系的一个重要方面是社会工作学生到专业的社会服务机构去实习。专业实习一头连着教学,另一头连着实际服务,是培养学生的重要环节。服务机构的资深社会工作者要督导学生的实习,所以他们要了解社会工作的新知识、新理论,需要继续学习。社会工作人员继续学习的方法多样,包括到高等学校进修、参加专题研修班和学术研讨会等。

(二)教育机构与实际部门的合作

社会工作教育机构与实际部门有着多方面的联系,这些实际部门包括:政府的社会服务、社会发展相关部门,公共服务机构和社会服务机构,以及社会团体等。社会工作教育机构(高等学校)与这些部门和机构合作的连接点在于:

第一,从实际部门那里了解社会服务的新需要,以充实、更新教学内容。

第十二章 社会工作教育与专业发展

政府部门出台了新的社会福利政策,服务机构遇到了新的案例,都需要在教学中有所反映。它们的合作方式包括联合召开研讨会,请实际部门的工作人员来学校任课、开设讲座,等等。

第二,建立实习基地。社会工作学生要进行专业实习,需要建立相对稳定的实习基地。实习基地一是可以向学生展示如何较好地提供社会服务,二是机构有资深的社会工作者。在学生实习过程中,学校和服务机构要对其进行协同督导,这就促成了双方比较深入的合作。

第三,为实际工作部门提供就业后备人员。社会工作专业的学生希望毕业后进入较为专业或能够发挥自己专业特长的单位工作,政府的社会福利行政部门、各种类型的社会服务机构成为他们的主要选择。社会工作学校与这些部门的合作,有利于培养学生,也有利于学生就业。

实际上,社会工作学校与政府部门、社会服务机构的合作过程也是专业推展的过程,是有效地将教育同社会连接起来的过程。

第二节 社会工作教育的要求和规范

社会工作教育体系主要是由社会工作课程体系体现的,社会工作课程结构具体地反映了社会工作教育的目标、要求和实现过程。

一、社会工作课程体系

(一)社会工作课程设计的指导思想

社会工作是助人的事业,包括科学的方法、技巧与活动。社会工作的实务性特点决定了社会工作者的培养目标,即社会工作者不仅要有广博的专业知识,而且要有熟练的专业技能。二者的结合即理论与实务的结合,这是设计社会工作课程的第一个指导思想。这种设计思想避免了将社会工作等同于较理论化的社会学,同时也使社会工作有别于一般的非专业化的助人服务。社会工作与社会学是有密切联系的,但二者又有明显的区别。有人指出,社会学是社会的设计师,而社会工作是社会的工程师。与社会学相比,社会工作更强调动手能力,强调助人的方法与技术。但社会工作又不同于一般的助人活动,它是在一定理论指导下,运用科学方法来助人的活动。理论与实务的结合是社会工作教育与训练的突出特点,也是课程设计的指导思想。

社会工作课程设计的第二个指导思想是面对现实,面向实际需要。社会工作者是实干家,而不是坐而论道的空谈者,因此社会工作者的培养要面对现实。所谓面对现实,就是面向现实需要。社会上存在哪些问题需要社会工作者去解决,这构成了社会工作教育和训练的取向。某类现象是个人问题还是社会问题,是何种类型的问题,这些直接影响到社会工作的培养方向。在社会工作发展的初期,个人性的治疗工作被认为是社会工作者的主要职能。时至今日,在更加宏观的层面上开展综合性社会服务已成为人们的共识。这也直接影响到社会工作的课程设计。

社会工作者是在复杂的社会系统中处理问题的。他既不可能将社会事件割裂开来单独处理,也不可能使用一种方法解决所有问题。因此,以通才为基础的专才教育成为当今社会工作教育的特点,也成为社会工作课程设计的另一个指导思想。这就是社会工作教育的综合取向。大卫·考克斯(David Cox)在陈述这种观点的理由时指出:(1)无论是哪一个层面的社会工作者,都应该为综合的发展服务;(2)由于社会的发展,社会各层面的交互影响,社会工作者不应局限于某一个层面的工作;(3)社会工作教育必须反映各层面的发展,并以综合取向为施教之本。

基于以上指导思想,社会工作课程呈现出广阔性、发展性、本土化、实务性的特点。

(二) 社会工作课程的一般框架

为反映社会的需要,社会工作课程包括这样的内容:基本知识、基本理论和基本技能。

社会工作的基本知识包括专业知识和背景知识。专业知识是指,作为一个专业的社会工作所具有的专门知识,如社会工作者应该如何看待社会问题,应如何去与不同类型的服务对象一起工作,等等。社会工作的背景知识是指,非本专业特有的、属于其他学科的知识,它们与社会工作的任务有关,成为社会工作者观察、分析、解决具体问题的必备知识。

社会工作的基本理论不但包括认识社会的理论,而且包括具体改变社会(人的生存环境)的理论。前者多来自其他社会科学对人、群体、社会的论述,是其他学科对社会工作的贡献;后者基本上是开展服务的模式,是社会工作的实践理论。

基本技能包括工作方法和技巧。社会工作的实务性决定了这一学科特别注重工作方法与技巧,并把这些作为立业之本。社会工作的专业方法包括直接工作方法(个案工作、小组工作、社区工作)和间接工作方法(包括社会行政、社会工作研究等)。这些方法由具体的模式构成,而每一种模式又含有许多技巧,社会工作方法由此成为一个体系。

具体地说,社会工作专业课程应该包括如下一些重要的课程团块:人类行为与社会环境方面的课程,社会政策与社会福利方面的课程,社会工作实务的课程(包括社会工作方法及其具体运用的课程),社会工作研究方面的课程,社会工作实习方面的课程。[①]

二、价值观的培育

(一)价值观对于社会工作的意义

价值观是对社会事物或社会现象的优劣及重要程度的看法。这种对事物的或者肯定或者否定的看法成为一种取向,指导着人们的行为。社会工作是一个带有价值观念的专业。按照庞弗里(Muriel Pumphrey)的说法,社会工作的专业特征之一就是它有一套价值观念。这套价值观念包括两个部分:一是这个专业所代表或持守的一些价值观念或信念,这通常被称为"终极价值观念"(主要包括民主、正义、自由、和平、社会发展、自我决定和自我实现等内容);二是这个专业的工作者所应遵守的行为标准,主要表现为专业守则。显而易见,作为一个为社会进步、社会正义而努力的专业来说,掌握这套价值观念是十分重要的。它促使社会工作者自觉地为这一事业而工作、而奉献。同

---

① 徐震、林万亿:《当代社会工作》,台湾五南图书出版公司1996年版。

时应该看到,社会工作者信仰这套价值观念与一般社会人士信仰社会进步和社会正义有所不同。对于后者来说,这一套价值观念只是他向往、追求的目标,但他们未必以此直接指导自己的行为,特别是其职业行为。社会工作者则不同,这套价值观念对他们来说既是向往和追求的目标,又是自身行动的支撑力量,是其职业行为的精神支柱。社会工作者不是一时积德行善,而是把救助弱者、服务他人当作一生的事业,所以价值观的确立对社会工作者来说至关重要。庞弗里也指出,如果社会工作是一个极其关乎价值观念的专业,那么它的价值观念就必须传递给新入伍者,让他们明白并接受这些价值观念,以成为专业的代表。

（二）社会工作价值观的培育

由于社会工作任务艰巨,服务对象脆弱,每一个社会工作者都应该树立明确坚定的价值观。但是,这套价值观并不是很容易就能形成的,必须依靠培育。正因如此,社会工作专业教育把价值观培育置于最重要的位置。许多社会工作院校把价值观念当作挑选学生的一个标准。入学之后,或者开设"社会工作哲学"课程,专门讨论社会工作的价值观念,或者在其他课程中融入价值观教育方面的内容。

社会工作价值观念的培育并不是件容易的事情,其理由至少有三:第一,社会工作的价值观念都十分抽象。在抽象层次上,人们都容易认同,但这些抽象的观念具体表现在哪些方面,应当如何操作,常常是树立价值观会遇到的问题。于是可能出现这样一种现象:人们或许头脑接受了某些价值观念,却未能掌握其精髓。第二,社会工作价值观念的建立不仅仅是在口头上,更重要的是要在实践中表现出来。一个人是否真正接受了这套价值观念,要看其服务实践。第三,社会工作价值观念体系也因情况复杂而存有矛盾,如关于社会利益与个人本位的关系就有两种观点,这就给价值观念的确立带来了困难。这说明,社会工作价值观的确立不是一蹴而就的,而需要认真传授和实践积累。

社会工作价值观念的培育是一个复杂的过程,也是一个充满困难的过程。怎样才能更好地培养学生的社会工作价值观,这是一个尚在探讨的问题。有的学者指出,现在的社会工作课程设计注重社会工作技术教育而忽视社会工作价值观教育,这可以说是一个严肃的警告。

三、社会工作专业实习

(一)实习在社会工作教育中的地位

实习或社会工作实习是学生依据其学到的知识和技巧,在社会机构中有计划、有目的地参与实际服务,以验证、巩固其所学知识和技巧的过程。学生的社会工作实习一般在教师或有实际工作经验的机构工作人员的指导下进行,后者称为社会工作督导。社会工作教育与训练十分强调社会工作实习,这是由专业的特性决定的。第一,社会工作是一种应用性很强的专业。它对于工作技巧、工作伦理、理论与实践相结合的强调在社会科学中是独具特色的。社会工作专业不屑于"纸上谈兵",其真正的用武之地在于实践领域。这样,课堂上所学到的知识、技巧是否已被掌握,就要由实际工作来检验,社会工作实习正是提供了这样一个机会。学生在实习过程中锻炼自己,督导人员则给予其指导性帮助。这对理解社会工作的真谛,掌握社会工作的理论与方法是很重要的。第二,社会工作是一个专业,社会工作教育训练出来的学生有明确的去向,即从事各种类型的社会工作。这样,在教师督导下进行社会工作实习,对于学生日后单独承担社会工作服务很有帮助。实习可以视为实际社会工作的预备阶段。当然,社会工作实习绝不局限于所学知识、技巧的演练,它鼓励学生的创造性思考,激励学生创新服务,以充分发挥其才智。

社会工作实习不但对学生的学习非常重要,对教师的教学也意义重大。在督导实习的过程中,教师要了解实习机构的背景,熟悉实习情境,对学生的创造性要有正确的鼓励和引导,这些都对教师提出了新的要求。由此看来,实习及与之相伴的社会工作督导是教学相长的关系。

基于上述原因,社会工作教育十分重视实习,并把它作为教育与训练的重要环节。可以说,没有实习,就不是完整的社会工作教育。

(二)社会工作实习的要求

重视专业实习是社会工作教育的一项制度,或者说,社会工作实习在社工作教育体系中的地位是被认可和制度化的,并且对此在世界范围内已形成共识。可以说,重视社会工作实习已成为国际社会工作教育通则的一部分。按照国际的通行标准,没有一定时数的专业实习就不能获得社会工作者的专业资格。

社会工作实习包括到与学习有关的机构探访和到社会机构中去"实际工作"。就其组织方式来说有三种类型:集中式、分散式和混合式。集中式是学生在一段时间内全天实习,即集中一段时间去实习。分散式是将实习穿插于学期课程之中,边上课边实习。如每星期到机构去实习若干时间,其余时间在校上课。混合式是上述二者的结合,在整个实习过程中既可采用集中式,又可采用分散式。采用何种方式实习,常受学校教学安排和实习接纳机构工作的制约。

不论采取何种实习方式,其要求都是明确的:(1)实习应该有计划,要在学生接受了一定的课堂教育的基础上进行;(2)教师对实习机构和任务的选择是慎重的,它们应该同课堂教学内容、进度相配合;(3)实习过程中必须有辅导相伴,即实习实际上是教与学的相互作用过程;(4)实习过程要求学生动手去做,学生是实习的主体,而不是被管理者、被监护人。

社会工作专业教育与训练对实习的重视还表现在安排了较长的实习时间。中国香港地区各社会工作院系的社会工作实习时间都在 800 小时以上。澳大利亚社会工作者协会则要求学生最少要花 980 个小时接受有督导的实习教育,从而在社区组织中,实习占其社会工作训练课程的三分之一至二分之一。在其他国家和地区,社会工作实习的时间也比较长。

四、社会工作实习督导

(一) 社会工作实习督导的意义

社会工作实习督导是社会工作实习教学中的重要一环。它是社会工作学生在督导人员有计划的安排下,有目的、有步骤地将课堂学习和理论学习与实际相结合,将社会工作价值与服务技巧运用于为服务对象提供实际服务,并使自身得到发展的过程。

第十二章 社会工作教育与专业发展

督导是指比较有经验的资深督导者对社会工作专业人员进行监督和指导的过程。社会工作实习督导是，社会工作专业教师和机构资深专业人员对社会工作学生的实习进行计划、指导和管理的过程。它也是双方围绕专业实习而进行互动与合作的过程。一般来说，社会工作学生特别是本科生的社会阅历有限、社会服务的经验不足，所以在作为学习的重要组成部分的专业实习过程中，需要有经验的专业人员进行指导和协助。在实习过程中，社会工作学生会遇到理论知识与实际情况、课堂教学与现实状况、个人知识储备与服务要求等不符的情况，需要教师和机构资深专业人员予以指导、协助，以达有效提供服务之目的。

社会服务机构中的督导有多重性质：在专业目标上，它致力于提高专业服务素质，实现有效的服务；在行政上，表现为指导、指挥的权威关系；在教育向度上，它是一种辅导性教育，以增加受督导者的学习成效。对于社会工作学生的专业实习来说，督导的目的是协助学生提高其专业素质和服务能力，促进其专业成长。

（二）社会工作实习督导的模式

对学生的社会工作实习督导是专业督导，它是从专业成长的角度对学生予以指导、支持和管理。社会工作督导可分为个别督导、团体督导，也可以发展出同事督导。

个别督导是一对一的督导方式，由一位督导者（教师或机构的资深工作人员）对一位实习学生，以面对面的方式，定期、定时进行监督和指导。一般来说，这种督导活动每周或每两周进行一次，每次一个小时左右。内容是，根据实习学生的实习报告分析实习中的问题，对他提出的疑问、遇到的困难进行分析和指导，以促进实习的顺利进行。

团体督导是一个督导者对多名实习学生同时进行督导，这种督导以小组的方式进行，通常是每周、每两周或每个月进行一次，每次一到两小时。被督导的学生小组由具有相同或类似实习经历的二至八人组成。在督导过程中，既有实习指导老师对个别学生实习情况的分析，也有学生之间的讨论，从而解决实习中碰到的问题。

同事督导是指具有相同需求、观点或技术层次的一群社会工作者或学生，通过个别互惠方式或团体讨论方式进行的互动。参与互动的成员不一定来自同一机构或同一工作团队。

（三）社会工作实习督导的功能

社会工作实习督导的具体功能主要包括行政功能、教育功能和支持功能。

督导的行政功能是指，督导者对学生的实习进行计划和安排，评估实习效果，并管理整个实习过程。这里包括与各有关方面建立联系，对实习时间、实习方式、实习内容做出安排，也包括对实习中出现问题的处理。督导中的行政工作是有效开展实习和保证实习顺利进行的基础。

督导的教育功能是指，督导者帮助实习学生获取工作知识和技能，提高理论与实践相结合的能力，增加解决问题的办法，以及增强发展与运用社区资源的能力，从而促进其顺利完成实习并实现个人成长。这个过程基本上是增加其知识的活动，因此具有教育的性质。由于实习过程比较复杂，学生在这个过程中可能遇到知识不足、方法运用不熟练、理论与方法衔接不畅等问题，需要实习导师予以指导，这就是要督导发挥教育的功能。

督导的支持功能是指，督导者对实习学生的实习活动给予精神上、心理上的支持，以促使实习顺利进行。学生在实习过程中难免会遇到困难，产生畏难情绪，或者因为个人方面的原因出现情绪波动，这些对实习会产生不利影响。在这种情况下，督导者就要与他一同分析问题，找到解决问题的方法。也就是要关怀他、鼓励他、启发他，凭借自己丰富的经验对其进行心理疏导，提供精神上的支持。

第三节　我国社会工作教育的发展

一、我国社会工作教育的发展历程与特点

（一）社会工作专业重建的过程

早在20世纪20年代，我国就建立了社会工作学科。1952年，高等学校院

系调整后,社会工作教学与社会学一起被取消。改革开放初期,雷洁琼、袁方教授等多次建议恢复和重建社会工作专业,1988年国家教育委员会批准北京大学等高校设立社会工作与管理专业(后改为社会工作专业),紧接着北京大学等学校开始招收社会工作与管理专业本科生,社会工作专业教育在我国开始恢复重建。进入90年代,国家集中力量推动向社会主义市场经济体制的转变,在一定程度上忽视了社会发展,社会工作专业没有相应成长。进入新时期新阶段,我国经济体制深刻变革,社会结构深刻变动,利益格局深刻调整,思想观念深刻变化,一些民生问题开始出现,原来的社会保障制度功效衰减,社会分化和社会认同危机加剧,这促使政府努力寻找新的方法以解决新形势下的民生问题和社会秩序问题。在这种背景下,社会工作开始被关注,其中一个重要现象是经政府批准设立社会工作本科专业的学校数量快速增长,我国社会工作专业的办学规模迅速扩大。但是由于行政管理体制、人事体制、财政体制等方面的原因,专业社会工作并没有发挥应有的作用。当时,社会工作专业主要是作为教育事业来发展的,它对社会问题、社会生活的介入明显不足。

2006年,党的十六届六中全会提出"建设宏大的社会工作人才队伍",以推动和谐社会建设,大大促进了社会工作和社会工作教育的发展。2010年印发的《国家中长期人才发展规划纲要(2010—2020年)》,指明要把社会工作人才队伍作为重要的人才队伍来建设。2012年,中央组织部、中央政法委、民政部等19个部委和群团组织联合印发了《社会工作专业人才队伍建设中长期规划(2011—2020年)》,这是我国颁布的第一个关于社会工作专业人才队伍建设的中长期规划。2015年以来,国务院总理在《政府工作报告》中多次提出要"发展专业社会工作"。由此,我国社会工作迎来了前所未有的发展机会。

(二)我国社会工作教育的特点

我国社会工作专业教育恢复重建以来,呈现出一些明显特点:

(1)规模快速增长。我国的社会工作教育自20世纪80年代后期开始恢复重建,到1999年只有28所学校开办了社会工作本科专业,发展是比较缓慢的。1999年,国务院批转了教育部《面向21世纪教育振兴行动计划》,迎来了高等学校的持续扩招和社会工作专业教育的快速发展。从2000年开始,全国新增社会工作本科专业的规模连续大幅度增长。到2010年9月,全国有社会工作本科专业点255个,有社会工作硕士(MSW)授予权的学校为58所;至2021年8月,我国有350多所大学开办社会工作本科专业,全国高等院校和省社会科学院等开设MSW教育点179个。

(2)专业程度不高。我国社会工作专业教学停顿了三十多年,社会工作学科的恢复重建是在薄弱的基础上开始的。行政性、非专业社会工作缺乏理论总结和知识积累,所以难以融入现代教育体系。专业社会工作处于初创阶段,师资缺乏,专业服务队伍严重不足,导致社会工作教育的专业性不高。

(3)与实践联系不紧密。由于社会工作专业教育是在恢复社会学学科建设的过程中开始的,政府主要靠原有体制解决民生方面的问题,因此,社会工作教育与社会的现实需要不甚匹配,社会工作教育出现"超前发展"的现象。社会工作教育对社会的介入,主要通过学生实习、接受政府委托开展社会服务等方式来实现。

(4)依附性发展。我国的社会工作专业教育还没有获得坚实的经济与社会基础,社会工作在我国尚未成为一个专门职业,它的社会认可度还不高,社会工作还没有成为一种制度,它的发展还处于依附状态。

二、我国社会工作的学科体系建设

(一)我国的社会工作学科体系

学科体系是高等教育中学科和专业设置、学科间关系和一个学科内部专业间关系的总和,它决定了一个学科和专业的定位和发展框架与方向。习近平总书记《在哲学社会科学工作座谈会上的讲话》(2016年5月17日)强调,要"不断推进学科体系、学术体系、话语体系建设和创新",这对我国社会工作学科的发展也有重要意义。社会工作学科体系包含社会工作的学科归属、社会工作人才培养和发展方向等重大问题。

我国社会工作本科专业建设是在社会学学科恢复重建的基础上进行的,现在,社会工作作为一个学科专业属于社会学的二级学科,社会工作方向的研究生培养也是在社会学之下进行的。社会工作学科重建之初遇到的最大问题是专业课程设置,它决定着社会工作学科的发展方向和人的培养。根据中国社会的现状和发展趋势,参考国际经验,我国学者首先确立了遵循国际准则、发展有中国特点的社会工作课程的思路,即建立专业化的课程体系,同时注重回应我国现实的社会问题。这里主要是确立了个案工作、小组工作、社区工作、社会行政等专业课程,把社会工作专业实习放在重要的地位。在面向实际方面,注重社会救助、社区服务、青少年社会工作、老年社会工作等方向。

20世纪90年代中后期,在教育部的领导下,教育部高等学校社会学类学科教学指导委员会决定进一步规范社会工作课程体系,明确了社会工作本科专业的10门必修课,即社会工作概论、社会学概论、社会心理学、社会调查方法、个案工作、小组工作、社区工作、社会行政(或社会政策)、社会保障、社会福利思想。这些课程确立之后,实际上基本确定了我国的社会工作课程体系。后来,中国社会工作教育协会在此基础上组织编写了系列教材,框定了这些课程的基本内容,并对社会工作实习做出明确规定和要求(有督导的800个小时)。同时,中国社会工作教育协会还多次组织师资培训、课程培训,加强社会工作教育规范化建设,提高社会工作教师的专业水平。这些都对我国社会工作教育的发展发挥了显著推进作用。

2009年,国务院学位委员会决定在我国发展社会工作硕士专业学位教育,这是一个相对独立于社会学学科的学科设置。在借鉴国际经验的基础上,结合我国实际,形成了社会工作硕士课程体系,主要课程包括社会工作理论、社会研究方法、社会工作伦理、高级社会工作实务、社会政策分析、社会服务机构管理等,同时对社会工作实习提出规范要求。

这样,我国的社会工作课程体系基本上建立起来。在这方面,主要的问题是课程内容如何与我国的实际密切结合。

(二)社会工作教育的专业化和本土化

1. 社会工作教育的专业化

社会工作教育的专业化是指,社会工作师资队伍、课程体系设置、教学内容和方法、人才培养方式的专业化。在我国,这是由经济社会转型和现代化建设,社会工作重建时专业人才缺乏,社会福利和社会服务体制的特殊性等发展-转型性因素决定的。没有上面几个方面的专业化,要办成现代化的社会工作教育、培养现代化专业人才是不可能的。我国社会工作教育的专业化首先是从解决专业教师问题入手的,中国社会工作教育协会配合教育部高等学校社会学类学科教学指导委员会做了大量工作。在香港和台湾地区以及国外社会工作教育同行的支持下,加强对从其他专业转过来的社会工作专业教师的培训,加上自己培养研究生充实教师队伍,逐步解决师资问题。虽然我国社会工作专业教师队伍发展不平衡,至今还没有达到国际水平,但是以专业教师为主体的师资队伍已基本建立起来。这在根本上保障了我国社会工作教育的专业发展方向。

除此之外,在课程设置、教学内容和方法、学生专业实习方面也进行了专业化建设。我国社会工作教育在专业化方向上不断发展。

2. 社会工作教育的本土化

社会工作教育的本土化是指,促使由国外(或异文化地区)引入的社会工作理论和方法的教育变得适合本地情况并发挥作用的过程。它是相对于移植式的社会工作教育而言的。由于社会工作专业教育最早产生和发展于西方,社会工作的理论和方法都带有西方文化的色彩。当非西方国家开始发展社会工作时,西方的社会工作已经成形,并积累了一些经验。这样,这些非西方国家就可能引进西方的教学体系,引入它们的社会工作理论与方法。另外,非西方国家最初建设与发展社会工作,常常是具有西方社会工作教育背景的人士居中推动的。出于种种原因,他们在非西方的本国不但讲西方的理论与方法,而且用西方的教科书作教材,甚至在教学中举西方社会的例子,这与我国社会学重建初期的情况很相像。有人称之为社会工作的"殖民化"。

实际上,社会工作是最重视现实的学科,它要求理论能够解释现实,方法适应社会需要,而不是相反。因此,将基于不同文化和国情的社会工作理论与方法应用于本国时,不免会有"生搬硬套"之嫌,出现"水土不服"。比如,西方社会工作产生于工业化进程之中,它所面对的问题也主要是工业社会中的问题。而后发展国家多数是农业社会,面对的问题有自己的特点。在西方,占主导地位的是个人主义文化,而东方社会则是集团主义占支配地位。这样,简单地将产生于西方的社会工作移植过来,这种社会工作难以在本国的土地上生根、成长,也难以达到理想效果,还会使人们对社会工作的功能产生怀疑。正因如此,非西方国家的社会工作者提出了"本土化"的口号,并努力建立符合本国社会需要的社会工作的理论与方法。比如,印度学者早在1952年就提出要发展本土教材,其"社会工作哲学"不是去讲西方的自由、人权,而是讲"甘地思想"。非洲一些国家则开设了"农村发展""合作社"等课程。20世纪70年代以来,随着各国、各地区社会工作的成熟与发展,本土化的潮流更加强劲。

社会工作教育的本土化,就是要建立适合本国、本地区文化和社会制度的社会工作体制。但这并不意味着对外来理论和经验的排斥,不是狭隘的民族主义。有的学者认为社会工作本土化包括选择与创新两个方面:前者指根据本地情况对外来理论与制度进行分析、批评与选择,其中包括对它们的修正,然后加以运用;后者则是在总结社会工作本土经验和实验研究的基础上,建立起一套适合本地的理论与方法。这已经成为我国社会工作教育本土化的实践。学者们经过自己的实践和研究,不断将本土化的内容添加到国际通行的知识框架,并对西方社会工作价值观、工作方法的某些方面进行本土化改造,在社会工作教育本土化方面做出初步尝试,实现从"拿来主义"向"本土化改造"的转变。

三、社会工作教育与专业人才培养

(一)社会工作专业人才的结构

党的十六届六中全会提出要"建设宏大的社会工作人才队伍",建立健全以培养、评价、使用、激励为主要内容的政策措施和制度保障,确定职业规范和从业标准,加强专业培训,提高社会工作人员职业素质和专业水平;提出要制定人才培养规划,加快高等院校社会工作人才培养体系建设,抓紧培养大批社会工作急需的各类专门人才。这就向我国社会工作教育提出了明确要求。按照《社会工作专业人才队伍建设中长期规划(2011—2020年)》,我国要大规模开发社会工作服务人才,大力培养社会工作管理人才,加快培养社会工作教育与研究人才。我国的社会工作教育不但要培养大量本科层次的专业人才,而且要培养社会工作硕士和博士,同时要对在职人员进行专业培训,以造就社会主义和谐社会建设所急需的,能够胜任高水平社会服务、公共服务和社会管理的专业人才。

社会工作人才指的是,秉承社会工作理念、熟练掌握较高级社会工作方法的人。他们不一定都受过高等专业训练,其中有些可能是在实践中积累了丰富助人经验的人。我国要建设宏大的社会工作人才队伍,比较现实的结构应是:第一,受过社会工作专业高等教育,并在实际岗位从事社会服务、公共服务相关工作的专业人士。第二,第一线的工作者,牵扯到较复杂的社会服务,又有社会工作理念和较多社会工作知识及方法。比如在各种社会福利机构、社区、事业单位、非营利组织中从事社会服务工作、有较高专业素质的人员。第三,在社会服务领域、某些公共服务领域以至某些社会管理领域工作的部分人员,可能会进入社会工作人才队伍之列。那些在政府部门、群众团体、事业单位、非营利组织(包括社会服务机构)中从事社会服务、公共服务、社会福利行政管理工作,具有社会工作价值观、较广博的知识、较熟练的工作技能的人,可以称为社会工作人才。第四,受过社会工作专业训练、具有社会工作价值观和技能,但暂时不在社会工作岗位工作的人,也应属于社会工作人才。第五,从事社会工作教育和研究的人才。

(二) 社会工作教育在人才队伍建设中的贡献

社会工作教育在培养社会工作人才方面可以发挥如下重要作用:第一,通过正规教育(包括本科生、研究生教育)培养高水平的社会工作专业人才,他们将是而且正在成为社会工作队伍中最具创新能力且能承担复杂任务的人员;第二,对有较高专业素质、有潜力的非专业社会工作人员进行培训,促使他们向专业社会工作人员转变;第三,对广大在职社会工作人员进行培训,增强他们的工作能力,以适应新的工作需要;第四,通过社会工作实践和研究,总结和提炼我国社会工作的本土经验,促进专业社会工作的本土化和本土社会工作的专业化,建构中国社会工作学科体系,为社会工作教育和培训提供更加坚实的知识和实践基础。

第十二章 社会工作教育与专业发展

 参考文献及进一步阅读文献

戴维·罗伊斯等:《社会工作实习指导(第六版)》,何欣译,中国人民大学出版社 2012 年版。

马凤芝:《中国社会工作实习教学的模式与选择》,《高等教育论坛》1996 年第 1 期。

莫邦豪、周健林编著:《社会工作研究的经验》,香港社会工作人员协会,2000 年。

王思斌:《社会工作教育的国际通则与我们的选择》,《九十年代的中国社会工作的理论研讨会文集》(《社会工作研究》增刊),1993 年。

王思斌、阮曾媛琪、史柏年主编:《中国社会工作教育的发展》,北京大学出版社 2014 年版。

曾华源:《社会工作专业教育研究》,台湾五南图书出版公司 1993 年版。

张洪英主编:《社会工作督导理论与方法》,中国社会出版社 2019 年版。

 思考题

1. 试述社会工作教育对于发展社会工作的意义。
2. 试述当代社会工作教育的特点。
3. 试述社会工作实习的意义。
4. 试述社会工作教育本土化的内容。

第十三章

中国社会工作的发展

中国社会工作要走专业化、本土化、职业化之路,这与我国社会转型、经济体制改革的基本国情有关,特别是与我国的社会体制、文化传统有关。研究我国社会工作专业化、本土化之路,对于理性地理解和推进社会工作的发展、增进人民福祉和促进社会进步是重要的。

第一节 我国的本土社会工作实践

一、本土社会工作实践的含义

(一)本土社会工作的概念

社会工作首先是在西方发达国家产生的,西方专业社会工作的形成也经历了一个过程。19世纪末社会工作专业教育的发展,20世纪初英美国家社会工作者的名称及群体的出现,都是专业社会工作形成的标志。这也说明,西方发达国家的社会工作也经历了从非专业向专业发展的过程。或者说,社会工作有前专业化时期和专业化时期。

当在西方发达国家形成的社会工作传入不发达国家和地区时,就有一个与本土社会服务实践的关系问题。正像西方发达国家曾存在前专业化的社会

第十三章 中国社会工作的发展

工作一样，这些不发达国家和地区也可能存在非专业的社会服务。如果前专业化时期的社会服务可称为非专业社会工作的话，我们就可以使用本土社会工作的概念。

本土社会工作是指，与外来的专业社会工作相对应的、本地存在的具有一定社会工作性质的社会服务。理解这一概念需要注意以下几个方面：第一，它是在外来的专业社会工作传入的背景下使用的一个概念。第二，它指的是有一定社会工作性质的社会服务。所谓"有一定社会工作性质"是指，社会服务的主要方面具有专业社会工作的某些特征，比如为民众服务的价值观、讲究一定的方法、有一定的服务标准和服务体系等。第三，它是在外来社会工作传入之前就在本地存在的。总的来说，这是参照专业社会工作的内容而形成的、指认本地社会服务的概念。

（二）本土社会工作实践的内涵

与本土社会工作相连的是本土社会工作实践的概念。本土社会工作实践也是与专业社会工作相对的。专业社会工作具有比较系统的理论和工作方法、受过专业训练的工作人员、严格的专业规范、职业化的服务体系等，本土社会服务实践在这些方面要差一些。既然这些国家和地区缺乏专业社会工作，但又有具体的、有一定社会工作性质的社会服务，那么可以说这种社会服务是本土社会工作实践。本土社会工作实践是指实践中的本土社会工作，即实际在做的社会工作。它强调社会工作的实践形态，即不是从专业角度去考察，不是用纯专业标准去衡量，而是着眼于实际在做的事情。有的学者认为，以民政工作为代表的中国社会工作有社会工作之实，而无社会工作之名。这实际上也是指社会工作的实践形态。本土社会工作与本土社会工作实践的关系是名与实的关系。当然，没有实践中的有一定社会工作性质的社会服务，就没有本土社会工作的概念，而要说明什么是本土社会工作就要从它的实践说起。

在使用这两个概念时可能存在一些争论，即本土的社会服务可否称为社会工作。对上述概念持怀疑观点者基本上认为社会工作是一个专用名称，即指的是在西方发达国家形成的那种专业社会服务。于是，所有不具备西方发达国家专业服务特征的服务都不应该叫社会工作。也就是说，非西方发达国家的,甚至有意无意借鉴了发达国家的做法但不具有专业形态的社会服务,都不能叫社会工作。很明显,这是从西方国家形成的专业社会工作的角度来定义社会工作的,认为社会工作就是指完全专业的社会服务。

我国在发展社会工作的过程中形成了本土社会工作的概念,它是基于国情和中国社会服务的实态,从发展的角度提出的概念。它强调了本土实践与西方社会工作一定程度的相似性,是为了满足表述本土实践的要求而使用的概念。

二、本土社会工作的内容与特点

(一) 本土社会工作的内容

中国的本土社会工作是就一定时期的社会服务实践而言的。20世纪初,现代社会工作从美国传入我国,其承载者是美国在中国传教和办教育的人,以及留美学成回国的知识界、实务界人士,他们以各种方式开展社会服务。然而,由于社会动荡、文化差异等因素,20世纪上半叶来自美国的专业社会工作并没有得到多大发展。新中国成立之后,根据内外形势,我国逐渐建立了计划经济体制,并形成了与之相适应的、独特的社会服务制度,至今还在一定范围内发挥作用。这种社会服务包含社会工作的成分,具有一定的社会工作性质,这就是我们所说的本土社会工作。本土社会工作在实践上主要包括两个方面:具体的社会服务和发展社会福利事业。

1. 具体的社会服务

具体的社会服务指的是,由政府部门向某些社会群体,企事业单位、群团组织向其成员提供的社会服务。比如,民政、劳动、卫生等政府部门,根据国家政策,依靠自己的行政体系帮助本部门管辖范围内的困难群众。民政部门不但推动"五保"政策的制定,而且依靠各级民政系统在全国范围内为"五保"对象提供物质服务和精神抚慰。劳动部门依据相关政策安排城市待业青年、下岗失业人员就业,通过企业的相关部门推广劳动保险,组织发展职工福利。卫生部门开展公共卫生宣传、群防群治工作。这些都包含了一定的社会工作内容。在实行单位制时期,企事业单位依据国家政策帮助本单位困难职工的活

第十三章　中国社会工作的发展

动,针对全体职工的福利服务,也是直接使其成员受益的。

至于工会、青年团、妇联、残联等群团组织,也开展了面向本组织所覆盖人群中有困难成员的服务活动。如工会组织帮扶困难职工,保护女工权益;青年团注重引导犯错青少年,组织活动促进青少年的发展;妇联倡导和推动妇女解放,促进男女平等,开展活动激励女性成长;残联提倡对残疾人权益的立法保护,促进残疾人就业和参与社会。这些都是直接服务于困难人群、有需要人群的活动。

2. 发展社会福利事业

20世纪上半叶,"社会事业"一度是"Social Work"的翻译用语,有的也称为"社会福利事业"。新中国成立以后,社会福利事业获得了进一步发展。发展社会福利事业指的是,通过建立社会服务机构和设施向困难群体提供服务的活动。社会服务机构基本上分为两类:面向公众或某一群体的机构和面向某一特殊群体的福利服务机构。前者如工人俱乐部、青少年活动中心、职工休养所,后者如儿童福利院、敬老院等。政府或企事业单位通过这些机构为相关人士提供福利服务,解决他们基本生活方面的困难,有的则是提供休息性、发展性的服务。发展社会福利事业特别是社会福利设施,主要是针对困难群体的,也是直接为困难群体服务的。建立社会主义计划经济体制以后,社会福利事业基本上被纳入国家发展计划,它们是公办的,有相对稳定的服务和管理队伍,也有一定的规范和标准。

以上我们从两个层面介绍了我国本土社会工作实践的内容,是想说明中国的社会工作实践不单单是具体的社会工作实务,也包括社会服务体系、社会福利制度。之所以这样概括,是因为我国的社会工作是在具体的制度环境中展开的,离开具体的制度、现实的服务机构和设施,离开在某种程度上发挥社会服务职能的政府部门和组织,就难以理解具体的社会服务。中国社会工作实践既是具体服务的实践,也是社会工作事业发展的实践。这种视角有利于从总体上,即从微观与宏观的结合上,理解我国社会工作实践的发展。

(二) 本土社会工作的特点

在计划经济体制下形成的本土社会工作有如下一些基本特点:

(1) 服务性和管理性。无论是直接的社会服务还是借助设施提供的服务,都是面向困难群体或某类人群的具体服务,服务是这些活动的基本特质。在计划经济时期和社会主义意识形态下,社会的主流价值观是"为人民服务",在社会服务领域这一价值观也得到贯彻。无论在名义上还是实际上,提供服务是最基本的。当然,受泛政治化的影响,社会工作没有专业化,所以社会服务还夹杂着管理的成分。但是无论如何,通过这些活动,服务对象获得了实际的利益。

(2) 政府举办。在计划经济条件下,几乎所有社会资源都掌握在政府手里,所以只有政府才有能力举办社会福利。不管是政府人员直接提供的,还是通过企事业单位提供的,这些服务都是政府主导的。在一定意义上,它是政府工作的一部分,即这种服务是行政性的。

(3) 组织性。这种服务不是零散的,而是高度组织化的。政府设有专门部门管理和推动社会服务,企事业单位和各类社会组织也有专设部门承担提供社会服务的任务。这些组织都配有专人全职或兼职负责社会服务工作。

(4) 制度化。社会服务的类型、内容、标准,以至于社会服务的推展过程和方法,都是有计划的、统一设计的,政府有各种政策规定去推动、实施社会服务。在这种条件下,社会服务也是按政策办事,是执行和落实政策。

(5) 非专业性。虽然这些社会服务工作也有一些方法,但它们主要是在实践中摸索出来的,社会服务的专业水平较低。工作人员基本上是一般行政人员,没有受过社会工作专业教育和培训。社会服务的评估也缺乏科学基础。工作人员靠责任心开展工作,不太注重工作过程,比较看重一般效果。

总的来说,这种社会工作基本上是行政性的社会工作,是由政府设计、靠政府和行政体系推动、兼有服务和管理职能、自上而下的社会工作,是非专业的社会工作。

三、本土社会工作的功能

(一) 本土社会工作的基本功能

行政性的本土社会工作在具体的社会经济条件下发挥了重要的功能。

第十三章 中国社会工作的发展

第一,为最困难群体提供救助和基本生活保障。贫困一直是中国政府致力于解决的重要问题,除了发展经济之外,对极度贫困者给予救助是政府的责任。长期以来,中国政府通过制定社会政策、借助行政体系、运用行政手段,给予那些最困难的人群照顾。这项工作的制度化、组织化、标准化,使那些丧失劳动能力的老弱病残及孤儿获得了基本保障。

第二,解决了一些较严重的社会问题。中国在经济建设和社会发展中遇到了不少社会问题,这些问题既伤害了人们的生活,也对社会秩序造成不良影响。政府运用政治动员和社会服务相结合的方法予以解决,许多与社会落后和不发达相联系的社会问题得到妥善处理。如20世纪50年代初,消灭和改造娼妓、移风易俗等是在政府的动员和组织下进行的,灾害救助、待业失业问题也是在政府主导下解决的。

第三,提高了职工福利。在计划经济时期,国有企事业单位职工的福利是由政府政策统一规定的,企事业单位通过内设部门贯彻落实政府政策,救助困难职工,并为广大职工提供福利。

第四,维持了社会稳定。配合强有力的自上而下的政府管理体制,通过对困难群体施以帮助、提高职工福利,强化了社会认同,维持了社会稳定。

(二) 行政性社会工作的局限

行政性社会工作是计划经济的产物,这种社会工作有一些明显的弱点,主要是:

第一,过于依赖行政系统,民众主动参与不足。在以解决社会问题为目的的社会工作中,政府(包括企事业单位和群众组织)习惯于自上而下的行政动员,民众参与的积极性没有得到充分调动。

第二,重政策规定,轻个别化原则。由于强调统一的社会政策,依靠执行政策解决民生方面的问题,因此社会服务基本上是执行政策,而对那些超出政策规定的困难常不能顾及。另外,工作人员偏重统一按政策办事,而对不同政策对象问题的特殊性考虑不足。于是,出现了重视一般问题、面上的问题,忽视特殊问题和个别化需要的现象。这与行政性社会工作模式有关,也与工作人员缺乏专业工作的理念和方法有关。

第三,重行政管理。计划经济时期,整个社会是一个自上而下的行政管理体系,社会服务系统是它的组成部分,这种社会服务不可避免地带有行政管理的性质。

第四,政治色彩浓重。在计划经济时期的一段时间内,政治被不适宜地强调,所有问题都与政治发生了联系,社会服务也被赋予浓重的政治内涵。不但社会服务被视为政治关怀,而且在工作过程中也常常使用思想政治教育的方法。于是,社会服务带有较强的政治色彩,公民的社会权利被淡化。

第二节 社会转型与社会工作的发展

一、我国社会转型的机遇与挑战

(一)我国社会转型的含义与特点

1. 社会转型的含义

社会转型是社会学描述社会变迁的一个概念,是从社会结构类型的角度考察社会发生的巨大变化的概念。社会学视角下的社会转型主要不是经济政治意义上的,而是要从综合的角度看待社会结构的变化。学者们一般认为,这种转型包括从农业社会向工业社会的转变,从传统社会向现代社会的转变,以及从社会主义计划经济体制向社会主义市场经济体制的转变。

从农业社会向工业社会的转变指的是社会的主要生产方式、生活方式的变化。改革开放四十多年来,我国从农业社会向工业社会的转变是规模宏大和剧烈的。从传统社会向现代社会的转变是就社会综合结构而言的,指的是在社会结构、价值观念、社会关系、人们的社会行为方式等方面的重大变化。从封闭走向开放,从同质性变为异质性,我国城乡居民的社会生活变动不居,既有机遇,也有挑战。上述转变伴随着体制的转变,或者它们互相促进。中国有三十年的计划经济史,计划经济体制渗入社会生活的每一个领域,社会要转变为以市场经济体制为主导,其变化是空前的。

2. 我国社会转型的特点

(1)改革开放是根本动力。我国的社会转型是从改革开放开始的。对内

第十三章 中国社会工作的发展

改革缺乏活力的计划经济体制,对外实行开放,促进了我国经济的快速发展,社会结构也随之发生了重大变化。改革开放不但是经济上的,也涉及政治、文化等方面,并促动了整个社会的变迁。

(2)市场化。从计划经济体制逐渐转为市场经济体制是这场改革的本质,市场化成为社会转型的基本动力,它也推动了社会资源分配、社会运行机制、社会关系结构的重大变化。所以,中国的社会转型也称为市场化转型。市场化激发了社会的活力,但也带来了社会不平等。

(3)工业化、城市化快速发展。我国的改革以农村改革为先导,但最实质性的是工业化的快速发展。工业化进程不但带来了产业结构的变化,也刺激了就业结构和社会组织方式的转变。同时,工业化也促进了城市化,改变了大量城乡居民的居住和生活方式。

(4)发展不平衡。改革开放以来,我国的经济社会发展呈现出明显的不平衡性。一方面是经济发展不平衡,不同地区经济发展水平的差距不断拉大,不同群体的收入差异明显。另一方面,经济发展与社会发展不协调,社会发展严重滞后。

(5)后发展性。中国是现代化的后来者,其发展有追赶的性质,发展过程和社会转型呈现出"后发展"的特点。中国要在较短时间内实现现代化,必然经历快速转型,就可能遇到和需要集中解决更多的社会问题。

(二)社会转型中的社会问题及其解决方式的转变

1. 社会转型中的社会问题

我国的社会问题带有社会转型的特点,主要体现在如下一些方面:

(1)两极分化与贫困问题。贫困一直是我国致力于解决的重要问题,虽然改革开放以来在摆脱贫困方面取得了优秀的成绩,但我国的贫困问题仍比较明显。与之相联系的是两极分化,贫富差距拉大,社会张力增加。

(2)劳动就业问题。中国是人口最多、劳动力资源最丰富的国家,人口红利为经济发展提供了条件,但也一直面临着就业压力。在对外开放遇到困难的情况下,就业问题就更加明显。另外,劳动领域的问题也日渐突出,如进城务工人员的工资、劳动条件、社会保障等。

(3) 城市化方面的问题。城市化是我国现代化发展的方向,但在经济发展不平衡的情况下,城市化过程也存在诸多问题。一方面是农村城市化问题,另一方面是城市发展和重建问题,其中存在一些矛盾和冲突,并成为影响居民生活和社会稳定的重要因素。

(4) 社会公正方面的问题。改革开放以来,人们越来越关注公平分配和社会权利问题。这不但包括物质利益的分配,也包括公民权的保护和社会参与。这是一些与社会财富、社会福利和政治权利相关的、更深层次的民生问题。这些问题如果处理不好会威胁我国的发展与社会稳定。

2. 社会问题解决方式的转变

中国遇到的社会问题涉及发展和稳定两个方面,具体到社会层面则主要是不同群体之间的利益冲突和矛盾。从社会工作的角度看,社会问题主要是困难群体的生活和基本权利没有得到有效保障,由此导致社会疏离乃至社会冲突。问题的产生既涉及发展失衡,也牵扯到政策失当。

传统的解决方法是政府动用行政力量,通过自上而下的权力运作和思想政治工作来处理问题。但是在改革开放不断深化的背景下,传统的解决方式已不完全适用,必须采用新的、适应社会进步的方式和方法去应对问题。从社会工作的角度来看,政府解决社会问题的方法要从依靠权力的行政管理向服务性管理转变,同时要大力发展社会福利,解决困难群体的基本生活问题,要关注基本民生和民心。实际上,执政党和政府的构建和谐社会及关注民生的政策已表明要推动这种转变,其中包括运用社会工作方法来解决问题。

二、社会工作在解决社会问题中的作用

(一) 改善民生

从传统上来说,社会工作的主要职能是帮助困难群体和脆弱群体,解决他们的基本生活方面的问题。当前,我国的社会工作仍然承担着这一重要功能。基本民生主要包括就业、社会保障、教育、卫生医疗、住房、特殊群体服务等内容。社会工作在解决民众生活困难方面,可以把针对困难群体的物质服务工作做得更好,也可以把公共服务工作做得更有成效。我国的社会保障(福利)

制度改革和体系建设还在进行之中,政策实施方面还存在一些缺陷,社会工作可以更加科学、更加人性化地实施相关政策,为服务对象提供良好服务,改善困难群体的生活,提高他们乃至广大民众的生活质量。

(二)缓解压力减少冲突

在社会快速转型的过程中,复杂的社会变迁、日益激烈的竞争会给人们带来巨大的心理压力。持续的强大压力可能会造成心理疾病,并可能影响当事人的正常工作与生活,还可能引发工作单位或家庭内部的人际冲突。社会工作者通过与当事人"一起工作",可以缓解他们的心理紧张、疏通他们的心理障碍,帮助人们正确、积极地对待工作和生活。在计划经济时期,与单位体制相结合的思想政治工作、群众工作在解决人们的思想问题方面发挥了明显作用。时过境迁,今天这些方法的效力已大大衰减。面对日益复杂和尖锐的问题,社会工作可以发挥作用,在一定范围内和一定程度上解决上述问题,缓解人们的心理压力,减少社会冲突。

(三)妥善处理问题防止矛盾激化

改革开放以来,特别是社会加速转型以来,新的社会问题不断出现,但我国社会管理体制却改革缓慢,原来的一些社会管理方法已明显不适用。这尤其表现在某些强力部门主管领域,一些强制性的制度规定无法回应民众权利意识增长的时代要求,一些管理者仍持"官本位"思想,这大大落后于民众的期望。相当数量的行政人员不懂得该如何应对新问题,缺乏有效处理问题的方法,仍沿用已经过时的老办法去压制、强力解决问题,结果造成不良影响。运用社会工作理论和方法可以协助解决一些问题。社会工作为民服务的理念,设身处地、与人为善的工作取向和细致入微的工作方法,有助于社会管理工作的改善。那些与人民基本生活密切相关的政府部门,包括强制性执法部门的工作人员,学习社会工作理论和方法,可以更加妥善地处理问题,更好地发挥社会管理职能。

(四)维护社会秩序

社会工作可以通过向困难群体提供有效服务,解决他们基本生活方面的困难,由促进人的发展来增强其对社会生活的适应能力。同时,通过倡导、改善社会政策和既有制度,来实现人与社会环境的相互适应。通过上述多样化的服务,社会工作可以协助解决多种社会问题,真正保持社会稳定,维护社会秩序,促进社会和谐。

三、我国社会工作发展的迫切问题

我国社会工作的发展需要解决一些迫切问题,涉及社会工作的专业化、本土化和职业化。

(一) 我国社会工作的专业化

社会工作成为一个专业的过程被称为社会工作专业化。中国社会工作专业化是针对行政性社会工作占主导地位而言的。行政性社会工作在社会转型过程中效力衰减,我国社会工作的发展必须从本土社会工作的改革和发展着手。中国社会工作的专业化可以采取如下措施:

第一,在职人员的专业培训。为了尽快形成能解决现实问题的工作队伍,需要对这些在职人员进行大力度的专业培训,促进中国社会工作走向专业化。至今还没有一种力量可以马上代替这些工作人员,因此,通过专业培训促进他们发展和转化,逐步实现专业化是必要的。

第二,专业人员对现有人员的替代。这里的专业人员指的是受过社会工作专业教育的人,具体来说是社会工作专业的毕业生。社会工作专业毕业生受过系统的社会工作专业教育和训练,认同社会工作价值观,掌握社会工作专业方法,愿意从事社会服务职业。如果这些毕业生能越来越多地进入社会工作岗位,就能逐步实现社会工作专业化。当前,我国已经有一部分社会工作专业毕业生进入相应工作岗位,在促进社会工作专业化方面发挥了一定作用。但是,由于人员数量不足、他们的职位又偏低,这种专业化之路还较长。

第三,专岗设置。专岗设置是指在相关社会福利机构和行政部门中根据需要设计一些社会工作岗位,来承担某些原有的和新出现的社会服务工作,并对这些从业者进行社会工作专业培训,从而在局部实现社会工作专业化。例如,对某些事业单位进行改革和重组,使其承担社会工作的功能,并通过新的

第十三章 中国社会工作的发展

岗位培训培养出一批新的、熟悉社会工作的专业人员。在社会福利机构中,通过设立新的、综合性的社会工作岗位,聘用专业人员,也可以逐步推进社会工作的专业化。

(二) 我国社会工作的本土化

1. 社会工作本土化的含义

本土化是指外来的东西进入新的社会文化区域("本土"),适应后者的要求而生存和发挥作用的过程。它是站在本土立场上来提出问题和分析问题的。本书所说的社会工作本土化是指,产生于西方的社会工作(专业社会工作)进入中国,适应中国社会的需要并发挥功能的过程。外来的专业社会工作必须适应中国的一整套经济政治和社会文化制度,才能站住脚,进而发挥作用。在这里,需注意的是中外社会制度的异质性和文化的差异性。

中国社会工作要走专业化之路,而专业社会工作又必须本土化,这是一个问题的两个方面。非专业的社会工作已经难以适应中国现代化发展的需要,但是不顾中国实际而机械地引进产生于西方的社会工作也不利于中国问题的解决,所以专业社会工作要本土化。

2. 社会工作本土化的方法

专业社会工作的本土化要考虑两个方面:其一,中国的社会问题、社会结构和社会福利制度;其二,中国已有的解决问题的方式。前者指的是社会工作发挥作用的背景,社会工作要解决问题,就要与这些问题相匹配,与制度环境相适应和互动。后者指的是如何对待已有的、曾经发挥作用而现在仍在运作的本土社会工作。应该看到,本土社会工作在解决现实问题方面仍处于主导地位,它在政治上具有合法性,群众也比较熟悉,尽管它已不完全有效。

基于上述情况,社会工作本土化要在如下几个方面做出努力:第一,研究西方社会工作与中国国情的不相容之处,删去不适宜部分,再应用于中国实践,使之接受实践检验;第二,对从事实际社会工作的人员进行专业培训,刺激国际社会工作经验与本土社会工作的比较、碰撞和选择;第三,分析两种社会工作之异同,找出它们的相似之处,强化它们之间的亲和性;第四,在此基础上从事社会工作实践,扩大二者的相容性,以实现优势互补。这样就可能形成适合中国需要的专业社会工作,即本土化了的专业社会工作。

(三) 我国社会工作的职业化

1. 社会工作职业化的含义

职业化是指某种社会活动被社会认定为一种合法职业,并得到发展的过程。在现代社会中,随着社会分工不断发展,当某些专门的社会劳动逐渐形成独特技术、专门的服务对象和共同的标准,并被社会认可时,就开始了职业化的过程。社会工作职业化是社会工作成为一种合法职业的过程。

研究这一问题是与我国社会工作的非职业化现状相联系的。虽然我国有本土社会工作,但它并未成为一个职业。从事本土社会工作的人多是各种类型的公务员,分布在民政部门、劳动部门、工青妇组织等,他们是在某一岗位上兼做社会服务工作的,缺乏社会工作专业价值观和专业方法,因此常常认为自己做的是一般工作,可以被随意调换。改革开放以来,随着社会工作知识的传播,某些从事一般社会服务工作的人也称自己是社会工作者,但他们并不认为自己从事的是一种职业,国家也没有把这些岗位上的工作当作一种职业。即使一些社会工作专业毕业生到某些单位、机构从事有专业水平的服务工作,也不被认为是社会工作。这样,社会工作就处于不被承认的状态,这显然不利于我国社会工作的发展,不利于它积极发挥作用,也不利于社会工作水平的提高,当然也就不利于解决社会问题。正因如此,必须推进社会工作的职业化。

2. 社会工作职业化的发展路径

社会工作成为一种职业,成为有专业特长、有专门技术的职业,才能吸引有专业能力的人进入,留住人才,从整体上提高社会工作服务的水平。社会工作的职业化不是来自社会工作群体的自我认知,而是来自社会承认,即认可它在社会服务方面的不可替代的贡献。为此,社会工作要证明自己的独特能力和作用,在此过程中占据某类工作岗位,并通过制定专业规范形成一种职业。

第一,在当前情况下,我国社会工作的职业化要从专业化入手。我国的本土社会工作之所以不被认为是职业,一个重要原因就是这种服务活动缺乏独特的知识和专业技术。社会工作要想成为一种职业,首先要保证实际从业者具有专业价值观、知识和方法,这样社会工作才能区别于一般助人活动。第二,从事这种工作的人要形成自己的职业规范,约束自己的服务行为,同时凸显运用专业方法解决特殊问题的能力,这可以提高社会工作的职业认知。第三,相关部门要创造条件,给予社会工作显示自己能力的舞台。具体来说,民政等各用人部门要积极提供相关岗位,接收社会工作专业人才,促进他们发挥专业才能。这种孵化机制有利于社会工作职业化,也有利于社会工作的成长。

第三节 社会建设进程中的社会工作发展

一、社会建设的任务与社会工作的责任

(一)社会建设的意义与任务

1. 社会建设的意义

社会建设是中国共产党和政府在全面深化改革开放和推进社会主义现代化建设中提出的施政战略和社会发展目标。从宏观上说,社会建设是实现经济社会协调发展的重要组成部分。历史的经验和教训表明,不以人为中心、不以人类的幸福为目的的任何发展都是不能长久的。社会主义国家的现代化更要关注社会公平问题,注重公民共享社会发展和进步的成果。在这种背景下,中国共产党和政府提出加强社会建设的任务就是必然的,也是迫切的。社会建设既是解决复杂的社会问题的需要,也是建设社会主义现代化国家的需要。

2. 社会建设的任务

从根本上说,社会建设就是要在发展经济的基础上推动社会进步,在新的经济社会结构基础上促进经济社会协调发展。改革开放以来,经济社会发展的不协调最突出的表现为,社会公平受到侵蚀,民众的劳动就业、医疗、教育、住房等基本权益保障不足,困难群体渐成规模。此外,他们的参与权也有所欠缺。要解决这些问题,就要给予困难群体补偿性服务,就要制定和实施相应的

社会政策去帮助在推行市场经济过程中受到损害的群体,解决人们最关心、最直接、最现实的利益问题。

2006 年,党的十六届六中全会通过了《中共中央关于构建社会主义和谐社会若干重大问题的决定》,明确提出到 2020 年构建社会主义和谐社会的目标和任务,其中包括一系列与基本民生直接相关的任务,在改善民生方面取得了重要进展。2013 年,党的十八届三中全会通过了《中共中央关于全面深化改革若干重大问题的决定》,提出要"完善和发展中国特色社会主义制度,推进国家治理体系和治理能力现代化",要更好地保障和改善民生、促进社会公平正义深化社会体制改革,推进社会领域制度创新,推进基本公共服务均等化,加快形成科学有效的社会治理体制,确保社会既充满活力又和谐有序。2017 年,党的十九大报告作出了"中国特色社会主义进入新时代,我国社会主要矛盾已经转化为人民日益增长的美好生活需要和不平衡不充分的发展之间的矛盾"的重大判断,提出要不断满足人民日益增长的美好生活需要,促进社会公平正义,形成有效的社会治理、良好的社会秩序,使人民获得感、幸福感、安全感更加充实、更有保障、更可持续。这些都对加强社会建设提出了新的要求,也凸显了改善民生、加强和完善社会治理这两个社会建设的基本点。毫无疑问,加强社会建设伴随着我国的社会主义现代化建设事业,是一项艰巨、长期的任务。

(二) 社会工作在社会建设中的作用

在社会建设中,社会工作可以在强化公共服务、社会服务和加强社会治理等方面发挥作用。

1. 社会工作在强化公共服务和社会服务中的作用

发展社会工作可以更好地实施公共服务和社会服务。公共服务是由政府和社会组织提供的面向所有公民的公益性服务。社会工作进入公共服务领域,能够以其为民众服务的价值观和专业工作方法更好地落实有效的服务。以往的一些社会服务缺乏专业社会工作的介入,服务观念不到位、服务方法不科学、服务效果不理想。社会工作进入公共服务和社会服务领域,倡导和形成与现代社会和社会进步相适应的服务理念,普及社会工作专业方法,能更好地提供服务,使困难群体乃至广大民众更好地享受改革发展和社会进步的成果。

在强化社会服务方面,社会工作在应对重大公共危机事件中的作用不能被忽视。重大公共危机事件的发生可能会对人们的生命安全造成威胁,给人们的正常生活带来困难,也会在更大范围内造成不利的社会心理影响。在这些方面,社会工作都是可以参与和发挥作用的。2020年2月,习近平总书记《在统筹推进新冠肺炎疫情防控和经济社会发展工作部署会议上的讲话》指出,要"发挥社会工作的专业优势……开展心理疏导、情绪支持、保障支持等服务"。确实,无论是在地震救灾还是在应对其他公共危机事件中,社会工作都能做深做细社会服务,在服务民众和稳定社会秩序方面发挥独特的作用。

2. 社会工作在加强和创新社会治理中的作用

改革开放以来,特别是加快向市场经济体制转变以来,执政党和政府遇到的最大问题是社会稳定或社会管理问题。在工作单位的社会管理职能大大弱化的情况下,面对突出的社会矛盾、社会利益冲突,地方政府更多地诉诸强制性的行政力量。然而,过分使用强制力往往会激化矛盾冲突,执政理念、执政基础、执政方式因此成为执政党十分关心的问题。建立服务型政府,通过服务实现管理、在管理中体现服务,加强和改善社会治理已经成为新的共识。在这种背景下,政府部门如果培养和使用社会工作人才,引入社会工作理念和方法,能更好地实施行政管理和社会治理。特别是在直接为民服务的部门,在直接解决群众矛盾和纠纷的部门,社会工作的引入将会产生良好的效果。

社会治理是多种力量共同参与管理的过程。党的十九大报告提出要完善"党委领导、政府负责、社会协同、公众参与、法治保障的社会治理体制",说明社会各方共同参与对加强社会治理十分重要。社会治理是多方在参与和协商之基础上的社会管理,治理方式是多样化的。特别是在基层社会和社区层面,在涉及基本民生、民间纠纷和矛盾的问题上,做好服务和参与式治理应该成为解决民生问题、维护社会秩序的基本措施。在这方面,社会工作的介入具有明显优势。近几年来,中央政府特别注重基层社会治理,社区建设和社区治理成为重要的改善民生和维持社会稳定的政治任务。在这方面,民政部门推动社区、社会组织和社会工作的"三社联动",社会工作学者将服务和治理联系起来,提出"服务型治理"的思路并付诸实践,都对基层社会治理和社会建设发挥了积极的、实在的作用。

二、社会工作的制度化建设

我国社会工作要稳定发展,就要加强制度化建设,而不能变为某些官员和权威人士的个人行为。我国社会工作的进一步发展需要加强制度建设,除了上面所阐述的发展专业教育和加强人才队伍建设,还有以下几个方面需要予以特别关注。

(一) 加强社会工作的主要制度建设

党的十六届六中全会以来,我国的社会工作人才队伍建设成绩显著,但是存在的问题也十分明显:社会工作的职业化远未完成,社会工作专业人才就业于专业服务领域的较少,专业社会工作者持续流失,年轻的社会工作者能力不足。这些都与促进社会工作发展的基本制度执行不力有关。党的十六届六中全会提出的保障社会工作人才队伍建设的制度有四个方面:培养、评价、使用和激励。如果说在培养、评价方面进展不错的话,那么在使用和激励方面就存在很多问题,这是由地方政府偏重市场化机制决定的。待遇低下、留不住人才,缺乏专业人才施展才能、发挥作用的空间,社会工作发展就缺乏坚实的基础。2016年,民政部等12部委联合发布《关于加强社会工作专业岗位开发与人才激励保障的意见》,要求从创新社会治理、保障改善民生的战略高度,以社会需求为导向,扩大专业社会工作覆盖领域和服务范围,逐步加大社会工作专业岗位开发和规范力度,建立健全社会工作专业人才激励保障制度,切实保障社会工作专业人才薪酬待遇水平,拓宽职业发展空间。这项政策的出台和实施对促进社会工作人才队伍建设、推动社会工作发展发挥了积极作用。当然,由于各地发展不平衡,这方面的制度建设还需要加大力度,真正落实。

社会工作的制度建设还涉及社会工作的自律,这是一些与社会工作者的专业操守、服务质量和社会责任相关的问题。我国社会工作的职业化程度低,社会服务领域充满市场化竞争,缺乏一致有效的社会工作评价机制,所以,在某些地区的部分社会工作领域存在着紊乱现象。面对这种情况,社会工作群体必须加强自律,也必须加强社会监督,以维持社会工作的良好社会形象,真正履行自己的神圣职责,促进社会工作在正确的道路上不断发展。

(二) 政府购买社会服务制度建设

由于社会体制和社会福利制度方面的原因,我国社会工作的发展出现了两个比较特殊的现象:高校教师领办社会工作服务机构和政府几乎独家购买社会工作服务。关于第一个问题,社会工作专业服务是有组织的服务,其承担者主要是各种社会服务机构,这是由一些社会工作专业人士组成和运行的机构。我国的社会工作发展较慢,缺乏足够的资深社会工作者,于是,出现了高校教师领办社会工作服务机构的现象,这是世界范围内的独特现象。高校教师领办社会工作服务机构有很多好处:保障了社会工作的服务质量,给社会工作专业学生的实习创造了机会,教师获得实践经验进而促进了社会工作教育的发展,在一定区域内推动了专业社会工作的进步。一个明显的事实是,各地社会工作服务机构的佼佼者多数是这种机构,足见教师办机构的积极作用。但是,高校教师领办机构也有一个领办机构教师身份不清的问题,这种问题需要通过完善相关制度来解决。

关于第二个问题,社会工作是社会工作专业人士为政府和社会承担责任、发挥自己的专业优势服务困难人群、促进社会和谐的过程,社会工作得到政府和社会的经费支持是正当合理的,世界各国基本如此。我国社会工作的发展处于初期阶段,社会慈善和基金会发展滞后,所以,现在我国民办社会服务机构承担的服务绝大多数是由政府购买的,即政府是唯一的出资者。政府购买社会工作机构提供的社会服务有多种积极功能:它可以更好地满足广大居民,特别是困难群体的基本民生需求;能够更精准地回应社会服务和社会治理方面的问题;通过委托社会工作机构提供社会服务,可以促进第三产业的发展;有利于政府行政体制改革和社会福利事业发展;有利于促进社会参与和社会治理体制创新;在社会工作发展初期有利于社会工作的成长。但是,社会机构的服务完全由政府经费予以支持,也有一些弊端。主要包括:一些地方政府购买社会工作服务不稳定,且资金量少,难以支持社会工作健康发展;一些地方政府项目发包把关不严,资金流向非社会工作机构,且服务效果不佳;政府购买服务有很强的行政性,一些地方管理主义严重,影响了提供高质量社会服务;政府购买服务导致民办社会工作机构对政府的过分依赖,不利于社会服务机构和专业服务的发展。面对这些问题,一些社会工作发展较好的地方开始将政府购买社会服务的经费纳入政府的财政预算,初步实现制度化。但是这一领域的制度建设还有许多工作要做。

三、中国社会工作的发展前景

(一) 中国社会福利制度的发展

我国是一个发展中国家,又是一个社会主义国家。中国社会的现代化和快速转型要求发展社会工作,这是由我国社会发展所遇到的问题、未来所要实现的目标决定的。我国要建成社会主义现代化国家,要满足人民日益增长的美好生活需要,就要大力发展社会工作。

发展社会工作就必须建立和完善社会福利制度,因为从本质上讲,社会工作是传递社会福利的。社会福利制度是向困难群体乃至全体国民提供福利服务的制度,它反映了现代国家的责任。从传统社会向现代社会转型,政府要更多地负起向困难群体提供帮助的责任,要保障他们的基本生活,而不管他们陷入困境是出于什么原因。在国家有了强大实力后,还应该向广大民众提供更高标准的福利,这是民众所期望的。在建设社会主义现代化国家的过程中,我国需要建立覆盖城乡居民的社会保障体系,建立适度普惠型的社会福利制度,以解决民生问题,增进人民福祉。

社会福利的传递需要专门的组织和机构,除了政府部门外,社会工作机构是一个必要的配套设施。没有社会福利的制度化安排,社会工作就难以持续稳定发展。反过来,没有社会工作的发展,日益复杂的社会福利需求也不可能得到较好的满足。我国社会福利和社会工作的同步发展是必要的和可能的。

(二) 我国社会工作发展的重点领域

根据我国的现实要求和国际经验,我国社会工作的发展将会有以下重点领域。

1. 以社区为中心

我国的社会工作要特别注重社区领域,以社区工作为中心。我国现实的社区工作包括社区服务、社区建设、城乡社区发展和社区治理等。以社区为中心发展社会工作的思路建立于以下分析之上:第一,我国的社会工作任务众多,社区工作能使更多人受惠;第二,市场化和城市重建带来许多社区问题,政

第十三章 中国社会工作的发展

府和城乡居民都注重社区问题的解决;第三,我国基层社区组织较为健全,开展社区社会工作有组织依托;第四,农村发展、乡村振兴是艰巨而长期的任务,社会工作应该为此做出贡献。应该说明的是,以社区为中心发展社会工作并不是要忽视其他领域社会工作的发展,实际上,它们是有密切关系的。

2. 把社会政策、社会行政的发展置于重要地位

社会行政是间接的、宏观和中观层次的社会工作方法,我国的社会工作及专业教育把社会行政置于更重要的地位,不但必要,而且具有现实可行性。其必要性在于:我国的社会问题往往影响广泛,需要通过制定社会政策来保护弱者的利益;我国的社会政策尚不健全,在向市场经济体制转化的过程中制定相应的社会政策显得更为迫切;制定和实施社会政策能更有效地解决社会问题,收到更大的社会效果;科学地实施社会政策和进行社会服务机构管理,是解决民生问题、促进社会建设的重要手段。

3. 重视农村社会工作

农村社会工作应该成为我国社会工作发展的重点领域,这与我国的基本国情、国家发展战略和社会工作的责任有关。第一,我国农村人口比例很大,脱贫攻坚战取得全面胜利之后还有很多工作要做,需要社会工作介入农村发展;第二,我国农村社会的转型产生了许多问题,如养老问题、留守儿童、留守妇女问题,需要提供针对性的社会服务;第三,农村社会政策的制定和实施,社会福利事业及公共服务的发展相对滞后,需要政府和社会的更多投入,也需要社会工作的介入;第四,乡村振兴、农村城镇化成为国家现代化的重要组成部分和发展战略,许多方面需要社会工作参与其中。我国社会工作教育和实践的发展应该进一步确立农村社会工作的优先地位。

4. 面向个人与家庭及社会的迫切需要

面向现实、解决实际问题是社会工作的基本品格,面向个人与家庭的实际需要则是这种品格的最集中表现。在社会转型期,城乡居民及其家庭遇到了诸多复杂问题,需要面对和解决,社会工作在解决这些问题的过程中具有独特作用。基于中国的国情和文化,我们应该注重发展以家庭为本的社会工作。此外,社会工作的发展要注意和回应广大社会的关切,公共卫生和健康问题,

吸毒犯罪与社会矫正,这些对个人和社会影响深远的问题都应该成为我国社会工作发展特别关注的领域。

(三) 中国特色社会工作的发展

随着社会主义现代化进程的加快和现代社会福利制度的建立,加上政府的大力推动,我国社会工作的专业化、本土化和职业化将会取得实质性进展。经过一段时间的积累和选择,我国可能会形成新的社会工作模式。这与我国的社会性质、社会结构、社会问题的特征及治理模式、政治体制和社会治理体制、社会福利制度、家庭结构、福利文化传统和新文化的形成等一系列因素有关。

1. 从嵌入性发展到融合性发展

我国的专业社会工作重建以来呈现出了"嵌入性发展"的特点,即专业社会工作嵌入社会工作本土实践的大框架并得到发展。这种嵌入性发展表现在多个层面:具有西方文化传统的专业社会工作,进入中国文化和我国民众的实际生活中并发挥作用;专业社会工作进入作为行政性社会工作之母体的体制中并逐渐成长;专业社会工作者接受政府部门委托而从事和推进社会服务工作;在微观上,专业社会工作与行政性社会工作合作,在具体实践中得到发展。也就是说,专业社会工作在我国的发展至少存在四种嵌入形式:文化层面的嵌入、制度体系层面的嵌入、项目层面的嵌入和服务行动层面的嵌入。经由这些嵌入,专业社会工作与我国社会工作的本土实践会形成复杂的互动,进而"互构"。互构是两种社会工作在解决社会问题中的合作、协同、相互学习和发展的过程。通过这种互动和互构,两种社会工作会在更高层次上得到发展,即"进阶式发展",最终实现两种社会工作的"融合性发展"。融合性发展是指,两种社会工作既有分工,又有密切合作,在协同的基础上、在具体的社会服务中相互融合,发挥自己的优势,共同更好地满足人民需要、改善民生、完善社会治理、增进人民福祉的过程。经过制度化建设和科学总结,会逐步形成符合中国实际需要、具有中国特色的社会工作模式。

2. 新发展阶段的社会工作发展

在全面建成小康社会之后,我国已经进入全面建设社会主义现代化国家的新阶段。"十四五"期间,我国的民生福祉要达到新水平,社会治理特别是基层治理水平要明显提高,这就对社会工作提出了新要求。党的十九届五中全会指出:要完善社会治理体系,畅通和规范社会工作者和志愿者等参与社会治理的途径,加强城乡社区治理和服务体系建设。社会工作在此过程中的责任重大、功能重要。我国社会工作将以高质量发展作为基本原则,在人才队伍建设、服务领域扩展、服务能力提升和制度建设方面取得明显进展,在专业化、本土化、职业化方面更进一步。在此期间,社会工作领域的一个重大规划是实现乡镇(街道)社会工作服务站全覆盖,这将实质性地推动社会工作者走向基层、落地城乡,更加制度化地参与改善民生和基层社会治理。这将有力地推动中国特色社会工作制度的形成。在新发展阶段,我国社会工作界也会加强研究工作,总结我国社会工作的经验,形成自己的工作模式和理论,推动我国社会发展,也贡献于国际社会。

党的二十大报告指出,中国式现代化,是中国共产党领导的社会主义现代化,既有各国现代化的共同特征,更有基于自己国情的中国特色。这一指导中国现代化全局的思想,也适用于中国社会工作事业的发展。在参与全面建设社会主义现代化国家的过程中,中国的社会工作要借鉴和吸纳国际社会工作发展的优秀成果,并进行有效转化,同时要立足中国的社会主义政治制度、复杂的社会结构和悠久的文化传统等特殊国情,发展出适合中国国情和现代化建设所需要的社会工作模式。

中共中央、国务院2023年3月16日印发的《党和国家机构改革方案》指明,中央社会工作部的职能包括:负责统筹指导人民信访工作,指导人民建议征集工作,统筹推进党建引领基层治理和基层政权建设,统一领导全国性行业协会商会党的工作,指导"两企三新"党建工作,统筹规划、协调指导全国志愿服务工作,指导社会工作人才队伍建设等。2024年全国省市县级党委社会工作部全部建立,各级社会工作部门的建立和有效运行,推动了我国社会工作事业的新发展。

2024年11月5—6日,中央社会工作会议召开。习近平总书记对社会工作作出重要指示,指出社会工作是党和国家工作的重要组成部分,事关党长期执政和国家长治久安,事关社会和谐稳定和人民幸福安康。当前我国社会结构正在发生深刻变化,社会工作面临新形势新任务,必须展现新担当新作为。

要坚持以新时代中国特色社会主义思想为指导,坚持以人民为中心,践行新时代党的群众路线,坚定不移走中国特色社会主义社会治理之路,健全社会工作体制机制,突出抓好新经济组织、新社会组织、新就业群体党的建设,不断增强党在新兴领域的号召力凝聚力影响力;抓好党建引领基层治理和基层政权建设;抓好凝聚服务群众工作,推动新时代社会工作高质量发展。习近平总书记强调,做好社会工作是全党共同责任。各地和有关部门要主动作为、协同联动,形成做好社会工作的强大合力;社会工作部门要加强自身建设,扎实履职尽责,为以中国式现代化全面推进强国建设、民族复兴伟业作出新的贡献。

可以看到,党中央站在新的政治高度,面对中国式现代化新进程遇到的新问题,对我国社会工作的发展提出了新要求,我国的社会工作正在迎来更加全面的新发展。

 参考文献及进一步阅读文献

卢谋华:《社会工作的理论与实践》,中国社会出版社 2007 年版。

王杰秀、邹文开主编:《社会工作蓝皮书:中国社会工作发展报告(2011—2012)》,社会科学文献出版社 2013 年版。

王思斌:《中国社会工作的经验与发展》,《中国社会科学》1995 年第 2 期。

王思斌:《中国社会的求—助关系——制度与文化的视角》,《社会学研究》2001 年第 4 期。

王思斌:《中国社会工作的嵌入性发展》,《社会科学战线》2011 年第 2 期。

王思斌:《我国社会工作从嵌入性发展到融合性发展之分析》,《北京工业大学学报(社会科学版)》2020 年第 3 期。

王婴:《中国专业社会工作的非均衡、非协调发展——历史社会学视角下国家、学术和社会的互动过程》,《华东理工大学学报(社会科学版)》2018 年第 1 期。

 思考题

1. 试述本土社会工作实践的内涵。
2. 试述我国本土社会工作的特点。
3. 试述社会工作专业化、本土化和职业化的意义及相互关系。
4. 试述制度化建设对社会工作发展的意义。
5. 试述我国社会工作的发展道路。

教师反馈及教辅申请表

北京大学出版社本着"教材优先、学术为本"的出版宗旨,竭诚为广大高等院校师生服务。

本书配有教学课件,获取方法:

第一步,扫描右侧二维码,或直接微信搜索公众号"北大出版社社科图书",进行关注;

第二步,点击菜单栏"教辅资源"—"在线申请",填写相关信息后点击提交。

如果您不使用微信,请填写完整以下表格后拍照发到 ss@pup.cn。我们会在 1—2 个工作日内将相关资料发送到您的邮箱。

书名		书号	978-7-301-	作者	
您的姓名				职称、职务	
学校及院系					
您所讲授的课程名称					
授课学生类型(可多选)	☐ 本科一、二年级 ☐ 高职、高专 ☐ 其他_____			☐ 本科三、四年级 ☐ 研究生	
每学期学生人数	_____人			学时	
手机号码(必填)				QQ	
电子信箱(必填)					
您对本书的建议:					

我们的联系方式:

北京大学出版社社会科学编辑室

通信地址:北京市海淀区成府路 205 号,100871

电子信箱:ss@pup.cn

电 话:010-62753121 / 62765016

微信公众号:北大出版社社科图书(ss_book)

新浪微博:@未名社科-北大图书

网址:http://www.pup.cn